STEFAN LEBER

DIE PÄDAGOGIK DER WALDORFSCHULE UND IHRE GRUNDLAGEN

DIE ERZIEHUNGSWISSENSCHAFT

Einführungen in Gegenstand, Methoden und Ergebnisse
ihrer Teildisziplinen und Hilfswissenschaften

WISSENSCHAFTLICHE BUCHGESELLSCHAFT
DARMSTADT

STEFAN LEBER

DIE PÄDAGOGIK DER WALDORFSCHULE UND IHRE GRUNDLAGEN

Unter Mitarbeit von Erika Dühnfort, Peter Guttenhöfer,
Ernst-Michael Kranich, Christoph Lindenberg, Manfred von Mackensen,
Brigitte Morgenstern, Hans Müller-Wiedemann, Wilhelm Rauthe,
Peter Schneider, Ernst Schuberth, Tankred Trautmann, Reinhard Wallmann

WISSENSCHAFTLICHE BUCHGESELLSCHAFT
DARMSTADT

Einbandgestaltung: Neil McBeath, Stuttgart.

1. Auflage 1983
2., durchgesehene Auflage 1985

Die Deutsche Bibliothek – CIP-Einheitsaufnahme

Die Pädagogik der Waldorfschule und ihre Grundlagen / Stefan Leber. Unter Mitarb. von Erika Dühnfort ... – 3., überarb. Aufl. – Darmstadt: Wiss. Buchges., 1992
(Die Erziehungswissenschaft)
ISBN 3-534-08321-0
NE: Leber, Stefan [Hrsg.]; Dühnfort, Erika

Bestellnummer 08321-0

3., überarbeitete Auflage

Gedruckt auf säurefreiem und alterungsbeständigem Offsetpapier
Satz: Fotosatz Janß, Pfungstadt
Druck und Einband: Wissenschaftliche Buchgesellschaft, Darmstadt
Printed in Germany
Schrift: Linotype Garamond, 9/11

ISSN 0174-0857
ISBN 3-534-08321-0

INHALT

Teil B: Zur Methodik – Didaktik einzelner Gebiete

VORWORT

Die Veröffentlichungen über die Pädagogik Rudolf Steiners und damit auch über die der Waldorfschulen haben nach über siebzigjähriger Tätigkeit dieser Schulen durchaus einen respektablen Umfang erreicht. Während vor kaum sieben Jahren noch gesagt werden konnte, daß damit aber keineswegs behauptet werden könne, es sei damit auch das wissenschaftliche Gespräch mit dieser Pädagogik oder über diese Schule schon begonnen, geschweige daß gar eine Rezeption stattgefunden hätte, hat sich nunmehr die geistige Situation doch verändert. Es sind verschiedene Schriften erschienen, die sich von erziehungswissenschaftlicher Seite mit dieser Pädagogik befassen, teilweise sachkundig, teilweise wenig kenntnisreich, dafür aber um so polemischer, dann aber auch wieder auf gegenseitige Verständigung, also dialogorientiert, angelegt.[1] Dies zeigt, daß es mit der Annäherung an diese Pädagogik über das Verständnis offenkundig seine Schwierigkeiten hat oder, anders gewendet, daß sie nicht bruchlos mit dem vorhandenen Vorstellungsinventar der in sich durchaus differenzierten Erziehungswissenschaft übereinstimmt und verrechnet werden kann. Anders freilich scheint es dagegen mit der pädagogischen Praxis, d. h. dem pädagogischen Vollzug und dem schulischen Alltag, bestellt zu sein. Da ist diese Pädagogik tatsächlich erfreulich an- und aufgenommen von den Betroffenen: Eltern und Schülern – eine Tatsache, die heute keineswegs als selbstverständlich gelten darf, auch wenn an diesen Schulen im Alltag manches hinter den gesetzten und erstrebten Zielen zurückbleibt.

[1] H. Ullrich: Waldorfpädagogik und okkulte Weltanschauung – Eine bildungsphilosophische und geistesgeschichtliche Auseinandersetzung mit der Anthropologie Rudolf Steiners. Weinheim 1986. – K. Prange: Erziehung zur Anthroposophie – Darstellung und Kritik der Waldorfpädagogik. Bad Heilbrunn 1985. – E.-M. Kranich, L. Ravagli: Waldorfpädagogik in der Diskussion – Eine Analyse erziehungswissenschaftlicher Kritik. Stuttgart 1990 (Kritik und Analyse der vorstehenden Werke). – O. Hansmann (Hrsg.): Pro und Contra Waldorfpädagogik. Akademische Pädagogik in der Auseinandersetzung mit der Rudolf-Steiner-Pädagogik. Würzburg 1987. – M. Schulte: Von der Erziehungswissenschaft zur Erziehungskunst – Ein wissenschaftlicher Zugang zur Waldorfpädagogik über die pädagogische Dimension des Denkens (Diss. Münster). Würzburg 1991. – F. Bohnsack, E.-M. Kranich (Hrsg.): Erziehungswissenschaft und Waldorfpädagogik. Der Beginn eines notwendigen Dialogs. Weinheim 1990.

Die Schwierigkeit, die sich im Hinblick auf die Verständigung ergibt, besteht ganz offenkundig für die Praxis weniger. Verdienstvoll hat H. Schrey[2] dieses vorhandene Dilemma für sich selbst so beschrieben:

„Wer eben noch zu Felde gezogen ist gegen ein Mißverständnis der übergreifenden Gehalte [...], gegen das Mißverständnis, heute noch – und wieder – auf ein einheitliches Weltbild hin erziehen und bilden zu sollen, muß verblüfft zugeben, daß er paradoxerweise von einer Pädagogik beeindruckt ist, die ihrerseits mit dem besten Gewissen von der Welt ein einheitliches Welt- und Menschenbild bekennt."

Tiefgreifende Bewußtseinserschütterungen, Zweifel, Unsicherheiten haben sich seit den ausgehenden sechziger Jahren mit den Studentenunruhen allgemein breitgemacht. Die hohen Ziele der Bildungsreform erwiesen sich im pädagogischen Vollzug als unzulänglich; Resignation, Hilflosigkeit und nostalgischer Blick zurück sind oft das einzige Erträgnis des so frohgemuten Aufbruchs in das wissenschaftsorientierte Lernen. Der Reflexionsprozeß förderte denn auch zutage, daß dies zutiefst auch mit den diesen Reformansätzen zugrundeliegenden Menschenbildern zu tun hat.[3] Der Waldorfpädagogik eignet auch ein – hier vorzustellendes – Menschenverständnis. Aber noch weiteres erschütterte die sicheren Positionen: die sich abzeichnenden Grenzen des Wachstums, die ‚Erschöpfung der Welt', die ökologischen Krisen – all diese Phänomene erweisen, daß ein nur monokausal-eindimensionales Denken nicht der Wirklichkeit gewachsen ist. Kann dieser Mangel durch eine Alltagswende in der Pädagogik behoben werden? Sensiblere Gemüter fragen grundsätzlicher nach anderen Paradigmen, nach anderen Denkstilen, anderen Erklärungsmodi, nach erweiterten Methoden.[4] Wir meinen: Ein solches gänzlich auf ‚Wechselwirkungen' und in ganzheitlichen Verhältnissen sich bewegendes – andersgeartetes als das herrschende – Paradigma stellt die Pädagogik Rudolf Steiners dar, wenn sie im Zugang zum Menschen beispielsweise die gesamte Biographie einbezieht und nach Kräften fragt, die mit dem Gewordenen und solchen, die mit dem Werdenden im Menschen und der Welt zusammenhängen und wirken. Sie fragt nach den ‚Langzeit-Wirkungen' des pädagogischen Tuns, nicht aber nach Konditionierungen und nach simplem Mittel-Zweck-Denken. Aus diesen Wandlungen unserer Zeit mag es heute vielleicht leichter sein, eine

[2] H. Schrey: Waldorfpädagogik – Kritische Beschreibung und Versuch eines Gesprächs. Bad Godesberg 1968, S. 172.

[3] E. Meinberg: Das Menschenbild der modernen Erziehungswissenschaft. Darmstadt 1988.

[4] So beispielsweise Ch. Rittelmeyer: Die entmachtete Aufklärung. Pluralität und Intention in der postmodernen Schule. In: Die Deutsche Schule, 4/1990, S. 408–425.

‚Erziehungskunst', wie es Steiner nannte, dem Verständnis der Gegenwart zu erschließen und nicht allein die pädagogisch vielleicht eher einsehbaren Handhabungen zu beschreiben, sondern auch den erkenntnisleitenden Zusammenhang.

Zu dem vorliegenden Band haben Autoren beigetragen, die alle viele Jahre in der pädagogischen Praxis stehen und die ihr Tun vielfältig mit kritischem und wachem Bewußtsein verfolgt und durchdrungen haben; ihnen dankt der Herausgeber für ihre zuverlässige Mitarbeit.

Aus der Entstehung der in diesem Band vereinigten Beiträge ergibt sich, daß gelegentlich kleinere Überschneidungen und geringfügige Wiederholungen vorkommen, die jedoch dann stehengelassen wurden, wenn sich daraus eine neuartige ‚Brechung' des andernorts schon geschilderten Tatbestandes ergibt. Die Beiträge lassen sich nur exemplarisch verstehen, so werden der Deutsch- und Physikunterricht ausführlich, Mathematik- und Fremdsprachenunterricht kürzer, andere Fächer, die andernorts bereits in Monographien vorgestellt wurden, gar nicht behandelt.

Die nachfolgende Einleitung gibt eine Art Topographie über die Waldorfschule und ihre Pädagogik, was die einzelnen Beiträge dann – teilweise – großmaßstäblich entfalten. Alle Werke Steiners werden mit der Nummer der Gesamtausgabe (GA) zitiert, deren Aufschlüsselung sich durch das Literaturverzeichnis ergibt.

Oktober 1991 Stefan Leber

EINLEITUNG

Stefan Leber

1. Zur Biographie und Pädagogik R. Steiners

Die erste Waldorfschule wurde 1919 in Stuttgart begründet. Die Initiative zur Gründung ging von *Emil Molt* (1876–1936) aus, damals Leiter und Teilhaber der Waldorf-Astoria-Zigarettenfabrik, der *Rudolf Steiner* (1861–1925) gebeten hatte, die Schule aufzubauen und zu leiten. Aus dieser (zunächst in der Vorstellung Molts) als Werkschule konzipierten Einrichtung erwuchsen dann acht weitere Schulen, die im Jahr 1938 – nach vorangegangenen administrativen Behinderungen – durch die Nationalsozialisten endgültig verboten und aufgelöst wurden. (Eine Ausnahme bildete die Dresdner Schule, deren Schließung erst 1941 erfolgte, sie konnte 1945 wieder beginnen und wurde dann von den sozialistischen Machthabern 1949 neuerlich verboten, sie besteht seit 1990 wieder – auch ein zeitgeschichtliches Dokument.) Schon früh waren Schulen gleichen Typs im Ausland, so in Basel (1925) unter dem Namen Rudolf-Steiner-Schule oder im Haag (1923) als Vrije School begründet worden. Sie setzten die geistige Kontinuität während der Verbotszeit fort. Im Jahr 1991 gab es in der Bundesrepublik 142 Waldorf- oder Rudolf-Steiner-Schulen mit etwa 55 000 Schülern (0,8 % der Schüler an allgemeinbildenden Schulen) und 450 Kindergärten. Im europäischen und außereuropäischen Ausland gibt es gegen fünfhundert dieser Schulen, desgleichen seit 1989 auch in den früheren staatssozialistischen Ländern (zunächst Ungarn, dann Estland, inzwischen gefolgt von weiteren Ländern), dazu kommen entsprechende Kindergarten- und Vorschuleinrichtungen (gegen achthundert), desgleichen Schulen für Erziehungshilfe sowie heilpädagogische Tagesstätten oder Heime, die gleichfalls nach Hunderten zählen.

Ehe zum pädagogischen Konzept und zur Organisation der Schule und ihrer sozialen Verfassung etwas ausgeführt wird, sei kurz der Schulgründer in geistig-konzeptioneller Hinsicht, Rudolf Steiner, biographisch vorgestellt. Er wurde am 27. 2. 1861 als Sohn eines kleinen österreichischen Eisenbahnbeamten in Kraljevec (damals Ungarn, heute Kroatien) geboren. Seine Kindheit und Jugend verbrachte er in Orten südlich von Wien, er maturierte an der Wiener Neustädtischen Oberrealschule und studierte dann ab Herbst 1879 an der Technischen Hochschule in Wien Naturwissenschaften mit dem noch unbestimmten Ziel, Lehrer an einer Oberrealschule zu werden. Unter manch namhaftem Hochschullehrer kommt er in eine engere Verbindung zu Karl Julius Schröer, der die Lehrkanzel für Rhetorik innehat, einem hervorragenden Goethe-Kenner (Verfasser eines ersten Kommentars zu Faust) und Mundartforscher. Er vermittelt dem erst 21jährigen Steiner die Herausgabe von Goethes naturwissenschaftlichen Schriften, der er sich selbst fachlich nicht gewachsen glaubt, innerhalb der rund 220bändigen Sammlung ›Deutscher National-Litteratur‹ von Kürschner; die von Steiner betreuten fünf Bände erschienen zwischen 1883 und 1897. Seinen Lebensunterhalt verdient sich Steiner durch Nachhilfeunterricht, später durch eine Hauslehrertätigkeit, wo er ein schwer hydrozephales Kind, zunächst vom Hausarzt J. Breuer – dem zeitweiligen Mentor von S. Freud – als nicht bildbar bezeichnet, mit großem pädagogischen Engagement bis zur Schulfähigkeit betreut. Parallel geht ein breitangelegtes Studium der Philosophie und eine kaum unterbrochene eigene schriftstellerische Beschäftigung. Aus dieser Tätigkeit führt ihn eine Berufung zur Mitarbeit an der ›Sophien-Ausgabe‹ von Goethes Werken nach Weimar, wo er wiederum die Herausgabe einiger Bände der naturwissenschaftlichen Schriften Goethes zu besorgen hat. Diese dauernde Beschäftigung mit Goethe veranlaßt ihn, sich mit Goethes Erkenntnismethodik, die dieser selbst nie eingehend reflektiert und in den zeitgenössisch-philosophischen Kontext gestellt hatte, philosophisch zu befassen. Was ihn bereits vor der Bekanntschaft mit Goethe beschäftigte und was er in dessen Metamorphosenlehre wiederfand, das war die Tatsache, daß alles Lebendige in seiner Entwicklung stets nur im bereits Gewachsenen, Gewordenen sinnlich wahrnehmbar ist, niemals aber im Werden, genauer: in der *Zeitgestalt;* diese, d. h. das eigentlich Bewirkende, bleibt übersinnlich, ideell, wenngleich es sich für die innerlich sich in die Phänomene einlebende und die Gestalten nachschaffende anschauende Urteilskraft vergegenwärtigen und erfahrbar gemacht werden kann. Da kann sich die Frage stellen: Was ist denn daran übersinnlich? Ist nicht das Wachstum einer Rose sehr wohl in der Zeitgestalt sinnlich beobachtbar? Doch gerade auf die empirische Dynamik kommt es nicht an, sondern auf das Wirkende, wie schon erwähnt. Das sei mit Goethes eigenen Worten über die „Metamorphose der Pflanzen“ verdeutlicht, wo er die Formverwandlung der Blätter einer Pflanze beschreibt und dann zum Übergang vom Laub zur Blüte kommt: „Den Übergang zum Blütenstande sehen wir *schneller* oder *langsamer* geschehen. In dem letzten Falle bemerken wir gewöhnlich, daß die Stengelblätter von ihrer Peripherie herein sich wieder anfangen zusammenzuziehen, besonders ihre mannigfaltigen äußeren Einteilungen zu verlieren, sich dagegen an ihren unteren Teilen, wo sie mit dem Stengel zusammenhängen, mehr oder weniger auszudehnen." Das beschreibt Goethe also sehr anschaulich, doch ist diese Anschaulichkeit, wie A. Suchantke zutreffend bemerkt, eine rein gedanklich-bildhafte, innerlich aus der Phantasie und dem Nachschaffen herrührende. „Niemals wandelt sich ein fertig ausgebildetes Blatt in ein anderes, und niemals zieht sich ein Blatt zusammen und verliert seine äußeren Einteilungen. Was beschreibt Goethe da eigentlich? Doch dasjenige, was der sinnlichen Anschauung nicht zugänglich ist, aber sehr wohl von ihr ausgehend nachvollzogen werden kann, wenn sich das Denken demjenigen anschmiegt, was der realen Blattbildung *vorausgeht,* sie anstößt und dirigiert und nach der Bildung eines Blattes zur nächsten weiterschreitet usw. Hier wird – indirekt, als handle sich's um einen mit Augen wahrnehmbaren Ablauf – beschrieben, was sich, abgelesen an dem Gestaltunterschied zwischen den verschiedenen Blättern, im zeitlichen Weiterschreiten von einer Bildung zur anderen *zwischen* den einzelnen Blättern wandelt, sich mal mehr in die Blattbildung hinein ausdehnt, dann wieder stärker zurückzieht und dadurch nur zu verhalteneren, andeutungshaften Formbildungen führt. Die einzelnen Blätter sind nur die Ergebnisse und Auswirkungen, die ‚Fußspuren', über die zu dem vorgedrungen wird, was die Spuren verursacht. Die fertige Gestalt der Pflanze wird sozusagen ‚entstaltet' und ein Schritt zurückgetan, vom Bewirkten hin zum Bewirkenden, dessen zeitliche Bewegungen nachgebildet, nachplastiziert werden. Es ist ein Nachschaffen, aber immerhin schon ein tätiges, aktives Denken: exakte Phantasie, ein Denken, das nicht nur das Gewordene registriert, sondern in sich Bildeprozesse in ihrer Zeitgestalt nachvollzieht."[1] In diesem Sinne versteht Steiner das Übersinnliche als etwas, was dem Menschen durch ein eigenes Organ zugänglich wird: durch das *Denken.* Während die Sinne das sinnlich Gegebene erschließen, erschließt das Denken eine andere Welt, freilich hat es dann eine andere Funktion als die, das nur sinnlich Vermittelte zu organisieren oder abbildhaft nachzuzeichnen. Die *anschauende Urteilskraft,* wie sie Goethe nannte, läßt sich ebenso vertiefen und auch auf weitere Gebiete des Übersinnlichen ausdehnen. Darauf beruht dann das spätere Steinersche Forschen.

An Goethe wird Steiner bewußt, daß das Zeitliche, Übersinnliche, also das in der Pflanze wirkende Zeitgestaltungsprinzip, ihr Wesen, als Ziel schon im Knospenzustand anwesend ist, von Goethe als Entelechie bezeichnet – als das, was sein Ziel in sich selbst hat. Steiner erlebt und beschreibt es damals als einen aus der Zukunft kommenden Zeitenstrom, der

[1] A. Suchantke: Zerstörung: Ende oder Chance zu Neubeginn. In: die Drei 12/1982, S. 869.

eine eigene Qualität neben dem Gewordenen darstellt und als Wirksamkeit bereits die Gegenwart mitbeeinflußt. Hierin berührt sich präzise naturwissenschaftliche Forschung mit anderen Formen der Erkenntnis des rein Übersinnlichen, die Steiner früh zu eigen war. Darum war ihm die Beschäftigung mit Goethe, der nicht nur auf den verschiedensten Gebieten viel und exakt beobachtet hatte (Farbenlehre, Meteorologie, Geologie, Studium der Botanik und Zoologie usf.), eine Möglichkeit, die eigene Methode zu klären und weiterzubringen. Das macht auch die Bedeutung der von Steiner den Goetheschriften hinzugefügten Einleitungen und Kommentare aus. Aber damit nicht genug: Als Frucht und systematische Zusammenfassung dieser Beschäftigung entstehen die Werke ›Grundlinien einer Erkenntnistheorie der Goetheschen Weltanschauung‹ (1886) und später ›Goethes Weltanschauung‹ (1897). Parallel dazu – er sucht die eigentümliche Denkgebärde des Naturwissenschaftlers Goethe vor dem Hintergrund der Philosophiegeschichte des 19. Jahrhunderts einzuordnen – ist er selbst bestrebt, vor allem eine eigene Position zu gewinnen und diese auch erkenntnistheoretisch abzusichern, woraus seine philosophische Dissertation (Universität Rostock 1892) hervorgeht. Sie erscheint später unter dem Titel ›Wahrheit und Wissenschaft‹. Sein erkenntnistheoretisches Hauptwerk bildet dann aber ›Die Philosophie der Freiheit‹ (1894). Nach Beendigung der Herausgabetätigkeit in Weimar siedelt Steiner nach Berlin über; er gibt dort zusammen mit O. E. Hartleben das ›Magazin für Literatur‹ heraus, in dem er sich in zahlreichen Aufsätzen mit allen Kulturerscheinungen seiner Gegenwart vom Theater über Essays zur Hochschulreform, zu belletristischen Neuerscheinungen und solchen der Lyrik bis zu Weltanschauungsfragen (Haeckel, Nietzsche) oder klarsichtig mit der Dreyfusaffäre, der Frauenfrage usf. befaßt. 1898 wird Steiner aufgefordert, an der von Wilhelm Liebknecht begründeten Berliner Arbeiterbildungsschule Kurse in Geschichte und Redeübungen zu geben. Diese Tätigkeit übt er, von den Arbeitern hochverehrt, wie zwei seiner Schüler berichten, erfolgreich aus, bis er aus ideologischen Differenzen durch die Schulleitung von der Lehrtätigkeit ausgeschlossen wird,[2] obschon damals sein Wirken bereits in einem gänzlich andersgearteten sozialen Zusammenhang seinen Schwerpunkt hatte.

Aufgrund seiner vielbeachteten Nietzsche-Darstellungen (veröffentlicht unter dem Titel ›Friedrich Nietzsche, ein Kämpfer gegen seine Zeit‹, 1895) erhält Steiner eine Einladung zu einem Vortrag über Nietzsche in der Theosophischen Bibliothek des Grafen Brockdorff in Berlin-Charlottenburg.

[2] J. Mücke, A. A. Rudolph: Erinnerungen an Rudolf Steiner und seine Wirksamkeit an der Arbeiterbildungsschule in Berlin 1899–1904. Basel 1979.

Dieser ist Theosoph. Er bittet Steiner daraufhin, einen Vortragskurs über ›Die Mystik im Aufgang des neuzeitlichen Geisteslebens‹ zu halten. Dazu willigt Steiner ein und greift damit eine Thematik auf, die ihn lange beschäftigt: nämlich die Tatsache des gleichzeitigen Auftretens von Mystik und neuzeitlicher Wissenschaft. Dabei ist ihm Mystik nichts anderes als die „Erweckung" eines Wissens, über das er selbst schon lange verfügt und die sich in jedem „wirklichen" Erkennen vollzieht: „Das Weltgeschehen stellt sich selbst [dabei] sein geistiges Wesen gegenüber." Wobei die Tätigkeit, „sich in ein anderes zu versetzen, das Denken ist". Er verbindet also mit dem Begriff der *Mystik* etwas, was als *Erkenntnisorgan* eine Weltdimension aufschließt, die z. B. von Schelling als ‚intellektuale Anschauung', von Goethe als ‚anschauende Urteilskraft' bezeichnet wurde. Steiner bemerkt, daß – innerlich betrachtet – dieselbe Kraft in der Seele wirksam ist, die sich einmal auf äußerlich Gegebenes richtet, das andere Mal auf innerlich Gewahrtes, in diesem Falle ist es dann das in der ›Philosophie der Freiheit‹ genannte ‚reine oder sinnlichkeitsfreie Denken' und der Vorgang, wodurch es bewußt wird, die *Intuition.* Damit wird deutlich, daß Steiner die bei Goethe gefundene Erkenntnismethode im Zusammenhang mit seinem eigenen Erleben in Bereiche der Erfahrung auszudehnen willens ist, die nicht allein ihren Ausgangspunkt im nur Sinnlich-Wahrnehmbaren hat; übersinnlich, d. h. über die sinnliche Erfahrung hinausgehend, ist ihm, wie wir schon hörten, das Denken, aber auch jede innerseelische Erfahrung. Schon der Untertitel der ›Philosophie der Freiheit‹ hieß: ›Seelische Beobachtungsresultate nach naturwissenschaftlicher Methode‹. Die innere Fragestellung, vor die sich Steiner gerückt sah, beschreibt er rückblickend so: „Mir schwebte damals vor, wie die Jahrhundertwende ein neues geistiges Licht der Menschheit bringen müsse. Es schien mir, daß die Abgeschlossenheit des menschlichen Denkens und Wollens vom Geiste einen Höhepunkt erreicht hatte. Ein Umschlagen des Werdeganges der Menschheitsentwicklung schien mir eine Notwendigkeit [...] So erlebte ich dann von allen Seiten die Frage: Wie kann ein Weg gefunden werden, um das innerlich als wahr Geschaute in Ausdrucksformen zu bringen, die vom Zeitalter verstanden werden [...] Und die Frage wurde Erlebnis: *muß man verstummen?*"[3]

Steiner verwies damit auf einen ihm eigenen und durch das Denken erschließbaren weiteren Erfahrungsquell, der in den folgenden Lebensjahren systematisch von ihm erschlossen, untersucht und methodisch dargestellt wird. Er entschied sich also, nicht zu verstummen.

Nachdem er infolge seiner Vorträge in der Theosophischen Bibliothek

[3] Lebensgang. GA 28, XXVII.

1902 aufgefordert wurde, als Leiter der deutschen Sektion der Theosophischen Gesellschaft mitzuarbeiten, und er diese Aufgabe übernahm, stellt er in einer Aufsatzfolge (1904/05, 1909 als Buch erschienen) dar: ›Wie erlangt man Erkenntnisse höherer Welten?‹ Darin zeigt er, wie die ‚übersinnliche Wahrnehmungsorganisation', über die jeder Mensch schon durch das Denken verfügt, weiter ausgebildet werden könne. Wie der Musiker durch Hörübungen, der Maler durch Zeichnen usw. seine Beobachtungsfähigkeit steigert, so läßt sich auch an der inneren oder übersinnlichen Wahrnehmungsorganisation ‚arbeiten', sie kann einer Schulung unterzogen werden, und dadurch aktiviert sie sich. Wenn das in der Regel auf die Organisation gegebener Tatbestände gerichtete Denken sich auf Inhalte richtet und damit konzentriert, die entweder aus der Erinnerung genommen werden oder Alltagsverlaufsformen etwa zeitlich umkehren, gelingt dies nur, wenn eine erhöhte innere Kraft aufgewendet wird. Dieser Aktivitätsruck wirkt an dem entsprechenden Organ, so daß sich nach und nach andere innere Wahrnehmungsmöglichkeiten erschließen – solche übersinnlicher Art.

Gleichfalls 1904 erscheint sein erstes für die Pädagogik wichtiges Buch mit dem Untertitel ›Einführung in die übersinnliche Welterkenntnis und Menschenbestimmung‹ und dem Obertitel ›*Theosophie*‹. Wenn die gestaltenden Kräfte in den Erscheinungen durch das Denken nachgeschaffen werden können, stellt sich die Frage, ob dies nicht deshalb möglich wird, weil dieselbe schöpferische Kraft hier wie dort – zwar nicht in voller Identität und entsprechendem Umfang, aber in verwandter Qualität – wirksam ist? Wenn das umfassend Schöpferische und Wirkende Gott genannt wird, ist das davon im Menschen Wirkende durch Theosophie aufzufinden; wird es mehr abstrakt formuliert, dann kann auch von Geist gesprochen werden, und die Wissenschaft, die diesen aufsucht, heißt Geisteswissenschaft. Im gleichen Sinne verwendet Steiner auch den Begriff Anthroposophie. In dem Buch Theosophie wird das Wesen des Menschen in seiner Gliederung nach Leib, Seele und Geist entworfen. Die menschliche Wesenheit ist in sich gegliedert, wobei sich für die Erkenntnis die drei genannten Qualitäten voneinander abheben lassen: *die leibliche* – darunter wird sowohl das verstanden, was den Leib als Erscheinung aus Stoffen und Kräften der Umwelt konstituiert (physischer Leib), als auch die in ihm stattfindenden Lebensprozesse (Stoffwechsel, Wachstum, Fortpflanzung, Gestaltung, zusammengefaßt unter dem Begriff *Lebensleib)* und schließlich das mit dem Leib zusammenhängende Empfindungsgeflecht der Sinneswahrnehmungen, der physiologischen Grundbefindlichkeit, aber auch elementarer Schmerz- und Lustregungen, insgesamt als *Empfindungsleib* bezeichnet. Davon wird das Seelische abgehoben, das seiner Substanz nach in den Kräften der Begehrung, der sympathischen Hingabe und antipathischen Abwendung, also in freieren Formen der Lust und Unlust, in Reaktionen der Leidenschaft auftritt. Aber in diese Seelenvorgänge ragen auch aus dem Geistigen, d. h. aus Bewußtseinszuständen herrührende Aufhellungen herein, so die Erkenntnisprozesse. Der Geist des Menschen, sein Ich, wird sich gestuft seiner selbst bewußt und vermag durch das Instrument des Denkens die Substanz der Seele zu beeinflussen und zu wandeln, so daß sie sich in einer untersten Stufe als von Lust und Unlust bestimmt darstellt, dann aber durch Erkenntnisforschung zu einer gemüthaften Überformung oder zu zweckhaftem Handeln hingeführt wird und schließlich aufsteigen kann zu rein im Geistigen begründeten Erkenntnissen des Wahren und Guten und zu ideell gefaßten Motiven des Handelns. Diese Abfolge wird gegenüber der leiblichen Erscheinung mit den Begriffen der Empfindungs-, Gemüts- oder Verstandes- und Bewußtseinsseele bezeichnet. Auch der Bereich des Geistes, der in seiner Substanz aus demselben ‚Stoff' gewoben ist, aus dem die menschlichen Gedanken bestehen, ist in sich differenziert gegliedert, ähnlich der Leibes- und Seelennatur. Diese Gliederung braucht hier im einzelnen nicht nachgezeichnet zu werden, sie hängt aber mit dem wirklichen Selbst des Menschen (Geistselbst), dem eigentlichen Lebensertrag der Biographie, den Fähigkeiten (Lebensgeist) und dem geistigen Sosein, das abgegrenzt von anderen Wesen verläuft, zusammen, dem Geistesmenschen.

Was hier kurz skizziert und in dem Werk ›Theosophie‹, sorgfältig anknüpfend an äußere wie innere (seelische) Beobachtungen und Erfahrungen, entwickelt wird, drängt schließlich zu der Frage, wo diese gegliederte Natur des Menschen denn herrühre, d. h. welche Genesis sie habe. Für die dreifache Leiblichkeit wird sie in der genannten Schrift in der Vorfahrenreihe, also in der Vererbung gefunden, für die seelische Entwicklung einerseits in dem, was aus der Vererbung stammt, andererseits aber auch in dem, was aus der Umgebung, der Kultur erzieherisch einwirkt. Damit aber ist lediglich ein Teil erklärt, denn die sorgfältige Beobachtung zeigt, daß es innerhalb der menschlichen Biographie nicht nur individuelle Unterschiede gibt, sondern auch solche, die sich erst dann zureichend erfassen lassen, wenn sie auf eine besondere, unverwechselbare Instanz im Menschen, die er auch als solche erlebt, zurückgeführt werden. Wie kommt es – so läßt sich, um dem näherzukommen, fragen –, daß in ein und derselben Kultur, vielleicht in ein und derselben Familie, in den gleichen Lebensumständen zwei Menschen ganz verschiedene Antworten auf Herausforderungen derselben oder ähnlicher Lebensumstände finden? Wie kommt es, daß die Biographie, also die Gesamtheit des seelisch-geistigen Lebens wie der äußeren Lebensumstände eine unverwechselbare Handlungsgestalt, eine ganz unterschiedliche innere Verarbeitung, kurzum: eine geistige Gestaltung aufweist? Es hängt dies doch damit zusammen, daß zwar Vererbung einerseits und Anforderungen aus der Umwelt andererseits Gegebenheiten bilden, in denen sich menschliches Lernen entfaltet, daß aber das Lernen auch eines Lernenden bedarf. Dieses, genauer: dieser Lernende benennt sich, wenn er sich seiner selbst bewußt wird, mit dem Namen ‚Ich'. Das Ich ist die unverwechselbare und auch unteilbare Instanz, das Zentrum des Menschen, seine Individualität. Woher kommt sie? Wo hat sie ihre Genese? Dieses Kraftzentrum wird dadurch auf einen Ursprung zurückgeführt, daß ein der Naturwissenschaft analoges Verfahren angewendet wird: Wie Leben nach aller Erfahrung nur aus Leben kommen kann,[4] so stammt die ‚biographieschaffende Kraft', das Zentrum des Menschen, sein Geist oder das Ich selbst, aus sich, d. h., es stammt von sich ab, indem es durch wiederholte Erdenleben als Erfahrungsstationen hindurchgeht und sich bereichert. Es entfaltet sich als Kraft im Lernen.[5] Diese Art der Betrachtung drängt ein folgerichtiges Denken mit innerer Notwendigkeit dahin, den Gedanken der Wiederverkörperung des Geistes und den Begriff des Schicksals zu entwickeln, wobei Steiner für die Lebensumstände den passiven Begriff des ‚Zukommenden' im Schicksal durch einen aktiven, tätigen Begriff ersetzt wissen möchte. Dafür gibt es in der deutschen Sprache kein entsprechendes Wort, anders als im Sanskrit; so übernahm Steiner von dort das Wort *Karma,* was soviel wie *Tat* heißt, für all das, womit sich das Ich lernend, gestaltend, handelnd auseinandersetzt, und zwar sowohl in dem, was ihm biographisch begegnet, als auch in dem, wie damit umgegangen, was durch das Ich daran getan wird. In dieser Begriffsbildung lebt ein

[4] Wir heben hier auf die schlichte Erfahrung ab. Dagegen gibt es freilich andere Fragestellungen, die auf die Herkunft des Lebens allgemein zielen. Aus dem Entwicklungsgedanken der Geo- und Biologie ist es gängig zu denken, daß zuerst eine a-biogene Stofflichkeit war, dann daraus sich erst Eiweiß als Lebensträger entwickelt habe. Dies ist zunächst plausible Hypothese. Die stützenden Experimente (z. B. von M. Eigen) können aufweisen, wie aus anorganischer Stofflichkeit zumindest einfache Protein(segmente) herstellbar sind, doch entfaltetes Leben war auf diese Weise bisher nicht reproduzierbar. In der jüngsten geologischen Forschung läßt sich die Spur tierischen Lebens bis in das Riphäikum, das mittlere Präkambrium, zurückverfolgen in Form von Kriechspuren und Kotbällchen. Die davorliegende Mikrobenzeit scheint bis an den Anfang unseres Planeten zurückzureichen, zumindest besitzen die ältesten Sedimente mit einem radiometrischen Alter von 3,8 Mrd. Jahren häufig einen – biogenen – Kohlenstoffgehalt von 3 %, er entspricht dem der heutigen Zeit (H. D. Pflug: Die Spur des Lebens. Berlin, Heidelberg, New York, Tokyo 1984, S. 127. – Vgl. auch die neuen Organismus-Hypothesen von J. Lovelock: Das Gaia-Prinzip – Die Biographie unseres Planeten. Zürich/München 1991.

[5] Vgl. meinen Beitrag: Die menschliche Individualität. In: Bohnsack/Kranich, a. a. O.

aufklärerisches, kein historisierendes Denkgesetz; es speist sich nicht aus östlicher Weisheitstradition, sondern aus strengem kritischen Denken, wie dies in unvergleichbarer Konsequenz erstmals von Lessing in seiner Abhandlung (1780 veröffentlicht) unter dem Titel ›Die Erziehung des Menschengeschlechtes‹ formuliert wurde: „Warum sollte ich nicht so oft wiederkommen, als ich neue Kenntnisse, neue Fertigkeiten zu erlangen geschickt bin? Bringe ich auf einmal so viel weg, daß es der Mühe wiederzukommen etwa nicht lohnet?" (§ 98). Wie Lessing rückt Steiner nicht die Letalfaktoren und Lernumstände (Anlage und Umwelt), sondern das Wesen des Lernenden selbst in die Mitte der Betrachtung und kommt so zum Begriff des Ich, des Geistes im Menschen, dem Leib und Umwelt Aufgaben stellen, durch die und an denen er sich entwickelt: leiblich, seelisch und im Erträgnis dieser Entwicklung auch geistig. Die Umwelt, das Begegnende ist nicht bloß totes Gegenüber, sondern steht – auch – in einer tiefen Beziehung zum Ich, nur dadurch kann jenes sich entwickeln, und darum steht das Ich aktiv sich wandelnd in seiner Umwelt. Freilich: genauer untersucht Steiner an dieser Stelle die Art dieser Beziehung nicht, ihm genügt der Hinweis, daß es sie gibt. Die Lebensumstände werden darum auch als etwas angesehen, was als Anforderung von außen auf den Menschen zukommt, durch die er, wenn sie ihn nicht überwältigen, die Möglichkeit erhält, sich zu steigern. Von diesem Ich-Begriff aus wird es dann notwendig, den Menschen und seine Entwicklung als realen Zusammenklang zweier Zeitströme zu verstehen: einem kräftigen, der aus der Vergangenheit herrührt und der mit dem Gewordenen, den ‚Anlagen für etwas' zu tun hat, und einem anderen, der aus der Zukunft, dem Erstrebten, Ersehnten als Möglichkeit, als Offenheit hereintritt: Gegenwart ist Begegnung beider Ströme, Realisation des Möglichen. Entscheidend dürfte für den Erzieher sein, daß diese Gedankenführung eine Gesinnung anregt, die dem Kind mit seinen Anlagen und Behinderungen fragend, offen, lernend, nicht überlegen, hochmütig urteilend gegenübertritt. Es versteht sich, daß sich darauf keine Norm- oder Noten-Pädagogik aufbauen kann. Maßstab kann letztlich nur das einzelne Kind sein. Darum prägte Rudolf Steiner für diesen notwendigen Vorgang *individueller* Betrachtung in einer *allgemeinen* Entwicklung den Begriff der Erziehungskunst. Zahlreiche Äußerungen Steiners zielen darauf hin, den Lehrer und Erzieher anzuregen, das Kind genauer zu betrachten, sowohl in der leiblichen Entwicklung, in den seelischen Äußerungen als auch in Gesundheit und Krankheitsprozessen Vorgänge sehen zu lernen, die mit der ‚Einkerkerung des tätigen Ich' verbunden sind. Als schaffendes Ich geht es biographisch dem sich selbst bewußt werdenden Ich lange Zeit voran. – Auch dem eigenen Tun gegenüber kann der Erzieher mit dieser Perspektive lernen, viel bewußter, aber auch selbstkritischer zu werden. Diese pädagogische Grundlage rückt die gesamte biographische Entwicklung als einheitliche Zeitgestalt vor Augen, die im Ich-Begriff wurzelt.

Damit ist eine erste Grundlage für ein erweitertes Menschenverständnis gegeben, das aber noch nach zwei Richtungen des Ausbaus bedarf, einerseits dahingehend, daß verständlich wird, wie denn das Verhältnis des Menschen zu seiner Umwelt, nicht nur biographisch, beschaffen sei, also die Frage stellt sich, ob die gesamte Erde, die Naturreiche ebenso wie der Kosmos in einem Zusammenhang mit dem Menschen stehen. Steiner greift auf einen Traditionsstrom zurück, der mehr oder weniger zu allen Zeiten – mehr oder weniger klar – anwesend war: daß der Mensch wie ein Mikrokosmos zu der gesamten ihn umgebenden Welt, dem Makrokosmos, stehe. Wird dies aber angenommen, dann ist unumgänglich, auch das kosmische Werden zu begründen, also eine Kosmogonie zu liefern. Dies wird 1909 in der ›Geheimwissenschaft im Umriß‹ geleistet, die die Fortsetzung des Werkes der ›Theosophie‹, deren zweiten Band, darstellt. Andererseits bleibt dann die konkrete Aufgabe, diesen Ansatz der gerade gewonnenen Menschenerkenntnis im Hinblick auf das pädagogische Handeln fruchtbar zu machen. Das geschieht zunächst – noch sehr keimhaft – in Vorträgen des Jahres 1906/07, die dann als schriftliche Zusammenfassung mit dem Titel ›Die Erziehung des Kindes vom Gesichtspunkte der Geisteswissenschaft‹ veröffentlicht werden. Dort wird der Gedanke der menschlichen Wesensgliederung, wie er in der ›Theosophie‹ entwickelt wurde, aufgegriffen und nunmehr für die Entwicklung des Kindes fruchtbar gemacht.

Als Ausgangspunkt für die Betrachtung kann die Geburt des Menschen angesehen werden. Das Neugeborene verläßt in *ungleicher* Reifung den Mutterleib. Zwar ist das gesamte Wesensgefüge bereits anwesend, d. h., die Lebensprozesse sind ebenso wie seelische Reaktionen und erste Bewußtseinsformen (Wachen – Schlafen) schon da, aber gemessen an der vollen Reife ist nur der physische Leib im engeren Sinne einigermaßen reif, d. h. in einer ersten Stufe der Umwelt angepaßt, wobei er aber noch der weiteren Durchgestaltung und Ausbildung bedarf. Voll funktionsfähig sind zunächst ja nur die Sinnesorgane. Was dann rein biologisch ausgeformt wird, das ist der gesamte Funktionsbereich des Gehirns (vor allem: Großhirn), also jenes Organs, das den Menschen erst in den Stand setzt, die Wahrnehmungen zu verarbeiten und darauf menschengemäß zu antworten. Diese – hier am Gehirn verdeutlichte – wichtigste Gestaltung und innere Strukturierung (Vernetzung der Neuriten und Ausbildung der Synapsenstruktur) benötigt im wesentlichen nicht weniger als sieben Jahre. Wie kommt sie aber zustande? Ganz entscheidend durch die Kraft der Nachahmung (motorischer Mitvollzug). Durch das über die Sinne Wahrgenommene bauen Seele und Geist am Leibe mit und bemächtigen sich seiner. Das Innere des Menschen baut eigentätig, nicht nur passiv am Leib mit und inkarniert sich dadurch.

Begrifflich bezeichnet Steiner gerade denjenigen Teil des Lebens, der auf diese Weise seine endgültige Struktur erfährt, also Gehirn und insbesondere die Zähne, als physischen Leib, aber nicht nur das, sondern alles, was die Form, die Struktur bewahrt – auch der inneren Organe, die tiefgreifenden Veränderungen in der ersten Lebenszeit unterliegen –, das Gestaltende hingegen nennt er den Lebensleib.

Dieser den physischen Körper formende Lebensleib kann sich als Gestaltungskraft dann aus jenen Partien des physischen Leibes herausziehen – im übertragenen Sinne ‚geboren' werden –, wenn sie ihre Form erhalten haben. So hat z. B. das Großhirn durch die Vernetzung der Zellen untereinander weitgehend seine Struktur bekommen. Nunmehr muß das Gehirn nicht mehr geformt, sondern nur noch von den Lebensprozessen erhalten werden. Es kann in der gegebenen Form vielleicht auch noch in der Größe wachsen, sich aber nicht mehr in seiner Gesamt- oder Feinstruktur grundlegend verändern oder gar neu bilden. Darum wirken die biologischen Kräfte nicht mehr in erster Linie gestaltend, sondern erhaltend. Sie können sich anderen Aufgaben zuwenden. Dies gilt insbesondere für den Bereich des Hauptes, aber auch für zahlreiche innere Organe, die innerhalb etwa der ersten sieben Jahre tiefgreifend umgebildet wurden.[6] Freilich, die härteste Substanz, die mit den Zähnen ererbt wurde, wird im Zahnwechsel abgestoßen und durch neu gebildete ersetzt. Auf diesen Vorgang hebt Steiner besonders ab: Die Ausformung der Zahnkronen (Schmelz) der zweiten Zähne, die, ohne daß damit schon ein Zahnstellungswechsel einträte, ausgereift in der Zahnleiste des Kiefers liegen, ist etwa im siebenten Lebensjahr ein äußeres Zeichen dafür, daß die Gestaltungskräfte der Lebensorganisation nicht mehr voll zur Leibgestaltung benötigt werden; denn die Zähne sind nicht regenerationsfähig. Die Lebenskräfte können sich auf den Unterhalt und allenfalls das Größen- oder Massenwachstum, auf die Erhaltung im weitesten Sinne (also nicht: Gestaltung) beschränken. Diese freigesetzte Reserve an Gestaltungskraft steht nun für eine andere Aufgabe bereit: für das *freie Vorstellungsleben* und die

[6] So wurden die allerwesentlichsten Partien des Neokortex vernetzt, das Gehirn erhält seine makroskopisch sichtbare Furchung – freilich findet der letzte Matrixaufbrauch, d. h. die Vernetzung bis dahin noch nicht ausgereifter Neuriten, bis Anfang der 20er Jahre statt, und möglicherweise gibt es sogar auch später noch weitere Synapsenbildungen (D. Müller: Neurologische Untersuchung und Diagnostik im Kindesalter. Wien, New York 1968, S. 5). Schon „etwa einen Monat vor der Geburt finden keine Mitosen in den Nervenzellen" statt (S. 13).

Gedächtnisbildung.[7] Das Kind wird damit reif für schulisches Lernen. Dies ist eine andere Form des Lernens als die in der frühen Kindheit: hochgetriebener, systematischer, aber auch störanfälliger, gefährdeter.

Steiner betrachtet das gesamte Lebensgefüge, den *Lebensleib* des Menschen, unter zwei Gesichtspunkten: von einem *naturhaft-biologischen* und von einem *kulturellen.* Den einen umschreibt er mit den Ausdrücken Erbauer, Architekt, Gestalter des menschlichen Leibes und dessen Bewohner; den anderen, den kulturell überformten, bezeichnet er mit Verhaltenseigenschaften, die dieser konstituiert; er ist *Träger* der Temperamente, der Gewohnheiten, Neigungen, des Charakters, des Gewissens und Gedächtnisses.

Für die ganze erste Lebenszeit der frühen Kindheit ist eine nachahmenswerte, sinnlich reiche wie mit sinnhaften Handlungen durchsetzte Umwelt wichtig, sie wirkt bildend und ‚erziehend' auf das Kind. Wenn diese Welt seelisch durchwirkt ist, indem das Interesse der Erwachsenen vom Kinde in der Zuwendung erfahren wird, dann entsteht aus dem Vertrauen eine gesunde körperliche wie seelische Entwicklung des Kindes.

Mit dem Zahnwechsel, dem ersten Gestaltwandel, der Schulreife, verändert sich die Form des Lernens, weil fernerhin der emanzipierte, ‚geborene' Lebensorganismus mit seinen veränderten Lernkräften zur Verfügung steht. Nunmehr verlagert sich die somatische Entwicklung in tiefere Leibregionen, insbesondere in die rhythmischen Prozesse, wo das Verhältnis von Atem- und Blutzirkulation in ein vom Erleben her modulierbares Ebenmaß (1:4) kommt. Der Lebensorganismus, der zuvor vornehmlich das Haupt mit der Gehirnorganisation durchgestaltet hatte, arbeitet nun stärker im Brustraum, dem ‚rhythmischen System' des Menschen. Dies ist aber der ‚Ort' und Sitz des menschlichen Gefühlslebens, das in einem ganz erstaunlichen Umfang für die erzieherische Ansprache durch Bild, Gleichnis, Symbol empfänglich und offen ist. Gerade dadurch gestaltet sich sehr stark die Tiefenschicht der Persönlichkeit – Gewohnheit, Neigung, Temperament, Gewissen, Charakter und Gedächtnis – aus. Wenn das Kind in Bildern Weltinhalte erfährt, die ihm einen erlebnishaften inneren Bezug zu

[7] „Der Zahnwechsel bezeugt, daß gewisse Kräfte, die vorher den Organismus durchdrungen haben ..., nun frei werden, sie werden ... freie Vorstellungskräfte. Aber alles, was so im Organismus vorgeht, darf nicht streng und abgezirkelt sein, das wäre gerade gegen den Sinn der Entwicklung ... [Von dem, was das Wichtigste einer zurückgelegten Entwicklung ist] muß ein Rest zurückbleiben. Den Weisheitszahn bekommen wir eben später, weil noch immer ein Rest von dem im Organismus ... wirken muß, was bis zum 7. Lebensjahre besonders radikal wirkt ..." (R. Steiner: Die Erneuerung der pädagogisch-didaktischen Kunst durch Geisteswissenschaft. GA 301, S. 222).

den äußeren Welterscheinungen ermöglichen, dann trifft das auf sein innerstes Sehnen, befriedigt es tief und gestaltet nicht nur am Aufbau seiner ,geistigen Welt', sondern auch an der leiblichen Gesundheit mit. Aber nicht nur das kindliche Verstehen will angesprochen sein, sondern auch sein künstlerischer Sinn und die eigene Tätigkeit im Bereich der Malerei, der Musik, des Werkens usf. Neben der *bildhaften Gestaltung allen Unterrichts* von Anfang an, neben einer gefühlsmäßigen Tingierung, die vom kindlichen Erleben ausgeht und die, wird sie nicht vom Lehrer berührt und angeregt, zu Schulmüdigkeit und Desinteresse führt, durchdringt ihn eine künstlerisch-rhythmische Gestaltung, d. h. eine zeitliche Gliederung von Ein- und Ausatmen, Spannung und Entspannung. Wer dies alles sachgerecht zu handhaben versteht, wird für das Kind glaubwürdige *Autorität*, nach der es sich sehnt, nicht Autorität deshalb, weil er ein Amt innehat, sondern weil er was zu sagen, zu vermitteln, anzuregen hat. Diesen Prozeß faßt Steiner mit dem Begriff Erziehungskunst.

Die Durchgestaltung des ,mittleren' Leibes- und Lebensgefüges währt so lange, bis die Leibdurchgestaltung und -ausreifung auf dem Weg vom Kopf zu den Gliedern (kranio-kaudal) den Stoffwechsel und die Keimdrüsen erreicht, also bis zum Eintritt der Fortpflanzungsfähigkeit. Dann entbindet sich ein weiteres Kraftfeld nunmehr rein seelischer Art. In der Sprache Steiners wird mit der Erdenreife der *Seelen- oder Empfindungsleib* geboren: ein ganzer Organismus von Empfindungen, der einerseits mit den Sinnen verknüpft ist, aber andererseits keineswegs allein mit diesen verrechnet werden kann. Der ganze Bezirk von Affekten, Emotionen, willkürlichen und unwillkürlichen Handhabungen von Lust und Unlust, Begehrungen, kurz: alles Subjektive, Innerliche bricht in eigenständiger und freier bzw. nun noch tieferer Weise in den Seelenraum ein. Was zuvor auch schon, aber gänzlich leibgebunden vorhanden war, wird nun teilweise freigesetzt und muß im Innern selbst ,strukturiert', also beherrscht werden. Das einzelne Erlebnis mag von der Sinneswahrnehmung ausgehen, gewinnt aber davon unabhängige Intensität und Getriebenheit: „Meine Ruh' ist hin, mein Herz ist schwer ... wo ich ihn nicht hab' / ist mir das Grab." Hinzu kommt, daß der Jugendliche nun auch in seiner Intellektualität qualitativ nochmals eine Veränderung erfährt, er wird fähig, mit abgezogenen Begriffen Welterscheinungen zu ordnen. Er entfaltet das Streben, selbständig urteilend zu den Erscheinungen und Zusammenhängen, insbesondere in der nächsten Umgebung und der sozialen Welt, Stellung zu beziehen und eine eigene Position zu gewinnen. Erziehend wirkt darum in diesem Lebensalter alles, was die eigene Urteilsfähigkeit befestigt, Sicherheit gibt, das Subjektive auf ein Objektives zu beziehen. Was freilich dann noch weiterhin fehlt, das ist die *Sozialreife,* die vor allem darin besteht, die allmählich errungene Urteilssicherheit auch in konsequentes, selbständiges wie ausdauerndes Handeln umzusetzen. Die *Handlungskompetenz,* so könnte etwas reduziert formuliert werden, muß in der auf die Pubertät folgenden Epoche errungen werden. Da Handeln mit der Hand zusammenhängt, dürfte es nicht allzusehr verwundern, daß es gerade die Ausreifung der Glieder ist, die das Jugendalter, somatisch betrachtet, bestimmt. Etwas tiefer angeschaut, ist es die Ab- und Übereinstimmung von Absicht und Handeln, die zum wahren Menschsein errungen und gelernt werden muß. Wir können als erzieherisches Entwicklungsziel das ‚mündige, selbstbewußte Handeln' bezeichnen. Aus diesem Vorgang kann die Tätigkeit mit den Gliedern schulisch nicht ausgeblendet werden, gerade darum finden sich Fächer an der Waldorfschule, die das künstlerisch-praktische Tun anregen. Dieses Handeln wird mit der Mündigkeit, der Lebens- und Sozialreife, erreicht, die mit der Emanzipation der ‚Ich-Organisation' aus dem bisher beschriebenen Leibesgefüge gegen das 21. Jahr hin erfolgt.

Innerhalb der ungleichen Reifungsprozesse des Leibes nimmt Steiner bei der Betrachtung jeweils ein vorherrschendes Gefüge als die ganze Entwicklung dominierend in den Blick, wobei in jedem Zeitabschnitt (später in Einzelbeiträgen auszuführende) Differenzierungen für die pädagogische Praxis zu beachten sind. In der knappen, aber grundlegenden Schrift ›Die Erziehung des Kindes‹, deren Ausführungen wir um einige erst später formulierte Gesichtspunkte erweitert haben, wird einiges an pädagogischen Handhabungen angedeutet und dann darauf verwiesen, daß die Geisteswissenschaft in der Lage sei, bis in Einzelheiten hinein die dargestellte Konzeption auszugestalten, wenn danach gefragt würde. Nach dieser Ausgestaltung fragt dann Emil Molt im Jahre 1919 bei der Schulgründung.

In Steiners späteren Ausführungen (aber noch vor der Gründung der Waldorfschule) befindet sich eine weitere wichtige Erkenntnis, die im Jahr 1917 formuliert wird.[8] Dort wird von Steiner die Abhängigkeit des Geistig-Seelischen vom physischen Leib des Menschen als dreifach verschieden dargestellt. Die körperliche Verbindung zum Seelischen des Vorstellens hat man „in den Vorgängen des Nervensystems mit ihren Ausläufern in die Sinnesorgane einerseits und in die leibliche Innenorganisation andererseits zu sehen". Indem die physiologischen Prozesse hierbei entvitalisiert, ja abgelähmt werden, ermöglicht dieser Abbau das Bewußtwerden. Wo das Nervensystem sich entfaltet, verlieren die Zellen die Fähigkeit, sich zu teilen, also zu vermehren, und sind bei Verletzungen auch kaum oder schwer regenerationsfähig. Aber genau diesem Entvitalisierungsvorgang wird die erhöhte Wachheit oder das klare Bewußtsein verdankt. Das Fühlen muß in

[8] R. Steiner: Von Seelenrätseln. GA 21, im 6. Anhang.

eine Beziehung gebracht werden zu „demjenigen Lebensrhythmus, der in der Atmungstätigkeit seine Mitte hat“, wobei dieser Atemvorgang über den Blut-Rhythmus „bis in die äußersten peripherischen Teile der Organisation“ verfolgbar ist. Der dazu parallel verlaufende Bewußtseinszustand ist weniger wach, er ist traumhaft, das innere Erleben dagegen stark, intensiv, gelegentlich heftig. Dies stellt eine zweite Art der Verbindung des Seelischen mit dem Leib und seiner Physiologie dar. In ähnlicher Weise ‚stützt‘ sich das Wollen auf ‚Stoffwechselvorgänge‘ des Leibes; es wird bewußtseinsmäßig, wenn vom jeden Willensvorgang vorstellungsmäßig parallel begleitenden Korrelat abgesehen und ausschließlich auf den Willensvollzug hingeblickt wird, kaum ‚wacher‘ oder ‚klarer‘ erlebt als der Schlaf. Der Willensvollzug selbst bleibt also außerordentlich dunkel für das eigene Bewußtsein. Das Wollen ist demnach anders mit dem Leibe verbunden als das Denken, nämlich mit dem Stoffwechsel selbst.

System	*Zentrum*	*Seelisch*	*Geistig*
Nerven-Sinnes-System	Haupt	Vorstellen	Wach
Rhythmisches System	Zirkulation Atmung	Gefühle	Träumend
Stoffwechsel-Gliedmaßen-System	Abdomen Glieder	Wollen	Schlafend

Die einzelnen ‚Systeme‘, d. h. aber: die unterscheidbaren Tätigkeiten und Leistungen, lassen sich sowohl physiologisch und seelisch als auch im unterschiedlichen Grad der Bewußtseinshelligkeit voneinander abgrenzen, obgleich sie als ‚Tätigkeitsformen‘ nicht *neben-*, sondern *ineinander* liegen; sie „durchdringen sich, gehen ineinander über“. – „Der Leib als Ganzes, nicht bloß die in ihm eingeschlossene Nerventätigkeit, ist physische Grundlage des Seelenlebens.“ – Dieses von Steiner der menschlichen Wesenheit gegenüber erschlossene Erkenntnisorgan hat vielfältige und weitreichende Konsequenzen, vor allem wenn die Wirkung des Unterrichts bis in die physiologischen Folgen von Gesundheit und Krankheit betrachtet werden soll.

Kehren wir, von der Pädagogik zunächst absehend, zu Steiners Wirken zurück: In den Jahren nach 1907 gestaltet Steiner die Grundlagen der Anthroposophie systematisch weiter aus, hält beispielsweise Vortragszyklen über die Evangelien, arbeitet aber auch an Erneuerungen und Experimenten auf dem Gebiet der Kunst: Eurythmie, Sprachgestaltung, Mysteriendramen (zunächst in München aufgeführt). Aus den Aufführungen ergibt sich das Bestreben, ein eigenes künstlerisch gestaltetes Zentrum zu errichten, das dann in Dornach in Gestalt eines eindrucksvollen holzgeschnitzten Doppelkuppelbaus, des Goetheanums, von 1913 an verwirklicht wird. Dieses Bauwerk brennt kurz vor Vollendung in der Silvesternacht 1922/23 infolge Brandstiftung ab, wurde dann aber durch einen kühn und zukunftsweisend gestalteten Betonbau neu errichtet.[9]

Eine ausgebreitete Vortragstätigkeit – es sind von der Mehrzahl der über 6000 Vorträge Nachschriften erhalten – gibt kaum auszuschöpfende Anregungen, Perspektiven, Erkenntnisse, Impulse.

Die letzte Lebenszeit Rudolf Steiners ist dadurch gekennzeichnet, daß eine Fülle unmittelbar in die Lebenspraxis eingreifender Initiativen entsteht. Sie begannen damit, daß mit dem Ausgang des Ersten Weltkrieges an Steiner die Frage gestellt worden war, wie eine heilsame Gesellschaftsverfassung der Nachkriegszeit beschaffen sein könnte. Steiner hatte zuvor in einem Vortrag bemerkt, daß in Zeiten der Kriegführung Völker ohne die Idee einer Gemeinschaftsaufgabe rein durch Herrschaft geführt werden könnten; in Friedenszeiten müsse aber eine Gesellschaft sich ihrer Aufgaben bewußt werden, sie benötige dann Ziele, eine Mission.[10] Zwei Persönlichkeiten waren es, die an Steiner konkrete Anfragen richteten: Graf Lerchenfeld, Neffe des bayrischen Gesandten in Berlin, und ein Bruder des österreichischen Kabinettchefs, Graf Polzer-Hoditz. Sie fragen, wie eine soziale Verfassung und eine künftige Friedensordnung beschaffen sein könnten. Die dadurch erarbeitete Konzeption bestand aus einem ‚mitteleuropäischen Programm' – im Gegensatz zu dem westlichen der 14 Punkte von Wilson –, das die Gewaltenteilung radikal fortsetzte. Kerngedanke war, daß durch Gliederung der Gesellschaft in ihre Hauptfunktionen und die Schaffung völliger Selbstverwaltung für die Wirtschaft und das Geistesleben eine Reduzierung der Staatstätigkeit und damit eine Überschaubarkeit der Gesellschaft möglich wird, so daß sich selbstverantwortlich und bürgernah die einzelnen Lebens- und Gesellschaftsbereiche entfalten können.[11]

Die Einrichtungen des *Geisteslebens* werden durch die dort Tätigen unmittelbar und direkt selbst verwaltet. Es wirkt nämlich stark anregend und weckend auf die schöpferischen Kräfte im Menschen, wenn er über seine

[9] Die Baugestaltungen Steiners, die sich auch auf Utilitätsbauten erstreckten, fanden wiederholt große Anerkennung: Aus der umfangreichen Literatur nennen wir stellvertretend H. Biesantz, A. Klingborg (Hrsg.): Das Goetheanum. Der Bau-Impuls R. Steiners. Dornach 1978. – Die Waldorfschule baut – Sechzig Jahre Architektur der Waldorfschulen; Schule als Entwicklungsraum menschengemäßer Baugestaltung, hrsg. von R. Raab, A. Klingborg. Stuttgart 1982.

[10] Die Argumentation entspricht jener, die dann H. Plessner in seinem gedankenreichen Essay ›Die verspätete Nation‹ (1938) vorgetragen hat.

[11] A. Schmelzer: Die Dreigliederungsbewegung 1919. R. Steiners Einsatz für den Selbstverwaltungsimpuls. Stuttgart 1991.

Leistungen selbst verfügen darf, während Vorschriften einer fremdbestimmenden Verwaltung sie ablähmen. Der Staat kann allgemeine Rechtsnormen vorgeben, muß aber nicht für alles und jedes tätig sein. – Steiner sah allerdings noch eine viel radikalere Aufgabe: Wo lagen denn die Ursachen des Weltkrieges? In der (imperialistischen) Denkweise der Völker. Woher rührt sie? Aus den ‚Leistungen' des Kulturlebens des Bürgertums. Für ihn konnte es darum nicht mit einer bloßen Verfassungsreform (Weimar) sein Bewenden haben, sondern eine grundlegende Kulturerneuerung unter Hinzuziehung aller Schichten schien ihm nötig, eine Demokratisierung des Bildungswesens – Chancengerechtigkeit würde das heute genannt werden – schien ihm unaufschiebbar. Aber ebenso wie das Schulwesen zu einem differenzierten, pädagogisch miteinander wetteifernden Einheitsschulwesen verwandelt werden soll, in dem aber nicht eine kleine Führungsgruppe von Bildungsfachleuten (Bürokratie) vorschreibt, was inhaltlich zu tun sei, sondern eine Identität von Verwaltenden und Verwalteten durch Selbstverwaltung besteht, so muß auch das ganze Universitätsleben einen neuen geistigen Zug bekommen. Dies ist jedoch nur möglich, wenn Forschung gänzlich anders finanziert wird – durch Schenkung. Hierfür sah Steiner eine besondere Einrichtung innerhalb des Geldwesens vor, wodurch ‚Schenkungsgeld' sich zwangsläufig für das Geistesleben bilden würde.[12] Erst wenn die Mittelvergabe nicht mehr danach bestimmt wird, was sie zur Mehrung von Macht und/oder Ansehen des Landes, sondern zur Förderung eines öffentlichen Bewußtseins beiträgt, dann werden Katastrophen wie der Weltkrieg vermieden werden können. Weiterhin ist zur ‚Entmachtung' des Staates und für einen künftigen Frieden nötig, die Wirtschaft und den Staat verfassungsmäßig zu entflechten. Das *Wirtschaftsleben* soll am Bedarf orientiert und selbstverwaltet sein, indem durch Zusammenschlüsse von Produzenten, Konsumenten und Händlern in *Assoziationen* die Bedürfnisse wahrgenommen werden und die Preisgestaltung geordnet wird. Der Staat beschränkt sich demnach einerseits auf den Bereich der Sicherung einer Gemeinschaft, andererseits auf die *Rechtsgestaltung,* sofern sie durch unmittelbare Teilhabe aller mündigen Bürger zu entscheiden ist. Die Grundzüge dieser Konzeption werden dargestellt in den ›Kernpunkten der sozialen Frage in den Lebensnotwendigkeiten der Gegenwart und Zukunft‹ (1919) und in zahlreichen Vorträgen, insbesondere in Württemberg vor den Belegschaften großer Firmen; darunter wird derjenige vor den Arbeitern der Waldorf-Astoria am 23. 4. 1919 zum Anstoß für die Gründung der Freien Waldorfschule in Stuttgart. Die Gedanken konkre-

[12] Vgl. S. Leber (Hrsg.): Wesen und Funktion des Geldes. Zahlen, Leihen, Schenken im volkswirtschaftlichen Prozeß. Stuttgart 1989.

tisieren sich allmählich bis zu Entwürfen möglicher institutioneller Ausgestaltung.[13]

Weitere lebenspraktische Wirksamkeiten werden ausgelöst durch Fragen, die an Steiner gestellt werden, so auf dem Gebiet der *Medizin* durch Ita Wegmann – sie führen zu einer Erneuerung der Heilkunst, woraus inzwischen Tausende von Ärzte schöpfen –, auf dem Gebiet der *Landwirtschaft* durch den Grafen Keyserlingk, woraus die weltweite ökologische Richtung der *biologisch-dynamischen Wirtschaftsweise* hervorging; in der *Heilpädagogik* durch eine Gruppe junger Studenten (Strohschein, Pickert, Pache u. a.) die Einrichtung entsprechender Heime und Tagesstätten usf.

R. Steiner erkrankt nach einer Hochphase geistiger Produktivität (rund 200 Vorträge in vier Monaten) und stirbt, trotz Krankheit bis zum letzten Lebenstag regsam und schöpferisch tätig, am 30. 3. 1925 in Dornach.

2. Zu Aufbau und Organisation und zur pädagogischen Intention der Waldorfschule

a) Pädagogische Grundlegung

Der Gründung der Waldorfschule ging unmittelbar ein vierzehntägiger intensiver Schulungskurs der künftigen Lehrer durch Rudolf Steiner voran. Er hielt morgens eine Vortragsreihe über ›Allgemeine Menschenkunde als Grundlage der Pädagogik‹ (GA 293), der sich am späten Vormittag ein weiterer Kursus mit 14 Vorträgen über ›Erziehungskunst: Methodisch-Didaktisches‹ (GA 294) anschloß, während an den Nachmittagen

[13] Aus den vielfältigen Darstellungen R. Steiners hierzu seien genannt: 1. Die Erziehungsfrage als soziale Frage. Die spirituellen, kulturgeschichtlichen Hintergründe der Waldorfschulpädagogik (GA 296), 6 Vorträge 1919; 2. Vorträge über Volkspädagogik (1919). In: Geisteswissenschaftliche Behandlung sozialer und pädagogischer Fragen (GA 192); 3. Neugestaltung des sozialen Organismus (GA 330/331). Ferner: H. Kloss: Selbstverwaltung und die Dreigliederung des sozialen Organismus. Frankfurt a. M. 1983. – Ders.: Die Selbstverwaltung des Geisteslebens. Frankfurt a. M. 1981. S. Leber: Selbstverwirklichung, Mündigkeit, Sozialität – Eine Einführung in die Idee der Dreigliederung des sozialen Organismus. Frankfurt a. M. ²1982. – Ders.: Die Sozialgestalt der Waldorfschule. Ein Beitrag zu den sozialwissenschaftlichen Anschauungen Rudolf Steiners. Stuttgart ⁴1991. – J. Luttermann: Dreigliederung des sozialen Organismus – Grundlinien der Rechts- und Soziallehre Rudolf Steiners. Frankfurt/M. 1990. – D. Vogel: Selbstbestimmung und soziale Gerechtigkeit. Schaffhausen 1990. – U. Hermannstorffer: Scheinmarktwirtschaft – Die Unverkäuflichkeit von Arbeit, Boden, Kapital. Stuttgart 1991.

›Seminarübungen und Lehrplanbesprechungen‹ (GA 295) stattfanden. Dabei trugen die Teilnehmer das von ihnen Erarbeitete oder Ausgearbeitete vor und korrigierten sich gegenseitig oder wurden von Steiner auf die eine oder andere Handhabung und Einsicht hingewiesen. Die so begonnene pädagogische Gesprächsarbeit setzte sich dann unmittelbar nach Eröffnung der Schule in den gemeinsamen pädagogischen Konferenzen fort, die jeweils donnerstags stattfinden und als fortlaufendes „pädagogisches Seminar, als weitergeführte Hochschule“ gelten können. Wenn Steiner in Stuttgart weilte, hielt er, wann immer möglich, Konferenzen mit den Lehrern ab, in denen aktuelle pädagogische Probleme oder einzelne Kinder sowie Fragen der Ausgestaltung der Schule erörtert wurden. Zu seinen Lebzeiten waren es 70 solcher Konferenzen,[14] wobei einzelne Fragen, wie z. B. die der Gedächtnisschulung, Sprachbetrachtungen oder Probleme aus dem Gebiet des Physikunterrichts Anlaß sein konnten, in zusammenhängenden Vorträgen die Thematik und Aufgabenstellung zu entwickeln. Alle diese Kurse (GA 302, 302a, 320/1, 323/4) stellen an den Leser nicht unbeträchtliche Anforderungen, wurden sie doch vor einem Menschenkreis gehalten, der sich zuvor schon jahrelang mit den Grundlagen der Geisteswissenschaft beschäftigt hatte und in die benutzte Terminologie eingearbeitet war.

Ausgehend von der Gründung der Waldorfschule kommt es dann wiederholt auch zu Vorträgen Steiners vor Lehrern an staatlichen Schulen, um ihnen die Grundgedanken der von ihm vertretenen Pädagogik darzustellen. Diese Kurse sind von der Sache und Diktion her dem Leser unmittelbarer zugänglich als die für die Waldorflehrer. Die Reihe beginnt mit einem Kursus für Lehrer des Kantons Basel (GA 301), setzt sich über öffentliche Vorträge an verschiedenen Orten in einer Reihe von europäischen Ländern fort (GA 305/6) und reicht über systematische Darstellungen in England (GA 307) und Dornach (GA 303, 308/9) u. a. bis zu dem Kursus 1924 (GA 308) in Stuttgart im Rahmen einer öffentlichen Erziehungstagung. Auf diese Weise entfaltet sich die Grundlage der Pädagogik Rudolf Steiners außerordentlich lebendig, ausgehend von direkter Wahrnehmung des pädagogischen Geschehens in den Klassen und in den Konferenzen. Sie basiert deshalb vorwiegend auf dem gesprochenen, nicht dem geschriebenen Wort. Zweifellos eine Eigentümlichkeit, der im pädagogischen Raum nichts Vergleichbares an die Seite zu stellen ist. Über 200 Vorträge sind in mehr oder weniger vollkommenen stenographischen Nachschriften erhalten, wobei die schriftliche Darstellung – alles kleinere Aufsätze – dem-

[14] Sie sind nur sehr fragmentarisch in mehr oder weniger zuverlässigen Notizen von Teilnehmern überliefert (GA 300).

gegenüber außerordentlich schmal bleibt, wohl kaum über 200 Seiten (GA 24; 298 u. a.); dies dürfte vor allem in der außerordentlichen Arbeitsbelastung Steiners begründet sein.

b) Einheitsschule

Die Schule wurde am 7. September 1919 feierlich eröffnet. In seiner Ansprache wies Emil Molt auf die Zielsetzung mit folgenden Worten hin: Der Gründungsgedanke „wurde geboren aus der Einsicht in die Notwendigkeiten unserer Zeit. Es war mir einfach Bedürfnis, in Wahrheit die erste sogenannte Einheitsschule ins Leben zu rufen und dadurch einem sozialen Bedürfnis wirklich abzuhelfen, so daß künftighin nicht nur der Sohn und die Tochter des Begüterten, sondern auch die Kinder der einfachen Arbeiter in die Lage versetzt werden, diejenige Bildung sich anzueignen, die heute notwendig ist zum Aufstieg zu einer höheren Kultur [...] Es genügt heute ja nicht, eine bloße ‚Einrichtung‘ zu schaffen, sondern es tut not, diese Einrichtung zu erfüllen mit neuem Geiste.“[15]

Die Schule begann mit 256 Schülern in acht Klassen, davon waren 191 Kinder von Arbeitern der Waldorf-Astoria, der Rest kam vornehmlich aus dem Kreis anthroposophisch orientierter Eltern. Die Schule war „angegliedert an eine industrielle Unternehmung“, also zunächst rechtlich Teil der Waldorf-Astoria. Daraus erwuchsen grundlegende Schwierigkeiten, als im folgenden Jahr die Schülerschaft um 174 weitere Kinder zunimmt und die Waldorf-Astoria nicht mehr die Kosten – für Nichtwerksangehörige – tragen kann oder will. Das Kollegium sieht darin eine harte, aber gesunde Entwicklung in die volle – auch wirtschaftliche – Selbständigkeit neben der schon bestehenden pädagogischen Selbstverwaltung; der Schulgründer Emil Molt betrachtet dies zunächst als ein Abweichen vom ursprünglichen Konzept. Indessen kommt unter R. Steiner dann zwischen beiden Seiten eine Einigung zustande, als Steiner verdeutlicht, daß in der Pädagogik ja stets die allgemein-menschliche Entwicklung und nicht nur die der Kinder des Werkes im Blick stehe und daß es die ursprüngliche Hoffnung war, es würden sich gleichzeitig weitere Freie Schulen nach der neuen Pädagogik an verschiedenen Orten bilden. Das letztere konnte aus politischen Grün-

[15] In: Rudolf Steiner in der Waldorfschule, Ansprachen für Kinder, Eltern und Lehrer 1919–1924. GA 298. – Vgl. auch über den Streit um die inhaltliche Ausfüllung des Begriffs Einheitsschule in der Weimarer Nationalversammlung S. Leber: Weltanschauung, Ideologie und Schulwesen. Ist die Waldorfschule eine Weltanschauungsschule? Stuttgart 1989.

den (zunehmende Inflation; Weimarer Verfassung, die in der Grundstufe ‚Privatschulen' nur unter erschwerten Bedingungen zuließ) zunächst nicht geleistet werden, so daß die Waldorfschule zum ‚Modell' wurde, von Steiner keineswegs gewollt. Die Entscheidung indessen, all jene Kinder aufzunehmen, deren Eltern um Aufnahme nachsuchten, schloß einerseits die Abtrennung von der Firma ein und machte notwendig, daß die Eltern selbst an den Kosten der Schule mitzutragen, ja sie ganz zu übernehmen hatten; andererseits hieß das aber auch, daß sich die Schule damit vom ursprünglichen Rekrutierungsfeld, der Arbeiterschaft im strengsten Sinn, zunehmend entfernte. Im Rückblick erwies sich die Entscheidung gleichwohl als sachgerecht, denn nicht nur sank der Anteil der ‚Werkskinder', sondern die Firma ging an andere Eigentümer über, die schließlich die Produktion in Stuttgart ganz einstellten, was auf die 1920/21 rechtlich selbständig gewordene Schule dann keine direkte Auswirkung hatte. Molt selbst führte zu Steiners Lebzeiten den stellvertretenden Vorsitz innerhalb des Träger-Vereins, später dann diesen selbst bis zu seinem Tode (1936).

c) Selbstverwaltung

Die Selbstverwaltung der Schule im Hinblick auf die pädagogische Zielsetzung, also auf Lehrplan und Unterrichtsorganisation, die bestrebt war, sich allein am Verständnis der kindlichen Entwicklung zu orientieren, bestand von Anfang an, soweit es von der staatlichen Schulaufsicht zugelassen wurde. Diese Form der Selbstverwaltung erstreckte sich nach den geschilderten Umwandlungen auch auf die wirtschaftlichen Vorgänge, die mit der Durchführung des Schulbetriebs gegeben sind. Auch zur Finanzierung freier Einrichtungen des Bildungswesens wurden von R. Steiner weiterführende Gedanken entwickelt, die sich aber zunächst kaum verwirklichen ließen, so daß die Schule ständig mit großen wirtschaftlichen Schwierigkeiten zu kämpfen hatte.[16] Damit werden tiefgehende Fragen der demokratischen Entwicklung berührt. Denn wie sollen öffentliche Aufgaben, die in freier Trägerschaft erbracht werden, ihren Finanzbeitrag erhalten? In Weimar (1919) war selbstverständlich, daß, wer einen eigenen Weg wählt, diesen auch zu bezahlen hat. Das Grundgesetz von Bonn bezog die Erfahrungen des faschistischen Totalitarismus ein und sicherte die Freiheitsrechte als nicht im Wesensgehalt antastbar, darunter auch das Recht zur Errichtung von Schulen. Zum Finanzhilfeanspruch schweigt es. Doch in einer rechtsschöpferischen Weiterentwicklung und Interpretation des

[16] Vgl. die unter 12 angegebene Literatur.

Sozialstaatsgebotes und der freiheitlich-demokratischen Grundordnung kam das Bundesverfassungsgericht zu anderen Einsichten, denn sonst gäbe es keine Schulen in freier Trägerschaft mehr, oder nur solche, bei denen ein quasi öffentlich-rechtlicher Träger mit Steuereinkünften dahintersteht. Damit sind die Probleme verändert und gemildert, aber keineswegs behoben.[17]

Notwendigerweise mußte die pädagogische Konzeption der Waldorfschule zu erheblichen Abweichungen im Lehrplan und in der Unterrichtsorganisation gegenüber der Regelschule in hoheitlicher Verwaltung führen. Die Verantwortung der Freien Schule (als Angebotsschule) ist gleichsam direktdemokratisch, d. h.: sie erfolgt direkt im Bezug Schule – Elternhaus. Damit werden aber auch ganz erhebliche Probleme eingehandelt, die in diesem Jahrhundert der Wandlungen und Umwälzungen im Bösen und Guten eine erstaunliche Beharrung aufweisen. Noch vor Eröffnung der Schule sagt Steiner zu den künftigen Lehrern: Die Schule wird „eine Einheitsschule sein in dem Sinne, daß sie lediglich darauf Rücksicht nimmt, so zu erziehen und zu unterrichten [...], wie es die menschliche Gesamtwesenheit erfordert. Alles müssen wir in den Dienst dieses Zieles stellen. Aber wir haben es nötig, Kompromisse zu schließen. [...] Schlechte Abschlußziele werden uns vom Staat vorgeschrieben [...]. Die politische Tätigkeit von jetzt wird sich dadurch äußern, daß sie den Menschen schablonenhaft behandeln wird" (GA 293, S. 204f.). Und an dieser Tatsache, daß zwischen den gesellschaftlichen Normen, heißen sie nun lernzielorientierter Unterricht oder Normenbücher oder Versetzungsordnung, und den eigenen Absichten, die auf das verzichten zu können glauben, ein erträglicher Ausgleich herzustellen ist, hat sich in siebzig Jahren nichts geändert.

d) ‚Abschlüsse'

Daraus wird ersichtlich, daß eine vornehmlich den Menschen in seiner Entwicklung berücksichtigende Pädagogik z. B. eine nach abstrakten Leistungen normierende Abschlußprüfung nicht anstreben kann. Weil aber an diese Abschlüsse ‚Berechtigungen' (von Schelsky Lebenschancen genannt) geknüpft sind, kann die Waldorfschule ihren Schülern, wenn sie ihnen nicht weiterführende Bildungsgänge verbauen will, diese ‚Abschlüsse' nicht versagen. So kam es bis heute zu den genannten Kompromissen, wo in jedem Fall, welche Durchführungsform auch im einzelnen von dem zuständigen Bundesland zugestanden wird, die Inhalte für die jeweilige

[17] Dies wird in Teil C, III ›*Die Sozialgestalt der Waldorfschule*‹ genauer dargelegt.

Hochschulzugangsquoten deutscher Waldorfschulen*
(A = Abiturienten; Q = Quote in % der Klasse 5; FH = Fachhochschulreife; GQ = Gesamtquote)

		BW	BY	Be	HH	HE	NS	NW	E	alle WS
1984/85	A	182	78	38	45	91	27	61	532	700
	Q	36,4	51,6	62,2	37,6	61,9	30,0	37,2	*42,0*	34,9
	FH	169				12		15	728	
	GQ	69,9				70,0		46,3	57,5	
1985/86	A	185	78	34	54	84	55	77	567	804
	Q	32,0	52,3	53,9	45,7	56	48,6	46,1	*424*	35,7
	FH	182				15		15	779	
	GQ	63,6				66,0		55,0	58,2	
1986/87	A	175	76	34	52	124	59	80	600	963
	Q	32,3	65,5	87,1	45,2	62,6	51,3	49,3	*46,6*	37,2
	FH	155				19		18	792	
	GQ	60,9				72,2		60,4	61,5	
1987/88	A	210	72	32	65	122	49	75	625	1063
	Q	39,4	63,7	74,4	44,8	62,5	40,4	44,9	*47,5*	40,9
	FH	86				–		23	734	
	GQ	55,6				62,5		58,6	55,7	
1988/89	A	229	68	41	48	111	73	89	659	1112
	Q	40,1	61,2	51,2	46,6	60,3	59,3	52,0	*49,1*	43,4
	FH	88				10		18	116	
	GQ	55,6				65,7		62,5	54,7	
1989/90	A	267	67	28	53	133	58	80	686	1277
	Q	47,8	63,8	40,0	45,6	71,1	52,7	50,9	*52,6*	39,5
	FH	107				9		18	134	
	GQ	67,0				75,9		62,4	62,9	
1990/91	A	277	65	47	62	129	63	79	722	?
	Q	45,7	61,3	61,8	52,5	67,2	57,2	50,0	*52,8*	?
	FH	101				9	3	15	128	
	GQ	62,3				71,8	60,0		62,2	

* Schulen, die seit 1945 bestehen bzw. bis 1970 gegründet wurden.

Anmerkung: Die Verhältnisse im Hinblick auf den Berechtigungserwerb in den einzelnen Bundesländern sind recht verschieden. Und zwar sind die Ergebnisse dort sehr beachtlich, wo die Prüfungsbedingungen die Ziele der Waldorfschule mitberücksichtigen. Wo dies nicht der Fall ist, fallen die Ergebnisse schlechter aus. Hier sind die Hochschulzugangsberechtigungen (Allgemeine Hochschulreife und, soweit gegeben, Fachhochschulreife) nachgewiesen. Die Erfahrung zeigt, daß die Ergebnisse an Schulen, die lange bestehen, und jenen, die erstmals die Prüfungen abnehmen, voneinander abweichen, sich erst nach und nach angleichen. Deshalb werden diese Zahlen getrennt ausgewiesen. Die Quote der Abiturienten bezieht sich auf die Gesamtzahl der Schüler der unausgelesenen Klasse 5, also den Beginn der Sekundarstufe).

Abschlußform ‚von außen‘, also ‚schablonenhaft‘ übernommen werden müssen. Daran hat sich von 1919 bis zur jüngsten Vereinbarung der Kultusministerkonferenz vom 26. 2. 1980 nichts geändert. Denn um den Schülern ‚Berechtigungen‘ zu vermitteln, deren Sinnhaftigkeit offenbar zum festen Glaubenssatz aller Bürokratien und, durch Ritualisierung des Verfahrens, inzwischen wohl auch zu dem aller Mitwirkenden gehört, gehen die Waldorfschulen den Kompromiß ein, in den Abschlußklassen ihre pädagogische Konzeption mehr oder weniger stark beeinträchtigen zu lassen. Die Ergebnisse sind dabei durchaus vorzeigbar. Selbst wenn man in Rechnung stellt, daß heutzutage eher bildungsorientierte Elternhäuser ihre Kinder zur Waldorfschule schicken, gilt aber auch, daß die Schülerschaft real keine Elite besonders befähigter Kinder darstellt, sondern die Streubreite der Begabungen faktisch recht beachtlich ist. Aus den Angaben der vorstehenden Tabelle ist darum eher zu folgern, daß, wenn eine kindgemäße, gesunde Entwicklung in der Kindheit und Schulzeit möglich war, später auch Belastungen bewältigt werden und Initiativkräfte, Leistungsfähigkeit und Motivation im Beruf sich als Frucht ergeben. Dafür spricht wohl die beachtliche bildungsmäßige und berufliche Mobilität, die ehemalige Waldorfschüler aufweisen.[18]

e) Konferenzordnung

In einem Gespräch mit künftigen Lehrern äußert sich Rudolf Steiner: „So etwas wie einen Direktor wird diese Schule nie haben können“ (Erneuerung, soziale, S. 434). Später bezeichnet er die Kollegial-Verfassung als ‚republikanisch-demokratisch‘. Diese Form der Selbstverwaltung meint neben dem schon Besprochenen, daß innerhalb der Schule eine Identität von Verwaltenden und Verwalteten geschaffen wird, d. h., daß der einzelne Lehrer seine Tätigkeit in die Unterrichtszeit sowie die Vor- und Nacharbeit einerseits und in die Aufgaben unmittelbarer Verwaltung der Schule andererseits aufzuteilen hat. Es besteht dafür an den Waldorfschulen eine Konferenzordnung, durch die diese innere Aufgabe der Selbstverwaltung real erfüllt werden kann.

Die Konferenz, jeweils wöchentlich, gliedert sich in drei Abschnitte:

1. Pädagogische Konferenz: Sie hat zum Inhalt: Kinderbesprechung, Berichte einzelner Lehrer aus ihrer Arbeit mit den Klassen, dem Aufbau der Epochen, pädagogischen Versuchen, Erarbeitung übergreifender

[18] L. Gessler: Bildungserfolg im Spiegel von Bildungsbiographien. Frankfurt/M. 1988. – S. Leber: Die Waldorfschule im gesellschaftlichen Umfeld. Stuttgart 1981.

pädagogischer Gesichtspunkte, Fragen des Lehrplans (Zeitdauer: 1½ bis 2 Stunden).

2. Die Verwaltungskonferenz: In ihr werden organisatorische Fragen, Vertretungen, gemeinsame Veranstaltungen, Terminierung der Elternabende, Monatsfeiern usw. besprochen (Zeitdauer: 30 Minuten bis 1 Stunde).
3. Geschäftsführungs- oder Schulleitungskonferenz: Sie bildet den Teil, wo das Kollegium sich mit eigenen Fragen befaßt, insbesondere Lehrerberufungen, interkollegiale Schwierigkeiten, pädagogische Probleme einzelner Lehrer in den Klassen und gemeinsame Besprechungen mit dem die Schule rechtlich repräsentierenden Vorstand in allen Fragen mit wirtschaftlichen Auswirkungen usf. (Zeitdauer: eine bis mehrere Stunden). Teilnehmer an diesem Konferenzabschnitt sind Lehrer mit voller Anstellung nach Beendigung der Probezeit (vgl. dazu den eigenen Beitrag über die Sozialgestalt in diesem Band).

f) Allgemeine und individuelle Entwicklung

Die Pädagogik der Waldorfschulen führt zu der Überzeugung, daß Gerechtigkeit im Bereich des Bildungswesens erst dann geschaffen wird, wenn jedes Kind unabhängig von seinen Leistungen einen Bildungsanspruch, ein Bürgerrecht auf Bildung so lange hat, wie es sich *biologisch* oder *leiblich* entwickelt, wir können auch sagen: wächst und physisch gestaltet. Das dauert mindestens bis zum 18. Lebensjahr. Darum erstreckt sich konzeptionell die *Schulzeit* in der einheitlichen Volks- und höheren Schule über 12 aufsteigende Klassen, während der die Schüler bei unterschiedlicher Begabung und unterschiedlicher sozialer Herkunft gemeinsam geführt und unterrichtet werden. Aus seinem Menschenverständnis versteht Steiner den Menschen als lebenslang Lernenden, dies hängt zuinnerst für ihn mit dem Sinn des Lebens zusammen. Er leitet aus dieser Tatsache allerdings keinen institutionalisierten Bildungsanspruch für das weitere Leben, also nach dem 18. Lebensjahr, ab; diesen hat der einzelne vielmehr dann aus sich zu stellen und zu realisieren.

Eine Versetzungsordnung gibt es aus den genannten Gründen an der Waldorfschule nicht, d. h., jeder Schüler steigt seinem Alter entsprechend auf, unabhängig von einer wie immer gedachten, in jedem Fall aber abstrakten Leistungsnorm. Dieser Handhabung liegt eine soziale und anthropologische Einsicht zugrunde. Die *soziale* besteht darin, daß wohl niemandem etwas Gedeihliches angetan wird, wenn er seinen vertrauten sozialen Zusammenhang, wie ihn die Klasse darstellt, allein wegen unzulänglicher schulischer Leistungen verliert und dann noch einmal durch die Wiederholung eines Schuljahres mit demselben Stoff, den gleichen Inhalten versorgt wird. Statt dessen ist es eine wieder und wieder an Waldorfschulen gemachte Erfahrung, daß einzelne Schüler, die, gemessen an ihren Altersgenossen, bewußtseinsmäßig dumpf zu sein scheinen, oftmals, wenn sie von einem sozialen Verband mitgetragen werden, in dem sie sich seelisch beheimatet fühlen, plötzlich – und sei es erst nach Jahren – einen deutlich wahrnehmbaren Reifungsschritt tun, den zuvor niemand in dieser Intensität auch nur geahnt hätte.

Die *anthropologische* Einsicht, die hierfür geltend gemacht werden kann, basiert darauf, daß es neben der *Individualentwicklung*, die jeder Pädagoge zureichend kennt und auf die er vielleicht allzusehr fixiert ist, auch eine *allgemein menschliche* gibt. Die Individualentwicklung zeigt sich in der Differenzierung, in der charakterologischen Ausprägung, in der persönlichen Leistungsfähigkeit, wie jemand sich mit der Welt der Arithmetik und Algebra oder der Geometrie auseinandersetzt, wie er das Schnitzmesser oder die Säge in die Hand nimmt, wie er auf charakteristische Weise geht, welche Ausdauer, welche Lernfrische oder -trägheit er hat, welche Kontakte er knüpft, ob er über Mut verfügt oder furchtsam ist, kurz: in allem, was mit seiner biographischen Gestaltung, seinem innersten Wesen zutiefst verbunden ist. Wird nun die Summe aller individuellen Reproduktionsleistungen des vermittelten Wissens zusammengefaßt, so ergeben sich durchaus allgemeine altersspezifische Reifungsschritte. Sie zu berücksichtigen hält Steiner mindestens für ebenso bedeutsam wie die individuellen Möglichkeiten und Werdestufen.

Wir meinen aber noch etwas anderes, das sich bei Steiner findet, aber keineswegs systematisch entworfen wurde: daß nämlich der Lebenslauf jedes Menschen eine zeitliche Gestalt hat und daß die darin stattfindende Entwicklung nicht kontinuierlich, taktmäßig, sondern rhythmisch verläuft. Beim Rhythmus im Zeitverlauf des menschlichen Lebens handelt es sich nicht wie bei Sekunde und Stunde um Gleichheiten (Takt), sondern wie bei Tag/Nacht und Jahr um Wiederholung von Ähnlichem in ähnlicher Zeit, also „um ein lebendiges Wiedererstehen des Ähnlichen" in gleicher Zeit, d. h., die größeren Zeitabschnitte innerhalb der Entwicklung unterliegen durchaus Schwankungen.[19]

Diese Zeitrhythmik des Lebenslaufes kann ungefähr nach Siebenjahresschritten gegliedert werden, wie das die Griechen mit den Heptomaden taten, wobei die leibliche Entwicklung mit dem ersten Gestaltwandel und

[19] R. Treichler: Die Entwicklung der Seele im Lebenslauf. Stufen, Störungen und Erkrankungen des Seelenlebens. Stuttgart ²1982, S. 14 ff.

Zahnwechsel, die Pubertät mit der Erdenreife und die Mündigkeit als deutliche psychologische wie leibliche Umwandlungen zur Erscheinung kommen. Die nachfolgende Entwicklung verlagert sich ganz ins Seelische, später dann vornehmlich ins Geistige. Innerhalb dieser großen Rhythmik gibt es selbstverständlich auch kleinere Abschnitte, die sorgfältig berücksichtigt werden müssen, so etwa im 10. und 12. Lebensjahr. Diese Typik im Lebensrhythmus wird als ideale (im Sinne eines ‚Idealtypus') begriffen, von der es tatsächlich vielfältige Abweichungen gibt.

Diese allgemeine, wir können sie auch *menschheitliche* Entwicklung nennen, ist in allem Individuellen enthalten, zielt auf das ‚Gleiche' im Verschiedenen, nicht aber im Sinne des nur statistischen quantitativen Mittelwertes, sondern als Qualität. Ehe z. B. in der ontogenetischen Sprachentwicklung die Differenzierung anhebt, also die Einwortsätze und Silbenverdoppelungen vorkommen, geht jedes Kind durch eine Lallphase, die über die Erde hin keine Sprachdifferenzierung kennt. Darin sehen wir ein Gleiches, Menschheitliches, das bis in das Individuelle einstrahlt und als eigenständige Qualität leicht übersehen wird.

Was die allgemeine Entwicklung prägt, wird in den ersten Phasen biologischer Reifung am leichtesten faßbar: Sowohl die einzelnen Etappen der Embryonalentwicklung als auch der Geburtszeitpunkt liegen mit nur geringer Schwankung – allgemein menschlich – ungefähr in der gleichen Zeit. Ebenso ist die Entfaltung der Leibesorganisation in der frühen Kindheit im Erwerb des Gehens, Sprechens und Denkens ein allgemein menschlicher und dazu auch zeitlich geordneter Ablauf. Dieser zeitlich gegliederte Ablauf der Entwicklung ist das Geschehen, auf das die Pädagogik Rudolf Steiners besonders den Blick richtet. Wie sich das Regenbogenspektrum in sieben Farben, die Tonreihen in sieben Tönen urbildlich aussprechen, so sind die Sieben-Jahres-Einschnitte aus der kosmischen Konstitution, der auch der Mensch angehört, zeitlich geordnet. Was aus alter Überlieferung herzukommen scheint, hat – freilich nur in ersten Näherungen – Steiner der modernen Einsicht zugänglich zu machen gesucht: Der *Chronotypus des Menschen,* von dem es individuelle Abweichungen in jeder Richtung gibt, umfaßt eine Zeitgestalt von rund siebzig Jahren. Dieser Zeitraum ergibt sich – und hier kommt nun das Denken Steiners über den Zusammenhang des Menschen als einem Mikrokosmos mit der großen Welt des Makrokosmos zum Tragen – aus dem Unterschied von siderischem (d. i.: Fixsternkonjunktion) und tropischem Sonnenjahr, d. h. von Sonnwende zu Sonnwende. Daß ausgerechnet der Weg zu den kosmischen Rhythmen für die Biographie in ihrer Zeitgestalt eingeschlagen wird, liegt deshalb nahe, weil ja die markantesten Änderungen der Bewußtseinszustände von Wachen und Schlafen auch mit Umlaufverhältnissen, in diesem Fall der Erdrotation in bezug zur Sonne, korrelieren, wenn auch nicht ohne Freiheitsgrade. Ist es vielleicht mit der biographischen Rhythmik und deren Aufschwung, Steigerung, Krisenzeiten ebenso? Nun: die Differenz zwischen siderischem und tropischem Jahr beträgt 20 Minuten 25 Sekunden jährlich. Daraus ergibt sich die übliche fortschreitende Jahresbewegung und eine „rückläufige" Sonnenbewegung, die Präzession genannt wird. Die Sonne bleibt im Gang der Präzession also jährlich rund 50 Bogensekunden zurück. Diese rückläufige Sonnenbewegung kann so betrachtet werden – und das tut Steiner –, daß sie gleichsam über dem Lebenslauf als eine geistige Wirksamkeit waltet, die so lange anhält, wie die Sonne den Sternenort der Geburt überstrahlt. Von dieser Wirksamkeit wird das Leben dann „frei", wenn die Sonne in der Präzession um etwa zwei Durchmesser zurückgewandert ist. Dies geschieht in ungefähr 70 Jahren (was rund einem Bogengrad entspricht). Dabei leuchtet die „geistige Sonne" in ihrer rückläufigen Wanderung über das Tages- und Nachtdasein des menschlichen Lebens.[20]

Beeindruckend war schließlich für Steiner ein von ihm wiederholt dargestellter Zusammenhang, der in einer Verwandtschaft der Rhythmik – zumindest in ihrer Zahlengestalt – zwischen Menschenleben und kosmischen Umlaufverhältnissen gefunden werden kann: Das Menschenleben beträgt im Verhältnis zur gesamten Präzession des Weltenjahres (von 25 920 Jahren) einen Weltentag (ca. 71 Jahre). Die kleineren Entwicklungsrhythmen innerhalb dieses Weltentages bilden die Jahrsiebte, also rund zehn verschiedene Abschnitte innerhalb des Lebens, wobei ihnen in Kindheit und Jugend eine jeweils ganz spezifische leibliche und seelische Konstitution eignet, die sich nach ungefähr sieben Jahren wieder verändert, so mit dem Zahnwechsel (erster Gestaltwandel), dann mit der Geschlechtsreife und schließlich mit der Mündigkeit.

Diese große Rhythmik spiegelt sich in vielfältiger Weise im menschlichen Leben ab: So beträgt die Zahl der Atemzüge (18 in einer Minute) bei Ruhe am Tag 25 920. 25 920 Tage aber sind gut 70 Jahre, eben jener Weltentag, der im Gesamt des platonischen Weltenjahres geborgen ist. In diese

[20] Steiner wurde schon in der Schulzeit auf diesen Zusammenhang aufmerksam, als der Professor für Physik eine ihn beeindruckende Abhandlung über die mögliche Ursache der Eiszeiten durch das Verhältnis der Apsiden- zu der Präzessionsbewegung reflektierte. So lernte er das sog. Platonische Jahr kennen. Für ihn war dann klar, daß die chronotypische Lebenszeit auch als platonische bezeichnet werden kann, weil die entsprechenden Zusammenhänge zunächst von Platon aus ägyptisch-babylonischer Überlieferung berichtet wurden, während dann Hipparch (150 v. Chr.) erstmals genauere astronomische Berechnungen lieferte.

große Rhythmik ist also auch der Siebenjahresrhythmus des menschlichen Lebenslaufes als Zeitorganismus eingebettet.[21]

In diesem Zusammenhang ist neben dem anregenden Wert, den diese Gedanken vor allem für die Weitung des Bewußtseins haben können, vor allem die Frage von Wichtigkeit, ob damit eine – nun eben kosmologisch begründete – Phasenlehre vorgestellt wird, die, wie all die vielen anderen, einen Grundmangel aufweist: die empirische Überprüfbarkeit. Denn welches Kriterium, welche Eigenschaft auch genommen wird, die sich zur Zeit eines bestimmten Einschnitts wandeln soll, sind sie bei genauer Beobachtung oder Erhebung kaum abrupt, sondern gleitend beobachtbar, ob nun das Wortlernen, das Behalten, kognitive Operationen, das Organgewicht oder der Ossifikationsgrad zugrunde gelegt wird. Außerdem steigern sich die Eigenschaften auch im späteren, wesentlich höheren nachschulischen Alter. Und nicht zuletzt heben sich die verschiedenen Phasen der einzelnen Lehren gegenseitig auf.[22]

Doch diese Einwendungen berühren Steiners Anliegen und Ansatz nur tangential, nicht zentral. Ihm eignet, wie wir aufzeigten, Goethes Methodologie. Nicht die einzelnen Erscheinungen in ihrer Außenseite allein, so etwa die Behaltensfähigkeit, die Zunahme des Wortschatzes oder die Gewichtszunahme eines Organs wie des Gehirns oder die Greiffestigkeit der Hand u. ä. sind ihm wichtig, sondern zunächst die am Leib gestaltenden Kräfte. Wie können sie einerseits als gestaltende und bewirkende Kräfte erfaßt werden, so daß die Phänomene des Längenwachstums, der

[21] Diese Thematik ist damit keineswegs erschöpft, auch sind die Zusammenhänge keineswegs zwingend, dennoch können diese Überlegungen als Anregungen und Aufschließungen verstanden werden, überraschende Zusammenhänge sehen zu lernen. Für ein fragendes Denken sind sie anregend. Daß Steiner einfach die Heptomaden-Lehre der Antike aufgewärmt habe, ist so sicher unhaltbar, weil er sich um so nirgendwo aufzufindende Begründungszusammenhänge, die freilich locker und offen sind, wie die Rhythmen selber, bemüht hat. Wir nennen einige dieser teilweise fragmentarischen Versuche: R. Steiner: Entsprechungen zwischen Mikrokosmos und Makrokosmos (GA 202). – Ders.: Vom Lebenslauf des Menschen. In: Themen aus dem Gesamtwerk 4, hrsg. von E. Fucke. Stuttgart 1980. – E. Vreede: Astronomie und Anthroposophie. Dornach [2]1980, insb. S. 110ff. – G. Wachsmuth: Erde und Mensch – ihre Bildekräfte, Rhythmen und Lebensprozesse. Dornach [3]1965. – W. Hoerner: Zeit und Rhythmus. Stuttgart [2]1990. (Dort wird erwähnt, daß es gerade Astrologen waren, die bei der neuerlichen Entdeckung der Präzession deren Wirksamkeit für das menschliche Leben heftig bestritten, S. 352.)

[22] So beispielsweise bei R. Oerter: Die Entwicklung der Werthaltungen während der Reifezeit. München, Basel 1966. – Ders.: Moderne Entwicklungspsychologie. Donauwörth [27]1987, bes. S. 575ff.

Leibfüllung, des ersten und zweiten Gestaltwandels möglich werden, dazu der ganze Umbau der inneren Organe vom Kleinkind zum Schulkind: die Vernetzung und Furchung des Gehirns, kurz eine Vielzahl leibbildender und -gestaltender Vorgänge? Kann man, wenn man diese Vorgänge und Prozesse betrachtet, über die Erscheinung in das diese Phänomene wie geistig zusammenhaltende oder verbindende Wesen des Menschen von einer Seite her eindringen oder mindestens etwas vom Wesentlichen berühren, was dessen Entwicklung ausmacht? Da der Mensch allerdings nicht in seiner Leibentwicklung aufgeht, sondern sich auch seelisch, in seiner Innenwelt wie verstehend, die Weltbegegnungen verarbeitend entwickelt, müßte eben die Leibentwicklung, wenn dieses Geschehen begriffen werden könnte, auch eine Verbindung zur seelischen und geistigen Entwicklung aufzeigen. Dieser Ansatz berücksichtigt, bei aller im einzelnen möglichen und sicherlich auch weiter auszuarbeitenden Differenzierung, das Ganzheitliche, in das sich die einzelnen Erscheinungen einfügen. Es geht, wie erwähnt, um eine Methode, welche die den Einzelheiten zugrundeliegende ‚Idee' zu erfassen versucht. Ob damit dann wirklich die signifikanten Erscheinungen auch tatsächlich mit dieser typisierenden Methode erfaßt werden, kann einerseits die Tatsache zeigen, daß sie zeitlich gehäuft, freilich nicht an einem Tag, auftreten: so etwa der 1. Gestaltwandel, dann das Phänomen der Neubildung der Zahnkronen mit anschließendem Zahnstellungswechsel, aber auch der damit zusammenfallende Wandel in der Qualität des Vorstellungslebens, auf den Steiner hinwies und auf den Piaget in seinen zahlreichen empirischen Erhebungen und Experimenten gestoßen ist: das Vorstellen schmiegt sich nun nicht mehr so eng an die gegebene Wahrnehmung an, sondern wird viel freier usf.[23] Ein anderer Hinweis auf die Signifikanz könnte darin bestehen, daß ein bestimmter Maßstab oder Indikator angelegt wird: „was fruchtbar ist, allein ist wahr" – wie es Goethe einmal nannte. Damit ist zweifellos die methodologische nicht vollständig ausgeleuchtet, gleichwohl aber etwas zum Selbstverständnis dieses Ansatzes, der in den nächsten Beiträgen genauer vorgestellt wird, dargelegt. Indem in Steiners Menschenverständnis die allgemeine Entwicklung zunächst vor der anderen, ganz eigengeprägt-individuellen akzentuiert wird – was in der pädagogischen Konsequenz zur unausgelesenen leistungsheterogenen Klasse führt –, kann auch wiederum für die individuelle Entwicklung ein stützender, kräftigender, heilender Faktor gewonnen werden, wenn dem Kind zunächst die Chance gegeben wird, mit Gleichaltrigen Kind zu sein und, nachdem dies auch durchlebt wurde, die vorhan-

[23] Vgl. H. Ginsburg, S. Opper: Piagets Theorie der geistigen Entwicklung. Stuttgart 1975, S. 112ff., 193ff.

denen Anlagen speziell und vertieft zu entwickeln. (Die Hochbegabtenförderung ginge hier anders vor. Der umgekehrte Fall, in dem Behinderungen vorliegen, zeigt, daß auch in heilpädagogischen Heimen, wo im Hinblick auf den Stoff freilich viel elementarer vorgegangen wird, diese allgemeine Entwicklung für die individuelle genutzt und gefördert zu werden vermag.) Der einheitliche Klassenverband wird als ‚feste Bezugsgröße' zum Zentrum nicht nur der einzelnen, sondern auch der Sozialentwicklung der Klasse; das Kind erlebt sich täglich in der Gruppe, die so vielgestaltig ist, wie die einzelnen unterschiedlich sind.

g) Temperamente

In diesem Zusammenhang darf darauf hingewiesen werden, daß sowohl die Medizin als auch die Psychologie seit der Antike neben der Differenzierung, die aus der Persönlichkeit erwächst, *Haupttypen* der ‚Seelengrundstimmung' unterschieden hat – in den vier Temperamenten. Die Bezeichnungen stammen aus der antiken Psychologie, für die das Phlegma auf das Lymphsystem (‚Schleim'), die Cholerik auf die Galle und ihre vermehrte Ausschüttung im Zorn, die Sanguinik auf das (arterielle) Blut und die Melancholie auf die Schwarzgalligkeit als Grundlage der vorherrschenden Seelenstimmung hinweist. Diese Temperamente werden neben den Neigungen, dem Charakter, den Gewohnheiten, dem Gedächtnis und damit dem Vorstellungsleben und dem Gewissen von Steiner genannt als etwas, was sich im mittleren Alter, also der Schulzeit vor dem Jugendalter besonders herausbilde. Auf die entsprechenden Anlagen hat demnach die Pädagogik dieses Alters Rücksicht zu nehmen. „Die vier Temperamente sind nichts anderes als das Wechselspiel der Seele mit dem organisch-ätherischen Leben."[24] Wobei zweifellos nach drei Aspekten differenziert werden muß:

a) nach der physiologisch-morphologischen Seite des Leibes,[25]
b) nach dem Temperament als Phänomen seelischer Gestaltungskräfte,
c) nach der Temperamentsgestaltung, wie sie sich in der geistigen Natur ausspricht.[26]

Diese drei Aspekte sieht auch Rudolf Steiner in seiner Darstellung der Temperamente zusammen, soweit er sie für die Pädagogik fruchtbar macht, wobei der konstitutionelle am stärksten im Hintergrund bleibt:

[24] Lothar Vogel: Die Dreigliederung des Menschen. Dornach 1967, S. 188.

[25] Wie es die Konstitutionslehre in sehr verschiedener Weise tut, vgl. Heinrich Roth: Pädagogische Anthropologie, Bd. I: Bildsamkeit und Bestimmung. Hannover [3]1971, S. 198ff.

[26] Vogel: a. a. O., S. 196.

„Eines der vier Elemente waltet vor bei einem jeden (Menschen), und es muß Ergebnis von Erziehung und Unterricht sein, die *Harmonisierung* zwischen den vier Gliedern (physischer, ätherischer, seelischer Leib und Ich) herzustellen." Denn Unterricht und Erziehung sollen dazu dienen, „einen vollständigen Menschen aus dem Menschen zu machen" (GA 295, 21. 8. 1919). Also auch in der Temperamentenlehre wird von der Vorherrschaft eines der schon benannten Wesensglieder ausgegangen, wobei sich allerdings hier nicht näher auszuführende Wandlungen in der Schulzeit ergeben. Steiner wurde jüngst vorgehalten, daß für ihn das Temperament „der ‚Wesenskern' des Menschen"[27] sei und andererseits mit der Temperamentanalyse die Persönlichkeit[28] oder die Seele zu fassen gesucht werde. Das ist gerade nicht der Fall, vielmehr gehören die Temperamente zu Eigenschaften jener mit dem ersten Gestaltwandel und dem Zahnwechsel freiwerdenden Kräfte des Lebensleibes: sie sind Organe der Seele und des Geistes, aber nicht diese(r) selbst. Daneben gibt es andere Organe, wie die Neigungen, den Charakter, die Gewohnheiten usf., die gleichgewichtig zu entwickeln sind.[29] Als eine ‚schematische Orientierung', von der seelischen Gestaltungskraft ausgehend, nennt R. Steiner den Lehrern:

Wenig Erregbarkeit
viel Stärke beim
melancholischen Temperament

Stärke und Erregbarkeit
am geringsten
beim phlegmatischen Temperament

Stärke und Erregbarkeit
am größten beim
cholerischen Temperament

Viel Erregbarkeit,
wenig Stärke beim
sanguinischen Temperament

[27] Ulrich: a. a. O., S. 148.

[28] Ulrich: a. a. O., S. 176ff., wo anthroposophische „Temperamentenlehre" und „wissenschaftliche *Persönlichkeitsforschung*" – also weitgehend Unvergleichbares – verglichen werden, denn Temperament ist nicht Persönlichkeit, allenfalls eine Facette jener: Ulrich setzt beides – naiver- oder unredlicherweise – gleich.

[29] Wir wollen die von Ulrich eingeleitete Diskussion, die sich wohlbegründet als unzulänglich erweist (vgl. Ravagli, a. a. O., S. 178ff.), nicht weiter nachzeichnen, weil in dieser Einführung der gegebene Rahmen gesprengt würde, müßten dazu doch auch mannigfache Darstellungen der Psychologie, wie die von H. Remplein (Psychologie der Persönlichkeit. Die Lehre von der individuellen und typischen Eigenart des Menschen. München, Basel ^{7}1975) oder die reiche Diskussion in: Temperamental differences in infants and young children (Ciba Foundation symposion 89, London 1982) einbezogen werden.

Ausgegangen wird also von Polaritäten, wie sie dem Seelischen grundsätzlich eignen, in diesem Fall: von der Einwirkung und der Gegenwirkung. Dies wurde schon in älteren Zeiten von Psychologen dargestellt. Wir zitieren zur Illustration der Temperamente einige charakterisierende Sätze Friedrich August Carus'[30], die mit den Steinerschen Darstellungen, insofern es die seelische Seite betrifft, zusammenklingen.[31] „[...] Das kindliche oder sanguinische Temperament zeigt als physiognomisches Zeichen munteres und unstetes Auge, wechselndes Mienenspiel, lebhaften Blick. Sein allgemeiner psychologischer Charakter ist leichte und schnelle, weiche und zärtliche sinnliche Empfindung und Trieb, jedoch flach, abwechselnd und vorübergehend, ohne Tiefe des Eindrucks, ohne beharrliches und kräftiges Festhalten desselben."

„[...] Das physiognomische Zeichen für das jugendliche (oder cholerische) Temperament sind feuriges Auge, lebhafter, durchdringender und fester Blick [...]. Der psychologische Hauptzug (ist) für dieses Temperament Reizbarkeit des Gemüts, Lebhaftigkeit und Stärke der Empfindung, Heftigkeit in der Gegenwirkung neben Entzündbarkeit durch Eindrücke."

Das Verständnis der Seelengrundstimmung kann eine pädagogische Hilfe sein, das Kind zu „erreichen" und anzusprechen, wobei eben die vom Lehrer ausgehende Ansprache alle Temperamente umschließen sollte. Das Temperament gehört zur „bildungsbedürftigen und bildungsfähigen Natur" (Carus), wobei vorherrschende Einseitigkeiten mit anderen Anlagen dadurch zu harmonisieren sind, daß im Erleben eines verwandten Grundzuges im Unterricht eine Selbstkorrektur zu erfolgen vermag.[32] Gleichwohl ist keineswegs die Temperamentmischung ohne weiteres zu erkennen, denn selten sind Temperamente in völliger Reinheit vorhanden. Gerade darum kann der Rat einer scharfen und liebevollen Beobachterin, welche die Temperamente und ihre Behandlung feinsinnig beschrieben hat, wegleitend sein für den Erzieher: „Sich abends vor dem Einschlafen das Bild" des anvertrauten Kindes „vor die Seele zu stellen in allen kleinen Einzelheiten, wie es geht, sich bewegt, die Hände hebt, lacht, weint usw.". Indem in der Erinnerung ein Bild vergegenwärtigt wird, zunächst der äußeren Erscheinung, der Bewegungsabläufe, der Art, wie etwa das Heft vorgenommen, der Stift gehandhabt wird, entsteht eine neuerliche Verbindung zum Kinde. Man kann denken, daß, wenn dies geschieht, das dann auch

[30] Psychologie, 2. Bd. Leipzig 1808. Wiederabgedruckt in: Erziehungskunst 11/12, 1973, S. 471–477, 542–553.

[31] Andere genannte Aspekte können hier nicht weiter berührt werden (sie finden sich in GA 57, 4. 3. 1909).

[32] Vgl. Lindenberg: Individuelles Lernen, S. 273ff. in diesem Band.

Rückwirkungen auf die Realbegegnung mit dem Kind anderntags haben wird. Dieses Bild sollte in einer Stimmung der Betrachtung und des Interesses am Kinde, nicht von Gefühlen, sei es der Sorge, des Ärgers, der Freude entworfen werden. Auch Bewertungen sind dafür unwichtig, mögen sie noch so klug sein, wichtiger ist die Wahrnehmung, möglichst präzise, dadurch lernt man als Lehrer dem Kinde in seinem Sosein und vielleicht auch in seinem Wesen näherzukommen, lernt, „was in ihm selbst, nicht in den Vorstellungen des Erziehers veranlagt liegt".[33] Damit wird auf eine bedeutsame Komponente in der Erziehung hingewiesen, worauf Steiner einen besonderen Wert legte: auf die notwendige *innere* Beziehung zwischen Lehrern und Schülern.

h) Unterrichtsorganisation

Jeden Morgen während der gesamten Schulzeit sind die ersten anderthalb bis zwei Zeitstunden von dem Hauptunterricht ausgefüllt. In ihm werden die ersten acht Schuljahre hindurch alle wichtigen Fächer epochal durch den ‚Klassenlehrer' unterrichtet, der, soweit möglich, während der ersten acht Schuljahre nicht wechselt. Dadurch lernt er die Schüler intim kennen, wächst mit ihnen zusammen, kann ihr Werden, sich selbst mit den Kindern wandelnd, begleiten. Epochal gegebener Unterricht meint in diesem Beispiel, daß durch eine längere Zeit – zwei bis vier Wochen – derselbe Themen- oder Fachbereich Unterrichtsinhalt wird: Geschichte, Muttersprache, Naturkunde (Physik, Biologie, Chemie, Erdkunde), Rechnen und Mathematik u. a.

Im Unterschied zur Gesamtschule strebt die hier vorgestellte Form der Einheitsschule an, daß die Klasse mindestens in den Fächern des Hauptunterrichts, die oben genannt wurden, als Einheit im Unterricht zusammenbleibt. In den Fächern, die neben dem konzentrativen Prinzip des Epochenunterrichts die fortdauernde *Übung* erfordern, wie in den Fremdsprachen – sie werden vom ersten Schuljahr an, zunächst rein sprechenderweise, ohne eigentlichen Grammatikunterricht erteilt – oder im (Spiel-) Turnen, in der Handarbeit sowie in den höheren Klassenstufen in Handwerk und Gartenbau, also in diesen Fächern werden, wo notwendig, die Klassen in Lerngruppen aufgeteilt. Diese Teilung erfolgt aber nicht aus Gesichtspunkten einer Leistungsdifferenzierung, sondern aus arbeitstechnischen Gründen (vgl. den Beitrag von W. Rauthe, S. 285 ff.). Auch ist für die Gruppierung nicht das Interesse des Schülers an dem betreffenden Fach

[33] C. von Heydebrand: Vom Seelenleben des Kindes. Stuttgart 1939, S. 79.

maßgeblich, d. h., es gibt zunächst *nicht* die Möglichkeit der ‚Abwahl' von gewissen Fächern durch den Schüler nach individueller Neigung oder Abneigung; die einzelnen Unterrichtsgebiete werden nämlich nur insoweit unterrichtet, als entweder eine klare äußere Notwendigkeit vorliegt – wie bei den Kulturtechniken – oder weil von dem Unterrichtsinhalt eine erzieherisch-bildende Wirkung, wie sie das entsprechende Alter verlangt, auf das Kind ausgeht und diese auch einigermaßen für das Bewußtsein vermittelt werden kann. Das zweite ist z. B. für künstlerisch-praktische Tätigkeiten etwa dadurch zu gewinnen, daß die Tätigkeit im Selbstvollzug durch die Lehrer und/oder Eltern erfahren werden kann. Dieses Verfahren erübrigt sich für jene Fächer, die aus dem kulturellen Traditionsstrom oder eindeutigen Nützlichkeitsinteressen herrühren. Durch diesen Vorgang kann auch ein Blick in die Aufgabe der Selbstverwaltung getan werden.

i) Künstlerischer Unterricht – Lehrerbildung

Wir haben damit auch den Grund genannt, weshalb bestimmte Fächer innerhalb der Waldorfschule sehr stark repräsentiert sind: wie Malen, Plastizieren, Werken, Musik, Handarbeit, Gartenbau, Eurythmie, kurz: die handwerklich-künstlerischen Fächer. Es geht hier nicht darum, einen ‚Ausgleich' für den mehr intellektuell-kognitiven Unterricht zu schaffen und die Schüler dadurch etwa für die Schule ‚sekundär' neu zu gewinnen; vielmehr liegt dem die Erkenntnis zugrunde, daß alle seelischen Kräfte, die in unterschiedlicher Weise in der gegliederten Wesenheit des Menschen als Denken, Fühlen und Wollen auftreten, in ihrer Gesamtheit nicht nur anzusprechen, sondern zu fördern und zu bilden sind. Wie dies geschieht, wie etwa im *Formenzeichnen* darauf geachtet wird, daß bei geraden, eckigen Bewegungen mehr Wachheit waltet als in runden, sich durchdringenden Formen, die sich gleichmäßig wiederholen, wie aber ihre Durchdringung oder gar die Steigerung in Symmetrieübungen noch mehr Spannung im Hervorbringen durch das Kind erzeugt und so schöpferisch-produktive Kräfte der Gestaltung, ja auch der Initiative anregt, – um das aufzudecken und zu erfahren, ist die Selbsterfahrung nötig. Einstmals von Steiner angeregt, teilweise nur hinweisend, ist auf all diesen Feldern ein sehr breites Spektrum meist höchst individueller Durchführung an den Schulen entstanden, das freilich keineswegs im selben Umfange auch schriftlich dokumentiert wurde.[34]

[34] Für das Formenzeichnen weisen wir hin auf Kranich, Jünemann, Berthold-Andrae, Bühler, Schuberth: Formenzeichnen – Die Entwicklung des Formensinns

Mit diesen Elementen seelischer Gebärden arbeitet auch insbesondere die Bewegungskunst der Eurythmie in vielgestaltiger Weise. Diese wird als gesondertes Fach durch alle Jahrgangsstufen mit etwa zwei Stunden unterrichtet. Wie sich in der Sprache ein Innerliches nach außen kundgibt, wie im Hören über Stimmführung, Timbre und Intonation mehr als nur der Informationsgehalt wahrgenommen wird, so kann die Gestik und Gebärde eine weitere Ausdrucksmöglichkeit des Seelischen sein. Wird jede Gebärde, jede Geste aus der gesamten bewegten Leiblichkeit herausgeholt, so kann der bewegte Mensch Ausdruck einer ‚sichtbaren Sprache' werden, ja sogar Musik sichtbar machen. Dies geschieht in der Kunsteurythmie, die in ihrer Gebärdensprache, in Choreographie, in Gewändern, Farbgebung z. B. künstlerische Werke der Dichtung und Musik ‚sichtbar' zu machen versteht. Im Hören *und* Sehen eines Werkes vermag sich der Eindruck zu einem hohen künstlerischen Erlebnis beim Wahrnehmenden zu steigern. Als Bühnenkunst hat sich die Eurythmie heute weltweit durchaus ihren oder wenigstens einen Platz erworben. Sachlich zwar nicht zutreffend, mag der Vergleich zum Ballett gezogen werden, um dem Leser, der Eurythmie nicht kennt, eine Vorstellung zu vermitteln. Die *pädagogische Aufgabe* der Eurythmie ist allerdings eine andere: sie hilft dem inneren Wesen des Kindes, sich in und mit seiner Leiblichkeit besser auszudrücken, ja als vollzogene Bewegung kann sie helfen, daß das Seelische sich tiefer oder angemessener mit der Leiblichkeit verbindet. So kann z. B. durch das Schreiten der Längen und Kürzen eines griechischen Versfußes (z. B. Hexameter, Anapäst, Jambus u. a.) oder der Hebungen und Senkungen eines Stabreimes eine tiefe Wirkung zur Beherrschung des Leibes ausgehen, wie weniger gut gestaltete Stunden auch anregen mögen, ‚sich auszutoben'. Innere Unruhe, chaotische Seelenregungen ordnen sich aber erfahrungsgemäß, wie auch durch gelungene Bewegung und Koordination von Rhythmus und Sinninhalt eine vorhandene seelische Stumpfheit gewandelt werden kann in Interesse. Die durch Gesetzmäßigkeiten der gebundenen Sprache geführte oder musikbestimmte Bewegung wirkt so auf die Seele, daß ihre Kräfte differenziert und ‚bereichert' werden und sich auch zum Ausdruck bringen lassen. Nicht die Kunstausübung, sondern die pädagogische Unterstützung der sich entwickelnden Seelenkräfte, dem Alter entsprechend, steht im Eurythmieunterricht im Vordergrund. Im Einzelfall läßt sich die Eurythmie als *Therapie* mit erstaunlichen Erfolgen, allerdings nur vom

in der Erziehung. Stuttgart 1985. – Für die Beschreibung der Selbsterfahrung sind die Arbeiten der Gesellschaft für Ausbildungsforschung und Berufsentwicklung von Wichtigkeit, wir nennen nur: M. Brater, U. Büchele, G. Herz: Berufsbildung und Persönlichkeitsentwicklung. Stuttgart 1988.

Schularzt verordnet und durch eine entsprechend ausgebildete Lehrkraft erteilt, verwenden.

Es kommt in der Praxis gelegentlich vor, sowohl auf einzelnen Klassenstufen (Pubertät) als auch zu bestimmten Zeiten (Studentenbewegung), daß der Eurythmieunterricht von Schülern wenig geschätzt wird und Mühe bereitet – ein ähnliches Phänomen, wie es von Musik und Religion an der Regelschule berichtet wird. Gegenwärtig erfreut sich das Fach aber (insbesondere an vielen Oberstufen) großer Beliebtheit.

Zu jedem Kollegium gehört auch ein *Schularzt,* der, womöglich auch unterrichtend, die Lehrerschaft berät, da doch zahlreiche Erziehungsschwierigkeiten durch Organunter- und -überfunktionen verursacht sind. Durch diese Zusammenarbeit erfahren die Kollegien eine wesentliche Hilfe.

Parallel zu dieser genannten künstlerischen Schulung der Gefühlskräfte durch entsprechendes Tun verläuft durchgehend die Schulung der Kräfte des Willens. „Da begründen wir dann wahre Arbeitsschulen, nicht Schulen, in denen etwa der Grundsatz aufgestellt wird, daß man möglichst das Unterrichten und Erziehen in Tändelei verwandeln soll, sondern wo durch das Leben, das die Autorität in die Schule hineinträgt, auch das Schwerste von dem Kind hingenommen wird, das Kind gerade sich herandrängt zu dem, was zu überwinden ist, nicht zu dem, was es gerne tut. Darauf ist nun auch gerade die pädagogische Grundlage der Waldorfschule angelegt, daß das Kind in der richtigen Weise arbeiten lernt, daß das Kind mit seinem ganzen vollen Menschen herangeführt wird an die Welt, die in sozialer Beziehung die Arbeit fordert, die auf der anderen Seite aber auch fordert, daß der Mensch dem Menschen selber in der richtigen Weise und vor allem sich selbst in der richtigen Weise gegenübersteht.“[35]

In dieser Begründung berührt sich die Waldorfschule mit den Intentionen der Arbeitsschule, wie sie von Kerschensteiner (im Gegensatz zur Buchschule) seit der Jahrhundertwende angestrebt wurde. Zweifellos gehört die Pädagogik Steiners in den Verwandtschaftskreis der reformpädagogischen Konzeptionen, wie sie mit der Jahrhundertwende durch kraftvolle Pädagogen Gestalt gewannen. Doch bei mancher Übereinstimmung darf der viel grundlegendere Ansatz Steiners mit seinem gesamten Menschenverständnis nicht unterschätzt werden, das besonders nach den Langzeitwirkungen in der Biographie fragt. So wird aus der Gestalt des ganzen menschlichen Lebenslaufes erst die Frage möglich: Welche Wirkung hat es für das spätere Leben, wenn ein Kind in einem bestimmten Alter bestimmte Erlebnisse hat, etwa die Ausbrüche eines cholerischen, unbeherrschten Erwachsenen? Löst das möglicherweise im späteren Alter

[35] R. Steiner: GA 304. 11. 11. 21, S. 117.

bestimmte somatische Beschwerden aus? Steiner regt an, entsprechende Zusammenhänge genauer zu erforschen, er selbst beschrieb solche Zusammenhänge zwischen dem zunächst seelischen Erleben und dem Leiblichen. Die Methode R. Steiners will die Lehrerschaft dazu anregen, solche Zusammenhänge lebensvoll wahrnehmen zu lernen. Im Blick auf den Lebenslauf ist auch zu betrachten, wie sich die einzelnen Fächer ausnehmen und was sie am und im Menschen bewirken. Angesichts dieser umfassenden Aufgabenstellung wird deutlich, daß die Pädagogik Steiners stärker zur wahrnehmenden Durchdringung der Erscheinungen anregt und nicht beabsichtigt, zu abgeschlossenen Erkenntnisergebnissen zu führen. So ist in dieser Hinsicht die Waldorfpädagogik ein Stück vorangekommen, sicher aber noch nicht soweit, wie es wünschenswert wäre.[36] Diese Methode setzt auch eine entsprechende Schulung und Ausbildung für den Lehrer voraus, die sowohl als Weiter- als auch in einer eigenständigen Lehrerbildung an entsprechenden Lehrerseminaren vermittelt wird (in Stuttgart seit 1928, in Witten-Annen seit 1973, Mannheim seit 1978, inzwischen sind weitere neben anderen ausländischen Ausbildungsstätten hinzugekommen). Eine reichhaltige fachliche Weiter- und Fortbildung der Lehrer bildet ein Kennzeichen dieser Pädagogik, die alles auf menschliche Entwicklung abstellt.

j) Zeugniswesen

Aus der altersgemäßen allgemeinen und individuellen Förderung des Kindes ergibt sich die Notwendigkeit, das Zeugnis- und Notensystem umzustellen. So gibt es in der Waldorfschule keine Zensuren, die sich an ein wie immer geartetes abstraktes Punkt- oder Notensystem anlehnen. Bei der Einzelarbeit kann der Lehrer knapp auf die Leistung des Schülers eingehen; was gelang, wo die Mängel liegen usf. Im Jahreszeugnis dagegen tritt ein entsprechender Bericht auf, in dem das Werden des Schülers durch das Jahr charakterisiert und dann geschildert wird, wie er sich im einzelnen Fach gezeigt hat, wie sein Arbeitsstil, die Auseinandersetzung mit den jeweiligen Aufgaben war usf. Nur für diejenigen Schüler, die die Schule verlassen, wird dieses Zeugnis in die übliche Notenskala umgesetzt.

Was in dieser Einleitung im Überblick umrissen wurde, erfährt in den nachfolgenden Beiträgen teilweise eine genauere Darstellung, so die leibliche, seelische und geistige Entwicklung des Menschen in den ersten drei Jahrsiebenten (Beiträge von E. M. Kranich, H. Müller-Wiedemann, S. Leber), so die Methode dieser Pädagogik und ihre Erkenntniswurzeln

[36] Ch. Lindenberg: Die Lebensbedingungen des Erziehens. Reinbek 1981.

(P. Schneider, Chr. Lindenberg), einzelne, aber keineswegs alle Fächer (es fehlen Eurythmie, Musik, Handarbeit und die handwerklichen Disziplinen im einzelnen, sie wurden teilweise in Monographien, teilweise in Aufsätzen an anderem Ort dargestellt). Themen wie die Leistungsbewertung, die Begründung der Führung durch einen Klassenlehrer, der Aufbau des Unterrichts von Tag zu Tag, das wichtige Kapitel der Sinneslehre oder die gesundheitliche Wirkung der Schule usf. klingen gelegentlich an, sind aber nicht explizit abgehandelt, um den Umfang nicht zu sehr anschwellen zu lassen. Neu aufgenommen wurde das Problem der ökologischen Erziehung, der Beitrag über die ohnehin gut dokumentierte Arbeit der Hiberniaschule wurde durch einen Beitrag ersetzt, der gegenwärtig neue Bemühungen auf dem Gebiete der Arbeitspädagogik an Waldorfschulen aufzeigt. Das Literaturverzeichnis am Ende führt den Interessierten weiter.

TEIL A:

ZUR ANTHROPOSOPHISCHEN MENSCHENKUNDE

I. ERKENNTNISTHEORETISCHE GRUNDLAGEN DER WALDORFPÄDAGOGIK

PETER SCHNEIDER

1. Einleitung

Die Waldorfpädagogik wird oft dahingehend mißverstanden, daß man sie als Alternativpädagogik unter der Vielzahl anderer pädagogischer Angebote sieht. In noch umfassenderem Maße gilt dies gegenüber der Anthroposophie als Geisteswissenschaft, wie auch gegenüber deren Anwendungsgebieten in Medizin, Natur- und Sozialwissenschaften, Landwirtschaft u. a. Anthroposophie versteht sich aber nach Steiner nicht als Alternative (oder Ersatz) zur Wissenschaft überhaupt oder zu irgendeiner Spezialwissenschaft, sondern als deren Erweiterung und Ergänzung, indem sie Wahrnehmungsgebiete zu erschließen versucht, die dem Menschen zwar prinzipiell zugänglich sind, aber in der traditionellen Wissenschaft noch nicht berücksichtigt werden. Denn diese geht noch immer allein von der physisch-leiblich-sinnlichen Wahrnehmung und der durch die Leibesorganisation bedingten Verstandestätigkeit aus. Selbst in einer Grenzwissenschaft wie der Parapsychologie stehen dem Forscher in den allermeisten Fällen keine *eigenen,* unmittelbaren Wahrnehmungen und Erfahrungen *rein geistiger Art* zur Verfügung, sondern nur Vorstellungen echter oder vermeintlicher nichtsinnlicher Erlebnisse anderer Menschen.[1]

Ob es nun tatsächlich eine nichtsinnliche oder übersinnliche Seinssphäre und eine entsprechende wissenschaftliche Erkenntnis derselben gibt oder ob die Behauptung der Existenz einer solchen nur eine Spekulation oder eine Täuschung darstellt, kann rein theoretisch gar nicht entschieden werden. Denn entweder liegt dem Erkennenden in der Wahrnehmung etwas Gegebenes vor, so daß er berechtigt ist, ein Existentialurteil zu fällen, oder es liegt ihm nichts vor, dann kann er daraus die Nichtexistenz nicht ableiten, sondern nur feststellen, daß *für ihn* das z. B. von anderen Behauptete (bis jetzt noch) nicht vorliegt. Wollen wir uns also davon überzeugen, ob es nicht- oder *über*sinnliche Wahrnehmungsgebiete gibt und ob sie dem

[1] Näheres in: Peter Schneider: Einführung in die Waldorfpädagogik. Stuttgart 1982, S. 51ff.

Menschen wissenschaftlich oder anderswie zugänglich sind, dann können wir nur das Feld aller uns zugänglichen Wahrnehmungen durchforschen, um ein solches Gebiet eventuell zu entdecken. Selbstverständlich muß in diesem Falle die Realmöglichkeit einer nichtsinnlichen Wahrnehmungsmöglichkeit prinzipiell bei allen Menschen vorhanden sein – was wir nicht verneinen können, wie eben analog dargelegt wurde – und es würde sich nur darum handeln, diese reale Möglichkeit in die Wirklichkeit zu überführen. Dazu bedarf es nur eines in diesem Felde erfahrenen Wissenschaftlers, der uns anleiten und beraten könnte, so wie dies auch in jeder Wissenschaft der Fall ist.[2] In diesem Falle müßten wir zunächst allein vom *Verstehen* (Begreifen), d. h. vom begrifflich-denkenden Nachvollzug der in Gedanken- oder Vorstellungsform vermittelten Erkenntnisse und Anweisungen eines solchen 'Lehrers' oder – wie er auch genannt wird – eines 'Geistesforschers' ausgehen. Die auf geistige Weise gewonnenen Erkenntnisresultate der Geisteswissenschaft könnten wir erst dann wirklich *erkennen,* wenn wir die dazu nötigen Erfahrungen nichtsinnlicher Art selbst zu machen in der Lage wären.[3] Ein großer, wenn nicht überhaupt der größte Teil von allem, was wir in den Wissenschaften lernen und erarbeiten, besteht allein im denkenden Nachvollzug der Begriffe und Vorstellungen anderer Menschen und nicht in einer Erkenntnis aufgrund eigener sinnlicher Wahrnehmung. Ebenso sind alle Hypothesen rein begrifflich-vorstellungsmäßige Konstruktionen, zu denen eventuell erst viel später, wenn überhaupt, die ihnen korrespondierenden Wahrnehmungen hinzugefügt und damit zur Erkenntnis erhoben werden. Es bedeutet also nichts Außergewöhnliches, sondern vielmehr das Übliche, wenn man zuerst vom Verstehen (Begreifen) ausgeht und erst nachher zum eigenen Erkennen weiterschreitet. Wichtig ist dabei allerdings, daß man den Verstehensbereich und den Erkenntnisbereich genau unterscheidet und nicht miteinander verwechselt und daß man stets bestrebt ist, wo immer dies möglich, bis zum Erkennen vorzustoßen und nicht bei einem bloßen logisch-philologischen Verstehen zu verharren. Es darf eben nur auf bloße Autorität hin etwas nicht schon deshalb für wirklichkeitsgemäße Wahrheit gehalten und anerkannt werden, weil die Begriffe und Vorstellungen im logischen Sinne objektiv zusammenstimmen; vielmehr ist es prinzipiell für die objektive *Erkenntnis* notwendig, daß mit den Begriffen ihnen entsprechende Wahrnehmungen korrespondieren. Es sollte als bekannt vorausgesetzt werden dürfen, daß logische und wirklichkeitsgemäße Wahrheit keineswegs immer dasselbe sind.

Anthroposophie i. S. Steiners hat es mit nichtsinnlichem Sein und dessen

[2] Vgl. a. a. O., S. 19f.

[3] Vgl. a. a. O., S. 21f.

rein geistiger Erkenntnis zu tun und setzt selbstverständlich die physisch-leiblich-sinnliche Erkenntnis voraus, um diese durch ihre Forschung zu ergänzen. In diesem Beitrag geht es zunächst darum, von denjenigen Erkenntnisresultaten, d. h. Vorstellungen des 'Geistesforschers' auszugehen, die sich auf die *Form* des Erkennens (dessen Gesetzmäßigkeit überhaupt) und seine Methodik beziehen und nicht auf die weiteren speziellen Inhalte der übersinnlichen Erkenntnis, die in den folgenden Beiträgen verarbeitet sind. Nach den obigen Bemerkungen leuchtet wohl ein, daß die aufgenommenen und verarbeiteten übersinnlichen Vorstellungen eines 'Geistesforschers' von einem nicht selber Erkennenden, sondern bloß Verstehenden nur i. S. von Anweisungen (Rezepten) verwendet werden können; deshalb besteht die Gefahr, sofern nicht allmählich eigene Erfahrungen auf dem Felde des Übersinnlichen hinzutreten, daß der in diesem Sinne bloß Verstehende zum reinen Pragmatiker erstarrt, statt als Erkennender zum künstlerischen Praktiker zu werden. Dies gilt für alle Anwendungsgebiete der Anthroposophie, im speziellen auch für die Pädagogik. Denn sie kann als Praxis nur dann wahrhaft *Kunst* sein, wenn der Pädagoge aus Erkenntnis handelt, indem ihm sowohl Wahrnehmung (i. S. der weiter unten S. 46 f. und 51 bestimmten pädagogischen Phantasie wie auch der pädagogischen Technik) als auch Begriff (Gesetz) aktuell gegenwärtig sind, und er eben nicht aus bloßem Wissen tätig wird, bei dem nur Vorstellungen – also Rezepte – zur Verfügung stehen. Davon soll später noch ausführlicher die Rede sein.

Zunächst geht es also darum, diejenigen Vorstellungen Steiners darzustellen, die sich auf die *Form* des Erkennens überhaupt beziehen. Dadurch soll der Nachweis der Realmöglichkeit eines übersinnlichen Seins verstehbar gemacht und zur Erfahrung gebracht werden und damit zugleich, daß jeder Mensch latente, realmögliche Anlagen für die Entwicklung eines übersinnlichen Erkennens besitzt.

2. *Erkenntniswissenschaftliche Grundlagen und ihre Konsequenzen*

a) Erkenntniswissenschaftliche Grundlagen

Bei der vorliegenden skizzenhaften, kurzen Einführung in die erkenntniswissenschaftlichen Grundlagen der anthroposophischen Pädagogik kann keine ausführliche Ableitung der Idee des allgemeinen Erkennens, d. h. der Form oder des Gesetzes (Regel) allen Erkennens einschließlich des speziellen übersinnlichen, in voraussetzungsloser Weise gegeben werden. Diesbezüglich muß auf die einschlägigen Ausführungen Steiners und auf des Verfassers immanent-kritische ausführliche Darstellung[4] verwiesen werden. Hier soll nur auf die Resultate und die daraus folgenden Konsequenzen von Steiners erkenntniswissenschaftlichen Untersuchungen, wie sie in mehreren seiner Grundschriften vorliegen, hingewiesen werden.

Der Mensch kann sich seinem Erkennen gegenüber in zweifacher Weise verhalten: Er kann einerseits sein Erkennen in irgendeiner Art darleben, praktizieren und wahrnehmen, ohne ein Bewußtsein von dessen Gesetzmäßigkeit zu haben und er kann andererseits diese zum Begriff bringen, also das Erkennen seinem Wesen (Gesetz, Regel) nach erkennen. Die erste Weise, sich dem Erkennen gegenüber zu verhalten, kann als *naiv*, die zweite als *kritisch* bezeichnet werden.[5] Diese letztere Weise ist aber zugleich diejenige, auf die sich die Erkenntniswissenschaft bezieht, deren Inhalt nur die Form des Erkennens ist, d. h. seine Gesetze, seine Regeln. Die Erkenntniswissenschaft ist deshalb, weil sie kritisch ist, das Prinzip allen wissenschaftlichen Erkennens, sie ist die Grundwissenschaft oder die Form aller Wissenschaften überhaupt. Sie hat also nicht die speziellen Inhalte des erscheinenden Erkennens zum Gegenstand; diese gehören den jeweiligen Einzelwissenschaften an.[6] Das Erkennen kann nur aus ihm selbst und nur durch es selbst und nicht durch ein ihm anderes erkannt und bestimmt werden. Dabei ist aber der Erkenntnis*akt* nur der dem erkennenden Subjekt zukommende Teil des *erscheinenden* Erkennens, ohne den das Wesen (Gesetz) des Erkennens nicht erscheinen würde. Wir sind also als Erkennende nicht Erzeuger des Gesetzes des Erkennens, sondern nur die zur Erscheinung-Bringer dieses Gesetzes. Dieses Erscheinen beruht auf einer freien Tat, weil keine andere Wirkursache (causa efficiens) als unser Wille dies zustande bringen kann. Ein sogenanntes 'Erkennen', das ohne meine Willenstätigkeit erscheinen würde, wäre nicht als ein solches bestimmbar, da das es bestimmende Erkennen selbst als von uns aktualisiertes vorausgesetzt werden müßte und somit allein dieses die Grundlage für eine Bestimmung der Idee des Erkennens wäre. Würde also das Erkennen durch ein anderes Wesen als uns selbst in uns aktualisiert – und das hieße, daß wir 'erkannt' würden – dann könnten wir überhaupt nicht erkennen, daß dies mit uns geschieht, oder aber, wenn es uns möglich wäre, dies zu durchschauen, dann wäre das von uns aktualisierte Erkennen wieder das Bestimmende. Diese Überlegungen sind deshalb wichtig, weil sich immer wieder Menschen auf sogenannte Erkenntnisinstanzen, die außerhalb des menschlichen Erkennens liegen, berufen wollen. Die Verwirklichung des Erkennens liegt also

[4] A. a. O., S. 23–81.
[5] Rudolf Steiner: GA 3, Dornach 1980, S. 47f.
[6] P. Schneider: a. a. O., S. 25f.

ganz beim Menschen, beim erkennenden Subjekt. Damit aber diese Verwirklichung kritisch bewußt geschehen kann, ist es notwendig, den objektiven und d. h. den *Wesens*teil des Erkennens, nämlich dessen Gesetz oder Regel, exakt erkannt zu haben.[7] Dieses beinhaltet, daß die für uns objektiv gegebenen Teile des Weltinhaltes, die durch unsere Organisation für uns getrennt erscheinen, ihrem eigenen Inhalte gemäß wiedervereinigt werden, wodurch uns die Wirklichkeit erkennbar wird. Diese beiden Teile, die durch unseren Erkenntnisakt wiedervereinigt werden – und zugleich vereinigen wir uns damit in entsprechender Weise mit der Welt – sind einerseits die durch die Beobachtung gegebene Wahrnehmung und andererseits der durch unser Denken intuierte, d. h. in tätiger Anschauung vergegenwärtigte Begriffsinhalt, der nichts anderes als eines der Weltgesetze ausmacht.[8] Es ist genau zu beobachten, daß wir nicht Erzeuger der Begriffsinhalte, d. h. der Gesetze sind, sondern nur einen Anteil an der Entstehung der Begriffsform haben, in welcher sie uns durch unsere intellektuelle Anschauung (Intuition)[9] für unser Bewußtsein erscheinen. Diese Gesetze sind ebensolche objektiven Gegebenheiten, wie es die Wahrnehmungsinhalte sind. Die Zusammengehörigkeit von Wahrnehmung und Begriffsinhalt unterliegt nicht unserer Willkür, sondern geht aus dem Inhalt derselben jeweils objektiv hervor. Die durch den Erkenntnisakt subjektiv verwirklichte Wiedervereinigung von Wahrnehmung und Begriffsinhalt ist nur dann Ausdruck der objektiven Zusammengehörigkeit, wenn der Erkenntnisinhalt sich rein von diesen Inhalten und nicht von anderweitigen Elementen bestimmen läßt.[10] Dies gilt aber nicht nur für sog. Wahrnehmungsurteile, sondern auch für die Begriffsurteile, d. h. für Urteile, in denen Subjekt und Prädikat Begriffe sind.

Was für Konsequenzen ergeben sich aus dieser Idee des Erkennens? Zunächst einmal ist festzuhalten, daß durch das Wesen des Erkennens *nicht* die Welt abgebildet, kein Spiegelbild von ihr entworfen wird, wodurch das Problem der Wahrheit als der Übereinstimmung von Wirklichkeit und Abbild derselben entsteht. Das Problem der Individualisierung der objektiven Welt im Subjektbewußtsein ist kein erkenntnistheoretisches Problem, da die Erkenntniswissenschaft es nur mit der Form (dem Gesetz) allen Erkennens zu tun hat. (Wie es zur Abbildtheorie kommen kann, soll weiter unten bei der Besprechung der Abstraktion und des Universalienproblems behandelt werden.) Die Ansicht, daß die Erkenntnis ein Abbild der Welt liefert, liegt vielen Anschauungen bewußt und unbewußt zugrunde und führt,

[7] Vgl. a. a. O., S. 25.
[8] Vgl. a. a. O., S. 30–43.
[9] Vgl. a. a. O., S. 38ff.
[10] Vgl. a. a. O., S. 47f.

wie z. B. bei Popper, zum Problem der Verifikation und deren Unmöglichkeit usw.[11] Wo das Erkennen seinem Wesen gemäß erfaßt wird, entsteht das Problem der Verifikation jedoch gar nicht, sondern es geht darum, durch den Inhalt der Wahrnehmung veranlaßt, die sie konstituierenden Gesetze durch Intuition aus der allgemeinen Weltgesetzlichkeit abzuleiten und mit der Wahrnehmung wieder zu vereinigen. In der intellektuellen Anschauung (Intuition) aber tritt durch den denkenden Menschen das Wesen der Welt (Gesetzmäßigkeit) in die Erscheinung, was sonst immer verborgen bliebe, da es mit dem Wahrnehmungsteil der Dinge in relativ untrennbarer Einheit vereinigt ist. Die Welt wäre aber nicht vollendet, wenn der Mensch deren Erkenntnis und damit die Erscheinung ihrer Gesetze nicht verwirklichen würde. In diesem Sinne nimmt der Mensch an der Vollendung des Weltprozesses in aktiver Weise Anteil. Damit ist letztlich auch der Wissenschaft ihre weltbedeutsame Rolle zugewiesen, da in ihr das Wesen der Welt zur Erscheinung kommt. In welchen verschiedenen Formen dies innerhalb der Bewußtseinsentwicklung der Menschen geschieht, soll im nächsten Abschnitt kurz dargestellt werden.

b) Das Universalienproblem

Der wesentliche Teil des Erkennens ist die durch die Wahrnehmung veranlaßte, im Denken intuitiv erfaßte Gesetzmäßigkeit des Gegenstandes oder Vorgangs, welche in ideell-begrifflicher Form im individuellen Bewußtsein des Erkennenden zur Erscheinung gebracht und mit der Wahrnehmung wieder vereinigt wird, so wie die beiden Teile im Objekt selbst in einer Einheit bestehen. Das Wesen eines Dinges ist also seine Gesetzmäßigkeit, die es strukturiert und die alle dieser Gattung zugehörigen Erscheinungen regelt und prägt und ihnen ihre gesetzmäßige Gestalt verleiht. Insofern diese Gesetzmäßigkeit im denkenden Bewußtsein erscheint, wird sie der Form nach ein Begriff oder eine Idee. Insofern das Gesetz die Formung der Erscheinung regelt, ist sie die Gattung selbst, an der alle individuellen Gestaltungen ihren Anteil haben; insofern sie erkannt wurde, ist sie der Begriff der Gattung. Da viele 'Individuen' von einer Gattung gesetzgebend geregelt werden, ist sie im Verhältnis zu diesen allgemein oder universell, im Verhältnis zu anderen Gattungen aber individuell. Nun ist im Laufe der Philosophiegeschichte immer wieder das Problem der sogenannten Universalien oder Ideen aufgetreten, insofern man einerseits wohl diese Gesetze in der Begriffs- oder Ideenform innerhalb seines Bewußtseins erfahren hat,

[11] Vgl. a. a. O., S. 74–81.

andererseits aber aufgrund gesetzlich geregelter Abläufe in der Erscheinungswelt genötigt war anzunehmen, daß die im Begriff erfaßten Gesetze in den Erscheinungen wirkend sind, daß sie tatsächlich die stofflichen Vorgänge und Gegenstände kraftend regeln. So wie man aber diese Gesetze in der Ideenform erlebt hat, zeigten sie keineswegs, daß sie kraftend, wirkend, d. h. eben lebendig, mit anderen Worten *Wesenheiten*, sind. Daß man am Anfange der Philosophie beide Formzustände der Gesetze gekannt hat, das zeigt schon ein kurzer Blick auf Platon und viele seiner Nachfolger. Die Ansicht aber, daß damals noch Menschen, wie Platon es darlegt, diese Ideen oder Wesenheiten 'am überhimmlischen Ort' wahrgenommen, erlebt haben – und zwar nicht nur im vorgeburtlichen Zustand oder nach dem Tode, sondern als die in die Mysterien Eingeweihten während des Lebens – diese Ansicht wird in den Bereich der Mythologie verwiesen.[12] Die Scholastik steht aber noch weitgehend in der Überlieferung dieser zwei Ansichten der Ideen, und sie unterscheidet im Zusammenhang mit Platon auch noch einen dritten Formzustand der Universalien. Die drei Formzustände werden begriffen als die

- universalia ante rem, d. h. als die im Weltschöpfer realmöglichen, wirkenden Gesetzmäßigkeiten, als die
- universalia in re, d. h. als die in den Dingen wirklich, gesetzmäßig wirkenden Wesenheiten oder Gattungen, und als die
- universalia post rem, d. h. als die im menschlichen erkennenden Bewußtsein erscheinenden, aber unwirksamen Gesetzmäßigkeiten.

Auch in der neueren Zeit, etwa bei Hegel, wird dieser Universalien-Realismus der Sache nach weiter vertreten. Diejenigen aber, die in unserer Zeit den Realismus der Ideen nur in dem Sinne vertreten, daß sie die Objektivität der im Begriff erfaßten Gesetze nicht anzweifeln, aber deren Formzustand als kraftende, wollende Wesen in den Bereich der Mythologie verweisen, könnte man als Semi-Realisten bezeichnen. Nun kann man der Ansicht sein, daß die Gesetze zwar die Erscheinungen strukturieren und gesetzgebend gestalten, aber, ebenso wie im Bewußtsein des Menschen, ohne selber Kraft zu besitzen; sie wären dann darauf angewiesen, zur Verwirklichung ihrer Intentionen die im Stoffe vorhandene Kraft zu benutzen, so daß die Kräfte immer an den Stoff gebunden sind. Dabei wäre allerdings einerseits zu bedenken, was hier unter Stoff zu verstehen ist, und andererseits, daß es wirklichen Stoff gleich welcher Art ohne ihm innewohnende und ihn bestimmende Gesetzmäßigkeit gar nicht gibt. Was z. B. die sog. physikalische Stofflichkeit anbelangt, so wäre ebenso zu fragen, ob sie nicht nur eine besondere Klasse des Formzustandes von Kräften (Energie) darstellt.

[12] Vgl. a. a. O., S. 109.

Was uns hier jedoch an dieser Universalienlehre interessiert, ist die Frage, ob es gelingt, den Formzustand der universalia in re wieder zum Erleben zu bringen, so daß der Übergang von den universalia in re zu denjenigen post rem bzw. umgekehrt bewußt verfolgt werden könnte. Dieser Übergang ist nämlich analog zu sehen zum Gelähmtwerden eines lebendigen Organismus. So wie der gelähmte Mensch sich zwar der Gesetze seiner Bewegung bewußt werden, sich aber nicht mehr nach ihnen bewegen kann, so erscheinen die wirkenden Gesetze in den Dingen einerseits als lebendige, kraftende und andererseits im menschlichen gewöhnlichen Bewußtsein als kraftlose, gelähmte. Diesen Übergang von einem Formzustand der Gesetze in den anderen nennt Steiner die *Herablähmung* der lebendigen Vorstellungen und sieht darin das Wesen der Abstraktion.[13] Diese wird bewirkt durch die physisch-sinnlich-leibliche Organisation des Menschen und ist zugleich eine *Notwendigkeit* seiner Seele. Denn erschienen die Gesetze kraftend im Bewußtsein, würden sie den Menschen in einen unfreien Zustand versetzen, indem sie sich selber im Menschen 'denken' würden. Sogenannte Zwangsgedanken können etwa einen solchen Zustand beispielhaft veranschaulichen.

Ob es nun diesen Formzustand wirkender (wollender) Gesetze oder Wesenheiten gibt, ist wiederum nicht theoretisch zu verneinen und kann positiv nur durch das eigene Wahrnehmen bestätigt werden. Zunächst haben wir nur ein Grenzerlebnis, daß nämlich die Gesetze, die wir denkend erfassen, keine Kraft haben, etwas zu bewirken, es sei denn, daß wir unseren Willen mit ihnen vereinigen und damit etwas in der Welt verändern. Das Gesetz der Rosen, falls von uns gedacht, bringt keine Rosen hervor. Oder: die Vorstellung eines bellenden Hundes bellt nicht. Andererseits aber müssen wir anerkennen, daß die Gesetze in den sichtbaren Dingen als Funktionseinheiten wirksam sind. Unser Sinnesbewußtsein stößt hier an eine relative Grenze des Erkennens. Würden wir nämlich mit den wirkenden Gesetzen erkennend verbunden sein, so wäre für uns der Zusammenhang von Gesetz und Erscheinung unmittelbar einsichtig, weil wir bei der Entstehung derselben kontinuierlich dabei wären und wir müßten nicht auf umständliche Weise, durch Experimente usw., auf die Zusammenhänge kommen. Hypothesenbildungen wären überflüssig, Spekulationen ebenso. Man müßte nicht vom Gewordenen auf das Werden und Werdende zurückschließen, sondern würde es in seinem Werden unmittelbar beobachten, so daß die Begriffsbildung diesen Beobachtungen stetig folgen könnte. Freilich müßten dann auch die Begriffe einen beweglichen, flüssigeren Charakter haben, also nicht bloße formallogische Bezüge von Über-, Neben-

[13] Vgl. a. a. O., S. 96–109.

und Unterordnungen darstellen. Auch dürfte ihre starre Kontradiktion nicht allein maßgebend sein, sondern sie müßte wenigstens die Beweglichkeit des Übergehens im Sinne der Hegelschen Logik zum Charakter haben oder, um ein anderes Beispiel zu nennen, die an der lebendigen Wirklichkeit gewonnenen Vorstellungen Goethes über die Metamorphose der Pflanzen. Daß eine solche Erkenntnisweise für die werdenden Dinge der Welt, insbesondere der Menschen selber und damit gerade in der Pädagogik von größter Bedeutung ist, bedarf wohl keiner weiteren Begründung.

Nun stellt sich die Frage, ob wir irgendwo in unserem gewöhnlichen Bewußtsein den Fall eines wirkenden Gesetzes erleben oder wenigstens die latente Anlage dazu auffinden können. Wäre dies der Fall, so bestünde die Hoffnung, daß diese Anlage ausgebildet und auf andere Gebiete erweitert werden könnte. Es ist schon deshalb zu hoffen, daß dies möglich ist, weil wir nicht ohne Grund den Begriff von Kraft oder Wollen gebrauchen und einsehen. Wo aber finden wir die dazugehörige Wahrnehmung? Im nächsten Abschnitt sei darüber einiges ausgeführt.

c) Das Abenteuer der Vernunft

Wenn wir das Feld aller äußeren und inneren Erfahrungen durchschreiten, wo Kraft oder Wollen unmittelbar von uns ausgeht und gelenkt wird, dann finden wir zwar viele Auswirkungen von Kraft- oder Willensakten, die wir durch Vorstellungen auslösen, sind aber nicht in der Lage, diese Kräfte oder den Willen unvermischt mit anderen Wahrnehmungen als solche zu erleben. Wir erleben z. B. den Beginn einer Bewegung unseres Körpers, den Impuls dazu. Wir können aber das Wollen, das sich des Körpers bemächtigt und die entsprechenden Glieder ergreift, um ihn nach den von uns gesetzten Motiven (Vorstellungen) zu bewegen, nicht bewußt verfolgen. Selbst dann, wenn wir die Gesetzmäßigkeit eines solchen Bewegungsvorganges begrifflich genau erfassen könnten, würde dies das Erfahren der zugrundeliegenden Kräfte nicht ersetzen können. Aber all diejenigen Erfahrungen von Wollen, die mit dem Leib zusammenhängen, ergeben uns nur ein diffuses, dumpfes Krafterlebnis. Um die Erfahrung von Kraft und Wollen in ihrer Reinheit zu haben, müssen wir diese dort aufsuchen, wo sie nicht mit anderen Kräften und Willensakten vermischt auftreten. Denn diese reine Form zu erleben und zu begreifen ist deshalb notwendig, weil wir sonst bei der Ausbildung eines entsprechenden Wahrnehmungsorgans nicht wissen, ob dieses oder jenes nicht bewußte Element bei der Ausbildung mitwirkt und somit das Ziel der Ausbildung verändert. Die Erfahrung von reiner Kraft oder reinem Wollen können wir nun aber nicht im Bereich physisch-leiblich-sinnlicher Wahrnehmung aufsuchen, da es dort eines ebensolchen Organs bedürfte und damit Kräfte des Leibes mitbeteiligt wären. Wir müssen deshalb ein Willenserlebnis suchen, in das keine anderen Wollungen als die ganz allein von mir gesetzten eingehen und das geführt ist von einer Gesetzmäßigkeit, die ich selbst mit ihm verbinde. Ein solches Willenserlebnis finden wir nur dort, wo ich selbst dem Wollen die Gesetze verbinde und wo die Gesetzmäßigkeit durch kein anderes Wollen (Kraft) als dieses von mir ausgehende auftritt. Ein solches Wollen erleben wir in der reinen Denktätigkeit! Soll ein Denkakt vollzogen werden, so bedarf es als Motiv dieser Realisierung eines Gesetzes, nach welchem der Willensakt verwirklicht wird. Dieses Gesetz ist das der Denktätigkeit oder des 'Denkens', welches ich kenne und von anderen Gesetzen unterscheide, z. B. vom Gesetz des Sprechens, Schreibens, Gehens usw. Dieses Gesetz ist nicht mein Erzeugnis, ich bin nicht sein Erfinder, sondern ich finde es vor als gegeben und bringe es nur im Denkvollzug zur Erscheinung. Reine Denktätigkeit ist rein, weil sie von keiner anderen Gesetzmäßigkeit als ihrer eigenen bestimmt wird und das dazu verbundene Wollen ist darum rein, weil es von keinem anderen Wollen als meinem eigenen bestimmt wird. Wäre dieses Gesetz der Denktätigkeit an sich selbst ein wollendes, dann würden sich die Akte des Denkens auf dem Schauplatz meines Bewußtseins von selbst vollziehen und ich müßte dies eigentlich so ausdrücken: „ich werde gedacht“ oder „es denkt in mir“. Würde mein Wollen von Gesetzen bestimmt, die nicht *ich* mit ihm verbunden habe, also zum Motiv meines Wollens gemacht habe, dann wäre ich nicht weniger unfrei und damit ebenso von fremden Mächten bestimmt. Die Beobachtung des Denkens ergibt aber, daß beides im Zustand der Reinheit nicht der Fall ist. Reine Gedanken (Gesetze in der Begriffsform) sind willenlos für unser gewöhnliches Bewußtsein, und reines Denkwollen ist nur von seinem eigenen Denkaktgesetz allein bestimmt. Da aber dieses Gesetz dem Wollen als solchem nicht ohne mein Zutun zugeordnet ist, so kann auch dieses Wollen nicht aus sich selber das Denken zur Erscheinung bringen. Indem ich das Gesetz des Denkaktes zum Motiv eines solchen erhebe, bleibt es nicht bei der bloßen Absicht, sondern ist schon Tat, Verwirklichung. Dies ist zunächst das einzige Motiv (Gesetz), das zugleich Aktualität ist. Bei allen übrigen Motiven können wir bei der Absicht stehenbleiben und diese nicht verwirklichen. So sind wir im Bereich der reinen Gedanken von den uns bewirkenden Absichten (Gesetzen) befreit. Aber auch in dem geschilderten Ausnahmefall sind wir von fremden Kräften und Gesetzen befreit, da es ganz unser Wollen ist, welches das Gesetz der reinen Denktätigkeit verwirklicht. Bei jedem reinen Gedanken, den ich denke, bin ich als Denkender zugleich gesetzgebende (legislative)[14] und ausführende (exekutive) Gewalt. Hier finden wir also ein reines Kraft- oder Willenserlebnis, das ganz von mir selbst ausgeht und das Aktualität ist! Natürlich kennen wir auch den anderen Formzustand dieses Erlebnisses, nämlich den faktischen. Die Erinnerungsvorstellung an einen vormals vollzogenen Denkakt ist selber kein solcher, sie hat nicht denselben Aktualitätscharakter. Erinnerungen an Erlebnisse sind eben nicht mehr diese Erlebnisse selbst. Das sind zwei verschiedene Formzustände, und dies hat in bezug auf das sog. Denken des Denkens oder die Reflexion des Denkens dazu geführt, daß behauptet wurde, man könne sein gegenwärtig aktuelles Denken nie erreichen, weil es immer zurückweicht, wenn man es erreichen möchte. Wäre dem so, dann wüßte man von einem Denken im Aktualzustand überhaupt nichts und könnte deshalb nicht so argumentieren. Diese Ansicht entsteht aber nur dadurch, daß das gegenwärtige Denken nicht beobachtet werden kann,[15] was aber nicht heißt, daß es nicht ebendann erlebbar wäre. Und weil wir in diesem Ausnahmefall, beim reinen Denken, zweierlei Formzustände, nämlich den Aktualzustand und den faktischen, d. h. im obigen Sinne den herabgelähmten, kennen, haben wir die Gewißheit, daß es wenigstens ein kraftendes Gesetz gibt, wobei allerdings Gesetz und Kraft (Wollen) zunächst getrennt auftreten und nur durch uns vereinigt werden. Gehen wir genau an diesem Punkte noch einen Schritt weiter zurück und beschränken uns ganz auf den Willensakt selbst, der sich dem Denkgesetz hingibt. Dieser Willensakt wird von keinem anderen Gesetz als unserem ureigensten, dem, was wir das *Ich* nennen, vollzogen. Hier finden wir ein wirkendes Gesetz, ein sich selbst verwirklichendes Gesetz. Hier wird nicht mehr ein fremdes Gesetz (Gesetz des Denkens) mit meinem Wollen vereinigt und damit verwirklicht, sondern hier verwirklicht sich das Gesetz selbst. Da keiner für den anderen einen solchen Willensakt ausführen kann, ist das zugrundeliegende Gesetz, wenn es verwirklicht wird, ein einmaliges und völlig individuelles. Woher aber dieses eigene Gesetz selber kommt, ist eine andere Frage. Jedenfalls könnte man zunächst die Erscheinungen dieses Gesetzes als seine Geschichte auffassen und diese müßte durch das Entstehen und Vergehen der Leiblichkeit, in und durch welche sich dieses sich selbst verwirklichende Gesetz im weiteren zur Erscheinung bringt, keinesfalls eine absolute Grenze haben.

Indem wir nun auf das reine Denken (als Tätigkeit, nicht als Inhalt oder reinem Gedanken) als den Ort hingewiesen haben, an welchem reine Aktualität oder reines Wollen (Kraft) erlebbar wird – allerdings zunächst nur

[14] Wie bereits ausgeführt, sind wir nicht Erzeuger der Gesetze, sondern wir komponieren sie aus anderen Gesetzmäßigkeiten zusammen.

[15] Vgl. R. Steiner: GA 4. Dornach 1978, S. 43.

das eigene – haben wir die oben als Realmöglichkeit oder als latente Anlage geschilderte rein nichtsinnliche Wahrnehmungsfähigkeit nachgewiesen. Könnte man dieses Wahrnehmungsorgan, das man am Erleben der eigenen Denktätigkeit ausgebildet hat, auch dann bewahren, wenn man das Eigenerleben seiner Denktätigkeit auslöscht, dann wäre die Möglichkeit gegeben, andere *kraftende* Gesetze wie durch ein geistiges Tasterlebnis wahrzunehmen und dann durch begriffliche Bestimmungen in einen gesetzmäßigen Zusammenhang zu bringen. Denn auch für die übersinnliche Wahrnehmung gilt das Gesetz des Erkennens überhaupt, daß jede Wahrnehmung mit dem ihr entsprechenden Begriff vereinigt werden muß.[16] Die zur kritisch bewußten Erkenntnis erhobenen übersinnlichen Wahrnehmungen bedeuten aber eine Ergänzung der Sinneserkenntnis und vertiefen diese in einem nicht bloß quantitativen, sondern in einem eminent qualitativen Sinne, was für die Erkenntnis der Welt und des Menschen und im besonderen für ein sachgemäßes Handeln von größter Wichtigkeit ist.

Das Prinzipielle einer Schulung und Ausbildung übersinnlicher Wahrnehmungsorgane liegt vor allem darin, daß man die Fähigkeit erlangt, über den Herablähmungsvorgang frei zu verfügen (d. h. die Abhängigkeit des Bewußtseins von der physisch-leiblich-sinnlichen Organisation immer dann aufzuheben, wenn eine übersinnliche Wahrnehmung intendiert wird) und ebenso frei verfügbar wieder in die Verbindung mit der Leiblichkeit zurückzukehren. Die Entwicklung des menschlichen Bewußtseins ist heute im Generellen zur Stufe der Abstraktion gelangt, obwohl es selbstverständlich in bezug auf den einzelnen gesehen immer Menschen gibt, deren Bewußtsein noch nicht vollständig in diese Abstraktionssphäre eingetaucht ist. In diesen Fällen, wo demnach die früher einmal als allgemeine Eigenschaft der Menschheit vorhanden gewesene traumhafte Hellsichtigkeit, aus der alles Mythologisch-Religiöse als entsprechende '*Erkenntnis*' hervorgegangen ist, noch nachwirkt, besteht die erste Forderung einer geistigen Schulung darin, diese Nachwirkungen erst aufzuheben; sonst ist die Gefahr vorhanden, daß sich unter Umgehung des abstrakten Bewußtseins die Vollbewußtheit nicht entwickeln könnte und deshalb für die angestrebte übersinnliche Wahrnehmungsfähigkeit der traumhafte Bewußtseinszustand erhalten bleibt, so daß eine dem heutigen exakten Wissenschaftsbewußtsein gemäße Erkenntnisweise verhindert wird.[17]

[16] Vgl. a. a. O., S. 110–125. R. Steiner: GA 2. Dornach 1979, S. 137f.

[17] „[. . .] wenn aber das Selbstbewußtsein nicht bereits ein Erworbenes wäre vom gewöhnlichen Bewußtsein: es könnte im schauenden Bewußtsein nicht ausgebildet werden. Man kann hieraus begreifen, daß das gesunde gewöhnliche Bewußtsein die notwendige Voraussetzung für das schauende Bewußtsein ist. Wer glaubt, ein schau-

Dies muß um so mehr betont werden, als gerade heute in weiten Kreisen die Meinung besteht, man könnte alte Bewußtseinszustände einfach dadurch erneuern, daß man die früher zeitgemäßen Methoden wieder anwendet, ohne zu berücksichtigen, daß eben das Bewußtsein sich seither gewandelt hat und daß jedes Zurückgehen auf einen mehr traumhaften Bewußtseinszustand zu keinen exakten geistigen Erkenntnissen führen kann.

Das anzustrebende freie Verfügen im Loslösen des Bewußtseins von der physisch-leiblich-sinnlichen Organisation und das freie Wiedervereinigen mit derselben kann auch nicht durch physisch-physiologische Mittel erreicht werden, da dadurch eine wirkliche Loslösung gar nicht zustande kommen kann. Außerdem muß es der so Vorgehende in der Hauptsache dem Lauf der Dinge überlassen, bis er in den gewöhnlichen Bewußtseinszustand wieder zurückkehren kann; er muß abwarten, bis der 'Rausch' sozusagen verklungen ist. Es kann sich aber bei einer sachgemäßen Schulung nur darum handeln, daß dieses Loslösen ganz allein von einem rein geistigen Element aus vorgenommen wird und dies ist zunächst nirgends anders vorliegend als im reinen Denken, insofern es als Tätigkeit reines Wollen ist, d. h. ein Wollen, das von keinen andern Kräften beeinflußt werden kann. Dieses allein ist von allem befreit und gibt sich daher frei demjenigen hin, was es zu tun beabsichtigt. Die Ziele seines Tuns gibt es sich selbst, denn diese Ziele – die kraftlosen, reinen Gedanken (Gesetze) – haben keine Gewalt über dieses Wollen. Emotionen, Triebe, Begierden usw. sind ebenfalls Gesetzmäßigkeiten, aber kraftende, so daß sie den Willen unfrei machen. Allein im reinen Denken besteht für das Bewußtsein eine vollkommene Befreiungssituation. Diese zu erreichen ist das erste Ziel einer geistigen Schulung. Und die Philosophie als diejenige Disziplin, die es in ihren besten Ausgestaltungen mit dem reinen Denken zu tun hat, kann als einer der unmittelbarsten Wege angesehen werden.[18] In der Schulung des reinen Den-

endes Bewußtsein ohne das tätige gesunde gewöhnliche Bewußtsein entwickeln zu können, der irrt gar sehr. Es muß sogar das gewöhnliche normale Bewußtsein in jedem Augenblicke das schauende Bewußtsein begleiten, weil sonst dies letztere Unordnung in die menschliche Selbstbewußtheit und damit in das Verhältnis des Menschen zur Wirklichkeit brächte. Anthroposophie kann es bei ihrer schauenden Erkenntnis nur mit einem solchen Bewußtsein, nicht aber mit irgendeiner Herabstimmung des gewöhnlichen Bewußtseins zu tun haben." R. Steiner: GA 21. Dornach 1976, S. 141 f.

[18] „Was wir erarbeiten, was wir in der Philosophie gewinnen, das hebt uns in die geistige Welt hinein, und es hebt uns noch mehr hinein, als irgend etwas anderes." Und „Warum sollten wir überhaupt auf die Philosophie Rücksicht nehmen, da sie sich doch nur mit einem vergeblichen Mühen der Menschheit befaßt? – Ja, so ist die

kens ist die Voraussetzung gegeben, daß durch die Intensivierung (d. h. durch stete Wiederholung, die alles Meditieren kennzeichnet) des Denkwollens in der Denktätigkeit die Eigenkraft meines Wollens immer mehr in ein bewußtes Erleben erhoben wird, so daß man das Kraftende des Wollens geistig zu ertasten beginnt, was zu den ersten real-geistigen Erlebnissen führt.[19] Für denjenigen, der nicht mit dem reinen Denken unmittelbar in seinem Üben beginnen kann, gibt es die verschiedensten Übungsanweisungen, um dahin zu gelangen. Sie sind in verschiedenen Grundschriften Steiners zu finden.[20] Derjenige Weg, der mit dem reinen Denken unmittelbar beginnt, ist vor allem in seiner ›Philosophie der Freiheit‹ gegeben.[21] Solche Bemerkungen über die Schulung des reinen Denkens, wie sie gemacht worden sind, wären überflüssig, wenn die Ansichten verschiedener Philosophen zuträfen, daß es ein reines Denken gar nicht gebe noch geben könne.[22]

Sache denn doch nicht, so ist sie wirklich nicht! Dasjenige, was wir treiben, indem wir uns in dieses von einem gewissen Gesichtspunkte allerdings vergebliche Ringen vertiefen, ist dennoch etwas unendlich Bedeutungsvolles, etwas, was durch nichts anderes ersetzt werden kann [. . .] Und wenn sie [die Philosophie] auch nicht Erkenntnisse überliefern kann, so bereitet sie doch vor dadurch, daß sie ein konzentriertes Gedankenleben hat, die Seele geeignet zu machen, in die geistige Welt hinaufzudringen." R. Steiner: GA 156. Dornach 1967, S. 121 f.

Und: „Aber um wieder zu einer menschumfassenden Philosophie, Kosmologie und Religion zu kommen, ist es notwendig, *bewußt* – also im Gegensatz zu dem alten traumhaften Hellsehen – in das Gebiet eines exakten Hellsehens in Imagination, Inspiration und Intuition einzutreten. Im Gebiete des abstrakten Vorstellungslebens erreicht der Mensch seine Vollbewußtheit. Es obliegt ihm im weiteren Menschheitsfortschritte, die Vollbewußtheit in die Erfahrungen aus der geistigen Welt hineinzutragen. Darin muß der wahre Menschheitsfortschritt in die Zukunft hinein bestehen." R. Steiner: GA 25. Dornach 1979, S. 22.

[19] R. Steiner: GA 227. Dornach 1982, S. 35.

[20] Man vergleiche dazu etwa die Bemerkungen Steiners in: GA 10. Dornach 1975, S. 216–221.

[21] Auf den Unterschied der beiden Wege weist z. B. folgende Stelle aus der ›Theosophie‹ hin: „Wer noch auf einem anderen Wege die hier dargestellten Wahrheiten suchen will, der findet einen solchen in meiner ›Philosophie der Freiheit‹. In verschiedener Art streben diese beiden Bücher nach dem gleichen Ziele. Zum Verständnis des einen ist das andere durchaus nicht notwendig, wenn auch für manchen gewiß förderlich." R. Steiner: GA 9. Dornach 1973, S. 12 f. Vgl. auch: Ders.: GA 322. Dornach 1969, bes. S. 110 ff.

[22] Vergleiche jedoch Anmerkung 8 in: P. Schneider 1982, S. 128 f.

d) Die Ethik und das Freiheitsproblem

Die vorangegangenen Ausführungen über das Denken als Tätigkeit, als Wollen, führen uns schon zu den Problemen des menschlichen Handelns, zur Ethik. Und es wurde bereits angedeutet (S. 40 f.), daß wir zunächst nur im reinen Denken völlig von jeglicher Kraft, jeglichem Wollen, das außerhalb von uns wirkt, befreit sind. Die Voraussetzung aber für ein freies Handeln ist die Befreiungssituation und diese ist eben im reinen Denken dadurch gegeben, daß die Inhalte des Denkens, die Gesetze, die nicht von mir erzeugt sind, mich in keiner Weise zwingen können, da sie in der Herablähmungssituation kraftlos erscheinen. Die Wirkursache des Denkens eines reinen Gedankens liegt nicht im Gedanken, sondern allein in meinem reinen, von allen anderen Kräften befreiten Wollen, das die Denktätigkeit ausmacht. Man kann auch nicht einwenden, daß die logische Notwendigkeit der Gedankenzusammenhänge, also die Gesetze, zwingend sei. Die logische Notwendigkeit ist kein Zwang, sonst *müßte* jeder Denkende gezwungenermaßen richtig denken und könnte in diesem Bereich gar nicht irren. Diese logische Notwendigkeit bezieht sich nur auf die objektive, innere Gesetzmäßigkeit eines Gedankeninhaltes, die sich uns nicht aufdrängt, sondern die so erscheint, wie sie ist, allerdings nur dann, wenn ich sie durch mein Wollen als Wirkursache des Erscheinens zur Erscheinung bringe.

Letzteres bedeutet für das menschliche Handeln, daß es nur dann ein freies sein kann, wenn die Voraussetzung der Befreiung von Wirkursachen, die außerhalb des eigenen Wollens liegen, erfüllt ist. Dies ist zunächst nur bei derjenigen Handlung oder Tätigkeit, die wir das reine Denken genannt haben, der Fall. Allen übrigen Handlungen liegen mehr oder weniger verschiedene Wirkursachen vermischt mit der eigenen (eigener reiner Wille) zugrunde. Gelingt es, mein Wollen (Triebfeder) von anderen Wirkursachen zu befreien und ihm als Motiv einen reinen Begriffsinhalt zuzuordnen, dann ist die daraus hervorgehende Handlung eine freie. Denn der reine Wille wird von keiner anderen Kraft bewirkt, auch kann kein reiner Gedanke, weil er Bildcharakter hat, d. h. nicht „wirklich“, weil nicht wirkend ist, meine Triebfeder, nämlich mein Wollen, bewirken. Nur solche Handlungen, die den Charakter der Freiheit haben, sind als sittliche zu bezeichnen und der so handelnde Mensch als *freier Geist.* Da die reinen Gedankeninhalte aber objektive Weltgesetze darstellen, die miteinander in innerer Notwendigkeit verbunden sind, können solche Handlungen, die als Motive reine Gedanken haben, nicht willkürliche sein. Sie sind, wie bei der Idee der Erkenntnis dargestellt, durch Intuition gewonnen und man kann, insofern sie nicht einen bloßen Erkenntnisbestandteil darstellen, sondern zum Ideal (Motiv) einer Handlung erhoben werden, sie auch *mo-*

ralische Intuitionen nennen. Um aber aus der Gesamtheit aller intuierbaren Weltgesetze diejenigen auszuwählen, die für eine vorzunehmende Handlung notwendig sind, dazu bedarf es einer Vorstellungskraft, die in der Vorstellung die zu verwirklichende Handlung, bevor diese vollzogen ist, projizieren (vorausnehmen) kann. Eine solche Fähigkeit ist aber die Phantasie. Und sofern sie wiederum auf Handlungen bezogen ist, also zur Motivbildung führt, kann sie *moralische Phantasie* genannt werden. Weiter gehört zu einer Handlung, die sich nicht als willkürliche erweisen soll (d. h. im Sinne einer Gesetzlosigkeit, die nicht selbst erkannt und erwählt ist), daß sie sich in den gesetzmäßigen Zusammenhang der bestehenden Erscheinungswelt, in die sie ja eingreift, entsprechend gesetzmäßig einordnet. Dazu bedarf es einer genauen Erkenntnis der gesamten Umwelt und ihrer Entwicklungstendenzen, insbesondere auch derjenigen des Menschen selbst, wenn nicht Welt und Mensch gewaltsam und ihren Gesetzen widersprechend umgestaltet oder verunstaltet werden sollen. Diese dritte Voraussetzung zu einem freien Handeln ist die Verwirklichung der exakten Erkenntnis im wissenschaftlichen, d. h. kritischen sich-selbst-verstehenden Sinne und kann in bezug auf das Handeln *moralische Technik* genannt werden.[23]

Ein freies Handeln setzt also voraus: die *Befreiung* des eigenen Wollens von Fremdwollen (fremde, auf mich wirkende Kräfte) und reine Begriffe oder reine Vorstellungen (Intuitionen), die in meinem Bewußtsein *kraftlos*, d. h. ohne Eigen-Wollen erscheinen und mich daher nicht zwingen können. Ist diese Befreiungssituation in bezug auf mein Denken und Wollen geschaffen, dann kann erst die freie Handlung mittels der drei Grundfähigkeiten, der moralischen Intuition, Phantasie und Technik verwirklicht werden. Ein *freier Geist* ist der Mensch also nur dann, wenn sein Eigenwollen allein der inneren Notwendigkeit seiner eigenen Einsichten folgt und auf diese Weise seine Handlungen motiviert. Daraus geht hervor, daß der Mensch nicht als frei *oder* unfrei zu bestimmen ist, sondern daß sich seine Handlungen sowohl aus freien wie auch aus unfreien Komponenten zusammensetzen können und der Zustand der vollen Freiheit ein Ziel, ein Ideal darstellt, zu dem der Mensch in seiner Gesamtentwicklung hinstreben kann, aber nicht muß. Dieses Ziel ist seiner Realmöglichkeit nach veranlagt; die Verwirklichung desselben ist selbst eine freie Tat des Menschen.

Die Entwicklungsgeschichte des Menschen führte über verschiedene Epochen, in denen die Befreiung erst allmählich entstanden ist. Die kraftenden (wollenden) Gesetzmäßigkeiten (Wesenheiten), die in der Willensorganisation des Menschen, die in seinen Bewußtseinsbereich hineinragt, mitwirkten, haben sich erst nach und nach zurückgezogen oder sind vom

[23] Vgl. P. Schneider: a. a. O., S. 130–142.

Menschen zurückgedrängt worden. Diese Entwicklung führte zuletzt noch über den unfreien Bereich des normethischen Verhaltens, bei welchem Vorstellungen und Begriffe (Gesetze) als Motive des Handelns nicht aus der eigenen reinen Erkenntnis der einzelnen Individualität, sondern als Gebote aus anderen Instanzen und Menschen entsprungen sind. Zur Beurteilung eines zeitgemäßen Handelns der Menschheit, wie auch des einzelnen Menschen, gehört aber die Einsicht in den Entwicklungsgang des sittlichen Bewußtseins sowohl der Menschheit wie der einzelnen Individualität. Diese Erkenntnis gehört, sofern man handelnd in den Weltprozeß eingreifen will, dem Bereich der moralischen Technik an. Es kann also, was für einzelne Menschen oder Menschengruppen als zeitgemäßes ethisches Verhalten gilt, nicht einfach als Forderung auf andere Menschen übertragen werden, denn – so könnte man sagen – es blühen auch nicht alle Rosen gleichzeitig; sie können es auch nicht.

Wann für den einen oder anderen Menschen oder die Menschheit überhaupt die *Mündigkeit* (bewußtseinsreale Befreiungssituation) eingetreten ist und damit die Real*möglichkeit* im engeren Sinne zum freien, d. h. reinen Erkennen besteht und zur Verwirklichung der von außen unbeeinflußten *Selbstbestimmung* führen kann, die als Motiv zur freien *Selbstverwirklichung* (Selbstgestaltung, Selbsterziehung) vorausgesetzt werden muß, dies kann nicht vorausgesagt, sondern muß am Menschen selber abgelesen werden. Der einzelne muß dies erforschen, sofern er veranlaßt ist, seine Selbstbestimmung zu suchen. Muß er aus seinen Entwicklungsbedingungen heraus diese Selbstbestimmung im konkreten Sinne anderen Menschen überlassen, dann kann er seine 'Selbst'-Verwirklichung nicht selber motivieren und steht damit noch in jener Unmündigkeit, die für jeden Menschen eine natürliche Durchgangsphase darstellt. Wie sich dieses Verhältnis von stellvertretender 'Selbst'-Bestimmung und unmündigem Menschen gerade in der Pädagogik darstellt, soll weiter unten behandelt werden.

e) Grundlagen anthroposophischer Anthropologie

Aus den Betrachtungen über die Idee des Erkennens überhaupt sowie dessen verschiedenen Erscheinungsformen im menschlichen Bewußtsein ergibt sich bereits die Grundlage für ein entsprechendes Menschenverständnis, das durch die Einsichten im Bereich der Ethik konsequenterweise ergänzt wird.[24]

[24] „*So* ist die Erkenntnistheorie zugleich die Lehre von der Bedeutung und Bestimmung des Menschen ..." R. Steiner: GA 1. Dornach 1973, S. 166.

Die obigen Ausführungen über die Idee (Gesetz) des Erkennens versuchten zu zeigen, daß im menschlichen Erkennen das Wesen oder die Wesenheit der Welt zur Erscheinung gebracht wird, indem der denkende Mensch die Gesetze, die in der Welt sonst verborgen wirken, im Bewußtsein offenbart. Seine Stellung im Kosmos ist dadurch eine einzigartige, denn indem er die Erkenntnis der Welt erschafft, die diese nicht selbst hervorbringt, ist er dazu berufen, die Welt in dieser Hinsicht zu vollenden! Und da der Mensch zur Erkenntnis nicht gezwungen ist – der sog. Erkenntnistrieb ist nicht Wirkursache konkreter Erkenntnisse, sondern nur Veranlassungsgrund –, so ist sie seine eigene, freie Tat und die aus ihr entspringenden Handlungen haben denselben Charakter. Derjenige Teil am Menschen, den er in der Selbstwahrnehmung oder an anderen Menschen erfaßt, mag immer bestimmt, d. h. bewirkt und zur Erscheinung gebracht werden oder worden sein durch irgendein ihm Fremdes; das, was sein Wesen (seine Wesenheit) ausmacht, nämlich das Sich-Selbst-Bestimmende und Sich-Selbst-Verwirklichende, ist er selbst: Ich, ein sich selbstbestimmendes und selbstverwirklichendes Gesetz, eine Individualität, eine Entelechie. Ist das Individuum seiner selbst mächtig und bewußt geworden, dann kann es auf seine Erscheinungswirklichkeit Einfluß nehmen und diese im Sinne jener Ziele (Motive) umgestalten, die es sich selber setzt. Nach obigen Ausführungen über die Ethik wird einsichtig, daß dieser Gestaltungs- und Erziehungsprozeß nicht 'willkürlich' erfolgt, sondern sich aufgrund der moralischen Technik in das Weltganze eingliedert, und zwar so, daß dieses nicht in seinem Wesen verändert und in seinen Erscheinungen zerstört wird. Der Mensch wirkt mit dem Wesen der Welt zusammen, nicht gegen dieses, sofern er seinen Taten reine, objektive und umfassende Erkenntnis desselben zugrunde legt. Was ihn daran hindern könnte, sind allein diejenigen wirkenden Gesetze (Wesenheiten), die er nicht ins Erkenntnisbewußtsein hebt und die darum in ihm nach ihrer Weise wirken können; es sind diejenigen kraftenden, wollenden Gesetze, die ihn entweder in der bloßen Befreiung allein festhalten oder die sie ihm streitig machen und ihn ewig bevormunden wollen, die ihr Eigenwollen nicht zurücknehmen, sondern immer mehr geltend machen. Vermag er diese Kräfte nicht zurückzudrängen, bleibt er immer ihr Spielball und kann sich nicht harmonisch und bewußt ins Weltganze hineingestalten, sondern wird zum Stör- und Zerstörfaktor seiner Umwelt. In bezug auf die menschliche Gesellschaft sind es heute die antisozialen Kräfte, die überhand nehmen; es fehlt dem Menschen wahre soziale Kompetenz.

Eine weitere Konsequenz soll noch betrachtet werden. Es wurde in bezug auf das Erkennen zwischen Wesen (Gesetz, universale post rem), Wesenheit (kraftendes, wollendes Gesetz, universale in re oder ante rem) und

Erscheinung (Wahrnehmung) eines Dinges oder Vorganges unterschieden, obwohl Wesen und Erscheinung immer zusammen eine Einheit bilden, die nur im herabgelähmten Bewußtseinszustand als getrennt erscheinen und unterschieden werden können. Daß Wesen und Erscheinung (Wahrnehmung) eine Einheit bilden, besagt nichts darüber, welche Erscheinung jeweils mit dem entsprechenden Gesetz als kraftendem verbunden ist. Da das kraftende Gesetz (Wesenheit) die Erscheinungen aus dem Stoff gestaltet, d. h. eines ihm in dieser Hinsicht untergeordneten, *gesetznehmenden* Gesetzes und Erscheinungseinheit, so kann es auch diesen Stoff wechseln. Welche Erscheinungs-Sphäre jeweils auftritt, hängt davon ab, in welchem Stoff das kraftende Gesetz wirkt und in welche Wahrnehmungs- und Denksphäre mein erkennendes Bewußtsein einzudringen vermag. Am Beispiel des Denkens soll dies näher illustriert und daraus die Konsequenzen gezogen werden. Ein wirklicher, individueller Denkakt ist jeweils die Einheit von Denkaktsgesetz und dessen Erscheinung, d. i. der wirkliche, wirkende Akt, das Wollen, das mit dem Gesetz vereinigt ist. Für meine Denkhandlung ist also das Gesetz Motiv und mein Willensakt die diesem Motiv folgende Triebfeder. Wäre das Wollen nicht das meinige, sondern dasjenige des Gesetzes selbst, dann müßte ich sagen: „ich werde gedacht" oder: „es (das Gesetz) denkt in mir". In demjenigen Bewußtseinszustand aber, in welchem ich das Denken selbst bedenkend beobachte, kann von einem „es denkt in mir" nicht die Rede sein. Im reinen Denken, in welchem allein *mein* Wollen das Gesetz des Denkens zur Erscheinung bringt, ist jedes fremde Gesetz und jeder fremde Wille ausgeschaltet. Diesen einzelnen, voneinander zu unterscheidenden Willensakten im Element des Denkens liegt eine durchgängige individuelle Gesetzmäßigkeit zugrunde, welche der Realmöglichkeit nach immer existiert, nämlich das sich selbst verwirklichen könnende Gesetz, das sich die Ziele seines Erscheinens in dem ihm untergeordneten gesetznehmenden 'Stoff' selber bestimmt. Diese individuelle Wesenheit oder dieses *Ich* ist deshalb z. B. bei einem wirklichen Denkakt zwar in re, d. h. anwesend, ihn verwirklichend, aber eben nicht nur in ihm wirklich. Es muß ja alle Akte überdauern, sofern sie *seine* Erscheinungen sein sollen. Wenn ich etwa schlafe, dann werden von mir keine Denkakte verwirklicht; die Realmöglichkeit aber bleibt bestehen, und sie kann, sobald ich wach bin, wieder Verwirklichungen hervorbringen. (Es sei hier als selbstverständlich vorausgesetzt, daß 'denkähnliche' Zustände während des Schlafes mit wirklichem, reinen Denken nicht verwechselt werden dürfen.) Es könnte auch der Fall eintreten, daß der *Stoff*, der gesetznehmend die gesetzlich gestaltende Kraft meines Denkwollens aufnehmen sollte[25], zu

[25] R. Steiner: GA 4. Dornach 1978, S. 147.

großen Widerstand leistet, so daß die Intention eines Denkens, zu erscheinen, verhindert wird. Aus dem Nicht-Erscheinen kann aber nicht auf die Nicht-Existenz oder Nicht-mehr-Existenz geschlossen werden. Weil das realmögliche sich-selbst-verwirklichen-könnende Gesetz oder Ich jede seiner verwirklichten Erscheinungen überdauert, deshalb kann die Wendung des Descartesschen Satzes: „Ich denke, (also) bin ich" nicht wahr sein. Denn im Schlaf denke ich nicht wirklich. Wäre die Descartessche Wendung richtig, dann müßte ich im Schlafe also auch nicht sein und würde jedesmal nur dann wahrhaft existieren, wenn ich im Wachzustand wirklich denke. Der Satz aber könnte nur lauten: „Ich denke, also erscheinen Gedanken, die durch mein denkwollendes Ich hervorgebracht werden, also bin ich *anwesend* in der Denktätigkeit." So wie aber das sich-selbst-bestimmende und sich-selbst-verwirklichende Gesetz oder Ich im Erscheinungsstoffe sich in einzelnen Denkakten darlebt, sich verwirklicht, sich zurückzieht, so kann es sich genauso von anderen 'Stofflichkeiten' in seiner Wirksamkeit zurückziehen, um in einen realmöglichen Zustand (dynamis) überzugehen und dann erneut wieder in anderen 'Stoffen' sein Erscheinen zu verwirklichen, also in einen neuen Energeia-Zustand überzugehen. Es gibt im Bewußtsein der Sinneserkenntnis keine Beobachtung, die uns die Behauptung erlauben würde, daß die relative Beständigkeit der Verbindung von Leibesorganisation und kraftendem, individuellem Gesetz, das wir selber sind, die einzige sei, die wir eingehen können. Gerade vom Tatbestand der Selbstverwirklichung (Selbsterziehung) her gesehen, würde es nur unseren Intentionen entsprechen, wenn wir die Möglichkeit einer wiederkehrenden Verbindung mit jeweilig neuen Leibesorganisationen zur Verfügung hätten. Damit ist auf die Idee der Reinkarnation hingewiesen. Sie wird nicht etwa dadurch in Frage gestellt, daß wir von früheren Erdenleben keine Erinnerung haben. Es gibt keine Beobachtung, die eine prinzipielle Unmöglichkeit einer solchen Erinnerung erweisen würde. Es kann im Gegenteil darauf hingewiesen werden, daß es nur daran liegen kann, daß unser Erkenntnisbewußtsein, das an die Leibesorganisation gebunden ist, das eigene Ich oder autonome, individuelle, wirkende Gesetz in seinen vom Leibe unabhängigen Zuständen nicht erfassen kann und dazu zuerst die Ausbildung einer übersinnlichen Erkenntnisfähigkeit nötig ist. Die Idee der Reinkarnation kann hier nicht weiter abgeleitet werden, weil die dazu nötigen erkenntniswissenschaftlichen und ethischen Voraussetzungen in dieser Skizze nicht geliefert werden können.

Es dürfte wohl klargeworden sein, daß die Bestimmung des Menschen davon auszugehen hat, daß er selbst der sich selbst Bestimmende ist und diese Tatsache in jeder Bestimmung mitaufgenommen werden muß, wenn eine anthropologische Betrachtung nicht nur bei der Erscheinung des Menschen stehenbleiben, sondern zu dessen Wesen und Wesenheit vordringen soll. Und ebenso wird hier die spezifische Differenz zu anderen erscheinenden Wesen zu suchen sein.

3. Erziehungskunst

Da pädagogische Praxis eine besondere Weise des menschlichen Handelns darstellt, müssen auch für sie die oben genannten drei Grundprinzipien allen menschlichen Handelns gelten, allerdings nur eines solchen, das aus dem freien Geist hervorgeht. Es gibt natürlich auch in der Pädagogik den im gewöhnlichen Handeln als normethisches Verhalten bekannten Zustand, welcher je nach Umständen für den einzelnen notwendig sein kann, wie oben dargestellt. Daß aber ein Verfahren nach Normen (Rezepten, Vorschriften, theoretischen Konstruktionen anderer Menschen und Institutionen) gerade im Bereich der Pädagogik zur Vergewaltigung des zu Erziehenden und zur Erstarrung pädagogischer Tätigkeit führen kann, ist sattsam bekannt. Ein solches normatives Verhalten bringt es nur bis zum Pragmatiker, nicht aber zum Künstler, der auf dem Gebiete des Erziehens – soll es menschengemäß und lebensvoll sein – vor allem wirksam werden sollte. Alles wahrhafte 'Kunsten' kann aber nur aus dem freien Geiste entspringen, dem die drei genannten Grundfähigkeiten zur Verfügung stehen.[26] Im Bereich der Pädagogik sind diesen analog die pädagogische Intuition, die pädagogische Phantasie und die pädagogische Technik.[27] Will sich der Pädagoge in diesem Sinne ausbilden und nicht bloßer Pragmatiker und zuletzt Routinier sein, dann hat er mit der Steigerung dieser Fähigkeiten nicht nur zu beginnen, sondern sie in einem lebenslangen Lernen und Üben dauernd fortzusetzen.

Die dritte der pädagogischen Grundfähigkeiten bezieht sich auf den Aspekt der Pädagogik als Wissenschaft: die pädagogische Technik. In ihr geht es um die exakte Erkenntnis des Menschen, sowohl seinen Erscheinungen als auch seinem Wesen nach. Sie bildet die Grundlage für ein Erziehen, das den Menschen in seiner Wesensentfaltung fördert und nicht verhindert oder gar vergewaltigt. Wer den Menschen nur als Naturwesen betrachtet und nicht beobachten kann, wie er zur Verwirklichung des freien Geistes veranlagt ist, der wird ihn – bewußt oder unbewußt – auf dieser Stufe seiner Menschwerdung festzuhalten versuchen. Es wäre ein analoger Vorgang, wollte man den Menschen auf der Kindheitsstufe zurückhalten.

[26] Vgl. ders.: GA 217. Dornach 1964, S. 144f.
[27] Vgl. P. Schneider: a. a. O., S. 154f.

Es liegt also zunächst alles an der erkenntnismäßigen Erfassung eines wirklichkeitsgemäßen Menschenbildes. Deshalb konnte Steiner schon am Ende seiner Dissertation den Satz schreiben: „Das wichtigste Problem alles menschlichen Denkens ist das: Den Menschen als auf sich selbst gegründete, freie Persönlichkeit zu begreifen.“ [28] Dieses Ziel müßte demnach auch in aller Pädagogik – und nicht nur in ihr, sondern bei allen sozialen Gestaltungen – stets das Grundmotiv des Handelns sein, wenn diese Bereiche einen wahrhaft menschlichen Charakter erhalten sollen. Denn menschlich-sozial kann im wahren Sinne nur der freie Geist sein. Wer sich im Handeln nach den von anderen Menschen aufgestellten Normen (Geboten, Gesetzen usw.) leiten läßt, verzichtet in diesen Momenten auf eigene Erkenntnis und damit auf eigene Verantwortung und soziales ‘Kunsten’. Derjenige aber, der nur sozialer und pädagogischer Pragmatiker ist oder gar Macht über seine Mitmenschen und damit nicht nur die Verhinderung der Befreiung, sondern auch die physisch-geistige Knechtschaft anstrebt, muß notwendigerweise immer wieder zu verhindern versuchen, daß die Menschen in sich den freien Geist verwirklichen.

Das wahre, menschenwürdige pädagogische Ethos aber führt den Erzieher dazu, dem heranwachsenden Menschen bei seiner Entwicklung zum freien Geist helfend und beratend beizustehen. Dies vermag er um so mehr, je mehr er sich selbst dahin entwickelt hat und weiterhin entwickelt.

[28] R. Steiner: GA 3. Dornach 1980, S. 92.

II. ENTWICKLUNG UND ERZIEHUNG IN DER FRÜHEN KINDHEIT

ERNST-MICHAEL KRANICH

In der anthroposophischen Pädagogik wurde die Bedeutung der frühen Kindheit für die ganze Biographie von Anfang an deutlich gesehen. In seiner ersten Darstellung über Erziehungsfragen aus dem Jahre 1907[1] widmet R. Steiner einen wesentlichen Teil diesem ersten Lebensabschnitt. Sie unterscheidet sich von den damals bereits erschienenen Arbeiten über die Entwicklung des Kindes dadurch, daß sie durch die Forschungsmethoden der anthroposophischen Geisteswissenschaft[2] in der Lage ist, die seelische und die geistige Wesenheit im heranwachsenden Menschen ebenso konkret zu beschreiben, wie die naturwissenschaftlichen Methoden den Leib. Die Ausweitung wissenschaftlicher Erkenntnisgewinnung auf die der Sinnesbetrachtung nicht zugänglichen Bereiche des Menschen haben sich für die Pädagogik der frühen Kindheit als besonders fruchtbar erwiesen.

Das allmähliche Hervortreten des Seelischen und Geistigen im Laufe von Kindheit und Jugend ist das große Rätsel, vor dem jeder Erforscher der ersten zwei Lebensjahrzehnte steht. Geht er in seinen Untersuchungen von dem aus, was das Kind im Laufe der Zeit an neuen seelischen und geistigen Kräften, an Begabungen und Fähigkeiten zeigt, so kommt er zu dem für vorurteilsloses und kritisches Erkenntnisbemühen unbefriedigenden Ableiten des neu Hervortretenden aus dem bereits Vorhandenen. Er verfolgt, wie sich das Kind entwickelt, findet aber für vieles, was in den Veränderungen auftritt, nicht die Quellen und setzt an deren Stelle nicht verifizierbare Hypothesen. Die Erforschung der frühen Kindheit durch R. Steiner läßt sichtbar werden, daß bereits im kleinen Kinde Seele und Geist in ihrer vollen Wirklichkeit vorhanden sind. Ihre Kräfte sind aber zunächst noch stark mit dem heranwachsenden Leib verbunden; sie kommen erst allmählich dazu, sich von dieser Bindung zu lösen und damit nach außen, zur sozialen Umwelt und zur Natur wirksam zu werden.

[1] R. Steiner: Die Erziehung des Kindes vom Gesichtspunkt der Geisteswissenschaft, 1907 (GA 34).

[2] R. Steiner: GA 10, 1904; GA 13, 1910, Kap.: Die Erkenntnis der höheren Welten.

Damit wird der Blick auf Verwandlungen im Wesensgefüge des Menschen gelenkt. Eine der besonders einschneidenden Verwandlungen liegt im 7. Lebensjahr. Sie berechtigt, die ersten sechs bis sieben Lebensjahre als einen in sich zusammenhängenden Lebensabschnitt, als frühe Kindheit aufzufassen. Das wird in den folgenden Ausführungen dargestellt. – Mit dieser Betrachtungsart hängt zusammen, daß aus der Erkenntnis der kindlichen Entwicklung unmittelbar ein Verständnis für die Methoden und Inhalte der Erziehung hervorgeht.

Besonders nach 1919 hat R. Steiner in vielen seiner pädagogischen Vorträge die Anthropologie und Pädagogik der frühen Kindheit immer umfassender dargestellt. Bei der Fülle der Lebensgebiete, auf denen R. Steiner neue Betrachtungsweisen entwickelt und aus diesen neue Lebenspraxis angeregt hat, sind die Darstellungen über die frühe Kindheit z. T. sehr komprimiert. Vieles wurde von seinen Schülern weiter ausgearbeitet. Im folgenden ist es unmöglich, alle diese Darstellungen, meist Zeitschriftenaufsätze, anzuführen.

1. Anthropologische Grundtatsachen

Die Aufgaben, die die frühe Kindheit an die Erziehung stellt, und die angemessenen Inhalte und Methoden dieser Erziehung ergeben sich der anthroposophischen Pädagogik aus der Einsicht in die Eigenart und die Bedingungen der frühkindlichen Entwicklung selbst. Verfolgt man, wie das hilflose Kind der ersten Lebenswochen heranwächst und sich verändert, so wird deutlich, daß die frühe Kindheit jenes Alter ist, in dem sich der Mensch schneller und tiefgreifender verwandelt als zu irgendeiner anderen Zeit seines Lebens. Die zunächst unbestimmten Gesichtszüge des Kindes werden charakteristisch; sie bilden sich zu einer immer individuelleren Physiognomie um. Im Antlitz lebt im Spiel der Miene ein immer reicheres Seelenleben auf. Die Bewegungen werden zunehmend von Intentionen willentlich geführt, und der zunächst konvulsivische Ausdruck von Lust und Unlust gestaltet sich in Armen und Händen zu Gebärden um. In der gleichen Zeit richtet sich das Kind auf, indem es seinen Leib durch die Kraft des Willens immer geschickter und umfänglicher ergreift, bis er als Ausdruck vollständiger Beherrschung auf den Füßen steht. In den Lautäußerungen lebt mit der Stimme zunehmend ein seelischer Klang auf. Und im Sprechenlernen erringt das Kind die Fähigkeit, Wörter, Sätze und Satzgefüge zu bilden, in denen es seine Erlebnisse, Fragen, Wünsche und Gedanken, d. h., die Inhalte seines sich erweiternden seelischen und geistigen Lebens ausspricht.

In diesen Veränderungen zeigt sich das Grundphänomen der frühkindlichen Entwicklung, von dem die Deutung dieser Entwicklung ausgehen muß. Es ist die Tatsache, daß sich durch den heranwachsenden Leib immer prägnanter und vielseitiger ein seelisch-geistiges Wesen manifestiert. Die leibliche Entwicklung vollzieht sich im engsten Zusammenhang mit der des Seelisch-Geistigen. Beide sind als einheitliches Geschehen miteinander verflochten. Diese Einheit wird heute im allgemeinen in eine Psychologie der frühen Kindheit und in eine Anatomie und Entwicklungsphysiologie des Kindesalters aufgegliedert. Da erscheinen seelisch-geistige und leibliche Entwicklung als zwei Vorgänge, die kaum etwas von einem inneren Zusammenhang bemerken lassen. Hinter diesem Dualismus verschwindet der fundamentale Sachverhalt: Daß sich in den Veränderungen des kindlichen Leibes ein Seelisch-Geistiges zum Ausdruck bringt. – Schon in den ersten Lebenswochen sucht das Kind seelischen Kontakt mit den Menschen seiner Umgebung. Es ist ebenso eine erwiesene Tatsache, daß nur durch diesen Kontakt im Kinde jene Regungen und Bemühungen entzündet werden, die der gesunden Entwicklung zugrunde liegen.[3] Deshalb baut die anthroposophische Pädagogik gerade im Hinblick auf die frühe Kindheit auf einer Anthropologie auf, die den Zusammenhang der leiblichen Entwicklung mit dem Seelisch-Geistigen aufhellt.

Eine wichtige Bedingung dieser Entwicklung liegt in der besonderen Bildung des menschlichen Leibes. Im Vergleich mit den dem Menschen nahestehenden Säugetieren erscheinen die meisten Organe des Menschen in ihren Formen einfach. Nicht nur Arm und Hand bewahren gegenüber den entsprechenden Gliedern der Säugetiere einen ontogenetisch ursprünglichen Entwicklungszustand; auch viele der inneren Organe wie Kehlkopf, Brustkorb, Lunge, Magen und Niere, ebenso die Gestaltung der Sinnesorgane und das Haarkleid bleiben auf einer Entwicklungsstufe stehen, über die die Säugetiere z. T. weit hinausgehen.[4] Die stärkere Entwicklung ihrer Gliedmaßen führt zu einer Spezialisierung, durch die sich Tiere in spezifischer Weise der äußeren Natur anpassen. Der menschliche Leib bleibt durch eine verlangsamte pränatale Entwicklung vor dieser Anpassung stehen. Er bildet aber eben auch die andern Organe so aus, daß sie nicht zu einer spezifischen Abhängigkeit von den äußeren Verhältnissen kommen

[3] J. Bowlby: Trennung. München 1976. R. Spitz unter Mitarbeit v. G. Cobliner: Vom Säugling zum Kleinkind. Stuttgart [6]1981.

[4] Eine grundlegende Darstellung dieses Sachverhaltes bei R. Steiner: GA 231. 1. Vortrag. Eine gute zusammenfassende Schilderung geben H. Poppelbaum in: Mensch und Tier. Frankfurt 1981; und A. Gehlen in: Der Mensch. Wiesbaden [12]1978. Einige der erwähnten Tatsachen finden sich bei D. Starck: Vergleichende Anatomie der Wirbeltiere auf evolutionsbiologischer Grundlage. 2 Bde. Berlin 1978/79.

(wie etwa die Wiederkäuer durch ihren hochentwickelten Magen in einem übermächtigen Nahrungstrieb). Der menschliche Leib wird vor solchen Anpassungen zurückgehalten.

Diese Zurückhaltung, die physiognomisch besonders deutlich im Antlitz durch die schwache Ausbildung der Kieferpartie in Erscheinung tritt, bestimmt den ganzen menschlichen Leib. Vielfach wird behauptet, daß die starke Entwicklung des Gehirns hierzu im Gegensatz stehe. Das trifft aber nicht zu. Denn die Ausbildung des Gehirns weist besonders eindringlich darauf hin, daß der Mensch durch seinen Leib dazu veranlagt ist, sich nicht von Organprozessen, sondern von Gedanken, d. h. aus dem Geistigen bestimmen zu lassen. – Durch seine pränatale Entwicklung, in welcher die Organe nicht bis zu der Höhe und Anpassung wie bei den höheren Tieren ausgebildet werden, hat der Mensch in seinem Leibe gleichsam eine jugendlich-kindliche Signatur. Die verlangsamte Entwicklung setzt sich auch nach der Geburt fort und wird zur Grundlage für die lange Kindheitsphase.[5]

Diese Tatsachen sind der Grund dafür, daß das Seelische beim Menschen in einer anderen Beziehung zum Körper steht als bei den höheren Tieren. Deren Seelisches, die Lust- und Unlustempfindungen, die Triebe, Begierden und Instinkte werden unmittelbar von Organprozessen ausgelöst und durch die Struktur der Organe bestimmt. Es ist von vornherein mit der in die Spezialisierung führenden Leibesentwicklung verflochten. Es kennt keine individuelle Entwicklung und tritt mit der Funktionsreife der Organe ohne Lernen als perfektes Können auf (wie bei den Vögeln das Fliegen oder den Säugetieren die spezifische Bewegungsweise); dieses Können erfährt bei manchen der höheren Wirbeltiere an der Erfahrung lediglich noch eine Differenzierung und Steigerung. Das spielerische Verhalten junger Tiere ist an den noch unreifen Leib gebunden und verschwindet im allgemeinen mit dessen Reifung.

Der menschliche Leib bleibt in seiner Entwicklung stehen, bevor es zu solchen festgelegten Verhaltensweisen kommt. Diese Unbestimmtheit spricht sich am deutlichsten in der Hilflosigkeit des neugeborenen Kindes aus. Wenn das Kind dann zum geschickten Gebrauch seiner Glieder oder seiner Stimme kommt, entwickelt es erst im Lernen die Kräfte, durch die Bewegungen ihre Bestimmung erhalten. Durch die Eigenart seiner Entwicklung und Bildung ist der kindliche Leib offen für die vom Seelischen und Geistigen ausgehenden Wirkungen. So wird der Leib Träger eines seelisch-geistigen Wesens.

[5] F. Kipp: Die Evolution des Menschen im Hinblick auf seine lange Jugendzeit. Stuttgart 1980. A. Portmann: Zoologie und das neue Bild des Menschen. Hamburg 1956.

In den ersten Lebensjahren ist dieser Leib von einer besonderen Bildsamkeit. Durch einen deutlich höheren Wassergehalt und schnelleren Wasserumsatz[6] sind alle Organe weicher und gestaltenden Einflüssen leichter zugänglich als später. Die ungewöhnlich rasche Wundheilung weist darauf hin, daß die Regeneration viel intensiver ist als in der mittleren Kindheit und Jugend. Die Form der Organe ist nicht starr; man bemerkt im allgemeinen nicht, daß sie nur deshalb existiert, weil sie unentwegt neu gebildet wird. Diese Erneuerung ist einer der fundamentalen Lebensvorgänge. Er wirkt in allen Organen gleichzeitig, von Organ zu Organ in verschiedener Intensität und in einer wechselseitigen Abhängigkeit. Der Organismus dieser sich wechselseitig bedingenden differenzierten Bildeprozesse ist eine Manifestation des sog. Lebensleibes,[7] der in der Gestaltung und im Wachsen des sichtbaren physischen Leibes wirkt. Der physische Leib des kleinen Kindes ist noch wenig dicht und fest; in ihm ist der Lebensleib stärker als später tätig. Der auffallend hohe Grundumsatz[8] ist die physiologische Auswirkung dieser starken Bildungsprozesse.

2. *Nachahmung als Grundform frühkindlichen Lernens*

Diese Tatsachen bilden eine Grundlage, um die Bedeutung der Nachahmung in der frühkindlichen Entwicklung voll würdigen zu können. Durch zahlreiche wissenschaftliche Beobachtungen – hier seien nur die Arbeiten von W. Stern, K. Bühler, J. Piaget, R. Spitz, A. Nitschke und J. Uzgiris genannt –, aber auch aus dem persönlichen Umgang mit Kindern wird deutlich, in welch breitem Umfang sich das kleine Kind gegenüber seiner Umgebung nachahmend verhält. In der Fülle der Nachahmungsreaktionen muß man allerdings darauf achten, daß gerade auch die großen Entwicklungsschritte wie das Gehen- und das Sprechenlernen auf Nachahmung beruhen. Die anthroposophische Pädagogik sieht im nachahmenden Lernen die für die frühe Kindheit wichtigste Form des Lernens und die wirkungsvollste Kraft der Entwicklung.

Nachahmung geht von der Sinneswahrnehmung aus; im Nachahmen gibt sich das Kind seelisch an das hin, was es wahrnimmt. Die Wahrnehmung einer Bewegung z. B. löst in den Armen und Händen des Kindes die

[6] H. Weber: Der Salzwasserhaushalt. In: H. Wiesener: Entwicklungsphysiologie des Kindes. Berlin, Göttingen, Heidelberg 1965.

[7] R. Steiner: GA 9. 1. Kap.

[8] E. Werner: Energiestoffwechsel. In: H. Wiesener: Entwicklungsphysiologie des Kindes, s. Anm. 6.

gleiche Bewegung aus. Indem das Wahrnehmen unmittelbar die Willenstätigkeit in den Gliedern auslöst, vollzieht das Kind mit, was es sieht. Wahrnehmung, seelische Hingabe und Willenstätigkeit bilden eine Einheit, die sich erst später auflöst, wenn einer Handlung der Entschluß zugrunde liegt. In dieser Einheit ist das Kind gegenüber der Umwelt so offen, daß das, was es wahrnimmt, bis in die Regionen seines Leibes hineinwirkt, in denen es den Willen unwillkürlich betätigt. Bei einer psychologisch genauen Beschreibung müßte man sagen: Die in der Wahrnehmung gebildete Vorstellung, durch die das Kind überhaupt erst die Menschen und Dinge seiner Umgebung erfaßt, wirkt in die Willensbetätigung unmittelbar hinein. – Dieses tiefe Hineindringen in den kindlichen Organismus zeigen auch jene Fälle, in denen Kinder den seelischen Ausdruck von Erwachsenen nachahmend ausdrücken, und zwar bis in die Vorgänge des Stoffwechsels. Die Sorge und der Kummer einer Mutter führen im frühen Kindesalter u. U. zu einer Lähmung der Verdauungstätigkeit im Magen bis zum Erbrechen der aufgenommenen Nahrung.[9] Bis in die psychosomatischen Konsequenzen wird nachgeahmt.

Das Nachahmen wurde von verschiedenen Forschern begrifflich als das unmittelbare Zusammenwirken von Wahrnehmung und Bewegung gefaßt. Die Unterschiede der Deutung liegen vor allem in der Genauigkeit der Darstellung; so beachtet Piaget in seiner Auffassung von dem Zusammenwirken von Assimilation und Akkommodation mit dem Hauptgewicht der letzteren vor allem die Fortschritte, die das Kind im Nachahmen erringt.[10] R. Steiner charakterisiert das kleine Kind, in dem Nachahmen als Grundtendenz seiner Weltzuwendung lebt, u. a. als einen Menschen, der ganz Sinnesorgan[11] ist. Damit ist gemeint, daß die Vorgänge, die sich z. B. im Auge beim Wahrnehmen abspielen, auf den ganzen Organismus ausgedehnt sind. Das Auge nimmt die Farben, die von einem Gegenstand ausgehen, auf, indem es sie in das ganze Organ hineindringen läßt. Damit es aber zur Wahrnehmung des Gegenstandes kommen kann, muß das Auge mit feinen Bewegungen, die man normalerweise nur nicht bemerkt, seiner Gestalt nachgehen. Durch diese Bewegungen bilden sich die Vorstellungen, die in aller Gegenstandsauffassung enthalten sind. Wie man nur durch dieses Nachbilden der Form mit den Augenbewegungen die Dinge sieht, so kann man nur durch inneres Mitgehen der Intervallschritte die Melodie hö-

[9] Beispiele bei A. Nitschke: Das verwaiste Kind der Natur. Tübingen 1962, S. 110, R. Spitz: a. a. O., S. 223ff., R. Steiner: GA 306. Bern 1956, S. 63.

[10] J. Piaget: Nachahmung, Spiel und Traum. Stuttgart 1969, S. 105ff.

[11] R. Steiner: GA 306. S. 43 und 96. GA 311. 1963, S. 24ff., GA 309. Basel 1951, S. 7ff., GA 308. Stuttgart 1950, S. 19ff.

ren. – Beim Wahrnehmen wird in den Sinnesorganen also immer eine feine, die Formen und Bewegungen 'nachahmende' Willenstätigkeit ausgeführt.

Dieser Vorgang, den der Erwachsene im allgemeinen nur in den Sinnesorganen in der Einheit von Wahrnehmen und Bewegen vollzieht, erstreckt sich beim Kinde auf den ganzen Leib, indem es in seinen Bewegungen, auch den Ausdrucksbewegungen, in seiner Haltung und in den Veränderungen des Stoffwechsels die Bewegungen, die Haltung und den Ausdruck seiner menschlichen Vorbilder nachbildet. Die Auffassung vom kleinen Kind als einem Wesen, das ganz Sinnesorgan ist, ist ein zentraler Begriff der anthroposophischen Pädagogik. Er bringt u. a. zum Ausdruck, daß das kleine Kind stark unter dem Einfluß derjenigen Vorgänge steht, die als Wahrnehmung und als die mit Wahrnehmung verbundene Vorstellungsbildung, vom Kopf des Kindes ausgehen. Beide Vorgänge wirken beim Nachahmen vom Kopf aus in den ganzen kindlichen Organismus.

Die dominierende Rolle des Kopfes zeigt sich auch in der Gestalt. Bei der Geburt stehen die drei Hauptbereiche des Leibes auf sehr verschiedenen Stufen ihrer Entwicklung. Der Kopf zeigt in seiner Größe einen ziemlich fortgeschrittenen Entwicklungszustand. Der Rumpf ist weniger weit entwickelt. Und die Gliedmaßen, speziell die Beine und die Füße, sind am weitesten von ihrer endgültigen Größe und Form entfernt. Dies ist der Ausdruck einer umfassenden Gesetzmäßigkeit: Daß die Leibesbildung des Menschen vom Kopf ausgeht. Bis in die Einzelheiten kann man im ganzen menschlichen Organismus verfolgen, wie die Anlage und Ausbildung der Organe kraniokaudal verlaufen.[12]

Die bisher beschriebenen Tatsachen machen einen fundamentalen Sachverhalt sichtbar. Was das Kind nachahmt, stammt seinem Inhalt nach aus der Umgebung. Die Kräfte, durch die es diese Inhalte in seinem Leibe verwirklicht, sind vor allem die seines Willens. So ist das Nachahmen ein Geschehen, das nicht auf Vererbung zurückgeführt werden kann. Diese Auffassung findet sich auch bei Delacroix.[13] Der französische Zoologe P. Grassé schreibt in einem seiner Werke: „Drei Grundelemente kommen der menschlichen Ontogenese zu: Die genetische Struktur als Grundlage, die Einwirkungen der Gesellschaft und das eigene Bemühen, die persönliche Anstrengung.“[14] Das gilt in besonders starkem Maße für das nach-

[12] Eine ganze Anzahl von Phänomenen für diesen kraniokaudalen Entwicklungsprozeß sind beschrieben in: H. Schwartze, P. Schwartze: Physiologie des Foetal-, Neugeborenen- und Kindesalters. Stuttgart, New York 1977.

[13] H. Delacroix: De l'automatisme dans l'imitation, in: Journ. de Psych. 1921. J. Piaget schließt sich dieser Auffassung an verschiedenen Stellen seines Werkes an.

[14] P. Grassé: Das Ich und die Logik der Natur. München 1973, S. 191.

ahmende Lernen des kleinen Kindes.[15] Jene Theorie, die menschliche Entwicklung als Wechselwirkung von genetischer Bestimmung und den Einwirkungen der sozialen Umgebung deutet, ist viel zu schlicht. Sie übersieht oder ignoriert, was z. B. beim Nachahmen geschieht.

Das Nachahmen greift tief in den Leib des Kindes ein. Was durch das Nachahmen an Bewegung, Haltung und Ausdruck auftritt, hebt den heranwachsenden Leib des Kindes aus den Bedingungen der bloßen Vererbung heraus. Damit ist auf einen Sachverhalt verwiesen, der auf die Bedeutung der frühen Kindheit für die menschliche Entwicklung überhaupt aufmerksam macht. Jene drei Vorgänge, durch die das Kind die spezifisch menschliche Daseinsform gewinnt, das Erringen der aufrechten Haltung, das Erlernen der Sprache und das Denken, zeigen das im Konkreten.[16]

3. Die Bedeutung von aufrechter Haltung und Sprechen

Das Erringen der aufrechten Haltung ist jener Vorgang, durch den das Kind seinen Leib am intensivsten und umfänglichsten mit dem Willen ergreift. Wenn E. Strauß in seiner Studie über ›Die aufrechte Haltung‹ schreibt, sie sei „ein Überwinden ohne Ende" [17], so deutet er darauf hin, daß das Kind in jedem Moment von den Füßen bis zum Kopf neu die Willenskraft entwickeln muß, durch die es die Schwere überwindet und sich im Gleichgewicht hält. Aufrechte Haltung ist In-sich-Ruhen durch unentwegt neu entfachte Willenstätigkeit. Dieser Wille, der nicht wie im Begehren von außen angeregt, sondern aus einem inneren Zentrum entwickelt wird, ist Wirkung des individuellen Ich. In der aufrechten Haltung, im Stehen und Gehen, ergreift und beherrscht das Ich des Kindes den eigenen Leib immer sicherer und geschickter.

[15] Hierauf weist A. Nitschke: a. a. O., S. 118, mit folgenden Worten hin: „[. . .] die Ähnlichkeiten der Bewegungsweise (zwischen nachahmendem Kind und seinem Vorbild) sind viel weniger erblich bestimmt, als wir in Analogie zur zweifelsfreien Vererbung körperlicher Merkmale anzunehmen geneigt sind. Sicher als Erbanlage mitgegeben ist dem Menschen das, was wir ‚die Möglichkeit zu . . .' (Distanz, Mitvollziehen) nannten, also eine nicht festgelegte Offenheit zur Welt. Wie weit der Erbanteil die offene Entwicklungsmöglichkeit der menschlichen Person einengend bestimmt, ist nicht scharf zu umgrenzen. Ich glaube, daß wir dazu neigen, ihn weit zu überschätzen."

[16] Eine ausführlichere Darstellung aus anthroposophischer Sicht findet sich in F. König: Die ersten drei Jahre des Kindes. Frankfurt 1981.

[17] E. Straus: Die aufrechte Haltung, in: W. Bräutigam (Hrsg.), Medizinisch-psychologische Anthropologie. Darmstadt 1980, S. 439.

Hiermit sind bedeutende Veränderungen im Nervensystem, in der Muskulatur und im Skelett verbunden. In der beim Neugeborenen nahezu geraden Wirbelsäule entstehen die Biegungen (die Lordose der Halswirbelsäule, die Kyphose der Brustwirbelsäule und die zunächst nur schwache Lordose der Lendenwirbelsäule). Kann sich ein Kind durch eine schwere Störung nicht aufrichten, bleibt die Wirbelsäule gerade. Die Umbildung der Wirbelsäule ist die Wirkung des Aufrichtungsprozesses. Durch die Biegungen hat das in der Wirbelsäule lastende Gewicht die Tendenz, den Rumpf etwas in sich zusammensinken zu lassen. So entsteht durch die Umbildung der Wirbelsäule ein Organ, an dem das Ich im Überwinden dieses Zusammensinkens permanent wirksam werden kann.

Die Umgestaltung der Wirbelsäule ergreift auch die einzelnen Wirbel. Beim Neugeborenen sind die Wirbel gleich groß. Nun nimmt nach unten hin ihre Größe viel stärker zu. Besonders die Wirbelkörper werden durch die zunehmende Belastung nach unten immer mächtiger. So ist die Umbildung der Wirbelsäule insgesamt die Wirkung der Aufrichtung bzw. des in der Aufrichtung tätigen Ich. Ganz entsprechende Veränderungen spielen sich auch in den anderen Teilen des statisch-dynamischen Systems ab. In den Füßen formt sich im Laufe von Jahren das Gewölbe aus, und die Beine bekommen allmählich die Gestalt von tragenden Säulen.

Das Ich des Kindes greift hier durch den im Nachahmen tätigen Willen in den wachsenden Leib ein. Es verwirklicht sich dabei an seinen menschlichen Vorbildern. Die genannten Umbildungen sind nicht die Folge der Vererbung. In dem Leib, der aus der Vererbung stammt, treten Gestaltungen auf, in denen sich dieser aus den Bestimmungen der bloßen Vererbung löst. Hierbei wird er mehr oder weniger stark an die des individuellen Wesens angepaßt. Der Anpassung des Leibes an spezielle Verhältnisse der Umwelt beim Tier steht *beim Menschen die Anpassung an das Ich* gegenüber.

Die anthroposophische Pädagogik unterscheidet das Ich als den willenshaft wirkenden individuellen Kern des Menschen und das Bewußtsein von diesem Ich. Das Ich tritt Jahre vor dem Ich-Bewußtsein auf. Dadurch daß das Ich in der Auseinandersetzung mit der Schwere und im Gleichgewicht tätig wird, gewinnt der Mensch als Ergebnis des Aufrichtungsprozesses das Erlebnis der Selbständigkeit. Ob ein Mensch dann im Leben eine stärkere oder schwächere Kraft der Selbständigkeit hat, geht zum Teil auf die frühe Kindheit zurück. Denn durch das Nachahmen kann der Aufrichtungsprozeß in verschiedener Weise beeinflußt werden. Wenn ein Kind eine unruhige, zerfahrene Mutter als Vorbild hat, kann das zu schweren Verhaltensstörungen führen.[18] Der Mensch kann nicht die Führung und Sicher-

[18] A. Nitschke: a. a. O., S. 108f.

heit in Haltung und Bewegung entwickeln, auf denen eine kraftvolle Selbständigkeit aufbaut. Diese wird veranlagt, wenn liebevolles Interesse der Eltern am Stehen- und Gehenlernen im Kinde das Bemühen bekräftigt und beflügelt. Sie kann sich ausbilden, wenn das Kind Erwachsene nachahmt, die umsichtig und mit frischer Willenskraft sich bewegen und arbeiten. Im Nachahmen erlebt das Kind das, was sich in Bewegung und Arbeit an Charakter, Temperament und seelischer Regsamkeit ausdrückt.

Von hier und nicht von Wissen und Gescheitheit gehen die erzieherischen Wirkungen aus. So kann das Kind an seinen Vorbildern mehr oder weniger die Sicherheit des Ich und die Kraft der Selbständigkeit ausbilden, die es dann später im Denken, in den Entscheidungen des Lebens in den Regungen des Gemütes und im Handeln braucht. Durch die richtigen Erzieher bildet sich also ein sicheres und kein schwankendes Lebensfundament.[19]

Durch die aufrechte Haltung und die freie Bewegung der Arme und Hände erwirbt das Kind wichtige Bedingungen auch für das Sprechenlernen. Die Tatsache, daß Kinder in der Regel erst nach dem Aufrichten anfangen zu sprechen, d. h. nachahmend Wörter zu bilden, weist auf einen inneren Zusammenhang. Das Kind lernt zwar durch Nachahmen sprechen. Die Nachahmungsaktivität wird aber durch die Beweglichkeit und die Geschicklichkeit der Arme und Hände angeregt. So kann man das Sprechenlernen dadurch beschleunigen, daß man die Kinder dazu bringt, sich geschickter und regsamer zu bewegen.[20] Man kann auch beobachten, wie individuelle Eigentümlichkeiten des Sprechens in Bewegungseigenarten z. B. der Arme, Finger und des Gehens ihre Wurzeln haben.[21] Sprechen ist, wie Gehlen betont, in erster Linie Bewegung[22]. Wenn das Kind im zweiten Lebensjahr anfängt zu sprechen, entwickelt sich ein sehr differenziertes Zusammenspiel von willkürlich geführtem Ausatmen und den Artikulationsbewegungen. Erst durch diese Koordination und Umgestaltungen im Brustkorb, im Rachenraum sowie bestimmte Strukturbildungen im Gehirn (Brocasches und Wernickesches Sprachzentrum) entsteht zwi-

[19] Kann sich das Kind durch das Verhalten der Erwachsenen wie bei dem sogenannten ‘double bind’ nicht mit seinem Tun identifizieren, führt das u. U. zur Schizophrenie, d. h. zu jener schweren Störung der vom Ich ausgehenden Führung des seelischen Lebens.

[20] M. Kolzowa: Untersuchungen zur Sprachentwicklung, in: Der Kinderarzt 6/7, 1975.

[21] R. Steiner: GA 306. Bern 1956, S. 35f., ferner: GA 310. Dornach 1929, S. 52ff.

[22] A. Gehlen: Der Mensch. Wiesbaden [12]1972, S. 193.

schen dem zweiten und siebten Lebensjahr die volle Sprachorganisation. Diese Entwicklung ist nicht Ursache, sondern Wirkung des Sprechenlernens. Wieder wie beim Aufrichten werden bestimmte Bereiche des kindlichen Leibes so umgebildet, daß sie nicht mehr nur der Vererbung unterliegen. Mit dem Beginn des Sprechenlernens vollzieht sich im Nachahmen eine Veränderung. Zu dem unmittelbaren Mitvollziehen der Bewegung tritt das begleitende Wahrnehmen des eigenen Sprechens. Damit löst sich das Kind etwas aus der engen Bindung an das Vorbild. Und so beginnt um diese Zeit auch die mittelbare oder aufgeschobene Nachahmung, bei der die Wahrnehmung im Kinde nachwirkt und erst nach einiger Zeit zum Nachahmen führt.

Für das Kind ist Sprache in hohem Maße unmittelbar sinnliches Phänomen. Lange Zeit bevor das Kind sprechen lernt und den Sinn erfaßt, erlebt es im Klang der Stimme die Wärme, Ruhe, Sicherheit, die Erregung, Heftigkeit usw. Diese Eindrücke wirken sich unmittelbar in Veränderungen des Atems und Herzschlages aus. Sie haben einen tiefen Einfluß auf die früheste Phase der Gefühlsentfaltung. Das Kind lebt nämlich das in der Stimme tönende Seelische der Erwachsenen seelisch mit. Die liebevolle und warme Stimme der Mutter ist ein erziehender Faktor lange bevor das Kind den Inhalt der Worte versteht.

Die Wörter sind für das Kind ebenso Lautgebärden wie Bezeichnung für Dinge. Wenn ein fünfjähriger Knabe mit sicherer Entschiedenheit sagt: *lumière* heiße nicht 'Licht', sondern 'Schimmer', dann empfindet er die dunklere, gedämpfte Lautqualität des französischen Wortes. In den Kindern ist die Empfindung für die Lautgebärden noch nicht wie bei den Erwachsenen durch die starke Ausrichtung auf den gedanklichen Inhalt geschwächt. Deshalb bildet sich in ihnen am Lautcharakter der Wörter ein nuancenreiches Empfinden. Dies hat allerdings zur Voraussetzung, daß die Erzieher eine reiche Sprache haben und seelenvoll sprechen. Am affektierten Sprechen und an einer zum Jargon degenerierten Sprache entwickelt sich im Hören und im Nachahmen das Gefühl nur in einer verkümmerten Weise. Sprechen und Sprechenlernen haben so einen starken Einfluß auf die Entwicklung des Fühlens bzw. Empfindens wie das Gehenlernen auf das Ich.

Durch das Sprechenlernen wird das Kind zu einem sozialen Wesen. Indem es die Muttersprache in sich aufnimmt und sich an ihr bildet, kommt es mit allen Menschen, die die gleiche Sprache sprechen, in eine Beziehung. Es kann sich ihnen mitteilen und teilhaben an dem, was andere von ihrem Innern aussprechen. Diese Fähigkeit entwickelt sich, wenn Kinder an Gesprächen teilnehmen, wenn ihnen erzählt wird und wenn die Erwachsenen mit Interesse dem zuhören, was Kinder zu erzählen haben.

Selbstverständlich hat die Sprache auch eine Bedeutung für die Entfaltung des Denkens.

4. Die Entfaltung des Denkens

Indem das Denken als der dritte Schritt erscheint, durch den das Kind seine volle menschliche Daseinsform erringt, stellt es sich neben das Gehen- und Sprechenlernen. Durch das Hinschauen auf die Gesamtentwicklung entgeht die Anthropologie und mit ihr die Pädagogik der Gefahr, die frühe Kindheit zu sehr nur unter dem Aspekt der Intelligenz zu sehen.

Das Denken selbst wird dem Kind in der Regel erst im fünften Lebensjahr bewußt, wenn es anfängt, über die Dinge und die Begebenheiten seiner Umgebung nachzudenken. Es ist aber schon im ersten Lebensjahr tätig, wenn das Gegenstandsbewußtsein entsteht. Da bildet es am Empfinden der Farben, Klänge, Tasteindrücke usw. die Vorstellungen, durch die das Kind die Dinge seiner Umwelt überhaupt erst wahrnimmt. Diese Tätigkeit hat einen gestaltenden Charakter. Sie konfiguriert die Empfindungen zur Form, durch die dem Kinde Gestalt, Bewegung und Bedeutung der Dinge bewußt werden. So ist das Denken eine wirksame Kraft in der frühkindlichen Bewußtseins-Entwicklung. Sie greift auch in die postnatale Strukturierung des Gehirnes ein.[23] Bei der Geburt sind bekanntlich im Vorderhirn die Projektionsfelder, die das Empfinden des eigenen Leibes, der Farben, Klänge und anderer Sinnesqualitäten vermitteln, ausgebildet. Die Verknüpfungen, die als sogenannte sekundäre und tertiäre Felder das, was in den primären Projektionsfeldern Ausdruck der Empfindungen ist, in den vielfältigsten Zusammenhang bringen, sind noch unentwickelt. Sie bilden sich im Zusammenhang mit der geschilderten Denktätigkeit. Das Neugeborene sieht die Gegenstände seiner Umgebung nicht deshalb nicht, weil seinem Wesen etwa das Denken fehlen würde, sondern weil sein Gehirn noch nicht diejenige Strukturierung hat, durch die das Denken seine Tätigkeit voll in den Empfindungen zum Ausdruck bringen kann. Wenn man feststellt, daß sich die postnatale Entwicklung des Gehirns unter dem Einfluß der Sinneseindrücke vollzieht,[24] muß man auch darauf hinschauen, daß sich mit diesen Eindrücken von innen das in der Vorstellungsbildung

[23] Ein eindrucksvolles Beispiel für die Abhängigkeit von postnataler Gehirnbildung und geistiger Entwicklung ist die ungewöhnlich geringe Ausbildung des Gehirnes von K. Hauser. Siehe G. Fr. Daumer: Kaspar Hauser. Regensburg 1878, S. 228.

[24] K. Diemer: Grundzüge der postnatalen Hirnentwicklung, in: L. Linneweh (Hrsg.), Fortschritte der Pädologie. Band 2. Berlin, Heidelberg, New York 1968.

tätige Denken verbindet. – In der postnatalen Gehirnentwicklung gestaltet sich der kindliche Leib wiederum unter dem Einfluß, der von dem individuellen Geist- und Seelen-Wesen des Menschen ausgeht. Diesen Entwicklungsprozeß fördert die anthroposophische Pädagogik, indem sie die Vorstellungstätigkeit und damit die Ausbildung der höheren Gehirnstrukturen in den Kindern möglichst lebendig anregt. Das geschieht dadurch, daß z. B. bestimmte Spielsachen in ihren Formen nur andeutend gestaltet werden. Eine Puppe aus Stoff, die nur ganz allgemein die menschliche Form hat, veranlaßt das Kind, das fehlende Detail in seiner produktiven Vorstellungstätigkeit zu ergänzen. Das kleine Kind hat die Neigung, durch seine Phantasie im Spiel den Gegenständen einmal diese, einmal jene Bedeutung zu geben. Diese Neigung wird hier erzieherisch aufgegriffen. Dadurch bindet sich die Vorstellung nicht an die feste Form des Gegenstandes; sie bewahrt sich eine innere regsame Lebendigkeit.

Das ist insbesondere für die weitere Entwicklung des Denkens wichtig, z. B. für die Intelligenz, die im zweiten Lebensjahr erwacht. Da wird dem Kind an den Dingen z. B. der Zusammenhang von Ziel und dem Mittel zum Erreichen des Zieles bewußt. Das ist nur dadurch möglich, daß sich die Vorstellungstätigkeit etwas von der Wahrnehmung löst und dadurch etwas erfaßt, was in der konkreten Einzelwahrnehmung nicht enthalten ist. Die Intelligenz beruht auf einem freieren Vorstellungsprozeß, der gerade in der geschilderten Weise pädagogisch angeregt wird.

Das Denken ist bis zum siebenten Lebensjahr an das gebunden, was das Kind in seiner Umwelt an Dingen und Vorgängen wahrnimmt.[25] Es wird stark durch Geschehnisse angeregt, deren Abläufe von Gedanken bestimmt sind wie sinnvolle Handlungen und Arbeit der Erwachsenen. Indem das Kind erlebt, wie da die eine Tätigkeit auf die andere folgt, wird ihm durch sein Denken der Gedankenzusammenhang bewußt. Deshalb ist eine soziale Umgebung, in der Menschen viel an sinnvoller Arbeit verrichten, für die geistige Entwicklung ein wichtiger Faktor. Allerdings muß die Handlungsfolge offen vor Augen treten. Je mehr Tätigkeiten in der Welt des Kindes von Maschinen, deren Ablauf der unmittelbaren Wahrnehmung entzogen sind, ausgeführt werden, desto mehr schwinden die Anregungen nicht nur für das Nachahmen, sondern auch für das Denken.

Bestimmte geistige Tätigkeiten entfalten sich vor allem an der Sprache. Worte bezeichnen ja nicht einzelne Dinge, sondern ganze Klassen oft sehr

[25] Diesen Sachverhalt beschreibt S. L. Rubinstein, in: Grundlagen der allgemeinen Psychologie. Berlin 1968, S. 477 ff. anschaulich als Situationsdenken. Der gleiche Sachverhalt liegt dem zugrunde, was J. Piaget etwas mißverständlich kindlichen Egozentrismus nennt.

verschiedenartig aussehender Gegenstände (Blume, Haus usw.). Die Wörter veranlassen das Kind, das in den verschiedenen Dingen Gemeinsame zu erfassen. Hier bereitet sich die Fähigkeit, Begriffe und Ideen zu bilden, vor. Lernt das Kind im Übergang zum dritten Lebensjahr mit den Flexionen die Satzbildung, dann werden ihm in seinem Denken an den Formen der Deklination die verschiedenen Beziehungen der Dinge untereinander bewußt, an den Formen der Konjugation die zeitliche Folge der Geschehnisse. An den Nebensätzen mit ihren Konjunktionen erschließt sich ihm etwas später die Logik. – Die Sprache enthält in ihrem grammatischen Gefüge eine Fülle geistiger Gesetzmäßigkeiten. Diese werden für das Kind im Hören und Erlernen der Muttersprache zur Erzieherin seines Denkens.

Auch diese Tatsachen sind Beispiele dafür, daß in der frühen Kindheit die Entwicklung von dem abhängt, was das Kind wahrnimmt, d. h. von dem, was ihm die Sinnesorgane seines physischen Leibes vermitteln. Erziehen bedeutet, die Umwelt des Kindes, zu der auch das Verhalten des Erziehers gehört, so zu gestalten, daß das Kind an ihr seine seelisch-geistigen Kräfte vielseitig und regsam entfaltet und entwickelt. Beachtet man dies, so vermeidet man Zwang und Dressur, die diese Kräfte beeinträchtigen müßten. Der Erzieher rechnet dann damit, daß sich das Kind aus eigenem Antrieb in freier Weise entwickelt.

Damit wird eine Grundanschauung der anthroposophischen Pädagogik deutlich. Das Ich, das im Aufrichten wirkt, die Kräfte, die im Sprechen tätig sind, die Gefühle, die sich an der Sprache bilden, und das Denken greifen in den bildsamen Leib des Kindes ein. Durch die Umgestaltungen, die hierbei entstehen, wird der aus der Vererbung stammende physische Leib individualisiert. Er erhält mehr oder weniger stark ein Gepräge, in dessen Formen sich die geistig-seelische Individualität des Kindes zum Ausdruck bringt. Die Individualität kommt aus einem rein geistigen Dasein, das vor der Geburt liegt. Sie vereinigt sich in den geschilderten Vorgängen mit dem heranwachsenden Leib. Durch die Umgestaltung vollzieht sich ihre Inkarnation. Ihr in der Präexistenz vorhandenes Dasein ist ein weites Gebiet anthroposophischer Forschung, auf das hier nur hingewiesen werden kann.[26]

5. *Der Waldorfkindergarten*

Die ersten drei Jahre sind mit der Aufrichtung, dem Sprechenlernen und den ersten Schritten in der Entfaltung des Denkens die der stärksten Entwicklung. Das beruht darauf, daß das Kind am Anfang seines Lebens am in-

[26] R. Steiner: GA 9. 2. Kapitel.

tensivsten in der engen Bindung an die Mutter bzw. die Erzieher nachahmt (unmittelbare Nachahmung). In den letzten Jahrzehnten wurde von verschiedenen Forschern von einer Entwicklung der Nachahmung gesprochen. Genau betrachtet handelt es sich um eine Veränderung, in der das Nachahmen stufenweise schwächer wird. Schon mit dem Auftreten der mittelbaren Nachahmung im zweiten Lebensjahr löst sich das Kind etwas von der dichten Bindung an die Erwachsenen. Dadurch kann es in seinem Tun neben dem, was von den Vorbildern stammt, auch eigene Intentionen ausleben. Ohne diese Lösung käme das Kind nie zum Spiel[27] oder dazu, in seinem Sprechen eigene Erlebnisse und Absichten auszudrücken. Besonders einschneidend verändert sich das Nachahmen im dritten Lebensjahr, wenn das Kind während der Trotzphase zum Selbstbewußtsein erwacht. Indem das Kind sich nun als ein Ich erlebt, grenzt es sich gegenüber seiner Umwelt ab. Damit tritt das Nachahmen und mit ihm die Bindung an die Erzieher noch mehr zurück. Das Kind wird fähig, sich in eine Gruppe einzugliedern und mit anderen Kindern bestimmte Schritte seiner weiteren Entwicklung im Kindergarten zu tun.

Bald nachdem die Waldorfpädagogik 1919 durch die Gründung der ersten Waldorfschule verwirklicht werden konnte, wurde dieser Schule ein Kindergarten angegliedert. Heute gehört fast zu jeder Waldorfschule ein Kindergarten, so daß der heranwachsende Mensch zwischen dem vierten Lebensjahr und dem Abschluß seiner Schulzeit nach dem 12. bis 13. Schuljahr eine aus der anthroposophischen Pädagogik begründete Erziehung erfahren kann. Die Prinzipien der erzieherischen Arbeit im Kindergarten liegen weitgehend in dem, was bisher geschildert wurde. Hieraus ergibt sich eine begründete Ablehnung all jener Intentionen, die im vergangenen Jahrzehnt unter dem Motto kompensatorischer Erziehung ohne Berücksichtigung der anthropologischen Bedingungen Methoden und Inhalte schulischen Lernens auf den Kindergarten übertragen wollten.[28] Der Waldorfkindergarten hat eine seiner erzieherischen Aufgaben darin, die Kinder zu einer reichen Spieltätigkeit anzuregen. Spielen ist die altersgemäße Metamorphose, nicht, wie Piaget aufgrund seiner Auffassung von Akkommodation und Assimilation meint, der Gegensatz des Nachahmens. Seine Inhalte speisen sich aus dem, was das Kind an Tätigkeiten der Erwachsenen und was es an Vorgängen erlebt hat. Das Kind identifiziert sich ganz mit dem, was es spielt; es *ist* die Mutter, die ihr Kind versorgt, und der Bootsmann, in dessen Schiff Reisende mitfahren. Die für die frühe Kindheit charakteristi-

[27] Unter Spiel wird das freie Spielen gemeint, nicht das spielerische Verhalten des kleinen Kindes, das Piaget als Übungsspiel bezeichnet.

[28] E. M. Kranich: Pädagogische Projekte und ihre Folgen. Stuttgart ²1971.

sche Grundhaltung des Nachahmens wird durch das Ich-Bewußtsein zu einer Tätigkeit, in der das Kind nun in freier Weise gestaltet, was es an den Vorbildern und an der Umwelt wahrnimmt. Mit den einfachsten Mitteln (Ständern, Tüchern, Brettern usw.) entsteht aus der produktiven Vorstellungsfähigkeit der Kinder eine Stube, ein Haus, ein Schiff usw. Bei diesem Bauen und Gestalten kommt das Kind in viele Situationen, die seine Intelligenz und seine Geschicklichkeit steigern. Die Dinge, mit denen die Kinder spielen, haben jene schlichten, andeutenden Formen, von denen oben die Rede war. In seinem Spielen verwirklicht das Kind von den Tätigkeiten der Erwachsenen nur das, was es unmittelbar erlebt. Das ist das Geschehen der Handlung, nicht ihr Zweck. Wenn der Erwachsene bei seiner Arbeit etwas herstellt, ist er durch den Zweck auf etwas hin gerichtet, was außerhalb der jeweiligen Tätigkeit liegt. Er kann sich deshalb nur eingeschränkt mit dieser Tätigkeit verbinden. Das aber gerade tut das Kind bei seinem Spiel. Außerdem lebt in ihm ein Bestreben, das, was es gestaltet, bei jedem nächsten Mal schöner und besser werden zu lassen.

So entwickelt das Kind gerade im Spiel jene Kräfte, durch die alles spätere Lernen und Arbeiten ihre volle menschliche Bedeutung erlangen können: Das volle Sich-Verbinden mit dem Tun und das Bemühen und die Steigerung der Tätigkeiten. Kinder durchdringen im Spiel ihre Willenstätigkeit mit sinnvollem Inhalt, mit Phantasie, Intelligenz und Freude und begleiten es mit Singen und Sprechen. Das Spiel ist die Betätigung, in der alle Fähigkeiten des Kindes am vollkommensten zusammenwirken. Man kann zwischen dem vierten und siebten Lebensjahr eine deutliche Entwicklung beobachten. Das kleinere Kind läßt sich noch stark von den Umständen anregen und wechselt recht oft das Thema. Ältere Kinder gehen beim Bau eines Hauses oder Schiffes planvoll vor und sind u. U. mehrere Tage damit beschäftigt.[29] Das Ich entfaltet zunehmend seine führende Kraft im ganzen Umfang des kindlichen Wesens. Die Bedeutung des Spielens wird an jenen Kindern deutlich, deren Betätigungsdrang sich nicht zu einem sinnerfüllten, gestaltenden Tun entwickelt und in hypermotorische Aktivität einmündet. Damit die Kinder für ihr Spiel Anregungen bekommen, die heute in den modernen Haushalten vielfach fehlen, verrichten die Erzieherinnen die verschiedensten Tätigkeiten – vom Pflegen des Gartens bis zum Backen. Die Kinder lernen im Jahreslauf vielfältige Arbeiten durch eigenes Mittun kennen, z. B. das Herstellen von Brot vom Ernten des Getreides über das Dreschen, das Schroten usw. Sie sehen, wie aus Wolle der Faden gesponnen und dann zu einem Gewebe verarbeitet wird oder wie in der Werk-

[29] F. Jaffke: Spielenlernen. Abgedruckt in: H. v. Kügelgen (Hrsg.): Plan und Praxis des Waldorfkindergartens. Stuttgart [7]1981.

statt der Schule durch Schmieden oder Treiben Geräte und Gefäße entstehen.

Zu dem gestaltenden Spiel kommt jeden Tag ein einfaches Rollenspiel, bei dem die etwa 20 Kinder einer Gruppe dann gemeinsam durch mehrere Wochen hindurch ein Märchen oder z. B. im Advent ein Krippenspiel spielen. Die Kinder lernen die Lieder, die einfachen, meist rhythmischen Verse, die Bewegungen und Gebärden dadurch, daß die Erzieherin alles mit- und vorspielt, d. h. nachahmend. Bei diesem Spielen identifizieren sich die Kinder mit Gestalten, die nicht ihrer alltäglichen Umgebung angehören. Wenn ein Kind einmal ein König, ein anderes Mal ein Zwerg oder dann einer der sieben Raben sein darf, wird das Kind ein Stück weit jede dieser Gestalten. Hierbei erweitert und vertieft sich sein menschliches Erleben.

Von den weiteren Anregungen, die die Kinder für ihre Entwicklung erhalten, sei noch auf das Malen, das einfache Musizieren mit der Kantele oder der Leier und die Eurythmie hingewiesen. An dem Malen mit den flüssigen Wasserfarben soll sich das Empfinden für die Farbqualitäten und ihr harmonisches Zusammenklingen differenzieren, an den unaufdringlichen Klängen und Melodien der Kantele das musikalische Hören. Zu diesem durchseelten Sehen und Hören tritt mit der Eurythmie die durchseelte Bewegung.

Zum Abschluß versammeln sich die Kinder jeden Tag noch einmal. Die Erzieherin erzählt ihnen ein Märchen. Dadurch, daß die Kinder mehrere Tage hindurch das gleiche Märchen immer wieder hören, nehmen sie den Inhalt stark auf. Man kann beobachten, wie durch das Hören der Märchen mit ihrer differenzierten Sprache die Sprache der Kinder reicher wird (in Wortschatz und grammatischer Differenzierung). Der wesentliche Faktor dieser Sprachförderung liegt darin, daß die Erzieherin insgesamt für die Kinder ein Vorbild ist und sich um eine nuancenreiche, anschauliche Sprache bemüht.

6. Der Zahnwechsel als Abschluß der frühen Kindheit

Die Umgestaltung des physischen Leibes ist eine der bedeutsamsten Tatsachen der frühen Kindheit, weil sich in ihr die Inkarnation der geistig-seelischen Individualität vollzieht, die durch die geschilderte Erziehung unterstützt und gelenkt werden soll. Diese Umbildung geschieht nicht nur im Nerven- und Knochen-Muskel-System. Sie ist ein umfassendes Geschehen im ganzen Leib des Kindes. So erhält die Lunge bis zum Ende des siebten Lebensjahres, wie man durch röntgenologische Untersuchungen weiß, ihre gestreckte Form mit der seitlichen Ausweitung der Lungenflügel. Ebenso wird die sehr fremdartige Anfangsform des Brustkorbes so weit umgeformt, daß sie beim siebenjährigen Kind „in jeder Beziehung dem des Erwachsenen vergleichbar" ist[30]. Die Niere bekommt durch einen entsprechend starken Umbildungsprozeß im Laufe der frühen Kindheit ihre endgültige Form. Am Magen entsteht erst die voll ausgebildete Höhlung und durch die Curvatura major die Rückbiegung zur Pars pylorica. Ebenso kann man an den anderen Organen eine z. T. tief eingreifende Formentwicklung bemerken. In die Organe des physischen Leibes wirken formverwandelnde, d. h. plastisch gestaltende Kräfte hinein.[31] Durch sie kommt der physische Leib bis in seine äußeren Formen und Proportionen auf eine höhere Stufe der Durchformung.

Nur durch das Wirken dieser plastischen Kräfte können sich das Ich und das Denken, so wie das geschildert wurde, im Skelett und im Vorderhirn ausprägen. Die Individualisierung des kindlichen Leibes geht auf die Tätigkeit dieser Kräfte zurück. Mit dem ersten Gestaltwandel im siebten Lebensjahr geht dieser Formbildungsprozeß weitgehend zu Ende. Im Gehirnschädel, in vielen Partien des Zentralnervensystems und in den Sinnesorganen des Kopfes hört gleichzeitig auch das Wachstum fast vollständig auf. So sieht man, daß sich der Kopf (ohne den Gesichtsanteil) ganz unter dem Einfluß dieser formenden Kräfte entwickelt. Er ist auch der am stärksten durchgestaltete Teil des menschlichen Leibes.

Der Zahnwechsel, d. h. der Durchbruch der mittleren Schneidezähne im siebten Lebensjahr, ist der sichtbare Ausdruck für den Abschluß dieser Lebensepoche. Die Zähne können als hochgradig mineralisierte und in der festen Form erstarrte Gebilde die geschilderte Umgestaltung nicht mitmachen. Bei ihnen tritt an die Stelle der Umbildung die Neubildung. Im Ober- und Unterkiefer entstehen die Kronen der zweiten Zähne. Sie sind größer, zahlreicher, härter und in ihren Formen charakteristischer als die der Milchzähne. Auf diese Weise kommt in ihnen das zum Ausdruck, was sich sonst viel lebendiger als Wachstum und Formentwicklung abspielt. Die Kronen der zweiten Zähne sind alle – mit Ausnahme der Weisheitszähne – etwa im Alter von sieben Jahren, wenn die Formbildung auch sonst im Leibe weitgehend aufhört, fertig. Dann brechen sie sukzessive aus dem Kiefer hervor und treten an die Stelle der ersten Zähne. Für den Pädagogen, der diese Zusammenhänge kennt, ist der Zahnwechsel der Ausdruck dafür, daß im ganzen Organismus die erste Lebensepoche zu Ende gegangen ist, in der die plastischen Kräfte in der stärksten Weise an der Umgestaltung des menschlichen Leibes gewirkt haben.

[30] Rauber/Kopsch: Lehrbuch und Atlas der Anatomie des Menschen. 1. Bd., hrsg. von G. Töndury. Stuttgart ²⁰1968, S. 134.

[31] R. Steiner: GA 302a. Vortrag vom 16. 9. 1920.

Durch eine geschulte geistige Beobachtungskraft kann man verfolgen, wie die plastischen Kräfte mit ihrer Tätigkeit im physischen Leibe aufhören und nun im seelischen Bereich zu wirken beginnen.[32] In der Entwicklungspsychologie wurde von verschiedenen Seiten eine einschneidende Veränderung des kindlichen Bewußtseins im Alter von sieben Jahren beschrieben. Am ausführlichsten und vielseitigsten hat sie Piaget als den Übergang des anschaulich-symbolischen Denkens in das logisch-konkrete Denken geschildert. Vor allem verändert sich das Vorstellungsleben. Noch beim fünfjährigen Kind lösen sich die Vorstellungen, die es im Anschauen der Dinge bildet, sehr rasch wieder auf. Das Erinnerungsvermögen von Vorschulkindern ist noch sehr labil.[33] Mit sieben Jahren kann das Kind auch nach dem Anschauen der Dinge die Vorstellung festhalten und sie willkürlich wieder hervorrufen, d. h. beim Erinnern neu bilden. Dieses Erinnern ist ein inneres Gestalten des Bildes. Dieses Gestalten vollzieht das Kind schon im Anschauen der Dinge, wenn es nachher das Bild innerlich festhalten kann. Die Vorstellungen werden dadurch, daß formbildende Kraft ihre flüchtigen Gebilde durchdringt, zu gestalteten Bildern.[34] Die Veränderung im Bewußtsein beruht auf einer Verwandlung im Wesensgefüge des Kindes, durch die die zunächst im Leib plastisch bildenden Kräfte sich aus den Organen lösen und ihr gestaltendes Wirken in dem Vorstellen entfalten. Diese Verwandlung bezeichnet die anthroposophische Pädagogik als Geburt des Lebens- bzw. Ätherleibes, um darauf hinzuweisen, daß Kräfte dieses Lebensleibes, die bisher im Leib des Kindes, abgesondert von der Umgebung, gestaltend tätig waren, nun zu den der Umgebung kommenden Eindrücken in Beziehung treten – wie der physische Leib des Kindes bei der Geburt.

Wenn das Kind nun beim Betrachten der Dinge eine Vorstellung gestaltet, wird sein Verhältnis zur Welt distanzierter. Die Inhalte der Wahrnehmungen werden bewußter ergriffen; sie können nicht mehr wie beim Nachahmen unwillkürlich in den Willen hineinwirken. Damit geht das Nachahmen zu Ende. Das Kind kann wohl noch imitieren; dieses ist aber nun absichtsvolles Nachmachen. Durch die Bilder, in denen sich das Kind Erlebtes im Erinnern willkürlich wieder vergegenwärtigt und noch nie Gesehenes in der Phantasie ausgestaltet, baut das Kind eine Innenwelt auf, die nun zu dem unmittelbaren Wahrnehmen und Erleben der Außenwelt hin-

[32] R. Steiner: GA 302a. Vortrag vom 15. 9. 1920.

[33] L. Schenk-Danzinger: Entwicklungspsychologie. Wien [14]1980, S. 107.

[34] Die Veränderungen im Denken des Kindes, die Piaget erforscht hat, beruhen letzten Endes darauf, daß das Kind durch das willkürliche, bildhafte Erinnern vergleichen und dadurch Beziehungen und Zusammenhänge gedanklich, d. h. logisch erfassen kann.

zutritt. Bisher hat das Kind nach dem Augenschein geurteilt. Nun weitet sich sein Bewußtsein und Denken von der unmittelbaren Gegenwart des Wahrnehmens auf das Vergangene und das Zukünftige. Hier können sich Zusammenhänge aussprechen, die dem Kind bisher verborgen waren. An ihnen kann sich das Fühlen erweitern und vertiefen; der Wille kann neue Ziele finden. Im Zahnwechsel vollzieht sich im Kind eine tiefgreifende Verwandlung seines Wesens, in der die frühe Kindheit des ersten Jahrsiebtes in die mittlere Kindheit des zweiten Lebensjahrsiebtes übergeht.

III. MITTE DER KINDHEIT

HANS MÜLLER-WIEDEMANN

Die Mitte der Kindheit bezeichnet eine Lebensepoche des Überganges aus dem familiären und kulturellen Umkreis des ersten Lebensjahrsiebts zu dem dritten Lebensjahrsiebt, dem Zeitraum der Erdenreife.

Für das Seelenleben der kindlichen Individualität bedeutet 'Mitte' vor allem eine neue Erfahrung der Zeitlichkeit, in welcher seine eigene biographische Werdezeit mit eingeschlossen ist, von einem vorgeburtlichen, seelisch-geistigen Erleben, welches im ersten Jahrsiebt nachklingt, zu dessen Offenbar-Werden als individuelles Schicksal um das 14. Lebensjahr. Die sich in diesem Inkarnationsgeschehen der seelisch-geistigen Individualität zeigenden Wandlungen des denkenden, fühlenden und wollenden Umganges mit der Welt in der Mitte der Kindheit sollen im folgenden, jedenfalls in ihren Grundrichtungen, beschrieben werden. Wenn auch diese hier gemeinte Wandlung der Mitte der Kindheit vom Kind nur dumpf empfunden wird, so *gestaltet* doch in ihr die Wirklichkeit die kindliche Geist-Seele und zeigt sich in Motiven, welche eine geisteswissenschaftliche Entwicklungspsychologie als biographische für das Bewußtsein erhellen will.

In einem so verstandenen Reifungsprozeß, welcher den seelisch-geistigen Persönlichkeitskern des Ich als zentralen Entwicklungsimpuls mitzudenken vermag, handelt es sich deshalb nicht um ein lineares Fortschreiten konstitutionell vererbter Gegebenheiten durch die Erziehung, eine Entwicklung also, die nur als Dualität gegenseitiger Wechselwirkung von Konstitution und Erziehung vorgestellt wird. Es zeigt sich vielmehr für die geschulte Beobachtung, wie sich im Rahmen einer solchen Wechselwirkung als etwas entscheidendes Drittes die menschliche Individualität in die Erdenverhältnisse einlebt, welche seelisch-geistige Motive und Fähigkeiten als Schicksalsabsichten eigener Art mitbringt, die nicht genetisch bedingt sind und uns darum begründet von einer menschlichen Biographie sprechen lassen. Lernen bedeutet in diesem Sinne jenes umfassende Geschehen, in das sich die seelisch-geistigen Motive der Individualität mit den je und je wirksamen Gestaltungen der kulturellen Lebenswelt ebenso wie mit der eigenen durch die Vererbung überkommenen Leibeswelt aktiv auseinandersetzen müssen – ein Vorgang, der über das Umfeld der Schule weit hinausreicht, wenn er auch durch sie am eigentümlichsten erfahren wird und entscheidende Richtungen erfährt.

Was sich dabei als Metamorphosen individueller Verfügbarkeit in verschiedenen Feldern des Umgangs mit der Welt in der Mitte der Kindheit ereignen will, soll im folgenden unter dem Gesichtspunkt der kindlichen Biographie und deren pädagogischem Anspruch skizziert werden. Das wachsende Vermögen des Kindes, seine eigene Persönlichkeitserfahrung den Aneignungsvorgängen der Welt gegenüber einzubringen im Abschied von einer frühkindlichen Lebenswelt und in der Vorahnung der Mündigkeit im dritten, jugendlichen Lebensjahrsiebt, charakterisiert zunächst diese Epoche der kindlichen Entwicklung als 'Mitte'.[1]

1. Metamorphose der Gedankenbildung – Entfaltung und Gefährdung

Gegenüber dem mehr *leibgebundenen Erleben der frühen Kindheit*, in welchem sich Nachahmungsgewohnheiten bilden, tritt vor allem um das 9. bis 10. Lebensjahr eine *bewußtseinsnähere Selbsterfahrung* im Gefühlsleben des Kindes ein, die nach außen oft wenig wahrnehmbar wird, die aber kritisch das Kind einen Abstand gewinnen läßt von seiner gewohnten familiären Umwelt, aber auch von seinen eigenen, bis zum zweiten Lebensjahrsiebt entwickelten Fähigkeiten des Denkens und Handelns. Die inzwischen schon klassisch gewordene genetische Entwicklungspsychologie Jean Piagets hat von einem mehr kognitiv-formalen Ansatzpunkt ausgehend diese allgemeine Entwicklungstendenz des 2. Lebensjahrsiebts als 'Dezentrierung' verstanden, die u. a. beinhaltet, daß das Kind zunehmend fähig wird, die seine Sinneswahrnehmung begleitenden gedanklichen Prozesse zu objektivieren, seinen eigenen 'Standpunkt' mit anderen in Beziehung zu setzen, und dies nicht nur in seinen Denkakten und Handlungsentwürfen, sondern vor allem auch im sozialen Felde. So verändern sich im 10. Lebensjahr die Beziehungen des Kindes zu den Eltern und dem Lehrer in Form einer kritischen, gefühlsgetragenen Distanzierung, welche neue Formen von Partnerschaft begründet als ein jetzt erstmalig bewußt werdendes Ereignis und *Bedürfnis nach gegenseitiger Verbindlichkeit.* In der Biographie des Menschen entsteht hier ein *erstes Rechtsempfinden,* welches wesentlich und charakteristisch in das soziale Leben des Erwachsenen hineinwirken wird. Für den Erzieher bedeutet das Erwachen dieses neuen Umweltbezuges,

[1] Zur Phänomenologie der mittleren Kindheit: L. J. Stone und J. Church: Kindheit und Jugend, Einführung in die Entwicklungspsychologie. Bd. 2, Stuttgart 1978, und H. Müller-Wiedemann: Mitte der Kindheit. Stuttgart 1980.

wenn er wahrgenommen wird, daß sich die Art der Vermittlung pädagogischer Erfahrung und ihres gelebten Vorsprungs an Wissen und Können grundsätzlich ändert. Das Kind wird in diesem Lebensalter durch den anderen Menschen und dessen Erfahrung einen Mittler wahrnehmen können, der neue Gedankenrichtungen und Handlungskompetenzen im Kinde nicht verursacht, sondern anregt. Ein so verstandenes Verständnis erzieherischer Autorität tritt erst gegen Ende dieser Lebensepoche zurück, wenn das Kind in formal-hypothetischen Gedanken-Operationen (im Sinne Piagets) die Zusammenhänge der Welt mit dem eigenen *Gedanken-Urteil* durchsetzen lernt.[2]

Im Gegensatz zu Jean Piaget, der aufgrund seiner vorwiegend experimentellen Untersuchungen diesen Entwicklungsschritt etwa im 12. Lebensjahr angesetzt hat, wies R. Steiner darauf hin, daß bis zum Beginn der Erdenreife um das vierzehnte Lebensjahr das Kind seine Gedanken noch bildhaft gestalten und seine Urteile noch im Bereich des Fühlens bilden will, welches von Antipathie und Sympathie getragen ist und darum noch der Führung des Erziehers bedarf. Die praktischen Erziehungserfahrungen scheinen R. Steiner zu bestätigen.[3]

Bevor auf einzelne elementare Entwicklungsschritte des 2. Lebensjahrsiebts eingegangen werden soll, scheint es notwendig, auf eine Entwicklungsbewegung der frühen Kindheit hinzublicken, die um das 7. Lebensjahr in dem äußeren Erscheinen des Gestaltwandels des Kindes und dem Hervorkommen der zweiten Zähne zum Ausdruck kommt. Es ist geradezu paradigmatisch für die von R. Steiner entwickelte menschenkundliche Darstellung der kindlichen Entwicklung, daß er den Übergang vom ersten zum zweiten Lebensjahrsiebt als eine Metamorphose beschreibt, in welcher die im 1. Lebensjahrsiebt in Zusammenhang mit der Nachahmung bis in die leiblichen Gestalt-Vorgänge wirkenden Bildekräfte aus dieser Wirksamkeit frei werden und zu *frei ergriffener Gedanken- und Erinnerungsbildung* zur Verfügung stehen. Durch die Vermittlung dieser im Wachstum und den Lebensvorgängen des kleinen Kindes noch wirkenden Bildekräfte (Ätherleib) gewinnt das Kind um das 7. Lebensjahr gegenüber der durch die Vererbungskräfte mitgeformten Leibesgestalt jetzt seine 'Individualgestalt'. Die Anschauung einer so wirkenden ätherischen Organisation macht es gegenüber der Entwicklungspsychologie möglich, seelisch-leibliche Prozesse, in denen sich in der frühen Kindheit Gewohnheiten ausbilden, nun in ihrem Freiwerden zu Gedankenbildevorgängen nach dem 7. Lebensjahr zu

[2] J. Piaget/Bärbel Inhelder: Die Psychologie des Kindes. Olten 1973.

[3] Christoph Lindenberg: Die Lebensbedingungen des Erziehens. Von Waldorfschulen lernen. Reinbek 1981.

verfolgen. In der Umwandlung all jener Richtungen, die zuvor leibliche Bildevorgänge waren, bewahrt sich in der kindlichen Entwicklung durch die ätherische Organisation etwas Durchgängiges, das die biographische Kontinuität sichert – zugleich mit dem Fortschritt an Freiheit und Verfügbarkeit seelisch-geistiger Motive.[4] Es ist dieser Rhythmus von freigewordenen Bildekräften und weiterbildenden seelisch-geistigen Impulsen des Astralleibes, der das 2. Jahrsiebt des Kindes beherrscht. Er wird z. B. in der Wandlung der Erinnerungsbildung deutlich, wenn das Kind um das 10. Lebensjahr seine eigene Biographie am Horizont der Erinnerungsbilder mit-entdeckt und in der gedanklichen Anschauung der Welt Gegenwart, Vergehen und Werden zu erfassen lernt, d. h. aber auch, die Konstanz der Welterscheinungen in ihren zeitlichen Veränderungen wahrnimmt. Das Kind beginnt, sich der Einmaligkeit und Wirklichkeit seiner eigenen Biographie in der Zeit bewußt zu werden und artikuliert diese Erfahrungen z. B. in den Fragen nach seiner Herkunft, der seiner Geschwister, wobei zugleich der Anspruch einer neuen verwandelten Suche nach Beziehungen entsteht. Es ist, als hätte das Kind einen jetzt eigenen, selbständigen biographischen Standort in der Zeitlichkeit gewonnen.

Die in den Wachstumsvorgängen der frühen Kindheit leibgestaltenden Bildekräfte zeigen nach ihrem Freiwerden um das 7. Lebensjahr ihre Wirklichkeit als ein *Zeitenleib,* wie R. Steiner den ätherischen Organismus auch genannt hat und dessen Struktur das Kind denkend weitergestaltet. „Zeit vermag nach und nach für das heranwachsende Kind den Charakter von erlebter Zeit, von eigener Zeitwirklichkeit, von biographisch Inhaltvollem und Unwiederholbarem allein durch die Entfaltung des Zeitenleibes, der gleichzeitig in sich diese unkörperliche Räumlichkeit trägt, zu erreichen.“[5] Während in der frühen Kindheit Zeit, d. h. etwa die Dauer einer Bewegung, unter inhaltlichen Gesichtspunkten erlebt wird, wird sie jetzt eine eigene Größe innerhalb des Denkens, Erlebens und Handelns. In der Zeit „als solcher“ (J. Piaget) werden Vergehen und Werden jetzt nicht mehr nur als eine Bewegung zwischen zwei Sinneserfahrungen verschiedenen Inhaltes erlebt, sondern die transformierende Bewegung selber wird bewußt, d. h. denkend vollziehbar. In der Sprache Piagets stellt diese neue Fähigkeit die Bedingung von „Konstanz“ und „Reversibilität“ dar, Ausgangspunkte „konkreter Operationen“.[6]

Dieser Gewinn drückt sich im Erinnerungsfelde auch dadurch aus, daß

[4] R. Steiner: GA 34.

[5] G. von Arnim: Körperschema und Leibessinne, in: K. König, Sinnesentwicklung und Leiberfahrung. Stuttgart 1971.

[6] J. Piaget: Die Bildung des Zeitbegriffes beim Kinde. Zürich 1955.

gegenüber der frühen Kindheit die Erinnerungsbilder aus dem zuvor Vergessenen erinnert und selbständig gestaltet werden können, wobei die Erinnerungsfähigkeit in diesem Lebensalter und noch bis zum 14. Lebensjahr einem individuellen Rhythmus unterliegt, der mit dem Rhythmus von Schlafen und Wachen eng in Zusammenhang steht. Das Kind in diesem Lebensjahrsiebt kann seine Sinneserfahrung nicht jederzeit erinnnernd reproduzieren und die Erfahrung zeigt, daß jedes Kind einen eigenen 'Erinnerungsstil' ausbildet. Die Suchbewegung, die sich beim Erinnern abspielt, muß zugleich als wichtige, schöpferische Selbsterfahrung gesehen werden. Es bedarf kaum der Erwähnung, daß diese biographische Tatsache des zweiten Lebensjahrsiebts von großer Bedeutung für die Pädagogik ist.[7]

Wir können uns jetzt den Vorgängen der Gedankenbildung als einer Metamorphose des Nachahmungsgeschehens der frühen Kindheit (welches zurücktritt) zuwenden. Die biographische Beobachtung im zweiten Lebensjahrsiebt zeigt, daß das Kind die Sinneserfahrungen der Welt, die jetzt stärker zentriert und akzentuiert gegenüber der frühen Kindheit auftauchen, im Gedankenbildeprozeß zum Bild der Welt zu vertiefen sucht. Es ist die Suche, die wir Lernen nennen, welche jetzt gedanklich sinn-volle Zusammenhänge der Welterscheinungen entdecken will. Dabei handelt es sich pädagogisch nicht um die bloße Aufnahme von Lernprogrammen, die beliebig ihrem Inhalt nach gewechselt werden können, sondern um eine methodisch-didaktische Hinwendung auf die biographischen Motive, die jetzt im zweiten Lebensjahrsiebt zur Erfüllung kommen wollen: *Das Einleben in einen sinnvollen menschlich-verbindlichen Weltengrund, mit dem das Kind über die Sinneserfahrung hinaus seine Verwandtschaft fühlen will.* Die Gedankenbewegung, die J. Piaget im Hinblick auf ihre formalen Aspekte „konkrete Operationen" genannt hat, kommt vor allen Dingen dadurch in Gang, daß das Kind jetzt gegenüber den Wahrnehmungsgewohnheiten der frühen Kindheit die „Basisstruktur" (Bruner) der sinnlichen Welt deutlicher in den Blick bekommt.[8] Wie eine Reihe von Untersuchungen gezeigt haben, ist es im Sinne einer biographischen Kontinuität wichtig, daß sich konkrete Operationen an denjenigen Sinneswahrnehmungen entfalten, die eine biographische Erfahrungsnähe zur frühen Kindheit haben, wie auch zu deren Lebenspraxis.[9] Die frühe Einführung von Anschauungsmodellen im Unterricht ist deshalb wenig geeignet, die biographische Erfahrung des

[7] H. Poppelbaum: Gedächtnis und Gedächtnispflege, in: Im Kampf um ein neues Bewußtsein. Freiburg 1948 und G. v. Arnim: a. a. O.

[8] J. S. Bruner: Der Prozeß der Erziehung. Düsseldorf 1970.

[9] C. Kuhlmann, in: Bruner, Olver, Greenfield: Studien zur kognitiven Entwicklung. Stuttgart 1971.

Kindes hinsichtlich konkreter Operationen zu fördern. Modelle der Anschauung, in denen schon immer eine Interpretation der Wirklichkeit vorgegeben wird, verhindern im Kind gerade den kreativen eigenen Akt, Sinnzusammenhänge als Bild und Möglichkeit zu entdecken, die noch in der Schwebe bleiben können und sich erst langsam wachsend konsolidieren.

Was die gegenwärtige Entwicklungspsychologie die Entdeckung der Basisstruktur der sinnlichen Welt nennt, weist geisteswissenschaftlich gesehen auf einen sich *in der Zeit* abspielenden Prozeß hin: Gegenüber der frühen Kindheit, in welcher das Kind in der Nachahmung noch im Nachklang einer vorgeburtlichen, geistigen Welt lebt, richtet sich jetzt nach dem 7. Lebensjahr das Erkenntnisinteresse auf die *Gegenwart* der Welt und deren eigene invariante Individualgestaltungen. Im Gedankenbilden, welches sich jetzt an dieser Gegenwart neu orientiert, will das Kind im Bild der Welt sich selbst mit-wahrnehmen dürfen. Das Gefühl des Zusammenhanges des Menschen mit der Geistwelt will sich bilden an einer neu erlebten Gegenwart irdischer Erfahrung. Die biographische Rückschau kann jene Augenblicke verdeutlichen, in denen das Kind erstmals diese 'invarianten' Züge der Sinneswelt entdeckt. So schildert ein 9jähriges Mädchen von einer Bergwanderung: „Ich war gerade entlang des Berggrates gelaufen und hatte mich, auf der Höhe angelangt, ins Gras geworfen, mein Kinn auf die Hände gestützt. Ich schaute durch das Gras, wie durch einen Miniaturwald. Darüber nichts als der blaue Himmel. Plötzlich sah ich die Erde in ihrer Schönheit mit einem Gefühl, das die frühere, unbewußte Wahrnehmung einschloß, aber doch ganz anders war."

In einer anderen Biographie heißt es: „Schon früh war ich mit den Eltern an der Nordsee gewesen. Aus der Zeit erinnere ich mich eines heimlichen Wäldchens, eines Aquariums und eines Mannes in Hemdsärmeln, der sich mit dem Wasser und den Tieren zu tun machte, erinnere meine Großmutter, aber nicht das Meer."

Eine alte Bildwelt zentriert sich jetzt zu einem neuen Typus sinnlicher Erfahrung, als Rätsel, Aufgabe und Motiv eigener Gedankentätigkeit.[10]

Eine weitere Gefahr, die die Erkenntnissuche des zweiten Lebensjahrsiebts mit schwerwiegenden Folgen für das Erwachsenenalter lähmt, hat R. Steiner ausführlich beschrieben.[11] Sie liegt dann vor, wenn die kreative Gedankenbewegung des Kindes, in der sich Wachstumsprozesse der Kindheit als Metamorphose zeigen, durch zu frühe begriffliche Erklärungen und Definitionen abgetötet werden. Worauf es hingegen im zweiten Lebens-

[10] H. Müller-Wiedemann: Wandlungen von Wahrnehmen und Denken, in: Mitte der Kindheit. Stuttgart 1980.

[11] R. Steiner: GA 293.

jahrsiebt pädagogisch ankommt, ist, dem Kind die Gelegenheit zu geben, seine Gedankensicherheit in dem wiederholenden Hin- und Hergehen zwischen der Sinneswahrnehmung und dem selbst geschaffenen Bild zu kräftigen, weshalb auch die Darstellung gedanklicher Vorgänge zunächst in erzählend-beschreibender Sprachform geschieht. Gerade dadurch gewinnt die Sprache gegenüber ihrem früheren Hinweis-Charakter eine zunehmende Thematisierung auf ihre *eigene* Gestalt als Brücke zwischen der sinnlichen Wirklichkeit und dem gedanklich erfaßten Weltbild. Menschenkundlich gesehen, will das Kind in diesen Vorgängen sein Willensleben, welches mit seinen ihm nur dumpf bewußten biographischen Motiven verbunden ist, mit seinem Gedankenleben verbinden können. Erst wenn dieser Prozeß gelingt, vermag das Kind in den so geschaffenen Bildern zugleich eine moralische Wertigkeit zu erleben, die es 'angeht'. Begriffe, in diesem Lebensalter definitorisch eingeführt, verhindern gerade diese für das ganze Leben des Kindes bedeutsame Erfahrung. „Es handelt sich um nichts geringeres, als daß wir zwischen dem siebten und vierzehnten Lebensjahr des Kindes das Denken ins richtige Verhältnis mit dem Wollen, mit dem Willen bringen und das kann verfehlt werden. Deshalb müssen wir erziehen, weil beim Tier diese Zusammenschaltung von Denken, sofern das Tier ein traumhaftes Denken hat, und vom Willen, sofern das Tier einen Willen hat, von selbst geschieht. Beim Menschen geschieht die Zusammenschaltung von Denken und Wille nicht von selbst. Beim Tier ist sie eine natürliche Handlung, beim Menschen muß sie eine sittliche, moralische Handlung werden. Und deshalb kann der Mensch ein moralisches Wesen werden, weil er hier auf Erden die Gelegenheit hat, erst sein Denken mit seinem Willen zusammenzuschalten, in Verbindung zu bringen.“ [12]

Die geglückte Einstimmung der sinnlichen Erfahrungswelt mit dem Bild, die im Gefühlsurteil eine Bewertung erfahren hat, lebt nicht von den Qualitäten von 'richtig' oder 'falsch', sondern von der erlebten Sinngebung als Kräftigung der kindlichen Seele. Dieser künstlerische Prozeß, in welchem die Individualität des Kindes sich in der Gedankenbildung mit-thematisiert, erscheint in der Mitte der Kindheit als entscheidendes Übergangsfeld zu der sich später bildenden logischen Erfassung der Welt. An Beispielen aus dem Naturkunde-Unterricht hat E. Fucke [13] auf die Kraft der Phantasie hingewiesen, mit welcher das Kind in diesem Lebensalter viele Anschauungsformen der sinnenhaften Welt schaffen will und damit auf die Beweglichkeit der Gestaltbildung hinzielt, „die der Erwachsene als produktive

[12] R. Steiner: GA 307. 9. 8. 1923.

[13] E. Fucke: Die Bedeutung der Phantasie für Emanzipation und Autonomie des Menschen. Stuttgart 1972.

Kraft braucht, will er sachgemäß handeln". In diesem Sinne findet die kindliche Phantasie dieses Lebensalters ihren Ausdruck als die „ins Seelische metamorphosierte natürliche Wachstumskraft" (R. Steiner).

Daß dem Kind die bildhafte Erfahrung der Welt als Manifestation des Schönen erscheinen kann, gehört zu den wichtigen Forderungen einer durch R. Steiner inaugurierten Pädagogik des zweiten Lebensjahrsiebts. Die Problematik gegenwärtiger Unterrichtspraxis besteht wesentlich im Verfehlen der Wert- und Moralbildung in dem oben gemeinten Sinne, in dem der Unterrichtende sich auf abstrakte Theorien der Unterrichtsanforderungen stützen muß und dadurch die im Gefühl des Kindes lebendigen biographischen Motive ausklammert. Es hat dieses Versäumnis nicht nur konkrete Folgen für die Veranstaltungen des Unterrichts und das Schüler-Lehrer-Verhältnis, sondern auch tiefgreifendere für das spätere Lebensalter des Kindes: Die Kluft zwischen Gedankenbildung und Moralerfahrung, die pädagogisch im Hinblick auf die Biographie des Kindes überbrückt werden muß, zeigt sich in ihren lebensgeschichtlichen Auswirkungen. „Das Kind fühlt sich, wenn es erwacht nach der Geschlechtsreife und nur Erinnerungen an fertige, moralisch-intellektuelle Urteile hat, innerlich versklavt. Es sagt sich vielleicht nicht, daß es innerlich versklavt ist, aber es fehlt ihm für das wahre Leben jene ungeheuer wichtige Erfahrung, die sich in dem dunklen Gefühl ausspricht: das Moralische ist in mir an dem Leben selbst erwacht, das moralische Urteil habe ich mir selbst entfaltet, es ist das Meinige." [14]

Ein weiterer Aspekt innerhalb des hier beschriebenen Vorganges muß erwähnt werden: Innerhalb des vom Kind selbst erfahrenen Gedankenbildevorganges erscheint als dessen *Ergebnis* die Vorstellungsbildung im Sinne einer Ablähmung des gemeinten Lebensvorganges, durch welche das Kind befähigt wird, in der Vorstellung der Außenwelt *gegenüber*zutreten und Vorstellungen zum Motiv – jetzt bewußter – Handlungsentschlüsse zu machen. Daß diese wichtige Entwicklung des zweiten Lebensjahrsiebts zustande kommen kann, hängt aber davon ab, daß das Kind den zu Vorstellung führenden Gedankenbildevorgang, wie oben beschrieben, als seine individuelle Aktivität zu erleben vermag.[15] Es herrscht auch hier zwischen Gedankenbildung und dessen Ablähmung ein Rhythmus, den zu handhaben das Kind lernen will. Die überzogene Erwartung, die bei Eltern und auch Lehrern auf die abgelähmte Vorstellung als verfügbare Intelligenz gerichtet ist, läuft Gefahr, den oben geschilderten Entstehungsmoment zu ignorieren. Das Gefühlsurteil prägt dann die Vorstellung nicht mehr, und

[14] R. Steiner: GA 305. 19. 8. 1922.

[15] E. Fucke: a. a. O.

die Einübung in die moralische Wertigkeit des Denkens wird folgenschwer für die Zukunft und insbesondere das dritte Lebensjahrsiebt versäumt.

Mit Absicht ist der viel strapazierte und ebenso häufig mißverstandene Begriff der Intelligenz bisher vermieden worden. Es war vielmehr zu zeigen, daß der heute in der Entwicklungspsychologie verwendete Begriff der gedanklichen 'Operationen', der weniger auf seine Inhalte als auf seine Funktionen befragt wurde, von R. Steiner schon vor mehr als 50 Jahren grundlegend charakterisiert worden ist. Es muß aber stets im Auge behalten werden, daß die Bilder der sinnstiftenden Bezüge, die das Kind zu entdekken lernt, nicht einen Abklatsch sinnentleerter Wahrnehmungen darstellen, sondern eine neue Bewußtseinsebene charakterisieren, die sich innerhalb der Logik als eine Art ihres Erscheinens zeigt. Weiterhin erweist sich in diesem Lebensalter, daß diese neue Fähigkeit des Kindes zugleich auf einen partnerschaftlichen Dialog mit dem Erwachsenen hinzielt, im Sinne einer Lerngemeinschaft von Lehrer und Schüler. Es bildet sich dabei, insbesondere durch die Sprache vermittelt, in der Kindheitsmitte die Grundlage für diejenigen Fähigkeiten, welche von hoher Bedeutung für das soziale Leben sind: Jenseits der Nachahmung die Kommunikationsfähigkeit des Wissens zwischen Menschen zu begründen. Daß sich diese im zweiten Lebensjahrsiebt gleichermaßen im sozialen und im Handlungsfelde bildet, wird noch zu erläutern sein. Die Entwicklung der Intelligenz erweist sich als eine den ganzen Menschen beanspruchende Fähigkeit: „Der Schlüsselbereich der intellektuellen Entwicklung ist das Ich, und das Kind kann keinen intelligenten Lebensraum haben, wenn es kein intelligentes Selbstbild hat. Denn jede Differenzierung, jede höherwertige Integration der äußeren Realität bedeutet eine entsprechende Differenzierung und Integration der Person selbst, eine größere Freiheit des Denkens, des Handelns, der Selbsterkenntnis, der Einbezogenheit, der Anteilnahme, der Verpflichtung und des Wunsches nach Erkenntnis und Staunen. Dies ist zusammengefaßt das, was wir mit 'intelligent-sein' meinen.“ [16]

2. *Willenserfahrung und Gewissensbildung – Die Erweiterung des Handlungsfeldes*

Die Erweiterung der Handlungskompetenz im zweiten Lebensjahrsiebt durch Handlungserfahrung kann insofern im Zusammenhang mit dem vorangegangenen Kapitel gesehen werden, als das Kind nach dem Gestaltwan-

[16] L. J. Stone und J. Church: a. a. O.

del zunehmend fähig wird, seine Handlungen antizipierend in den Blick zu bekommen. Die Leibeserfahrung des 'Körperbildes' der vorangegangenen Epoche erweitert sich dadurch. Es differenziert sich nicht nur die Motorik weiter, sondern vor allem bildet sich eine Stufe erhöhter Verantwortlichkeit für das eigene Handeln. Das Handeln des Kindes tritt in einen innigeren Zusammenhang mit dem erlebten Persönlichkeitskern. In demjenigen, was wir 'Haltung' nennen, identifiziert sich das Kind im zweiten Lebensjahrsiebt zunehmend nicht mehr nur generell eingeordnet mit der Umwelt, sondern es erlebt die eigenen Handlungen ebenso wie die anderer Menschen auf sich – als 'geschichtliches' Selbst – bezogen. Das Kind erwartet deshalb auch keine pauschalen Beurteilungen seines Handelns, sondern eine differenzierte Beurteilung und Korrektur einzelner Handlungen, so daß dabei die Integrität seines Selbst als Möglichkeit zu *eigener* Korrektur erhalten bleibt. Es will in diesem Lebensalter im konkreten Umgang mit der Welt eigene, selbst eingesehene Normen entwickeln, die es in konkreter Partnerschaft prüfen kann. Das Kind bedarf deshalb in diesem Lebensalter der Erwachsenen als Partner, die liebend hinschauen auf diese wachsenden Handlungserfahrungen.

Der Erzieher täuscht sich leicht, wenn er das Kind in diesem Lebensalter sich selbst überläßt. Gerade die Loslösung von familiären Gewohnheiten und einer vom kleinen Kind noch daran erfahrenen imperativen Norm stellt in der Mitte des zweiten Lebensjahrsiebts das *eigene Handeln in Frage* und verlangt für die Ausbildung eines individuellen Gewissens konkreter, lebensnaher und dauernder partnerschaftlicher Mitwirkung des erwachsenen Menschen im Verhältnis zu gelegentlichen abstrakten, generellen Verordnungen und Normen. Es scheint, daß in diesem Lebensabschnitt die künstlerische Gestaltung in der Erfahrung des eigenen Tuns für die Gewissensbildung eine oft übersehene Rolle spielt. Man kann dies so deuten, daß in dem erscheinenden künstlerischen Werk das Bild des Handelns anschaubar wird, solange keine Perfektion erwartet wird. Es tritt dabei wiederum ein Rhythmus zwischen der eigenen kreativen Erfahrung und dem entstehenden Werk-Bild in Erscheinung, dessen Pflege das Kind dieser Lebensepoche bedarf, gleichsam als eines 'Moratoriums' ehe sich Handeln im ökonomischen Felde der Arbeit wird ausweisen müssen.

Menschenkundlich angesehen werden die Bildekräfte, die wir hier als tätige beschreiben, erst am Ende des zweiten Lebensjahrsiebts im Prozeß der Inkarnation an die Gesetzmäßigkeiten der eigenen physischen Leiblichkeit herangeführt, indem diese dumpf erlebt werden und das Kind dadurch die Voraussetzung gewinnt, die Gesetze der toten physischen Naturwelt, welcher der Mensch auch mit seinem eigenen physischen Leibe angehört, zu erfassen. Dieser Zusammenhang erscheint dann auch zeitgemäß in der Unterrichtsgestaltung der Waldorfschule im Übergang zum dritten Lebensjahrsiebt.

Schon der 12jährige steht jetzt fester auf der Erde. Er ist bereit, die Gesetze der Natur aufzunehmen und das Allgemeingültige von Normen der Gerechtigkeit und Loyalität anzuerkennen. Die Sprache entwickelt sich zu einem Instrument der Diskussion, das bei einer Fülle beliebiger Themen und zu verschiedenen Gelegenheiten als Ausdruck erwachender Dialektik genutzt wird[17]. R. Steiner hat die leiblich-seelischen Zusammenhänge, die gegen Ende des zweiten Lebensjahrsiebts in den Wachstumsschüben der Gliedmaßen vor allem zu beobachten sind und die Pubertätsentwicklung einleiten, als einen weiteren Inkarnationsschritt beschrieben, in dem das Kind seiner „physischen Leiblichkeit", d. h. „der universalischen Welt einen Einfluß auf sein seelisches Dasein gewährt". Nach dem 9. bis 10. Lebensjahr verbindet sich das Gefühlsleben im zunehmenden Überhandnehmen der Knochendynamik gegenüber dem Muskelmenschen mit deren Gesetzmäßigkeiten: „Indem mit dem 12. Lebensjahr die Glieder stärker wachsen, bedeutet das ja nichts anderes, als daß in diesen Gliedern selbst, vor allen Dingen aber durch diese Glieder, die Schwere der Materie ihren Einfluß stärker als bisher auf uns ausüben kann."

Mit der Schwere aber wirkt das Tote vermehrt. Dadurch kann der Wille in der Überwindung der Schwere seine von innen kommenden Kräfte intensiver entwickeln. Wir werden hier auf einen Übergang aufmerksam, der schon um das 10. Lebensjahr beginnt und seelisch-geistig darin kulminiert, daß sich das Gedankenleben des Kindes an dem Schwere-Erlebnis des Knochenmenschen als Willenstätigkeit konstituiert, welche über das gefühlsgetragene Bild hinaus die universalistisch-objektiven Weltzusammenhänge erkennen will. „Man muß den Willen, der im Denken liegt, etwa im synthetischen Zusammenfassen von Vorstellungen oder dem analytischen Trennen, wir müssen diesen Willen auch im Organismus aufsuchen. Indem wir in das 12. Lebensjahr eintreten, lernen wir ein solches Denken, das nach der Willensnatur seine Vorgänge in dem Knochen, in der Skelettdynamik hat." Indem das Kind jetzt an objektive Weltzusammenhänge der physischen Natur herankommt, gewinnt es am Ende des zweiten Lebensjahrsiebtes die Fähigkeit, diese zu denken. „Jetzt wird der Mensch eigentlich erst ein richtiges Weltkind. Jetzt muß er erst mit der Mechanik, mit der Dynamik der Welt rechnen. Jetzt *erlebt* er erst innerlich dasjenige, was man im Leben die Kausalität nennt." [18] Was hier durch eine geisteswissenschaftliche Menschenkunde erkannt werden kann, weist darauf hin, daß auch das be-

[17] H. H. Engel: The twelve year old child. The Cresset, Vol. 17, Nr. 1/1970.
[18] Alle Zitate R. Steiner: GA 302. 13. 6. 1921 und GA 305. 22. 8. 1922.

grifflich-hypothetische Denken eine biographische Vorgeschichte hat, daß es in der Organisation des Kindes eine individuelle Erfahrungsgrundlage besitzt und seelisch erlebbar wird vermöge des Zusammenhanges, der sich zwischen dem Seelisch-Geistigen und dem Leiblich-Physischen herstellt. Damit scheint aber auch ein weiterer Schritt der Moral- und Gewissensbildung des Kindes zusammenzuhängen: Erfahrene Beobachter der kindlichen Entwicklung haben bemerkt, daß das 12jährige Kind im Ganzen ruhiger wird und Argumenten zugänglicher ist. Es scheint dies mit der vorher beschriebenen seelisch-geistigen Situation des 12jährigen zusammenzuhängen, nämlich der eigenen Widerstandserfahrung am Knochensystem und der damit verbundenen Fähigkeit, unmittelbare Reaktionen zurückzuhalten und Lebenswiderstände selbst zu beurteilen und zu überwinden. Die perspektivische Einstellung gegenüber der Welt wird freier. Das Kind vermag zu erleben, daß die Widerstände nicht nur von außen geschaffen werden, sondern daß Konflikte auch der eigenen seelisch-leiblichen Konstitution angehören können. Der am Widerstand der eigenen Organisation jetzt zu erlebende Wille erscheint als eine wichtige Ich-Erfahrung, die auf Einsicht gerichtet ist und allgemein gültige und einsehbare Regeln bevorzugt, die das Kind jetzt selbständig zu denken und zu befolgen lernt. In vielfacher Weise werden jetzt Vorstellungsmotive zu Entschlüssen, die gegen Widerstände und auch unter Entbehrung durchgehalten werden können. Zwischen der Gefahr normativer Erstarrung und Bindungslosigkeit bedarf aber auch der 12jährige der konkreten Anwesenheit und Offenheit gemeinsamer Interpretation durch den erwachsenen Menschen.

3. Die Bildung sozialer Erfahrung: Die Sprache

Der Bewußtseinswandel, der die Mitte der Kindheit auszeichnet, soll schließlich in diesem Kapitel im sozialen Felde betrachtet werden, wenn das Kind um das 10. Lebensjahr sich seiner Einmaligkeit bewußt wird, ein Bewußtsein, welches zunächst eine dumpfe Empfindung bleibt und sich deshalb auch oft nach außen nicht kundtut. Die Betrachtung der eigenen Biographie kann aber auch das mit diesem Schritt verbundene erste Erleben der Einsamkeit entdecken. Manchmal formulieren Kinder um das 10. Lebensjahr, was hier gemeint ist: „Niemand in der Welt ist wie ich", oder: „Ich bin zu Hause, aber ich habe immer Heimweh!" Dieses Grunderlebnis in der Mitte der Kindheit, auf welches R. Steiner erstmals hingewiesen hat, ruft eine Reihe von neuen Bedürfnissen hervor, welche die Metamorphose von einem fraglosen Eingebettet-Sein in die frühkindlichen Umweltverhältnisse zu neuen Begegnungsformen einleiten will. So wird die Beziehung zu den

Eltern einer ersten Prüfung unterzogen, das Kind beginnt nach seiner eigenen Biographie zu fragen und bezweifelt in dieser Phase zuweilen, ob seine Eltern auch „seine richtigen Eltern sind“. Es ist, als erschiene zart am Horizont des Bewußtseins eine Art zweiter, bisher verborgener Mensch, der nach einer *neuen* Bestätigung seiner Existenz sucht; als reichte die Selbstverständlichkeit des frühkindlichen Da-Seins nicht mehr aus. R. Steiner hat eben auf diesen zweiten Menschen hingewiesen, der erst nach der Pubertät, d. h. in der Erdenreife ganz in Erscheinung und in volle Beziehung zur Welt tritt.[19]

Man kann die Vermutung aussprechen, daß die oben geschilderte Erfahrung des Schulkindes eben auf diesen zweiten Menschen hinweist, der in der gegenwärtigen Entwicklung der Menschheit in der Art „wie das Kind denkt, spricht und Gesten macht“, nicht voll erschlossen werden kann (R. Steiner). Das Kind empfindet vielmehr dasjenige, was sich in geheimnisvoller Weise jetzt hineinsenkt in die Seele und erst im späteren Lebensjahrsiebt herauskommt, nur dumpf, jedoch können wir dieses Empfinden als ein Lebens- und Lernmotiv der mittleren Kindheit erahnen, welches aus dem vorgeburtlichen Leben hereinragt. Aus ihm geht offenbar jenes oft beschriebene Bedürfnis des 9- bis 10jährigen Kindes hervor, sich in einen Gegensatz zu den alten Gewohnheiten der Kind-Eltern-Beziehung zu bringen und mit gleichaltrigen und fast immer auch gleichgeschlechtlichen Kindern Freundschaften, Gruppen, Banden und Spielgemeinschaften zu gründen, wobei die Gegenwärtigkeit der eigenen Generation in das Erleben gerufen wird. In ihr bilden sich, wenn auch zunächst nur für kurze Zeit und fast nie die Pubertät überdauernd, intensive gegenseitige Verbindungen und Verbindlichkeiten, die ersten Übereinkünfte im Sinne konkreter Regeln, vor allem aber die Empfindung für dasjenige, was der Engländer 'fair-play' nennt. Die Keime eines lebendigen, partnerschaftlichen Rechtsempfindens werden gelegt.

Es ist durch eingehende Untersuchungen in allen Ländern durchgehend bestätigt worden, daß das Kind im Verfolg dieser Entwicklungen, wie etwa in der sogenannten 'Gruppensprache' gegenüber den Sprachgewohnheiten der frühen Kindheit eine neue Bewußtseinslage zur Sprache gewinnt. Diese neue Errungenschaft, die sich auch in Sprachspielen, rituellen Sprachregelungen beim Spiel, Kinderreimen und in 'Geheimsprachen' kundtut, spielt eine wichtige Rolle, indem das Kind, welches an die Sprache seiner Umgebung im ersten Jahrsiebt ganz hingegeben war, der Sprache gegenüber freier wird und sie zum Instrument seines Denkens, Fühlens und Handelns bereitet. Man muß aber bedenken, daß es sich bei den sprachlichen Äuße-

[19] R. Steiner: GA 177.

rungen der Kinder in der Gemeinschaft Gleichaltriger jetzt im wesentlichen um einen *Abbau* früherer, familiärer Sprachgewohnheiten handelt, welche die Neigung zur Ritualisierung und Formalisierung nicht verbergen können. Das Kind hat in dieser Lebenssituation aber auch das Bedürfnis, das Wort als erkenntnisbildendes Wesen aufbauend zu erleben. Gerade dieses Bedürfnis wird aber im Kinderkollektiv nicht erfüllt. Erst der erwachsene Mensch kann in der Erziehung der höheren Bewußtheit des Kindes gegenüber der Sprache den Weg aus den Lauten des gesprochenen Wortes öffnen, das Bildschöpfende der Sprache zu erleben. Das heißt aber nichts anderes als den Willen, d. i. die Aufmerksamkeit, auf den Wortleib richten zu lernen, auf den 'Unterton', der die Laute beseelt, jenseits konventioneller Bedeutung. Es spielt deshalb im Unterricht die Art des Sprechens und des Sprachniveaus des Lehrers eine wichtige Rolle für alle weitere Entwicklung. In der Mitte der Kindheit liegen hierfür entscheidende Förderungen oder Lähmungen der eigenen Fähigkeiten im Sprachlichen. Phänomene werden deshalb sinnvollerweise auch zunächst beschrieben und nicht 'erklärt'. Das Kind will in der Sprache jetzt das *Anschauliche* erfahren, welches allmählich adäquater Ausdruck für die Mitte des Gefühlslebens werden will, vermittelnd zwischen Wollen und Denken. Es ist anzunehmen, daß der Dialog zwischen dem Kind und dem Erwachsenen, der nicht zuletzt einem neuen Sprachbewußtsein des Kindes dient, durch den zunehmenden Gebrauch nichtsprachlicher Medien folgenreich geschwächt wird. Während *im* Kind im ersten Jahrsiebt die Sprache spricht, so kann man abgekürzt sagen, lernt das Kind jetzt, die *Sprache* mit zunehmender Verfügbarkeit *selbst* zu sprechen.

Das zweite Jahrsiebt bringt eine weitere Differenzierung des Willens im Gefühlsleben: Das, was nach und nach für die Sprache aufgehen muß, das ist zunächst ein Gefühl für das im Leben liegende Richtige der Sprache (Grammatik), ein Gefühl für die Schönheit der Sprache (Ästhetik) und dann erst das Gefühl für die Macht, die man durch die Sprache im Leben hat.[20]

Zusammenfassend kann man sich klar darüber werden, daß gegenüber dem erwachenden Ich-Bewußtsein des 3. Lebensjahres, welches das sogenannte 'Trotzalter' einleitet, wir in der Mitte der Kindheit vom erwachenden *Selbstgefühl* sprechen dürfen, das sein Zentrum im rhythmischen Menschen in der Atmungs- und Blutzirkulation hat, der physiologischen Grundlage des Gefühlslebens. Das Denken und Handeln des Kindes gewinnt in diesem Lebensalter den 'Bezugsort' seiner Haltung, die sich bis zur Pubertät differenziert und festigt. Damit hängt auch der erweiterte

[20] Siehe dazu: H. Müller-Wiedemann: a. a. O.

Lebensumkreis der Mitte der Kindheit zusammen, in welcher das Kind u. a. die Aufgabe zu bewältigen hat, so verschiedene, jedoch für die Persönlichkeitsentfaltung gleichwertige Lebensfelder wie Elternhaus, Schule und die Gruppe von Gleichaltrigen *biographisch zu integrieren.* Auf das Zusammenwachsen des Gedankenlebens mit dem Willenleben im rhythmischen Geschehen des Fühlens ist die Entwicklungstendenz im zweiten Lebensjahrsiebt ausgerichtet. In der Mitte seiner seelisch-leiblichen Organisation vermag das Kind eine Identität als Selbstgefühl in den verschiedenen Funktions- und Begegnungsfeldern seiner Persönlichkeit aufrechtzuerhalten.

Das hier skizzenhaft Angeführte bedürfte noch einer geisteswissenschaftlichen Soziologie, um die notwendige Zusammenarbeit von Lehrern, Eltern und Kindern aufzuzeigen. Konkret ist eine neue Offenheit der Schule als Institution gefordert, mit einem gegenseitigen Interesse von Eltern, Lehrern und Kindern, die auch vom Kind selbst wahrgenommen werden kann. Gegenüber den Begrenzungen der frühen Kindheit richtet sich das biographische Interesse jetzt auf das *Einleben in eine universale menschliche Gemeinschaft,* in welcher das Kind sich seiner eigenen Anteilnahme, wenn auch zunächst nur empfindungsgemäß, vergewissern kann.

4. Haltung – Ichsinn – Autorität und Vertrauen

In diesem Zusammenhang gilt es, auch die Autorität des Lehrers in den Blick zu nehmen: Das Kind will zu einem geliebten Menschen aufschauen können, zu dem sich Vertrauen entwickeln kann. Gegenüber einer fraglosen *Vertrautheit* in der frühen Kindheit will sich jetzt die *Fähigkeit des Vertrauens* bilden, die als Lebenskraft im späteren Entwicklungsgang erscheinen kann (R. Steiner), eine Fähigkeit, die ebenso gefährdet wie unverzichtbar für die menschliche Gemeinschaft ist. Im Gegensatz zu der Tendenz einer modernen pädagogischen Richtung, den Medien-Unterricht zu propagieren und der Auffassung einer Entwicklungspsychologie, dem Erzieher in der Ausbildung kognitiver Strukturen wenig oder keine Bedeutung zuzuschreiben, zeigt jedoch die lebenspraktische Wirklichkeit, wenn man sie biographisch von innen her zu verstehen lernt, daß das Kind vom Erwachsenen eine richtunggebende Antwort auf die Rätsel dieses Lebensalters erwartet, freilich ohne Reglementierung des Handelns und ohne Programmierung von Gedankeninhalten.

Durch die Reifung der mittleren, rhythmischen Organisation zeigt das Kind in der Mitte der Kindheit relativ wenig Anfälligkeit für Erkrankungen und äußere Krisen. Andererseits ist aber doch dieses Lebensalter wahrscheinlich dasjenige, „über das die Erwachsenen am wenigsten wissen“ [21].

Die Krisen, durch die das Kind im zweiten Lebensjahrsiebt geht, sind durch die Verinnerlichung und das Frei-Werden der ätherischen Bildekräfte für das Seelenleben weniger deutlich ausgeprägt als die der frühen Kindheit und der nachfolgenden Epoche der Erdenreifung.

Was J. Piaget von formalen und experimentell untersuchten Operationen her als Äquilibrierung beschreibt, nämlich die Fähigkeit, alte Gewohnheiten durch neue Gestaltungen umzuschmelzen, ist in der Tat ein höchst individueller Vorgang, der nicht ohne Konflikte und Krisen einhergeht. Es handelt sich dabei darum, eine neue Umgestaltungstendenz biographischer Reifung durch den Seelenleib (Astralleib) in den Lebensorganismus der Bildekräfte (Ätherleib), d. h. den fortlaufenden Gestaltstrom der Biographie einzugliedern. Eben diesen Vorgang des Lernens nennen wir *Erfahrungsbildung*: Vor den neuen Fragen können noch verschiedene Lösungen gefunden werden, die progressiver oder regressiver Natur sind und gerade in diesem individuellen Erfahrungsbereich bedarf das Kind einer erkenntnisleitenden Hilfe des erwachsenen Menschen.

Hinzu kommt, daß die Beziehung, die der Wille in diesem Lebensalter zum Fühlen des Kindes herstellt, die Wendung von einer biographischen Vergangenheit zum Vorentwurf der Zukunft ermöglicht. Was sich in der Gedankenbildung an der jetzt kritischen Sinneserfahrung entzündet, tritt gleichermaßen gegenüber dem anderen Menschen als *Erwartung* in Erscheinung. Im Vertrauen und der auf die Zukunft gerichteten Erwartung ist das Kind auf der Wertsuche durch den anderen Menschen. Es sucht nicht fertige, moralische Gebote oder Urteile, sondern die Wirklichkeit eines anderen Ich, das sich konkret in der Sprache und im Handeln ausweist und sein Wissen so zur Verfügung zu stellen vermag, daß in ihm gelebtes Leben ansichtig wird und der Zusammenhang der Menschenseele mit dem Makrokosmos aufscheint. Die auf die Gedankentätigkeit gerichteten Phantasiekräfte, die von ihrer Wachstumsfunktion frei werden, richten sich gleichermaßen – jetzt aber freier – auf den anderen Menschen, der *Vorbild* werden kann und das Kind auf Zukünftiges hinzuweisen vermag. Die gegenwärtige Zivilisation steht hier vor einem zentralen Erziehungsproblem: Wie kann Moralbildung mit und in die kognitiven Prozesse eingehen? Ferner (das wird biographisch entscheidend für die Zukunft), wie kann die Willenserfahrung mit dem Denken verbunden werden? Ältere Kulturen und in ihnen das ungeschulte Kind haben, wie eingehende Untersuchungen aufweisen, einen offenbar anderen und einfacheren Entwicklungsmodus. So zeichnen sich nach einer amerikanischen Studie Landkinder gegenüber Stadtkindern dadurch aus, daß sie ein starkes Übergewicht an auf konkrete

[21] L. J. Stone und J. Church: a. a. O.

Situationen bezogenem Handeln zeigen, eine stärkere Identifikation mit traditionellen Handlungsmustern und eine auffällige Unfähigkeit kognitive Leistungen zu vollziehen aufweisen, wenn diese nur mit symbolischen Mitteln bewältigt werden können. Die moderne hochentwickelte Gesellschaft fordert, so schließen die Autoren, von ihren Angehörigen eine grundlegende kognitive Veränderung, während „die traditionellen, nicht technischen Gesellschaften nur die Vervollkommnung und Erweiterung der ersten und einfachen Weisen der Wirklichkeitserfahrung verlangen"[22]. Die Reflexion auf den geschichtlich-gesellschaftlichen Hintergrund der Situation des heutigen Kindes in der Mitte seiner Entwicklung illustriert das vorher benannte Problem: Wie läßt sich durch die 'kognitive Krise' der modernen Gesellschaft primäre, frühkindliche Wirklichkeitserfahrung biographisch sinnvoll und kohärent wandeln? Gerade wenn man den Charakter der Krise ins Auge faßt, der im Vorangegangenen immer mit angeklungen ist, wird einsichtig, daß zu ihrer Bewältigung das Kind in seinem neu erwachten Selbstgefühl in der Mitte der Kindheit seine Gefühls- und Willens-getragene Intentionalität in die Wahrnehmung des anderen Ich erweitern will, ohne seine neu-gefundene Identität aufgeben zu müssen. Erst dann, wenn sich so Erwartung und Vertrauen bilden, kann das Kind im zweiten Lebensjahrsiebt die Freiheit des Denkens und Handelns als einer Fülle von Möglichkeiten entfalten, ohne bindungslos zu werden. Wenn man auf die Grundlagen der seelisch-leiblichen Entwicklung des Kindes eingeht, so wird auch die Autorität des Lehrers in einem neuen Licht gesehen, mit den Anforderungen, die an ihn gestellt sind.

Mit der Entwicklung einer sozialen Phantasiekraft, die in das Seelische des anderen Menschen hinübergehen kann, entwickelt das Kind um das 9./10. Lebensjahr eine innere Haltung, die sich in der Harmonie der Leibesgestalt um dieses Lebensjahr ausdrückt, ehe die Wachstumsschübe der Vorpubertät einsetzen. Es fällt die Leibesgestalt des Kindes um diese Zeit mit der Harmonisierung des Blut-Atmungsrhythmus zusammen, der sich jetzt auf das Verhältnis 4 : 1 einstellt und dieses Verhältnis durch das ganze Leben hindurch – bei allen Abweichungen – beibehält. Was wir als Selbstgefühl beschrieben haben, findet seinen Ausdruck in der Harmonie zwischen den Gliedmaßenkräften und den Haupteskräften, ehe zum 12. Lebensjahr, wie schon beschrieben, der Gliedmaßenmensch sich stärker durchsetzt. Das Kind gewinnt seinen eigenen, 'seelischen Stand' und vermag jetzt das andere Ich als ein Wesen mit einer Innerlichkeit und einer Äußerlichkeit in den Seelenblick zu bekommen. Das Handeln und Sprechen des anderen ist für die Erfahrung des Kindes nicht mehr notwendig iden-

[22] J. S. Bruner: Über Kultur und Äquivalenz, a. a. O.

tisch mit dem, was der andere Mensch ist, was an ihm als dauernd und wesenhaft jetzt erlebbar wird. K. König hat vermutet, daß die „vollendete Leibesform des 9jährigen Kindes, die erst später während der Pubertät korrumpiert wird, in ihrer Ausbildung mit der Vollendung des Ich-Sinnes zusammenfällt“[23]. R. Steiner hat in seiner Sinneslehre diesen Ich-Sinn beschrieben als eine „unmittelbare Wahrnehmung des anderen Ich“: „Der Ich-Sinn ist nicht der Sinn für das eigene Ich, sondern für die Wahrnehmung des Ich's im anderen. Es kommt hierbei nicht darauf an, daß man sein eigenes Ich weiß, sondern daß man dem anderen Menschen gegenübersteht und daß er einem sein Ich öffnet.“[24] Wenn Steiner im Rahmen seiner Forschungen über die Tätigkeit der Sinne als das Wahrnehmungsorgan für das andere Ich die ganze Menschengestalt bezeichnet hat,[25] so kann der Zusammenhang dieser jetzt erwachten Fähigkeit des Kindes mit der Leibesgestalt darin gesehen werden, daß um das zehnte Lebensjahr gegenüber allen konstitutionellen Varianten für einen ‘Augenblick’ jedoch unverlierbar das Urbild der Individualgestalt des Menschen erscheint: Die Harmonie der Haltung und die Grazie der Bewegung fallen als Urphänomen zusammen mit der sanften Zurückhaltung in der menschlichen Begegnung, der ersten zarten umfassenden autobiographischen Erfahrung des Selbstgefühls und der Wahrnehmung des anderen Ich – jenseits des Bildes der frühen Kindheit, in dem sich noch die Gegenwart historischer Partnerschaft verbirgt. Unübersehbar zeigt sich hier der Keim individueller Gewissensbildung.

5. Leiblich-seelische Grundlagen: Die Atemreife

Blickt man auf die größeren Zusammenhänge der kindlichen Biographie unter dem Gesichtspunkt einer durch die Anthroposophie erweiterten Psychologie zurück, so zeigte sich im ersten Lebensjahrsiebt die Entfaltung der kindlichen Individualgestalt als ein Vorgang des Durchplastizierens der Leiblichkeit des Kindes, der von den Haupteskräften, die schon früh ausgebildet sind, ausgeht. Was das Kind durch die Nachahmung der Umwelt als bildende Kräfte aufnimmt, wird durch diese Kräfte des Hauptes in der frühen Kindheit individuell bis in die Wachstums- und Stoffwechsel-Vorgänge der kindlichen Organisation ein-gebildet. Für das Willensleben des Kindes, welches sich noch in einem keimhaften Zustand befindet, bedeutet dies, daß es in diesem Vorgang durch die Nachahmung gebildet, d. h. erzo-

[23] K. König: Die ersten drei Jahre des Kindes. Stuttgart 1975.
[24] R. Steiner: GA 169. 13. 6. 1916; GA 293. 8. Vortrag.
[25] R. Steiner: GA 170. 6. Vortrag.

gen wird. Das Kind ist im ersten Lebensjahrsiebt noch nicht so sehr ein (vorsätzlich) wollendes Wesen, sondern vor allem ein weltoffenes Sinneswesen (R. Steiner).

Die erste Metamorphose der Leibesgestalt, die um das 7. Lebensjahr im sogenannten *Gestaltwandel* ihren Abschluß findet, zeigt nun aber – im Nachlassen des plastizierenden, seelisch-leiblichen Vorgangs durch die Nachahmung und die individualisierenden Haupteskräfte – eine Wandlung im Sinne einer *Verinnerlichung der plastizierenden Kräfte in die Gedankentätigkeit,* bis dann zunehmend gegen das 9. Lebensjahr die Gedankentätigkeit mit den Wahrnehmungen eigener Willensimpulse zusammenklingt. Der 'Ort', an dem sich dieses Zusammenklingen ereignet, kann in der rhythmischen Organisation des Menschen, in der Begegnung von Blut- und Atemrhythmus gesehen werden, nämlich der *physischen Grundlage des Gefühlslebens.*[26] Im zweiten Lebensjahrsiebt ist die 'Haltung' oder das Selbstgefühl Ausdruck dieser Metamorphose, in welcher die plastischen Kräfte der frühen Kindheit sich jetzt mit dem Rhythmus und seinen seelischen Bewegungen verbinden wollen. R. Steiner hat letztere als wesentlich von musikalisch-sprachlichen Kräften hervorgerufen dargestellt.[27] Man muß sich dabei eine erweiterte Vorstellung des Musikalischen bilden in dem Sinne, daß das Fühlen, in welchem das musikalische Erleben seinen Ursprung hat, in das Vorstellungs- und Willensleben des Kindes gleichermaßen einströmt. Die Vorstellungen des Kindes werden von der *Melodie der Gedankenführung* beseelt, im wachsenden Wahrnehmen eigenen Handelns beginnt das Kind zum 12. Lebensjahr hin ein *Taktgefühl* zu entwikkeln. Im umfassenden Sinne reift im rhythmischen System die Atmung gegenüber den Kopfkräften der frühen Kindheit und gibt dem Kind um das 9.–10. Lebensjahr eine Grundlage für eine erweiterte Wahrnehmung seines Selbst und der Welt im verinnerlichten Handeln und Denken. Die frühe Bildwelt tritt in der biographischen 'Entzauberung' aus der ersten Weltoffenheit zurück, indem sich in der Mitte der Kindheit die Atmungsorganisation mit der willenstragenden Blutorganisation verbindet. Das Kind wird hinsichtlich seiner Sinneswahrnehmungen kritisch, was eine ältere Psychologie als 'Realismus' bezeichnet hat, das Willensleben aber wird gleichzeitig *gedankenschöpferisch.* Es gestaltet die Sinneserfahrung vor allem jetzt im Denken und Erinnern, wie sie sich in der frühen Kindheit in der Bewegung, der Phantasie und dem Spiel dargelebt hat. Die Atemreife als seelisch-leiblicher Ausdruck der Gefühlsreifung läßt eine alte Bildwelt leib-

[26] R. Steiner: GA 21. Kap.: Die physischen und geistigen Abhängigkeiten der Menschen-Wesenheit.

[27] R. Steiner: GA 302a.

lich plastizierender Gestalten untergehen und wandelt den Willen zur Neustrukturierung der Sinneserfahrung. Die für das Kleinkind noch weit auseinanderliegende Polarität vom Bild, welches noch auf eine vorgeburtliche Welt hinwies, und dem Willen als Zukunftskeim, tritt jetzt in der Mitte des Rhythmischen von Atmung und Blutzirkulation zusammen. Es liegt dieser neuen 'Gegenwärtigkeit' ein verstärktes Selbstbewußtsein zugrunde, welches das Kind nach neuen Zusammenhängen der Erdenwelt mit seinem eigenen Dasein suchen läßt, welches vor dem neunten Lebensjahr in der Umwelt noch familiär und fraglos aufging. Diesen neuen Schritt hat R. Steiner mit dem Hinweis auf Caesars Überschreiten des Rubikon vergleichend charakterisiert: Eine alte Verfassung wird hinfällig, eine neue muß geschaffen werden.[28] Gelebte Vergangenheit und Zukunft werden jetzt perspektivisch erlebbar in den erstmaligen existentiellen Erfahrungen von Einsamkeit und Sehnsucht, deren das kleine Kind noch nicht „inne ist". „Es ist in diesem Lebensabschnitt der Kinder in ausgesprochenem Maße vorhanden ein Kampf zwischen den Wachstumskräften, dem Stoffwechselsystem, der im Blutrhythmus von unten nach oben stürmt und denjenigen Kräften, die in uns hineinreichen durch die physische Inspiration: durch die Atmung." Durch diesen hereinkommenden Atmungsprozeß bereitet sich die Geschlechtsreife vor, die dann auftreten kann, wenn die Atemreife abgeschlossen ist. „So beruhigt sich um das 12. Lebensjahr dieser Kampf." [29]

Die gegenwärtige Entwicklungspsychologie, welche die Bedeutung der Atemreife als Gefühlsreife für die Selbsterfahrung des Kindes und die Weise seines Denkens und Handelns mit offensichtlichen Folgen für die Pädagogik wenig oder gar nicht berücksichtigt, kann durch die von R. Steiner erarbeitete geisteswissenschaftliche Psychologie erweitert werden. So kann sich zeigen, daß gerade in der Mitte der Kindheit, wenn die frühkindliche 'Plastik' der Bilder im rhythmischen Menschen aufgeschmolzen, d. h. 'musikalisiert' wird und in den von der Atmung durchseelten Willensprozessen das Kind die wichtige Erfahrung des 'Werdens' macht, erst die Gewißheit entsteht, daß über allen Wandlungen (den Transformationen Piagets) etwas Dauerndes bleibt. Allein an dieser inneren vom Gefühl getragenen neuen Selbst- und Weltwahrnehmung kann ein Begriff, wie etwa der 'Konstanz', seine *Wirklichkeit* finden. Die 'konkreten Operationen' der Entwicklungspsychologie finden in den hier geschilderten seelisch-leiblichen Vorgängen ihren biographischen Wert, der das Kind 'überzeugt'.[30]

[28] R. Steiner: GA 294. 7. Vortrag.

[29] R. Steiner: GA 206. 7. 8. 1921.

[30] Dazu H. Müller-Wiedemann: Die Atemreifung. In: Mitte der Kindheit, a. a. O.

Es konnte die Entwicklungsgeschichte des Kindes im zweiten Lebensjahrsiebt, abgesehen von einzelnen Schwerpunkten, im Vorangegangenen nur andeutend geschildert werden. Um die ganze Fülle und seelisch-geistige Bedeutung dieses Lebensabschnittes für die Biographie des Menschen zu erfassen, soll der Leser auf seine eigene biographische Rückschau, die liebevolle Beobachtung von Kindern, vor allem aber auf die grundlegenden Forschungsergebnisse R. Steiners und deren Weiterführung im Rahmen der Waldorfschulen und der anthroposophischen Heilpädagogik hingewiesen werden.

IV. DAS JUGENDALTER

STEFAN LEBER

1. Wandlungen in der Reifezeit

Mit Jugendalter soll hier die Entwicklungszeit von 14 bis 21 Jahren bezeichnet werden, wobei fallweise eine erste Phase bis zu 16 Jahren als Pubertät, eine zweite bis 18/19 als Adoleszenz und eine dritte bis zur völligen strafrechtlichen Mündigkeit (der Rechtsterminologie folgend) als Zeit des Heranwachsenden benannt wird. Um das Jugendalter als einen Entwicklungsabschnitt von eigener Qualität und Würde des Menschseins zu verstehen, soll es von den zuvor stattfindenden Reifephasen durch Vergleich abgehoben werden. (Dies ließe sich auch von den nachfolgenden Werdestufen des Erwachsenenalters tun, wenn auch mit mehr Mühe.)

Ist die erste Lebensepoche der frühen Kindheit biologisch dadurch gekennzeichnet, daß vor allem der Bereich der Sinne und des zentralen Nervensystems seine Ausgestaltung erfährt, so die darauffolgende Kindheitsmitte vor allem durch die fortschreitende Ausreifung des rhythmischen Systems, d. h. von Atmung und Kreislauf. Das *Jugendalter* bringt, sofern der Blick auf die leibliche Gestalt und deren Entwicklung gerichtet wird, vornehmlich eine weitere Ausformung und Erkraftung des Gliedmaßensystems (was natürlich die zugehörige Muskulatur einschließt), das nunmehr zur vollen Belastbarkeit und Arbeitstüchtigkeit heranwächst, wobei physiologisch freilich der Stoffwechsel dementsprechend mitwachsen und reifen muß, um funktionell dem geänderten Gliedmaßen- und Leibgefüge angepaßt zu sein. Die *Gliedmaßen* sind es, die den Menschen in ganz besonderer Weise in den *Raum* einfügen, insofern er sich nämlich mit den *Beinen* und der Wirbelsäule in der Aufrechten den Raum erobert, sich der Dimensionen vorne – hinten, rechts – links, oben – unten erlebnismäßig bewußt wird und dann durch die voranschreitende Bewegung die Welt ‚er-fährt'. Durch die Arme und Hände, die beim Menschen von Stützfunktionen frei geworden sind, werden die Dinge in der Welt ‚be-rührt, er-tastet, be-griffen', aber nicht zuletzt werden auch ganz eigene Gegenstände durch deren Arbeit *gestaltet.* So kann die Leibgestaltung durchaus zu einer Offenbarung des Seelischen werden, aber es kann durch diese ebenso die Seele gestaltend in die Welt eingreifen. In der Gestik von Finger, Hand und Arm spricht sich die Seele unbewußt, aber eindrücklich aus, wie sonst nur noch im Mienenspiel, während im Gang die Kraft der Persönlichkeit und ihre Unverwechselbarkeit zur Offenbarung kommt.

Das Längenwachstum der Glieder, die Veränderungen im Bewegungsapparat während des gesamten Jugendalters schaffen – aufgrund der beschriebenen Gliederfunktionen – ein *verändertes Raum-Verhältnis,* denn stehen kann schon das kleine Kind: Durch ihre radiale, in den Leib wie von außen einstrahlende Struktur bewirkt das Längenwachstum der Röhrenknochen nicht nur eine deutliche Veränderung der gesamten Leibesproportionen, sondern vor allem auch eine solche der in diesem System wirkenden mechanischen Gesetze, besonders der Hebelgesetze. So setzen die bewegenden Muskeln immer am kurzen Hebelarm an, wodurch stets der größere Kraftaufwand für die Bewegung notwendig wird. Wenn nun der Hebelarm im Verhältnis zum Kraftarm wächst, sich also verlängert, vergrößert, wie dies durch das Längenwachstum in der Pubertätszeit um mehrere Zentimeter geschieht, dann verlangt dies eine nicht unerheblich größere Kraft, eine radikale Steigerung der Anstrengung für die Bewegung; es ist allerdings auch wiederum die Grundlage für eine größere Vielfalt der Bewegungsmöglichkeiten, wie für die Beschleunigung und den Ausdruck des Inneren im Äußeren der Bewegung. Änderungen in diesem Gefüge haben ebenso tiefgreifende Folgen für das eigene Leib-Erleben wie die Tatsache, daß dem Knochenwachstum gegenüber die Muskelzunahme zeitlich – um etwa ein Jahr – verzögert nachfolgt. Die Muskelzunahme versetzt mit ihren Stoffwechselleistungen den Jugendlichen erst in die Lage, die Glieder ausreichend kraftvoll zu bewegen und die durch das Wachstum der Knochen im Leib verstärkt wirkende Schwere auch tatsächlich zu überwinden. Gewicht, d. h. Schwere, zieht nach unten. „Die aufrechte Haltung weist nach aufwärts, fort vom Boden. Sie ist die Gegenrichtung gegen die bindenden, fesselnden Kräfte der Schwere ... Im Aufrichten gewinnt der Mensch einen *Stand in der Welt;* er gewinnt die Möglichkeit, sich der Welt gegenüber *selbständig zu verhalten,* die Welt und sich selbst zu gestalten.“[1] In dieses schon früh erworbene Gefüge dringt durch das beschleunigte Längenwachstum mit dem zweiten Gestaltwandel der Pubertätszeit etwas wie eine Störzone ein, die als tiefe innere Spannung, resultierend aus dem Realvorgang zwischen vorauslaufendem Knochen- und verzögertem Muskelwachstum, mehr oder weniger bewußt erlebt wird, und zwar geschlechtsspezifisch, weil bei Mädchen diese Spannung überwiegend eine etwas mildere Verlaufsform aufweist als bei Knaben. Durch die

[1] Erwin Straus: Psychologie der menschlichen Welt. – Gesammelte Schriften: Die aufrechte Haltung. Eine anthropologische Studie. Berlin u. a. 1960, S. 226.

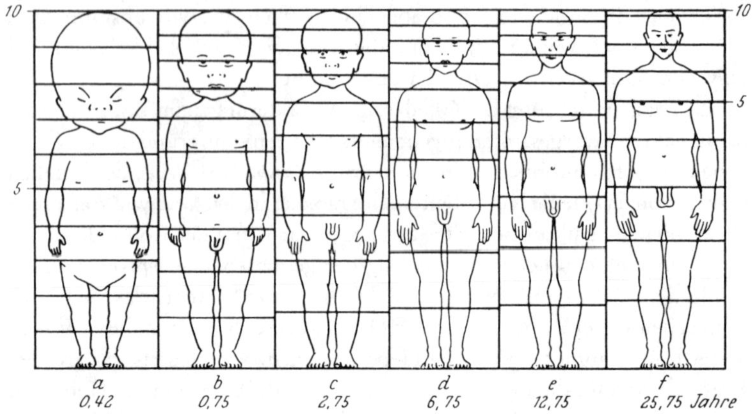

Abb. 1. Veränderung der vertikalen Körperproportionen zwischen dem 5. Monat nach der Konzeption und dem Erwachsenenalter. Quantitative Erfassung durch Überlagerung mit einem transformierten Koordinatennetz in Höhe der Pubes, des Nabels, der Brustwarzen, des Kinns und des Schädeldaches. Transformation des Koordinatennetzes zwischen den Zeichnungen für das erste und letzte der abgebildeten Entwicklungsstadien (aufgrund einer Gleichung nach Medawar [1949]) (aus: J. M. Tanner: Wachstum und Reifung des Menschen. Stuttgart 1962, S. 90).

Muskelzunahme kommt es schließlich im Bereich der Glieder zu einer physischen Kraftentfaltung, die in der Jugendzeit ihre höchste und zugleich natürliche Steigerung erfährt – auch das hat wiederum Konsequenzen für die Art des Selbsterlebens in diesem Alter. Aber nicht nur die Kraft, sondern auch der Ausdruck des Individuellen in der Bewegung wird verstärkt.

In dieses von der Gesamterscheinung des Jugendalters her beschriebene Bild gliedert sich nun ein Geschehen ein, das oft als *einziges* Kennzeichen für den Wandel der Pubertätszeit genommen wird: die *Geschlechtsreife*. In ihr kommt auch zum Ausdruck, daß der Stoffwechsel und damit der gesamte Lebensprozeß seine letzte und höchste Steigerung und Ausgestaltung, zu der er veranlagt ist, erfährt. Der Organismus kann nicht nur sich selbst als autonom erhalten, sondern er ist über die Reifung der Fortpflanzungsorganisation auch in der Lage, an der Ausbildung von *artgleichen* Nachfolgeorganismen mitzuwirken, also über die Selbsterhaltung hinaus der Arterhaltung zu dienen. Die mit der sexuellen Reife umschriebenen Umgestaltungen, also sowohl die Reifung der Glieder als auch die der Fortpflanzungsfähigkeit (Keimdrüsen, Hormonhaushalt), haben, wie schon erwähnt, nun nicht nur biologische oder anatomische Bedeutung, sondern vor allem psychologische und geistige, und zwar nicht bloß im

Sinne eines Parallelismus, sondern eines einheitlichen Geschehens, bei dem es im Grunde belanglos sein kann, ob es von der biologischen oder seelischen Seite her beschrieben wird: Der Leib ist Ausdruck der Seele, denn an seiner Gestaltung wirkt die Seele mit. Wendet sich die Betrachtung auf den Leib, auf die Physiologie, dann sollte immer zugleich auch die Seele dahinter oder hindurch gesehen werden.[2] Das allerdings will der heute vorherrschenden Denkhaltung, die in der systematischen Gliederung und Erfassung der Einzelerscheinung den größten Erfolg sieht, noch nicht leichtfallen. Für die Geisteswissenschaft Steiners ist es das Seelisch-Geistige, das den Leib gestaltet, aufbaut, erhält und – stark reduziert und vereinfacht gesagt: wenn er ihm nichts mehr zu geben hat, entläßt. So gesehen werden dann Hormone, Sekretionen, ja jeder einzelne Stoff innerhalb der Leibesorganisation zu einer Offenbarung des inneren geistigen Wesens.[3]

Wir wollen diese Form des Ineinanderschauens oder Hindurchschauens der verschiedenen Dimensionen versuchen, soweit uns dies möglich ist. In diesem Sinne ist dann nämlich schon eine Notiz Steiners als Wegleitung aufzufassen, in der er sich das seelische Pendant der körperlichen Veränderungen äußerst knapp für einen Vortrag vom 19. 4. 1922 wie folgt notiert hat:

„0–7. Jahr: Der Mensch bildet sich von seinem Haupte aus; er ist ganz Sinnesorgan und Plastiker …
7.–14. Jahr: Der Mensch bildet sich von seinem Atmungs- und Cirkulationssystem her; er ist ganz Zuhörer und Musiker …
14.–21. Jahr: Der Mensch wird Phantsiewesen und Beurteiler …“[4]

Stehen also durch die leiblich-seelisch-geistige Einheit in der frühen Kindheit die Körperprozesse, d. h. die Ausgestaltung des physischen Organismus, sehr auffällig im Vordergrund, so treten diese, wenn das Gehirn

[2] Diesen Gedanken entwarf bereits Immanuel Hermann Fichte, Sohn des bekannten Philosophen, selbst auch Philosoph in Bonn und Tübingen, in umfangreichen Werken: Anthropologie. Die Lehre von der menschlichen Seele. Begründet auf naturwissenschaftlichem Wege … Leipzig ³1876. – Ders.: Psychologie – Die Lehre vom bewußten Geiste des Menschen, oder Entwicklungsgeschichte des Bewußtseins, begründet auf Anthropologie und innerer Erfahrung, Teil 1: Die allgemeine Theorie vom Bewußtsein und die Lehre vom sinnlichen Erkennen, vom Gedächtnis und von der Phantasie. Leipzig 1864 (Reprint Aalen 1970); Teil 2: Die Lehre vom Denken und vom Willen. Leipzig 1873 (Reprint Aalen 1970).

[3] Vgl. hierfür: Husemann, Wolff: Das Bild des Menschen als Grundlage der Heilkunst. Entwurf einer geisteswissenschaftlichen Medizin, Bd. I. Stuttgart ⁵1974 und Bd. II. Stuttgart ²1974.

[4] In: GA 304, S. 198f.

weitgehend ausgereift ist, etwas zurück. Selbst dann, wenn noch bedeutende körperliche Wachstumsvorgänge insbesondere den Brustraum ergreifen, liegt doch das Schwergewicht der Entwicklung nunmehr physiologisch stärker auf der Ausbildung jener in der Zeit verlaufenden Prozesse von Atmung und Blutzirkulation, in die sich das Seelische einbettet: in Spannung und Lösung, im ‚Er-leben' des Seelischen in den Gefühlen.

Als höchste Stufe aller im Rhythmus ablaufenden Lebensprozesse kann die Reifung der Fortpflanzungsorganisation betrachtet werden (so etwa Spermatogenese und Eireifung mit der Menstruation). Der Bildekräfte-Organismus läßt in seinem leibverhafteten Bereich die Fortpflanzungsorgane funktionsfähig werden. Wenn diese letzte, dem Blut- und Drüsensystem des Lebensleibes zugehörige Reifung geschieht, so verbindet sich damit, meist gleichzeitig, ein weiteres Geschehen, das den Vorgang des Reifens überformt, durchsetzt, sich aber als ganz andere seelische Qualität offenbart: Die Triebe und Begehrungen treten als innerseelische, das Subjektive betonende Kräfte nun zum Körpergeschehen hinzu, indem sie sich mit der Reifung als Intensität diesem entwinden. Genauer betrachtet haben sie eine doppelte Quelle. Darum kann die Zweiheit der Kräfte, die sich in der Geschlechtlichkeit wie in einem Vorgang offenbart, den Pubertierenden in einer merkwürdigen Art erscheinen lassen: Sein Verhalten ist aus der vorangehenden Zeit kaum unmittelbar abzuleiten oder von dort her verstehbar. Vielmehr macht er in der Form seines ganzen Erscheinungsbildes einen eher zwiespältigen, manchmal sogar gespaltenen Eindruck. Diese – vergleichsweise und überspitzt sei es gesagt – ‚Spaltung' der Persönlichkeit rührt davon her, daß in dem Jugendlichen die beiden ‚Quellen' oder Kräfte nunmehr wahrnehmbar werden: ein mehr *objektiver* Pol, der mit der eigenen gereiften *Leibesorganisation* zusammenhängt, und einer, der mehr *subjektiv* wirksam ist und mit dem eigensten, persönlichen seelischen *Erleben* verknüpft ist. Dies war zuvor allenfalls anfänglich in seiner Anlage wahrnehmbar.

In der Regel sind beide Kraftfelder gleichzeitig reif (bei der akzelerierten körperlichen Reifung, verbunden mit einer retardierten seelischen Entwicklung, können sie aber auch auseinanderfallen): das eine, aus der Leibreifung als höchster Entfaltung der Lebensprozesse sich bildend, wobei sich die Ausgestaltung der Lebensleiblichkeit biologisch weitgehend zu einem Abschluß bringt, und das andere, aus einem neu verfügbaren Vermögen herrührend, das nun subjektives Erleben ermöglicht und mit der Freiwerdung des Seelischen zusammenhängt. Der eine Prozeß durchzieht die Mitte der Kindheit und findet mit der Pubertät seinen Abschluß, während der andere einen Neubeginn des veränderten seelischen Erlebens kennzeichnet.

2. Geburt des Empfindungsleibes

Um nun den Vorgang des ‚Neubeginns' genauer zu erfassen, hat Rudolf Steiner den Begriff einer ‚dritten Geburt' – der des Empfindungs- oder Seelenleibes – geprägt. Diese Terminologie ist so unbekannt nicht, wird doch auch von der zweiten, der sozio-kulturellen Geburt gesprochen. Wir wollen uns zunächst vergegenwärtigen, was mit der Geburt des Empfindungsleibes gemeint ist. Dieses ‚Geburts-Geschehen' hat zwei Aspekte: einmal eine bereits vorhandene, aber unselbständige und darum gebundene, teilweise auch verborgene, noch ‚ungeborene' Qualität, die durch und seit der Geburt auch schon ‚wahrnehmbar' ist; zum anderen das, was diese Qualität konkret ausmacht, was sie konstituiert: wir meinen die *Empfindungen.* Diese selbst haben einerseits einen inneren, persönlichkeitsabhängigen Charakter, andererseits sind sie auch abhängig von den Sinnesorganen, so daß es berechtigt ist, dieses gesamte innere Gefüge der Empfindungen in ihrer inneren Gestalt wegen ihrer ‚Gebundenheit' an die Organe unter dem Begriff Leib zusammenzufassen.

Neben die Lebensvorgänge, wie die Erhaltung und das Wachstum sowie die Fortpflanzung, tritt also ein Bereich des selbständigen inneren, seelischen Erlebens. Alles, was aus der Umwelt herankommt, bedarf, um in den Wahrnehmungshorizont der Seele einzutreten, zunächst der Sinne. In der Außenwelt sind Empfindungen nicht vorhanden, sie erstehen im Inneren als Antwort auf Reize von außen. Aus dieser Welt der Reize taucht nun, abhängig von bereits gemachten Erfahrungen, etwas in mir wie am Seelenhorizont auf, dem sich mein Interesse oder die Aufmerksamkeit zuwendet: die *Wahrnehmung.* Die Wahrnehmung selbst ist das außer mir Vorfindliche, von mir sogleich in einen Ordnungszusammenhang eingegliederte Erscheinungsbild einer Sache. Auslöser dafür wie für die anschließende Vorstellungs- und Urteilsbildung sind aber die Empfindungen, die als Erlebnis in der Seele gebildet werden.

Aus dem physikalisch-chemischen Gefüge des Wahrgenommenen und der Sinne ergibt sich an keiner Stelle eine Empfindung (des Lichts oder der Farbe). Vielmehr tritt etwas wie ein Sprung auf: Das, was äußerlich physikalisch verfolgbar ist, wird plötzlich von einem Inneren erlebt, als Empfindung verarbeitet; dies basiert nach Steiner auf der Leistung des Empfindungsleibes. An die einzelne Empfindung schließt, je nach dem Gehalt, den die Seele ihr zumißt, dann mehr oder weniger rasch eine seelische Beziehung des Wohlgefallens oder Mißfallens, der Lust oder Ängstigung an, die dann verschwindet, wenn entweder das an der Wahrnehmung Empfundene in unsere Erfahrung eingegliedert wird oder das Wahrgenommene begrifflich seinen Platz in einem äußeren Ordnungszusammenhang zugewiesen erhält. Die Welt der vielgestaltigen Empfindungen bleibt dumpf. Trotzdem gehört sie zu unserem Inneren. Empfindungen sollen uns die gegenwärtigen Qualitäten des Innegewordenen bezeichnen, die nicht weiter auflösbar oder auf anderes zurückführbar sind.

Der Entstehungsort der Empfindungen läßt sich verdeutlichen: Während Begriffe auch ohne Wahrnehmungen vermittelt werden können – etwa der des Drei- oder Fünfecks, des Stuhles oder eines Hauses –, kann niemandem, dem die entsprechenden Organe dafür fehlen, die Empfindung der roten Farbe, des süßlichen Duftes oder einer schrillen Stimme vermittelt werden. Damit wird deutlich, daß Empfindungen eng an die Sinnesorgane gebunden auftreten.[5] Darum spricht Steiner von Empfindungsleib; für ihn ist diese Bezeichnung aus ‚übersinnlicher Anschauung' gewonnen. Gleichwohl ist der Begriffsgehalt des Empfindungsleibes ebenso dem Denken erschließbar, wie seine Wirkung in der Wahrnehmung auffindbar ist.

a) Bewußtseinsträger

Empfindungen sind zwar während des ganzen Lebens im Wachzustand stets ‚gegenwärtig', aber ohne Dauer und abhängig von den Erscheinungen. Um sie als Erfahrung zu verarbeiten, benötigen wir ihre denkerische Durchdringung und das Gedächtnis. Wenn wir morgens erwachen, so gliedert sich der Empfindungs- oder Seelenleib in die Sinnes- und Nervenorganisation ein. Denn Erwachen heißt, daß Empfindungen der Seele gegenwärtig werden, die sich ihr im Schlaf entziehen. Aus der Dunkelheit und Bewußtlosigkeit, die uns während des Nachtschlafes umfing, gewinnen wir unsere Empfindungen dadurch, daß der Seelenleib den Sinnen dann innewohnt, während er im Schlaf offenbar davon getrennt ist. Der Seelenleib ist es also, der unsere Seele mit Hilfe der Sinne in Raum und Zeit eingliedert. Wachheit oder Schlaf – der jeweilige Bewußtseinszustand ist an den Empfindungsleib und seine Eingliederung oder Trennung von den Sinnen gebunden, er ist ‚Träger des Bewußtseins'. Während des Schlafes zieht sich diese sinnlich unsichtbare, darum ‚übersinnliche' Leiblichkeit aus dem physischen Körper, der weiterhin von Lebensprozessen wie Stoffwechsel,

[5] Die Entstehung der Empfindungen und ihre physiologische Grundlage sowie die Sinne behandelt R. Steiner in: GA 293, 7. und 8. Vortrag. Genauer unterscheidet er (in GA 9) einen Teil, der mit den Sinnen verbunden ist, als Empfindungsleib – man könnte dies vielleicht die Reizbarkeit nennen – und die Tätigkeit, durch die die Empfindung entsteht und bemerkbar wird, die Aufmerksamkeit, das Interesse, das Steiner als Empfindungsseele bezeichnet.

Drüsenabsonderung usw. durchzogen bleibt, heraus, wobei dieser übersinnliche Leib dann den Einflüssen offensteht, die der ‚Welt der Nacht', des Verborgenen angehören. Seine Empfindungen werden dann nicht durch naheliegende Sinneseindrücke, sondern durch ‚Nachteindrücke' beherrscht. Steiner nannte ihn deshalb auch, um ihn von dieser seiner Nachtseite zu beschreiben, Astralleib, d. h. der Leib, der der Sternenwelt (astra = Stern) hingegeben ist. Davon weiß allerdings das Tagesbewußtsein nichts, es nimmt allenfalls die Erfrischung, die Regeneration, den Aufbau, der im Schlaf erfolgte, wahr. (Zur Erforschung dieser ‚Nachtseite' wären mithin Methoden erforderlich, die nur ein Bewußtsein zu leisten vermag, das die Welt der Nacht deutlich erfaßt, also ein Überbewußtsein – ein Forschungsgebiet der Anthroposophie.)

b) Empfindungsleib und Urteilskraft

Wenn nun R. Steiner davon spricht, daß mit der Pubertät, also der Geschlechtsreife, sich der Seelen- oder Empfindungsleib aus der physischen Gebundenheit emanzipiert, dann heißt dies: Die Welt der Empfindungen, die von der Geburt an die Quelle allen seelischen Erlebens bildet und damit stets weckend auf das Denken und das Bewußtsein wirkt, erlangt nunmehr eine neue Stufe der Selbständigkeit. Der ‚freie' Teil des Empfindungsleibes vermittelt künftig noch andere seelische ‚Leistungen' als nur das an die Sinne gebundene Empfindungsgefüge. So wie für die Empfindung nicht nur Reize nötig sind, sondern auch ein Wesen, das den Eindruck in sich erlebt, so daß sich „eine Art innerer Spiegelung des äußeren Reizes" ergibt,[6] ebenso muß der Empfindungsleib als Träger von Schmerz und Lust, Trieb, Begierde und Leidenschaft usf. etwas weiteres vermitteln: Bezüge, durch die sich das Seelische aus einer Innen- auf eine Außenwelt richtet. Dieses Bezugsgeflecht, wobei ein Inneres (in Form von Gefühlen) Stellung nimmt zu einem Wahrgenommenen, wird nun grundlegend anders als in der Kindheit. Das Kleinkind wird ganz elementar von etwas angezogen oder abgestoßen. Eben dieses gefühlhafte Bezugsgefüge zu den Welterscheinungen ordnet sich mit der Pubertät ganz neu.

Das Kind steht niemals nur abwägend, sinnend den Empfindungen gegenüber, sondern es wird von den Empfindungen ergriffen, durchsetzt, gestaltet. So gesehen, besteht beim Kind kaum eine Trennung zwischen innen und außen, sondern ein stark Einheitliches, nicht Distanziertes. Erst allmählich schafft sich zwischen dem Innern und der äußeren Welt eine

[6] Steiner: GA 34, S. 345 und 315.

stufenweise Auseinandergliederung, eine Trennung. Was in verschiedenen Phasen in der frühen und mittleren Kindheit vorbereitet wird und im verstärkten Selbsterleben sich spiegelt, das wird mit der Geschlechtsreife nun auf die Ebene der Einsicht, der selbständigen *Urteilsfähigkeit* gehoben. Das Innere, das Subjektive als eigene Empfindung tritt dem Äußeren, dem Objektiven in einer Form gegenüber, die in eine vom Pubertierenden erst noch zu gestaltende Beziehung gebracht werden muß. „Der Mensch findet sich zwei Welten gegenüber, deren Zusammenhang er herzustellen hat. Die eine ist die Erfahrung, von der er weiß, daß sie nur die Hälfte der Wirklichkeit enthält; die andere ist das Denken, das in sich vollendet ist und in das jene äußere Erfahrungswirklichkeit einfließen muß, wenn eine befriedigende Weltansicht resultieren soll [...] Der Bezug zwischen Erfahrung und Denken, zwischen Außen und Innen wird durch das Urteil gefällt. Das Urteil, welches hier in Betracht kommt, hat zum Subjekte eine Wahrnehmung, zum Prädikat einen Begriff [..] In einem solchen Urteil wird eine Wahrnehmung in mein Gedankensystem an einem bestimmten Ort eingefügt [...] Durch das Wahrnehmungsurteil wird erkannt, daß ein bestimmter sinnenfälliger Gegenstand seiner Wesenheit nach mit einem bestimmten Begriffe zusammenfällt."[7] Damit wird von anderer Warte aus beschrieben, was mit der Geburt des Empfindungsleibes als Urteilskraft auftritt.

Der Wille, der Aufruf, die Stimmung, nicht mehr allein Überliefertem zu gehorchen, sei es durch Eltern, Lehrer oder andere ‚Autoritäten' vorgegeben, kommt spontan aus dem eigenen Innern, aus den neuen Urteilskräften, aus dem emanzipierten Empfindungsgefüge, das mit den Umwandlungsvorgängen dem seelischen Subjektiven zuwächst.

c) Schicksalsverantwortung

Aber gerade weil die Subjektivität und Urteilskraft dem Menschen dieses Alters verfügbar wird, tritt nun auch in verstärktem Umfang ein deutlicheres Gefühl auf, Verantwortung für das eigene Tun, Empfinden und Vorstellen zu übernehmen. Wer andere und anderes zu beurteilen versucht, beurteilt damit auch, ob er sich nun dessen bewußt ist oder nicht, letztlich auch sich selbst. Das heißt aber, er muß das Maß irgendwie an oder aus sich selbst nehmen. Allerdings ist dies eher ein seelenhaft stattfindender Vorgang, weniger ein scharf erfaßbarer oder erfaßter Erkenntnisprozeß: Ahnungsweise tritt dem Jugendlichen die Gestalt eines eigenen, inneren

[7] Steiner: GA 2, Kap. 11.

schicksalhaften Auftrages und damit seiner Selbstverantwortung gegenüber. Während das kleine Kind lebt, wächst und sich am Sein erfreut, ergreift den Jugendlichen für alles Tun und Empfinden, Sprechen und Erkennen zunehmend die Ahnung, hierfür selbst verantwortlich zu sein. Der Jugendliche weiß mehr oder minder von seiner Verantwortung, was schließlich auch in der ihm äußerlich zugesprochenen vollen Rechtsmündigkeit manifest wird. Der vorauslaufende innere Prozeß ist schon lange in Gang. Etwas von dieser Verantwortung, die dem jungen Menschen zukommt, schwingt in der Tatsache mit, daß in voller Intensität erst zur Zeit der Pubertät erfahren wird, was es mit dem Geschehnis des Todes auf sich habe. Gegenüber der noch unklaren Unterscheidung von Schlaf und Tod, wie sie beim Kleinkind vorherrscht, wird jetzt der Tod als unausweichlich und endgültig geahnt, ja als etwas erfühlt, was ein das eigene Wesen selbst tief betreffendes Ereignis darstellt. Selbstmorderwägungen oder -handlungen beginnen im Jugendalter, ja in der Pubertät.

Auf eine noch andere Tiefenschicht wird damit hingedeutet, wenn mit der Geburt des Empfindungsleibes die beginnende Schicksalsbildung dazu führt, neben dem vorgefundenen Dasein zunehmend sein eigenes Leben und Schicksal zu gestalten: in Freundschaften, in menschlichen Verhältnissen, in der Beziehung zu einem anderen Ich, aber auch in gesellschaftlichem Handeln.[8]

Die Welt der Affekte und Leidenschaften, der Lust und des Schmerzes wie des Begehrens, der ganze Innenraum gewinnt eine Macht, die sich zwar an den Sinneseindrücken entzündet, aber doch ein selbständiges und dynamisches Leben im Subjektiven entfaltet, das nicht mehr strikt an die Reize gebunden sein muß. Die eigene Innerlichkeit entwickelt sich zu einer ebensolchen Kraft und teilweise zu größerer Vielfalt und Intensität, als sie ursprünglich allein den Wahrnehmungen eigen war. Die nun auftretenden, noch kaum zu steuernden Gefühle, Stimmungen, Ahnungen, Bedrückungen sind keineswegs mehr stets an einen bestimmten Eindruck gebunden, sondern entfalten sich oftmals davon abgelöst als schwer zu verstehende, aber sich darlebende wechselnde Befindlichkeit. Das Seelische wird ‚frei', ‚geboren' und eben intensiv erlebt. Dadurch entsteht die Grundstimmung, aus einer bisher erlebten Geborgenheit entlassen, aus dem ‚Paradies der Kindheit' verstoßen zu sein – ins Irdische, diesseitig Menschliche.

[8] Steiner: Theosophie, II. Kapitel.

3. Leibreifung und Seelenkräfte

Was als Möglichkeit der freien Urteilsbildung für den Erkenntnisvorgang beschrieben wurde, wird nun vom Jugendlichen existentiell erfahren. „Mit dem Übergang durch das sexuelle Reifwerden hat man es mit etwas zu tun, worin der Mensch sein ganzes Subjektives, sein Ich und seinen astralischen (Empfindungs-)Leib in ein Verhältnis bringt zu seinem Objektiven, zu seinem Äther-(Lebens-)Leib und zu seinem physischen Leib.“[9]

Das nunmehr Gegenüberstehende, Objektive erwächst also zunächst aus der eigenen Leiblichkeit, aber auch aus der Welt des Sozialen und der Natur mit ihren mannigfachen Erscheinungen. Wenn der Jugendliche sich nun als ‚Subjekt‘ einem ‚Objekt‘ gegenüber nicht nur erkenntnis-, sondern viel stärker noch erlebnismäßig in Beziehung bringt, dann heißt das ‚Stellungnahme‘, also Urteilen, und wird zum Ausdruck für die erwachten seelischen Kräfte.

Mit Beginn der Pubertät setzt das Wachstum der Glieder ein, und zwar scheint nunmehr – anders als bisher – der Wachstumsimpuls aus der Körperperipherie herzurühren. Er geht von den Füßen und, etwas gemindert, von den Händen aus, ergreift dann Unterschenkel und Unterarm, schließlich Oberschenkel und Oberarm, wobei im Unterschied zur vorangegangenen allgemeinen körperlichen Entwicklung nunmehr eine deutlich stärkere Differenzierung zwischen den Geschlechtern auftritt. Mädchen beginnen mit diesem Längenwachstumsschub früher und beenden ihn auch eher, wobei hier das subkutane Fettgewebe etwas stärker dominiert; bei den Knaben dagegen konzentriert sich das Wachstum mehr auf die Knochen- und Muskelbildung. Der zeitliche Unterschied in den Reifungsvorgängen zwischen den Geschlechtern beträgt zwischen ein und anderthalb Jahren im Durchschnitt, wobei die Leibgestaltung sich – charakteristisch dem Geschlecht entsprechend – vereinseitigt. Das Längenwachstum ist abgeschlossen mit der Schließung der Epiphysenfugen, d. h. jener Endungen an den Röhrenknochen, wo knorplige Schichten bis zu ihrer späteren Verknöcherung das Wachstum ermöglichen (Mädchen 16–18 Jahre, Knaben 18–21 Jahre).

Bei Mädchen verbreitert sich vor allem die Beckenregion, sie paßt sich den zukünftigen Erfordernissen der Fortpflanzung an, nämlich den Raum für einen möglicherweise nachwachsenden Menschenleib abzugeben, während sich beim Knaben stärker der Schultergürtel verbreitert. Vergegenwärtigt man sich, was es heißt, daß das Längenwachstum der Knochen dem Muskelwachstum zeitlich vorangeht, so wird sichtbar, daß diese Um-

[9] Steiner: GA 302, 6. 6. 1921.

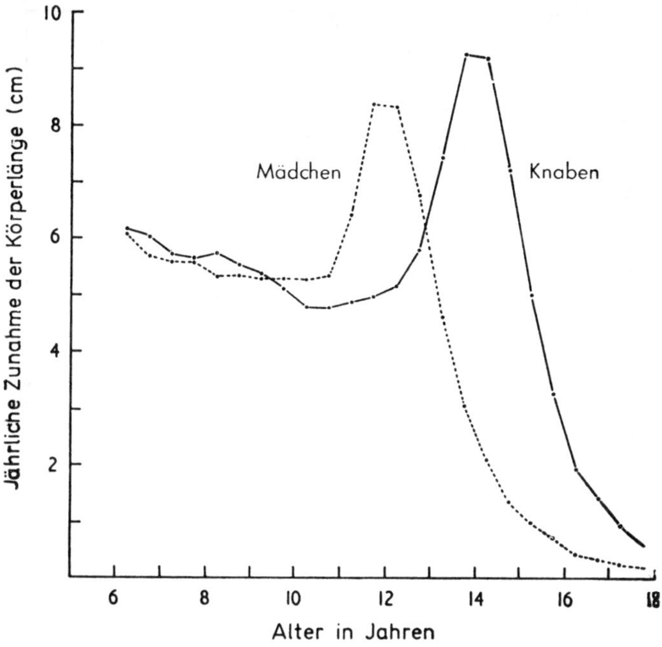

Abb. 2. Pubertätsschub des Längenwachstums bei Mädchen und Knaben. Die Werte stammen ausschließlich von solchen Kindern und Jugendlichen, die in den durchschnittlichen Schwerpunktjahren des Wachstums auch tatsächlich das Maximum der Wachstumsgeschwindigkeit erreichten (Mädchen zwischen 12 und 13, Knaben zwischen 14 und 15 Jahren). Tatsächliche durchschnittliche Zunahme, aufgetragen in der Mitte des jeweiligen Halbjahresabschnittes. Angaben nach Shuttleworth 1949, Tab. 23 und 32 (aus: Tanner: a. a. O., S. 3).

wandlungen – abgesehen von den vorherrschenden größeren Längen beim Knaben im Vergleich zum Mädchen – eine doppelte Bedeutung haben: Mit derselben Muskulatur muß bei gleichem Hebelansatz einerseits ein verlängertes und andererseits zugleich auch schwerer gewordenes Körperglied bewegt werden, denn Knochenwachstum heißt, daß in den Außenschichten des Knochens und in die Feinstruktur zunehmend Mineralsalze eingelagert werden. Diese haben aber Gewicht und stehen mit den Schwerkräften der Erde ebenso in Beziehung wie die Mineralsalze mit den kalkbildenden Salzen der Natur. Der Jugendliche verbindet sich also auch ‚substanziell' in verstärktem Maße mit der Welt. Er muß sich erneut – wie dies beim Kind im Aufrichten schon einmal geschehen ist – real mit der Schwere auseinandersetzen und seinen eigenen Stand gewinnen. Diese Auseinanderset-

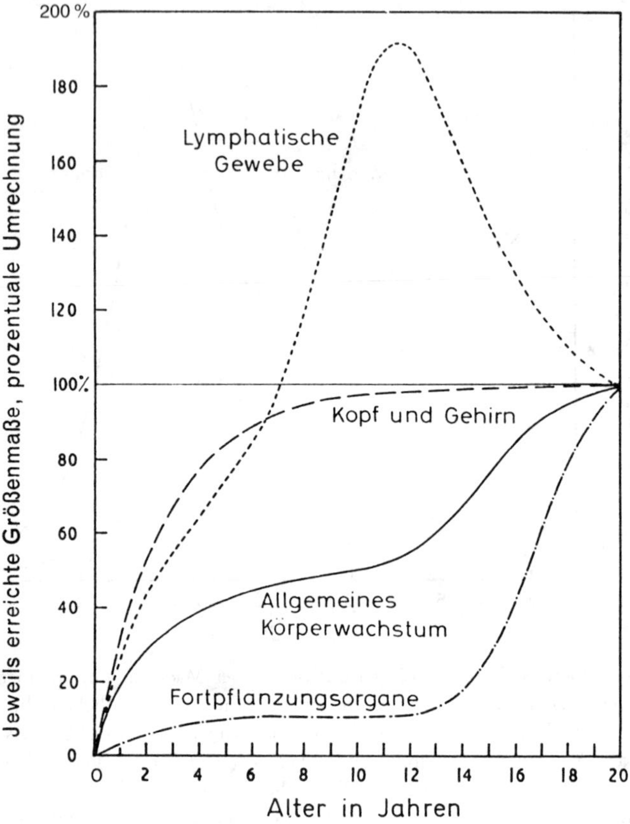

Abb. 3. Die vier Grundtypen des Wachstumsverlaufes verschiedener Körperteile und Gewebe. Ordinate: Größenmaße der Organe, umgerechnet auf einen Maßstab, der die Größe bei der Geburt = 0 und die Größe im Alter von 20 Jahren = 100 % setzt. Nach Scammon (1930a): The Measurement of Man, Univ. Minn. Press.

- Wachstum der lymphatischen Gewebe: Thymus, Lymphknoten, intestinales Lymphgewebe;
- Wachstum von Kopf und Gehirn: Gehirn und Gehirnteile, Dura, Rückenmark, Auge und Sehbahnen, Schädelmaße;
- allgemeines Körperwachstum: Gesamtkörper, äußere Maße (außer Kopf), Atmungs- und Verdauungsorgane, Nieren, Stammabschnitte der Aorta und Arteria pulmonalis, Muskulatur, Blutmenge;
- Wachstum der Fortpflanzungsorgane: Testes, Ovarien, Epididymis, Prostata, Samengefäße, Tuben (aus: Tanner: a. a. O., S. 12).

zungen, die wir schon seelisch als Zustand der Spannung und Spaltung beschrieben haben, werden bis in die *Bewegungen* und ihre Abläufe hinein sichtbar. War das Bewegungsgeschehen zuvor vielleicht anmutig, grazil oder stürmend, so tritt jetzt öfter eine merkwürdige Form der Übersteuerung, ja der Verkrampfung in dem Bewegungsgeschehen auf. In der Bewegung wird auch etwas Geschlechtsspezifisches ablesbar: bei Mädchen eher etwas Herausforderndes durch das darin waltende Seelische, eine Keckheit, die auf ein verstärktes Selbsterleben hindeutet; beim Knaben dagegen zeigt sich vor allem das Ausmaß an Kraft, sei es in einer übersteuerten oder in einer laschen Haltung. Es ist nicht so, daß bei dem Bewegungsumbau etwa die Feinmotorik, die schon beherrscht wurde, nun verlorenginge. (Kein Kind, das zuvor Geige spielen konnte, verlernt etwa die Bogenführung oder die Grifftechnik.) Wohl aber erfordert vor allem die großräumige Bewegung eine neue Beherrschung, eine veränderte Koordination, die nunmehr von innen ergriffen und gelenkt werden muß. War der Erwerb des Aufrichtens, des Gehens, der Feinmotorik in der frühen Kindheit etwas, was vor allem durch Nachahmung – wie naturhaft – erlernt wurde, so wird jetzt durchaus eine weitere persönliche Anstrengung verlangt, und als Ergebnis kommt dann der *persönliche Gang* zutage, der den Menschen unverwechselbar als Individualität charakterisiert. „Das Gehen ist ein fortwährendes Auffangen des Fallens. Die Art dieser Bewegung ist genau wie das Sprechen der Hand und wie die Handschrift ein charakteristischer Ausdruck der Gesamtpersönlichkeit, nur ist der Gang in diesem Sinne nicht so gut analysiert."[10] Ähnliche Verwandlungen lassen sich für den Sprachgebrauch und das logische Vermögen, die Urteilsbildung aufweisen; sie zeigen, daß die ersten Errungenschaften der frühen Kindheit: Gehen – Sprechen – Denken nun erneut umgestaltet und seelisch innerlicher wie tiefer ergriffen werden. Das Erringen einer ‚eigenen Haltung' kann als die Leistung des Jugendalters angesehen werden: am Beginn in bezug auf die Bewegung, anschließend in bezug auf Werte und Moralität.

Wir wollen hier hauptsächlich beachten, daß der eigene Leib als schwer, widerstrebend, objektiv und damit nicht in der gewohnten Weise beherrschbar erlebt wird. Er ist für die eigene Empfindung wie etwas Äußeres – wie die Sinneseindrücke auch. Von diesem ‚Außen' setzt sich nun das sich ‚seiner selbst bewußt werdende' eigenständige Erleben mit seiner eigenen subjektiven Innerlichkeit ab, und es steht diesem eigenen Leib fürs erste wie entfremdet gegenüber. Allerdings zeigt sich rasch, daß das subjektive Erleben nicht nur die Schwere des Leibes, sondern auch die sich ver-

[10] Benninghoff, Goertler: Lehrbuch der Anatomie, Bd. I. München, Wien 1975, S. 320.

wandelnden Lebensvorgänge wahrnimmt. So erscheint dem Eigenerleben die ganze leibliche Veränderung, das Wachstum von Haaren in der Scham- und Achselregion (Terminalbehaarung), die Vergrößerung der Brüste oder von Glied und Hoden, der eigene, scharfe Schweißgeruch u. a. zunächst recht befremdlich. Diese veränderte Leiblichkeit bringt einen Verlust der bisherigen Einpassung und Identität mit dem gegebenen Leib, das Verhältnis zu ihm muß neu gewonnen werden.

Wir geben eine Beschreibung dieses Wandels in einer längeren Ausführung R. Steiners (die zugleich seine Darstellungsweise in den Vorträgen vergegenwärtigen kann, teilweise plastisch, teilweise humorvoll, teilweise offenlassend, zum Nachsinnen anregend): „Was bringt sich denn der Mensch mit, wenn er da gewissermaßen auf dem Umwege durch das Knochensystem durchbricht in die Welt [gemeint ist das Gliederwachstum]? Er bringt sich das mit, was vorher in seinem Inneren war, was er aus seinem präexistenten Leben in sein Inneres hereingebracht hat. Er wird gewissermaßen mit der Geschlechtsreife tatsächlich aus der geistig-seelischen Welt herausgeworfen. Man kann das ohne Übertreibung sagen, denn es ist die reine Wahrheit: Der Mensch wird mit der Geschlechtsreife aus dem geistig-seelischen Leben der Welt herausgeworfen und hineingeworfen in die äußerliche Welt, die er nur mit seinem physischen Leib, mit seinem ätherischen Leib wahrnehmen kann. Und wenn das auch durchaus nicht klar in das Bewußtsein herauftritt, im Unterbewußten spielt es eine um so größere Rolle, daß nun der Mensch – wie gesagt, unterbewußt oder halbbewußt – die Welt, die er betritt, vergleicht mit der Welt, die er früher in sich gehabt hat. Er hat sie früher in sich nicht vollbewußt wahrgenommen, aber er fand die Möglichkeit in sich, mit ihr zu arbeiten. Das Innere des Menschen gibt die Möglichkeit, frei mit einer Überwelt zu arbeiten, frei mit einem Geistig-Seelischen zu arbeiten. Die äußere Welt gibt das nicht. Da gibt es alle möglichen Hemmungen, da gibt es die Wünsche, diese Hemmungen zu überwinden. Da gibt es den ganzen Tumult, der in dem Verkehre zwischen Mensch und Welt zwischen dem vierzehnten und fünfzehnten Jahre und dem Beginn der zwanziger Jahre eintritt [...] Wir müssen uns jetzt angewöhnen, dem heranwachsenden Jüngling und der heranwachsenden Jungfrau mit *Gründen* entgegenzutreten. Wir müssen uns zum Beispiel gewöhnen, wenn der Jüngling oder die Jungfrau, die eben eine Überwelt in die Welt hereingeführt haben, nun toben, daß diese Welt nicht so ist, daß alles so anders sein muß – wenn sie rebellisch werden, muß man sich bemühen, ohne daß man dabei in die Philisterei verfällt, nun zu motivieren, daß dasjenige, was da ist, ja schließlich aus dem Vorhergehenden, aus dem Geschichtlichen geworden ist. Man muß den gescheiten Menschen spielen, der voll begreift, wie dasjenige, was da ist, geworden ist [..] Denn, was man erlebt vom fünfzehnten bis zum einundzwanzigsten, zweiundzwanzigsten Jahre – diese Periode grenzt sich selbstverständlich nicht ganz voll ab –, was man da erlebt, das muß dazu führen, daß man ausgerüstet mit alledem, was einen gestochen hat aus dem Leben, mit alledem, wo man selbst gestochen hat in das Leben, in den zwanziger Jahren wieder aufgenommen wird in die Welt, aus der man bei der Geschlechtsreife herausgeworfen ist. Man muß wieder aufgenommen werden; man muß wieder einen Anschluß finden, denn ohne diesen Anschluß geht es im Leben nicht. Diesen Anschluß muß man selbständig finden. Wird er einem durch Autorität aufgezwungen, dann gilt er nichts für den Menschen im Leben."[11]

Der Doppelvorgang, daß die Leiblichkeit und die Lebensprozesse als etwas Welthaft-Objektives, Fremdes empfunden werden, dem auf der anderen Seite die eigenen Empfindungen gegenüberstehen, an die sich heftige Gefühle im Innern sowie aus den stattfindenden Veränderungen neue Selbsterfahrungen anschließen, kennzeichnet all die Vorgänge der Pubertät, aber auch, in abgemilderter Form, des ganzen Jugendalters. Das als seelische Kraft zuwachsende Gefühl der Innerlichkeit muß sich nunmehr in seinen Bezügen gegenüber der Objektivität der Welterscheinungen und des eigenen Leibes neu bestimmen.

Nicht ganz so einfach, wie sich die objektiven körperlichen Veränderungen in ihrer Rückwirkung auf das Seelische beschreiben lassen, sind die seelischen Kräfte selbst für das Verständnis einzuholen. Sie sind zwar dem Mitvollzug durch andere zugänglich, müssen aber mehr in der indirekten Offenbarung erschlossen werden, wie sie etwa im Verhalten der Pubertierenden auftreten. Um dies intimer zu verstehen, kann es eine nicht unbedeutende Hilfe für den Pädagogen sein, die unmittelbare Selbstaussage von Jugendlichen in immer neuer Weise kennenzulernen und das Bemühen, sich an diese Zeit im eigenen Leben zu erinnern.

Das erste Gefühl, womit die neu aufkeimende Subjektivität zu kennzeichnen ist, läßt sich vielleicht als das der *Verlassenheit und Einsamkeit* bezeichnen. Die bisherige Welt, wie immer sie im einzelnen auch aussehen mochte, war für das Erleben bekannt, in ihr fühlte man sich heimisch, überwiegend sogar geborgen. Die neuen Gegebenheiten – es sind äußerlich zwar die alten, zu denen es innerlich aber ein neues Verhältnis herzustellen gilt – sind noch ganz ungesichert, dunkel, überwältigend. Eine neue Stufe innerer seelischer Reife gestaltet sich darin aus. „Niemand versteht mich", ist das in diesem Alter herausgestoßene Grundempfinden. „Ich habe keinen Menschen, keinen Gott,/um mich einmal an ihn zu wenden,/

[11] Steiner: GA 303, Vortrag 4. 1. 1922.

wenn ich bin in Not./Bin immer nur allein/und keiner kommt mit zarten, lieben Händen,/um meine Qual zu lösen ..."

Hölderlin klagt:

Jetzt wandl' ich einsam an dem Gestade hin.
Ach, keine Seele, keine für dieses Herz.
Ihr frohen Reigen? Aber weh dir
sehnender Jüngling, sie gehen vorüber!

Zurück denn in die Zelle, Verachteter,
Zurück zur Kummerstätte, wo schlaflos du
so manche Mitternächte weiltest, weintest
in Durst nach Lied und Lorbeer.

„Ich sehne mich nach etwas, ich weiß aber nicht nach was."[12]

Daran schließt sich ein weiteres Gefühl an (oder es tritt parallel dazu auf), das zu einer Erkraftung der eigenen Subjektivität beizutragen scheint: das *Verlangen nach Auseinandersetzung.* Es erprobt sich in der *Kritik,* es sucht dabei nach der eigenen Ortsbestimmung. Oft an Nichtigkeiten des Alltags und im Umgang mit den Eltern, Lehrern, den ‚alten Autoritäten', sich entzündend, kommt es zu den ersten, vielleicht auch zu folgenschweren Brüchen mit der bisher wie naturhaft vorgegebenen sozialen Umwelt. „Heute abend sagte mein Vater: ich dürfte erst dann ins Kino gehen, wenn ich eine 2 in Latein heimbrächte. Das ist ja auch eine komische Einstellung" (K 14; 4). Wenige Monate später heißt es im selben Tagebuch: „Heute wollte mir der Alte sogar eine runterhauen, wegen frecher Antworten [...] Aber dank meiner turnerischen Fähigkeiten warf ich mich schnell zur Seite und der böse Stoß verpuffte an der frischen (jetzt freilich gespannten) Luft."[13] – Daran wird ein Doppeltes sichtbar: die Emanzipation von der bisher vorgegebenen Welt, von Vati, der zum Alten heranreift, und die innere Sicherheit, in der sich der Reflektierende über seine Weltbeziehungen ergeht. Ein anderer Knabe schreibt: „O für wie dumm hält mich der Alte bloß wieder [...] In mir kocht es. Dieses Rindvieh" (K 15).[14] Daß es hier um ein Brodeln der Empfindungswelt geht, durch die eine eigene Position bezogen wird, ist unmittelbar einsichtig.

In diesem Gefühlssturm bildet sich die Wertung und Sicht der Dinge aus. „An nichts von einigem Belang kann er [der Pubertierende] vorübergehen, ohne ein Werturteil auszuwerfen. Er sucht geradezu die Gelegen-

[12] Zitiert nach Charlotte Bühler: Das Seelenleben des Jugendlichen. Stuttgart [1]1967, S. 73, 75.

[13] Zitiert nach W. Fischer: Der junge Mensch. Freiburg 1966, S. 59.

[14] Ebd., S. 61.

heit, wo er sich Anlässen für Wertungen gegenübersieht und nun kritisieren, loben, tadeln kann."[15] – „Hinter der abschätzigen Einstellung zu den Eltern und Erziehern steht allemal die wertende Prüfung ihrer Haltung."[16] Wenn Vater und Mutter früher dieses und jenes wünschten, bestimmten, so wurde es – selbst bei einigem Maulen – irgendwie hingenommen. Jetzt wird das so Geforderte nicht mehr akzeptiert, eine eigenkonfigurierte Innenwelt setzt sich gegen das nun als fremd und anders Erlebte ab und muß sich eine eigene, selbstgestaltete Beziehung aufbauen. Es ist dies die eingangs zitierte *Kraft des Urteilens,* die sich auf diese Weise betätigt. Sie tritt eben zunächst in der Form der Kritik auf. Deshalb spricht Steiner in frühen Darstellungen von dem Seelenleib auch einmal nicht zu Unrecht als von dem ‚Kritikleib'. Bei einer Dreizehnjährigen heißt es in einer Notiz: „Ich halte es hier nicht mehr aus, ich haue ab, nehme mein Taschengeld (50,– Mark) und fahre nach Berlin (dort wohnt die Großmutter!). Hoffentlich finden sie mich dann bald." Gleichwohl sehnt sich der Pubertierende nach einem „Menschen, der zu ihm sagt, ob sein Wandel richtig sei [...] Das kann aber nur ein Du sein, dessen Wort nicht bevormunden, sondern in dem gewährten Raum der Freiheit helfen will, selbständig den guten Pfad zu finden."[17]

Sowohl Spranger als auch Ch. Bühler arbeiteten heraus, wie der Jugendliche sich nach einer Führung sehnt; allerdings: Er will diese selbst suchen und bestimmen. „Ich knie vor dir hin/und lege/mir deine beiden Hände an die Stirn./Und ruhe./Und alles Wilde, Werdende/Streichst du/mit deinen beiden Händen von der Stirn/Und läßt mich ruhen" (M, 16 J.).[18]

In der Terminologie Steiners läßt sich dieser Vorgang so beschreiben: Der Empfindungsleib bedarf der Führung des Ich. Da dieses, das Ich, zwar als Anlage und im Selbsterleben schon vorhanden ist, aber noch nicht voll von innen wirkt, erfolgt – bei aller Emanzipation des Urteilens und Wertens – ein Anschmiegen an einen Führenden, ‚idealeren' Menschen, auch dann, wenn der Führer nur wenig älter sein mag. Gerade der geringere ‚Abstand' im Habitus schafft die nötige Nähe, die die eigene Ichhaftigkeit vorzubereiten vermag. Diese Situation verlangt, unbeschadet ganz individueller Beziehungen, daß zwischen Lehrer und Schüler ein rein menschliches Verhältnis – ohne Schielen auf irgendwelche Notwendigkeiten – besteht, das frei ist etwa von außerpädagogischer Chancenvergabe (Noten). Dieses notwendige Verhältnis nannte R. Steiner ‚moralischen Kontakt'.

[15] Ebd., S. 69.
[16] Ebd., S. 72.
[17] Ebd., S. 81.
[18] Bühler: a. A. O., S. 166.

4. Jugendzeit als Entwicklung

Mit der Reifezeit beginnend, stellt sich als Aufgabe und Anforderung der Jugendzeit, die aus den neu aufkeimenden seelischen Kräften veränderte Außenwelt in eine Beziehung zum rein Persönlichen, Inneren zu bringen. Diese Beziehung ruft fortwährend die eigene Urteilskraft auf. Dies ist indessen keine bloß intellektuale Aufgabe, sondern auch eine, bei der eigene Ziele, ja der ‚eigene Lebensplan' mit eingebracht werden müssen. Diesen sich selbst in seiner Zukunftsaufgabe dumpf erlebenden Menschen nannte R. Steiner gelegentlich den ‚*Wolkenmenschen*': Er sucht nach Idealen, nach Werten, Zielen, nach der eigenen Identität. Die Adoleszenz, ja das ganze Jugendalter wird von diesem Künftigen, den eigenen Zielen, die als Ahnung und Möglichkeit aufleuchten, in ihren Gefühlsgewittern überstrahlt und umdüstert. Und zwar lassen sich in diesem Alter wiederum drei verschiedene Abschnitte finden: Reifezeit um 14, Adoleszenz beginnend mit 16 und die Welt des Heranwachsenden nach 18. Die Zukunft, das Erwachsensein, ist in der Reifezeit dadurch anwesend, daß es in der Funktionsfähigkeit der Fortpflanzung gewissermaßen den Leib zur Blüte bringt, daß aber die neu auftretenden Kräfte des Urteils und der Liebe als Subjektives mit den objektiven Leibkräften noch in ein Verhältnis kommen müssen.[19] Dabei tritt schon elementar eine Erfahrung auf, die sich aus der pubertären Spannung von Leib und Seele ergibt: die Vereinseitigung des Menschseins, so daß daraus sich Kräfte des *Begehrens* speisen und die Suche nach dem anderen Menschen bewirken. Der Pubertierende – und dieses Gefühl hält an – erlebt, daß er der Ergänzung bedarf. Zunächst wird es möglicherweise ganz allgemein im anderen Geschlecht, später dann aber personhaft in einem bestimmten Menschen erlebt.

Diese ‚Vereinseitigung' des Menschseins, die eine produktive Spannung zwischen den Geschlechtern schafft, bedarf noch der Charakteristik des Spezifischen. R. Steiner macht auf die Erfahrung aufmerksam, daß Mädchen sich oft als im ganzen reifer, seelisch weiter entwickelt zeigen als die mehr ‚verhockten', zurückgezogenen Knaben. Haben die einen ein eher wackeres, sicheres, teilweise sogar herausforderndes und kokettes Auftreten, so wirken die Knaben oft schüchtern, leicht etwas verklemmt, das im

[19] „Der Mensch beginnt zu verstehen, was erlebte Liebe ist [...] So wie er durch seinen Körper eine innere Erfahrung bekommt, ob es warm oder kalt ist, so bekommt er durch die Erkenntnis [...] des seelischen Leibes eine innerliche Wahrnehmung, ob Liebe webt und wellt oder ob Antipathie webt und wellt. Es ist eine volle Bereicherung des Lebens." R. Steiner, zitiert nach Wolfgang Schuchhardt: Motive des dritten Jahrsiebts. In: Zur Menschenkunde der Oberstufe. Ms.-Druck. Stuttgart 1981, S. 38.

Rückhalt der Gruppe durchaus auch flegelhaft überspielt werden kann. Ursächlich dafür ist, daß das Zukünftige, nämlich das Erwachsensein, beim Mädchen früher und stärker hereinwirkt, indem mit der Geburt des Seelenleibes das Ich, die Mündigkeit gewissermaßen schon mit aufgesogen wird, wodurch dieses später, in den zwanziger Jahren, einer größeren Anstrengung bedarf, sich innerlich selbständig weiterzuentwickeln. Gerade umgekehrt ist es beim Knaben: Seine ‚Zukunft', sein Ich bleibt noch ferner, ist verborgener, so daß er geneigt ist, sich leichter in sich selbst zurückzuziehen. Das gibt dann mit dem Mündigwerden, d. h. mit der Geburt der Ich-Organisation, eine geistige Unabhängigkeit, ja Distanz gegenüber dem seelischen Erleben, aber auch eine stärkere Zielerfassung und Durchhaltekraft.

Das, was während der Pubertätszeit durch den jungen Menschen am stärksten erlebt und dementsprechend auch betätigt wird, ist die Intelligenz, die sich mit Vorliebe kurz hingeworfener Einwände und scharfer Argumente bedient. Das ist für den Erzieher ein Hinweis darauf, wie zunächst in dem großen Gewoge der Gefühle und Spannungen sich das schon früh gereifte Organ, der Kopf, frei, wenn auch in der Gedankenstruktur verändert, betätigen kann. Der Unterschied an Reife, der zwischen Vorstellungsleben und sachgebundener Erdenerfahrung besteht, wie sie über die Realitäten der dinglich-gegenständlichen Welt durch die Glieder ‚handfest' vermittelt wird, zeigt sich darin, daß insbesondere das Vorstellungsleben von der Wirklichkeit ‚abhebt', sich eine Scheinwelt aufbaut. Darin liegt eine Gefährdung und Hoffnung zugleich: Die Gefährdung läßt sich in der *Dominanz des Möglichen über das Wirkliche* sehen, die, bliebe sie ohne Korrektur, den Jugendlichen auf die Dauer dem Leben entfremden müßte; die Hoffnung zeigt sich darin, daß diese Seelenkraft ein Idealisches, weil Künftiges in das Gewordene hereinzurufen vermag. Gegen ein vorschnelles Festmachen im Urteil, dem die Reife noch fehlt, gab R. Steiner in einer Konferenz mit Lehrern den Rat, den Schülern Gelegenheit zu geben, auf Grund zu laufen, „selbst aufzusitzen, sich selbst ad absurdum zu führen", weil ihre Seele einerseits nach dieser Erfahrung und dann von selbst nach Korrektur verlange.[20] Eine andere Hilfe, um zu gesättigten Erfahrungen und Urteilen zu kommen, ist der reale Umgang mit konkreten Sachgegebenheiten in der Arbeit (siehe weiter unten).

Die Mitte des Jugendalters, die Adoleszenz im engeren Sinne, zeichnet sich dadurch aus, daß die pubertäre Spannung zwischen Subjekt und Außenwelt nunmehr schon recht gut in ein Gleichgewicht gebracht werden kann und daß die Urteilskraft soweit verfügbar wird, um dem Jugend-

[20] Steiner: GA 300, 20. 6. 1922.

lichen sowohl ein gewandeltes Welt-, aber auch ein sicheres Selbstbewußtsein zu vermitteln. Damit wird er zunehmend ‚frei', die verfügbaren Kräfte zielgerichtet zu gebrauchen, so daß sich sein ganzes Innenleben deutlich ‚verfeinern', differenzieren kann; denn auch im Jugendalter durchschreitet die Entwicklung in einzelnen Etappen nochmals – nun aber sehr verinnerlicht, ganz seelisch – die Organgrundlagen, vom Haupt über die rhythmische Organisation absteigend zu den Gliedern. In der Adoleszenz herrschen somit einerseits die Erkraftung der Glieder und andererseits das Begehren vor, während zuvor die Gefühlskräfte des Herzens, Affekte, Stimmungen, Emotionen, noch undifferenziert, überwogen. Es ist eine Zeit ‚der Romantik', der Suche nach Gleichgewicht und Innigkeit des Fühlens; nach der Gewitterepoche der Emotionen in der Pubertät lichtet sich das Gefühlsleben und erhält Tiefe. Diese mittlere Zeit, die der Adoleszenz, dürfte mit der Epoche übereinstimmen, die Piaget als Epoche des ‚Egozentrismus' kennzeichnet. „Der Jugendliche schreibt sich in aller Bescheidenheit eine wesentliche Rolle für das Heil der Menschheit zu und gestaltet seinen Lebensplan gemäß dieser Vorstellung."[21] Das ‚Zukünftige' offenbart sich in einer stark nach innen gekehrten Suchbewegung, einer Suche des eigenen Werdens, wo die Seele viele Abenteuer erlebt, Herausforderungen bestehen muß. Diese inneren Fährnisse werden in dichterischer Bildersprache an dem Epos des Jugendalters, dem ‚Parzival' Wolframs, ablesbar: Da gibt es ein Land, das „heute traurig, morgen froh" heißt; eine Lehre, die Gurnemanz übermittelt, lautet: „Achtet, daß Ihr das rechte Maß [...] haltet [...], daß Ihr im Kampf Tapferkeit mit Erbarmen übt."[22]

Der letzte Abschnitt des Jugendalters, die Zeit des Heranwachsenden, wird wesentlich davon mitbestimmt, daß der Achtzehnjährige die höchste Kraftentfaltung der Glieder durchlebt, daß also zu dem mehr inneren Pol des Erlebens im Gefühl das Empfinden, welches der Körper-Peripherie entstammt, wieder verstärkt im Seelischen mitschwingt. Die Kräfte des Innern zielen darauf ab, jetzt auch gestaltend die Welt zu ergreifen: Es ist die Zeit, in der die Schule als gesonderter Sozialraum verlassen und der ‚Strom des Lebens' erfahren werden will, sei es nun in Berufsausbildung oder im Studium. Die überlieferten Bindungen der Familie, des Blutes, die schon in der Pubertät ihre Erschütterungen und Zweifel zu bestehen hatten, treten zurück, werden oft nun auch tatsächlich abgestreift. Der Jugendliche will auf eigenen Füßen stehen, sich selbst behausen. Diesem Drang ist die

[21] J. Piaget: Theorien und Methoden der modernen Erziehung. Frankfurt a. M. 1974, S. 3.

[22] Vgl. W. Rauthe: Sprache als Bild – Das Bild in der Sprache. In: Erziehungskunst, H. 112, 1981.

bürgerliche Rechtsmündigkeit denn auch gefolgt, wohlverständlich aber nicht die Strafmündigkeit. Obgleich vor dem Gesetz schon mündig, bleibt ein Rest an Unreife. „Nichts verschwindet im Psychischen, wie auch alles von Anbeginn an dem Ich zugehört. Aber während der seelischen Entwicklung stehen die Funktionen der Aktivität nicht gleichrangig nebeneinander."[23] An Selbstzeugnissen läßt sich beschreiben, daß alles, was selbstverständlich war, „heute leer geworden" ist und der „Füllung" bedarf, „die aus dem Stoff des Unvergänglichen sein muß". Das Ich „stößt sich an seiner Endlichkeit, an seinem Schwanken"[24]. Der Jugendliche sucht nach dem Sinn des Lebens, es ist seine „metaphysische Phase". Wer in dieser Phase nicht zu seiner Sinngebung, zu seiner Bindung an das „Wahre und Gute" kommt, gelangt „nicht zu einer Gründung seiner Existenz in dem, was seinem Dasein Bestand und Richtung sub specie aeternitatis gibt. Er bleibt leer; haltlos steht er im Strom der Zeit."[25]

Steiner weist darauf hin, daß ein im Verlauf des 19. Lebensjahres biographisch eintretendes Erlebnis häufig beobachtet werden kann. Es besteht darin, daß dem Jugendlichen in diesem Jahr sein eigenes Lebensziel so dicht und klar wie nie zuvor vor Augen steht. Doch das Phänomen kann auch zart auftreten und dem Bewußtsein leicht wieder entschwinden. Der Jugendliche erfährt innerlich, was sein eigenes gesuchtes Lebensziel ist, Berufsrichtungen können ihm klarwerden; andererseits verbindet er sich freundschaftlich mit anderen Menschen. Diese Geschehnisse rühren davon her, daß der Jugendliche den eigenen Schicksalsmächten nahekommt, wenn nach ungefähr 18 2/3 Jahren der Mondknoten wieder an denselben Himmelsort kommt, an dem er zum Geburtszeitpunkt stand – es öffnet sich dann „ein Fenster [...] gegenüber einer ganz anderen Welt"[26]. Wie man sieht, spielt in das anthroposophische Verstehen der biographischen Entwicklung die in der Einleitung berührte Rhythmik auch kosmologischer Zusammenhänge herein, die sonst unverstanden bleiben müßten, so aber kann zumindest die Anregung zu einer Arbeitshypothese gefunden werden.

Mit dieser Ahnung des eigenen Schicksalsauftrags kann durchaus eine Mißachtung des Seienden, eine Lösung aus Bindungen ebenso wie eine Überheblichkeit, die das eigene Wesen allzusehr in den Mittelpunkt rückt, parallelgehen.

[23] Fischer: a. a. O., S. 129.

[24] Ebd., S. 133.

[25] Ebd., S. 158ff.

[26] Vgl. dazu Georg Glöckler: Mondknotenumlauf, Meton- und Sarosperiode. In: Menschenkunde der Oberstufe, a. a. O., S. 45–48.

Die Übereinstimmung zwischen Ziel und Handlung gilt es zunehmend herzustellen. Erst mit der wahren Mündigkeit, wo aus der Zielerfassung in eigenverantwortlichen Handlungen das Leben geführt wird, erweist sich die Sozial- und Lebensreife. Sie hat zur Grundlage, daß mit der ‚Ich-Geburt' das autonome Zentrum des Menschen ganz individuell und unverwechselbar wirksam wird, so daß die beiden großen seelischen Gebärden der Hingabe und der distanzierenden Antipathie genutzt werden können, um im Tun sich mit diesem vollständig und frei zu identifizieren und gegen Widerstände durchzuhalten, dann aber auch wieder zurücktreten zu können und zu sehen, daß noch mehr und anderes aus den eigenen Kräften möglich wird, kurz: dasjenige, was nun erfahren wird, zu verarbeiten, aber auch der bürgerlichen Ruhe zu entreißen. Die ausführliche Schilderung würde über das Jugendalter hinausführen.

5. Pädagogische Aufgaben

Um nun die pädagogische Aufgabe, die der Erzieher diesem Lebensalter gegenüber hat, zu umreißen, kann als Leitmotiv, wie es R. Steiner für die einzelnen Entwicklungsepochen gebrauchte, das ‚Zauberwort' von *Vorbild und Nachfolge* wegweisend sein. Anders als im ersten Jahrsiebt, wo der Erzieher unbedingt als Vorbild wirkt, hat sich der Erzieher jetzt vor dem selbständigen Urteil auszuweisen – durch sein Können, seine Persönlichkeit, seine Integrität, durch sein Menschsein. Das stellt sich dann leichter ein, wenn an ihm für den Jugendlichen wahrnehmbar wird, daß er – der Erwachsene – selbst sich in Entwicklung befindet, in einem Prozeß des Ringens, Erwägens, Klärens, Werdens – auf einer reiferen Stufe. Es ist die Leistung des Ich, die wahrgenommen wird und die sich darin äußert, *wie* mit einer Sache, einer Erkenntnis, einem Urteil umgegangen wird. Dabei kommt es nicht auf das Fertige, Abgeschlossene, sondern auf das Offene, sich Entwickelnde an. Gegenüber dem häufig kurzgeschlossenen Urteil des Jugendlichen kann auf ihn besonders wirken, wenn er erfährt, wie dieselbe Erscheinung aus verschiedenen Perspektiven gleichwertig angeschaut werden kann, ohne sich voreilig festzulegen. Das aber heißt nicht einem Relativismus zu verfallen, sondern mit innerer Konsequenz, wenn die Wege abgeschritten sind, zu einer Werthaftigkeit zu gelangen. Derjenige, der etwas von diesem Vorgang vergegenwärtigen kann, wird dann auch als Vorbild, als ‚Held' vom Jugendlichen akzeptiert. Daß dazu auch Einfühlung in den Jugendlichen gehört, ist ebenso selbstverständlich wie die Notwendigkeit von Humor. Im Untergrund der Beziehungen muß Vertrauen walten, das auch dann nicht abbricht, wenn sich ‚Tumultuarisches' äußert.

„Dieser Tumult muß da sein“[27], lebt sich doch darin auch etwas Verborgenes aus, etwas von dem, was in ‚latenten‘ Fragen lebt, die der Jugendliche durch den Erzieher beantwortet, ja auch erst formuliert haben möchte.

Wenigstens zwei große Aufgabenfelder stellen sich der Pädagogik in der Oberstufe: die Ausbildung der Urteilskraft und die der Arbeitstüchtigkeit. Betrachten wir die letzte zuerst. Wenn die Gliedmaßen reifen, wächst ihnen die Fähigkeit, mit Kraft zupacken zu können. Der Jugendliche wird zur Arbeit im engeren Sinn des Wortes fähig. Die Glieder erstarken, der Wille hat seine leibliche Grundlage. Diese Kraft der willkürlichen Muskulatur wächst naturhaft und erreicht um das 18./19. Lebensjahr die höchste Entfaltung.

Während in früheren Zeiten für die meisten Jugendlichen mit der Reifezeit die Berufsausbildung begann, gehört heute der erste Abschnitt (bis zum 18./19. Lebensjahr) noch in den Raum der Schule. Die Berufsausbildung hat einerseits fachliches Wissen, andererseits objektbezogenes sachliches Tun zum Inhalt, die Arbeitsabläufe werden von einem zweckgebundenen Objekt her bestimmt. Demgegenüber gründet die Mündigkeit stärker auf erlangte Urteilskraft und Rechtsfähigkeit, was eine allgemeine Bildung und die Vorhersehbarkeit des eigenen Tuns im Hinblick auf die (Rechts-) Folgen verlangt. Sozial- und Lebensreife erfordern beides.

Nun läßt sich fragen, wie es mit der Arbeitsfähigkeit bestellt ist, wenn Schule sich doch vornehmlich auf die Vermittlung von Kenntnissen, Urteilsfähigkeit, wissenschaftlichen Methoden ausrichtet; zweifellos unzureichend, wenn nicht gar schlecht. Der ganze den Willen schulende Teil der Erziehung kommt dann nämlich zu kurz (er wird in der Begründung gegenüber der allgemeinen oder höheren Bildung gern als Ausbildung abgesetzt). Als Einheitsschule hat die Waldorfschule auch diesen Bereich mit in ihre Pädagogik hereinzuholen, wobei alle ‚berufliche‘, also sach- und objektbezogene Tätigkeit aber ‚pädagogisiert‘ werden muß, d. h., es können hierfür keine ökonomischen Gesichtspunkte bestimmend sein. Willenserziehung kann entscheidend nur in der Arbeit erfolgen, Arbeit ist einerseits Mühe, andererseits aber mit einem (vom Stoff) abhängigen Gestaltungsziel und Sachbezug verbunden. Die ersten Tätigkeiten dieser Art beginnen bereits in einer Sachkunde-Epoche des dritten Schuljahres, wo der Landbau und einzelne Handwerksformen betrachtet werden und in der Mitarbeit beim Hausbau gipfeln. Später, mit der verstärkten muskulären und Durchhalte-Kraft setzen dann Gartenbau und Handwerk ein, wo elementare Fertigkeiten (Sägen, Schnitzen, Raspeln, Feilen, Glätten) erübt werden. Das schult den Willen. Mit der Pubertät läßt sich diese Qualität noch steigern:

[27] R. Steiner: GA 303, 4. 1. 1922.

zum Schmieden und Schneidern oder Töpfern und Schreinern, je nach den Möglichkeiten der Schule, wobei Arbeit stets auch heißt, ein Produkt vorher zu entwerfen, dann durch Eigentätigkeit (unter pädagogisch sachkundiger Führung) in das Material umzusetzen und es zu vollenden. Hierbei kommt eine erste Materialkunde hinzu und auch das Erleben, wie der eigene Entwurf stets weit gewaltiger ausfällt als das Vermögen zur Verwirklichung, wobei ständig Widerstände energisch überwunden werden müssen. Einzelne Schulen sind dazu übergegangen, die 9. und 10. Klassen zu einem Praktikum in die Land- oder Forstwirtschaft zu schicken, um dort in der Einbettung, wie sie das Leben gibt, für zwei bis drei Wochen im ‚Ernstfall' zu arbeiten. Einige Schulen haben die Erkenntnis, daß berufliche Bildung nur einen Sonderfall in der allgemeinen Bildung darstelle, so weit ausgebaut, daß sie eine förmliche berufliche Ausbildung bis zu einer ersten Qualifikation durchführen. Dabei bleibt der rein allgemeinbildende Teil wenigstens zu einem Drittel erhalten, während der berufsqualifizierende etwa zwei Drittel umfaßt.[28] In anderen Schulen ist das Verhältnis umgekehrt, so daß keine Berufsqualifikation vermittelt werden kann.

Der weitere Aufbau dieser Willensschulung während der Schulzeit der Oberstufe kann nicht isoliert von der Entwicklung des Jugendlichen und damit von der Ausbildung der Urteilskraft wie des Fühlens betrachtet werden. Eingeflochten sei hier, daß die Gefühlsausbildung stark an alles künstlerische Tun wie die ästhetische Schulung gebunden wird, wozu verschiedene Fächer ihren Beitrag leisten (Musik, Kunstunterricht, Malen, Plastizieren, Literatur u. a.). Die 9. Klasse führt den Pubertierenden in die Umwelt ein: Die Zeitverhältnisse (Demokratie, Liberalismus, Sozialismus u. a.) werden in ihrer geistesgeschichtlichen Entstehung behandelt, der Physik- und Technologieunterricht führt einerseits in die Nachrichten- und Kommunikationstechniken (Morseapparat, Telefon) wie auch andererseits in das Verkehrswesen (Lokomotive) ein, während der Kunstunterricht die Wandlung des Schönen in der bildenden Kunst vermittelt und die Literatur vom Sturm und Drang zur Klassik führt. Die Welt als Einheitliches wird differenziert vorgeführt, Raum und Zeit werden für das Verständnis praxis- und lebensnah erfahren. Was zu bilden ist, kann als *praktische Urteilskraft* bezeichnet werden.

[28] Vgl. Fintelmann (1968), Rist, Schneider (1980). Die Kasseler und Nürnberger Waldorfschulen bieten die Berufsausbildung als Wahlmöglichkeit den Schülern an, bieten aber auch die Möglichkeit der Mehrfachqualifikation. Fucke (1976). Ferner: Endbericht des Modellversuchs zur Doppelqualifikation an der Freien Waldorfschule Kassel; Wiss. Leitung H. Dedering, Mitarbeiter: W. Bachmann, P. Baum, M. Brater, U. Büchele, E. Fucke, B. Selting, M. Schulz, G. U. Wehle. Ms. Kassel 1982.

In der 10. Klasse führt die Geschichte in die alten Hochkulturen zurück, die in enger Abhängigkeit von Klimafaktoren und Boden entstanden. In der Mechanik wird der Wurf, in der Mathematik werden Parabel, Logarithmen, Permutationen und in der Technologie Feldmessen behandelt. Hier setzt die *theoretische Urteilskraft* im reinen Denken an, schafft eine Spannung zur Welt der Wahrnehmung und bedarf einer starken Verankerung in dieser, um sich nicht abstrakt abzulösen. In der Literatur werden die germanischen Wurzeln, die noch das Nibelungenlied bestimmen, behandelt. Die praktische Tätigkeit sichert der Urteilskraft die Fülle der Wahrnehmung,[29] der wir in der Differenzierung der Urteilskraft folgen.

In der 11. Klasse wird u. a. die Elektrizität, in der Literatur Parzival behandelt, daran anschließend werden Entwicklungsromane und in allen Fächern die inneren Kräfte der jeweiligen Erscheinung betrachtet, so daß sich daran die Urteilskraft zu beseelen vermag. Eine weitere Stufe ist in der 12. Klasse zu erringen: „Man kann nicht vor dem achtzehnten Jahre jene innere Tätigkeit der Seele entfalten, welche notwendig ist, um sagen zu können: Ich weiß über dieses oder jenes etwas, was nicht im Gebiete des mit den Augen oder Ohren zu Erreichenden liegt."[30] Darum bedarf diese zu erringende Stufe des individualisierten Urteils einer Denkanstrengung, die ein und dieselbe Erscheinung aus verschiedener Sichtweise behandelt und sich daran erprobt; desgleichen werden die einzelnen Fachgebiete wie Geschichte, Literatur, Zoologie, Botanik etc. in Gesamtübersichten dargestellt. Damit wird dem jungen Menschen eine Grundlage vermittelt, sich selbst eine eigene Anschauung der Welt aufzubauen, die er dann in der nachschulischen Zeit weiter individuell auszugestalten vermag.

Mit diesen wenigen Hinweisen sei das große und in sich sehr differenzierte Gebiet des Jugendalters abgeschlossen, das beispielhaft für einige Fächer später noch genauer dargestellt wird.

[29] W. Rauthe: Stufen der Urteilskraft. In: Menschenkunde der Oberstufe, a. a. O., S. 73–79.

[30] R. Steiner: GA 217, 9. Vortrag.

TEIL B:

ZUR METHODIK – DIDAKTIK EINZELNER GEBIETE

I. DEUTSCH IN UNTER- UND MITTELSTUFE

Erika Dühnfort

> Ob wir die eine oder die andere Absicht haben im Unterricht und Erziehen, darauf kommt ungeheuer viel an. Die Absichten im Unterrichten und Erziehen, die sind es, auf die wir immer wieder und wiederum hinschauen sollen.[1]

1. Die Absichten

Die Absicht, aus der heraus ein Stoff vermittelt, eine Fähigkeit im Unterricht geübt wird, hat von jeher im primärsprachlichen Unterricht eine bedeutende Rolle gespielt. Das traf und trifft für alle Schulsysteme gleichermaßen zu. So ist es wohl auch kein Zufall, daß Steiner die angeführte Äußerung im Hinblick auf Deutsch- und Grammatik-Unterricht tat.

Sprache gehört zum Menschen und kommt nur ihm zu. Sprechend teilt der Mensch sich mit, er erfährt durch Sprachehören und -verstehen, was der andere denkt, fühlt, will. In der Art, wie Sprache zu betrachten und zu bewerten ist, kann man entweder dem Spezifisch-Menschlichen in ihr den Vorrang geben oder den Möglichkeiten zur Mitteilung, die ihr vielfältig innewohnen. Ob man von seiner ganzen Weltsicht her zu dem einen oder dem anderen neigt, das bestimmt von den ersten Schuljahren an Stil und Methode des Unterrichts. Ziel sollte es freilich sein, beides gleichermaßen zu berücksichtigen. Das strebt die Waldorfschule an, wobei sie den Ansatz allerdings zunächst immer neu bei der Sprache als einer Tatsache nimmt, die alle Menschen umfaßt und jeden einzelnen weit übersteigt. In diesem Bemühen nähert Waldorfpädagogik sich den Ideen Herders und Humboldts, verfolgt jedoch den Weg, den beide in ihren Sprachphilosophien einschlugen, noch konsequenter. Das führt zu einer ganz bestimmten Einstellung des Lehrers gerade in den Klassen 1–8. Er betrachtet im Unterricht Sprache nicht bloß als eine wirkende Kraft, auch nicht vorwiegend lediglich als Boden, auf dem das Denken, die Intelligenz der Kinder

[1] R. Steiner; GA 301. 4. 5. 1920.

sich entwickeln kann, und schließlich ebensowenig in der Hauptsache als Mittel zum sozialen Miteinander oder Gegeneinander. Der Unterrichtende sieht vielmehr in der Sprache einen realen, konkreten Helfer, der neben und mit dem Lehrer arbeiten wird, wenn dieser in aktivem Bemühen das Feld dazu bereitet. Die Grundabsicht zielt also nicht darauf hin, irgendwelche Inhalte durch Sprache zu vermitteln; es geht auch nicht darum, Sprechfähigkeit an die Hand zu geben als Mittel zu (Selbst-)Darstellung, Mitteilung, Bitte oder Forderung, zum Überreden, Überzeugen oder Sich-Verteidigen. Auf gesunde Weise können sich alle diese Teilziele ergeben, wenn sie nicht als Selbstzweck angesteuert, sondern wenn sie als Auswirkungen betrachtet werden, die zustande kommen aus einer lebensvollen Beziehung zwischen Mensch und Wort.

Die Sprache, in die das Kind hineinwuchs, soll ausgeweitet und in ihrer besten Form zum Erleben gebracht werden. Das bedingt für den Unterrichtenden Spracherfahrung in einem zentralen Bereich, von dem her alle möglichen unterschiedlichen Erscheinungsformen aufgenommen und verstanden werden können. Fragen, die mit restringiertem und elaboriertem Code zusammenhängen, mit Ausweitung oder Beibehaltung einer mitgebrachten Milieusprache, verlieren hier ihren Sinn; man könnte auch sagen, sie werden auf diese Weise erst gültigen Lösungen zugeführt.

Besser, als sich das in theoretischen Erörterungen ‚beweisen' läßt, ist es in der Praxis von Unterricht und Erziehung zu erfahren. Das Vorgehen in den einzelnen Bereichen des Faches Deutsch sei hier skizzenhaft beschrieben. Volle Einsicht in die Zusammenhänge kann durch das Studium der entsprechenden Schriften aus der Anthroposophie, dem umfassenden Werke Steiners, gewonnen werden.[2]

2. *Sprache und Schrift – die ersten drei Schuljahre*

„... von dem Augenblick an, wo der frei in Rede und Gesang ertönende Laut in den Kerker der Schrift gebannt wird, geht die Sprache erst angeblicher Reinigung, dann ihrer Verarmung, und endlich ihrem Tode zu, wie reich und weitverbreitet sie sein möge. Denn der Buchstabe wirkt erstarrend auf die noch einige Zeit frei und mannigfaltig neben ihm fortbestehende gesprochende Rede zurück."[3] Wenngleich Humboldt diese Aussage

[2] Hier besonders: a) Sprechen und Sprache, Vorträge von R. Steiner, herausgegeben von Chr. Lindenberg. Stuttgart 1980. b) R. Steiner: GA 299.

[3] W. v. Humboldt: Über den Einfluß des verschiedenen Charakters der Sprachen auf Literatur und Geistesbildung. Werke, Bd. III, S. 28. Darmstadt 1963.

vorwiegend auf die Entstehung von Literatur innerhalb eines sprachlichen Kulturkreises münzt, so ist das Bild vom Kerker der Schrift doch eines, das generell Gültigkeit hat. Wenn das Kind in die Schule kommt mit dem starken Wunsch, schreiben und lesen zu lernen, so gilt es, diesen Wunsch mit voller Zustimmung aufzugreifen. Gleichzeitig aber muß man sich klar darüber sein, daß das Kind keineswegs weiß, was es da wünscht. Wüßte es, was Schrift ihrer Funktion und ihrem Wesen nach ist, so könnte es schreiben und lesen. Alles Schreiben- und Lesenlehren beruht ja darauf, diesen besonderen Charakter von Schrift, bei uns insbesondere den einer Buchstabenschrift, erfaßbar, ihr Funktionieren durchschaubar zu machen. So besteht der denkbar größte Gegensatz zwischen den ahnungslosen und drängenden Erwartungen der Schulanfänger, zwischen aller frischen Munterkeit, mit der sie diese darleben, und den toten Buchstabenzeichen, die einen besonderen Vorgang intellektuellen Begreifens in Gang setzen sollen. Lange Zeit geht es ja lediglich um Erringen der Lesetechnik; von dem, was sich durch ihre Beherrschung gewinnen läßt, oder gar von einer Stufe der Lesekunst ist man noch weit entfernt.

Soll der Prozeß des Lesenlernens in einer für das Kind gesunden Weise vor sich gehen, müssen Überforderungen vermieden werden. Die schwerwiegendste unter den hier naheliegenden heißt: zu schnelles Vorgehen. Durch die Mühsal, die das notwendigerweise hervorruft, wird oft der Grund dafür gelegt, daß der Schulanfänger zum Lesen keinen Kontakt gewinnt, Lesefreude nie kennenlernt. Die Unlust, die in ihm aufkeimt gegenüber Schrift und Buch, wendet er allzu leicht dann auch gegen die Sprache, soweit diese über das alltägliche Sprechen hinausführt. Der gesamte Bereich von Literatur und Dichtung wird damit unzugänglich, das heißt zugleich, daß die Sprache jegliche Möglichkeit verliert, ihre Helferrolle im Vorgang des Menschwerdens zu übernehmen.[4]

Sprache ist am meisten sie selbst, wo sie künstlerisch gestaltet auftritt. Da wohnen ihr auch die stärksten Kräfte inne. Das Spektrum, unter dem sie von den ersten Schultagen an erscheinen kann, reicht von alten Kinderreimen, Zungenwetzern und Lautspielereien über Gedichte von Hölty, Blüthgen, Güll, Morgenstern und Rückert, auch Guggenmos, Krüss, Busta, Kunze und anderen neueren Schriftstellern, bis hin zu Goethe, Brentano, Mörike, Lenau, um nur die wichtigsten Namen zu nennen.[5] Dabei läßt

[4] a) R. Steiner: GA 294. Hier besonders: Vorträge v. 21., 25., 26. 8. 1919; b) R. Steiner: GA 397. Hier besonders: Vorträge v. 11. u. 13. 8. 1923; c) E. Dühnfort, E.-M. Kranich: Der Anfangsunterricht im Schreiben und Lesen. Stuttgart [4]1991. d) Margrit Jünemann (Mitverf.), Formenzeichnen, Die Entwicklung des Formensinns in der Erziehung, Stuttgart 1985.

[5] Als Arbeitshilfe für die Praxis seien genannt: E. Bühler u. M. Lobeck (Hrsg.):

sich leicht erfahren: Mit ursprünglicher, kraftvoller Empfindung gehen die Kinder in das Erleben von Sprachlaut-Erklingen, Takt, Rhythmus und Reim hinein, wenn man nur die Möglichkeiten dazu schafft und selber nicht eng auf den *Inhalt* der Reimerei, des Gedichtes sieht. Wörter, Silben werden volltönend gelautet und artikuliert, Versmaße im gemeinsamen Sprechen rein und unbeirrt durchschritten, weit stärker und konsequenter, als man das seinem Erwachsenengeschmack nach für gut halten würde. Nicht die Einführung, Einstimmung in ein Gedicht spielt auf dieser Altersstufe die Hauptrolle. In täglicher Wiederholung über längere Zeit, Wochen hindurch, üben Lehrer und Kinder, das Ganze sprechend immer besser zu gestalten. Auf diese Weise suchen sie zu erreichen, daß das Gedicht selber sie einführe und zu sich hinführe.

Das bedingt ausgiebige Vorarbeit des Lehrers; er muß schon beim ersten Vortragen nicht nur alle Zeilen und Wörter von Anfang bis Ende in- und auswendig kennen und haben, auch jede Rhythmus-Schwingung, jede besonders reizvolle Lautfolge muß ihm vertraut sein, so daß er sich beim Sprechen daran freuen und gleichzeitig das Ganze in unmittelbarer Kontaktnahme an die Kinder hinsprechen kann. Entsprechende Schulung (Sprachgestaltung) gehört zur Ausbildung des Waldorflehrers, sowohl auf dem Pädagogischen Seminar als auch späterhin neben der Unterrichtspraxis. An jeder Waldorfschule arbeitet möglichst ein Sprachgestalter als Mitglied des Kollegiums. Sein Aufgabenkreis ist vielgestaltig.[6]

Die Stunde, wo Sprache in der angedeuteten Weise gepflegt wird, liegt im „Rhythmischen Teil" des Hauptunterrichts.[7] Der hat in den drei ersten Klassen seinen Schwerpunkt, er ist hier von besonderer Wichtigkeit und kann daher vor allem im ersten Schuljahr eine Dauer bis zu 30, 40 Minuten umfassen. Wenn eine solche Zeitspanne am Beginn eines jeden Schultages dem künstlerisch gestalteten Sprechen, daneben dem Singen und späterhin auch dem Musizieren gehört, so hat das keineswegs mit ästhetisierender Erziehung zu tun. Das Ganze ist nicht Luxus, den man sich leistet, sondern dient dem Heranbilden der Kräfte, die die Kinder im Unterricht brauchen, wenn es für sie zu einem gedeihlichen Lernen kommen soll. Mit der

Scheine Sonne scheine, Kinderverse und Gedichte für die ersten Schuljahre. Bern, Stuttgart 1987. H. Ritter (Hrsg.): Ein und Alles, Gedichte für Kindheit und Jugend. Stuttgart [7]1979.

[6] R. Steiner: GA 282. Hier besonders: Teil I, Vorträge v. 5. 9.–11. 9. 24; b) R. Steiner: GA 294, 22. 8. 1919; c) R. Steiner: GA 295. 1919, hierin besonders: Sprechübungen; d) R. Steiner: GA 297. Besonders 8. Juni 1923; e) M. Tittmann: Lautwesenskunde. Erziehung und Sprache. Stuttgart 1979.

[7] Vgl. Beitrag W. Rauthes über Epochenunterricht in diesem Bande S. 285 ff.

Gestaltung des Rhythmischen Teiles wird einer der Wege beschritten, die die Waldorfpädagogik einschlägt, um hinauszukommen über das alleinige oder allzu direkte Aufrufen der Verstandeskräfte. Im Wechsel von chorischem Sprechen und Einzelsprechen, von rhythmischem Klatschen und Kreisspielen, von Singen, Musizieren und Zuhören entsteht ein Schwingen, das zugleich beruhigt und erfrischt, entspannt und kräftigt. Den Hauptanteil bei alledem leistet die Sprache.

Ein weiterer Platz zu besonderer Wirksamkeit wird ihr am Schluß des Hauptunterrichtes mit den 15–20 Minuten ‚Erzählzeit' eingeräumt. Im ersten Schuljahr erscheinen hier Märchen, vorwiegend solche aus der Sammlung der Brüder Grimm. An die Stelle der Märchen treten im zweiten Schuljahr Fabeln und Legenden, die im dritten Schuljahr wiederum abgelöst werden von den Geschichten des Alten Testamentes. Die Ausschließlichkeit, mit der die jeweiligen Themen von Jahr zu Jahr die Erzählzeit einnehmen, eröffnet eine Möglichkeit, die im Zusammenhang mit einer Aufgabenstellung Steiners zur wesentlichen Hilfe werden kann. Er riet den Lehrern, bei Kindern, die nicht mehr in der urwüchsigen Kraft einer Dialektsprache aufwachsen können, bis zum neunten Lebensjahr das Empfinden in besonderem Maße zu schulen durch das Hören von gut durchgeformten, künstlerisch gestalteten Sätzen. Das geht zwar das gesamte Sprechen des Unterrichtenden an und selbstverständlich auch über die dritte Klasse hinaus. Es läßt sich aber an der Eindeutigkeit des geforderten Stiles, wie er anders für Märchen, anders wiederum für Fabeln oder Geschichten des Alten Testamentes zutrifft, am ehesten üben und lernen.

Wieder geht es hierbei nicht um Erziehung zum Ästheten oder Stilkenner, der Helfer Sprache wird auf das Erziehungsfeld gerufen, daß er durch deutlich voneinander unterschiedene Sprechweisen (Stile), unter denen er auftritt, neue und vielgestaltige Empfindungsmöglichkeiten veranlage für Formen, Abläufe, Satzgestaltungen, Satzgefüge und für seelische Färbungen, die durch alles das hindurchschimmern können. Wie reich und groß die Welt für ein beseeltes Wesen ist, das hängt in starkem Maße von der Anzahl der Sinne ab, durch die es diese Welt sich aufschließen kann. Durch Empfindungsschulung werden hier neue Anschlußmöglichkeiten an einen spezifisch menschlichen Bereich, den der Sprache geschaffen. Das Ohr wird daran gewöhnt, auf Sprechweisen zu achten, die es an einem sprechenden Gegenüber wahrnimmt. Wohl spielen alle diese Vorgänge sich tief unter dem tagwachen Bewußtsein der Kinder ab. Sie haben dennoch weitreichende Folgen vor allem auch im Hinblick auf das Veranlagen einer wichtigen sozialen Fähigkeit: des offenen, aufmerksamen Zuhören-Könnens. Steiner stellte das einmal als den Beginn jeglichen sozialen Verhaltens dar;[8] es fällt nicht schwer, das Zutreffende dieser Aussage einzusehen.

Neben der dichterischen Sprache im Rhythmischen Teil und der stilistisch geformten in der Erzählzeit, neben dem auch, was selbstverständlich als Hin und Her von Frage und Antwort, von kleinen Gesprächen im längeren Mittelabschnitt des Hauptunterrichtes sich ergibt, lebt die Sprache in erzählenden Darstellungen, die zum weitaus größten Teil vom Lehrer selber ausgearbeitet werden. Diese Geschichtchen, die vom Wort her den Kindern die Umwelt ins Bewußtsein rufen sollen, lassen in stark personifizierenden, bildhaften Schilderungen Sonne, Mond und Sterne, Wind und Wolken, die jahreszeitlichen Erscheinungen, Tiere, Pflanzen, Steine, Straße und Stadt auftreten. Dazu fällt auch Dichtern unserer Zeit immer wieder Schönes und Reizvolles ein. Als Beispiel sei hier ein Gedicht von Reiner Kunze angeführt:

Vor einem bösen Gewitter

Der Wind hat sich die Hand verbrannt
am Kupferdach.
Hört, wie er aufheult
und ums Haus eilt!

Der Wind hat sich die Hand verbrannt
beim Rütteln am Dach.
Hört ihr ihn rasen?!
Er bläst auf seine Blasen.[9]

Einige dieser Erzählungen, Geschichten, in Prosa oder in Reime gebracht, schreiben die Kinder in ihre Epochenhefte, wobei auf klare, sorgfältig geführte Schriftzüge großer Wert gelegt wird. Alle Rechtschreibungsprobleme sind noch ausgeklammert, der Lehrer schreibt die Texte an der Tafel vor. Welcher erzieherische Wert diesen Schreibzeiten, auch im Zuge eines rhythmischen Unterrichts-Aufbaues, zukommt, das einsehbar zu machen bedürfte einer gesonderten Darstellung.

Zusammen mit den Texten, die der Lehrer den Schülern als Zusammenfassung aus den ersten Sachkunde-Epochen gibt (Bauernarbeit auf dem Akker und im Stall; Hausbau; Heimatkunde), ergeben die bildhaften Geschichten der ersten drei Schuljahre den Anfang dessen, was bis zum Ende der achten Klasse Inhalt der Epochenhefte ist. Diese Hefte, die neben Arbeits- und Übungsheften einen besonderen Platz einnehmen, ersetzen in den Waldorfschulen die Lehrbücher, sie stellen gleichsam klasseneigene

[8] In: R. Steiner: GA 294. 25. 8. 1919.

[9] Reiner Kunze: Wohin der Schlaf sich schlafen legt. Gedichte für Kinder. Frankfurt am Main ^{2}1991.

Lehrbücher dar, zu denen die Kinder und auch noch die älteren Schüler erfahrungsgemäß starke persönliche Beziehungen entwickeln. Epochenhefte werden in sämtlichen Hauptunterrichts-Fächern, nicht nur im Deutschen, ausgearbeitet. Die Epochenhefte enthalten auch den Lesestoff für das zweite und das dritte Schuljahr. (Daneben gibt es zwei Lesebücher: ›Der Sonne Licht‹ [10] und ›Schau in die Welt‹ [10a], für das dritte Schuljahr außerdem das Buch ›Und Gott sprach‹ [11].) In entsprechender Weise setzt sich diese Gepflogenheit der ersten Jahre noch ein wenig in der vierten Klasse fort.

3. Lyrik und dichterische Prosa in den Klassen 4–8

Die Erzählzeit des Hauptunterrichtes spielt vom Bemühen um einen angemessenen Stil her in den Klassen 4 und 5 noch eine Rolle, wenngleich sie in dieser speziellen Hinsicht nicht mehr so viel Beachtung verlangt wie in den ersten drei Jahren. Der Stoff heißt für das 4. Schuljahr *Szenen aus der Alten Geschichte*, für das 5. Jahr *Szenen aus der Mittleren Geschichte*. Diese Schilderung einzelner Persönlichkeiten oder einzelner Ereignisse, diese Darstellung von Lebensweise und Arbeit der Menschen in alten und ältesten Zeiten rufen – unabhängig von jeder chronologischen Folge – möglichst farbige, kraftvolle Bilder im Vorstellen der Schüler auf, jeweils ein Jahr bevor Alte Geschichte, Mittlere Geschichte in den Epochen des Faches Geschichte beleuchtet werden. Daneben bildet die germanische Mythologie ein Hauptthema in der vierten, die griechische Sagenwelt ein solches in der fünften Klasse.

Der Rhythmische Teil verliert vom fünften bis zum achten Schuljahr hin laufend an Umfang, geht auf 20–10 Minuten zurück und enthält allermeist nur noch Sprache, Rezitation *oder* Musik; von seiner Bedeutung büßt er nichts ein. Zwei wertvolle Erfahrungen seien hier angeführt, die zustande kommen, wenn der Klassenlehrer sie konsequent anstrebt.

Was immer an Anderslautendem seit Jahrzehnten verkündet und beteuert werden mag, es gibt trotz allem ein ‘Eichendorff-Alter’. Das beginnt gegen Ende der vierten Klasse, reicht durch die ganze fünfte Klasse hindurch und bis zur sechsten hin. [12] Die Zehn- bis Zwölfjährigen beginnen

[10] C. v. Heydebrand (Hrsg.): Der Sonne Licht, Stuttgart [15]1992.

[10a] Peter Guttenhöfer (Hrsg.): Schau in die Welt, Stuttgart [2]1991.

[11] C. v. Heydebrand/E. Uehli (Hrsg.): Und Gott sprach. Stuttgart 1982.

[12] Bei derartigen Angaben ist zu bedenken, daß Waldorfklassen – von geringen Ausnahmen abgesehen – Jahrgangsklassen sind. Schon bei der Einschulung wird darauf geachtet, daß weder zu alte noch zu junge Kinder die Jahresspanne ausweiten, innerhalb deren die Geburtstage liegen sollen. Im Aufrücken von Klasse zu

aufzuwachen für die Natur. Vorher lebten sie in ihr, nun kommt allmählich ein Herauslösen zustande und dabei so viel Abstand, wie zum Wahrnehmen notwendig ist. Gerne greift das Gefühl der Kinder jetzt zu, wenn es angeregt wird, durch klare, kraftvolle Empfindungen sich wieder zu verbinden mit dem, was nun erst außerhalb und zugleich im Bewußtsein auftauchen beginnt. Auch jetzt hängt vieles wieder davon ab, daß nicht der Versuch gemacht werde, umständlich in die Stimmung 'einzuführen'. Das überlasse man dem, der es besser kann: dem Gedicht. Dieses sollte lediglich bei seinem ersten Erscheinen kein Wort und keine Wendung mehr enthalten, die den Kindern unbekannt oder wenig geläufig sind. Das alles ist vorweg zu klären bei Gelegenheiten, die der Unterrichtende schafft: am selben Morgen oder an einem oder mehreren Tagen vorher. – Frühling, Lerchen, Nachtigallen, Morgen und Abend, Wald, Strom und Au, Wanderlust und Hochgestimmtsein des Musikanten, des Dichters, all das lebt auf in Rhythmus und Bild, in Vers und Reim. Mag der erste Zugang ein wenig mühsam erscheinen, bald kennt das Empfinden der Kinder sich aus und schwingt leicht und intensiv mit. Eine Welt wird auf diese Weise eröffnet. Klassen, die sie kennenlernten, wenden sich ihr auf der Oberstufe voll Sympathie wieder zu, um darin dann auch dem Taugenichts zu begegnen oder den Bewohnern des Schlosses Dürande. (Selbstverständlich ist Eichendorff nur *ein* Lyriker unter manchen anderen, die die Kinder in diesen Schuljahren kennenlernen.)

Eine weitere Möglichkeit, die in solcher Weise wohl nur einem Klassenlehrer offensteht (der seine Klasse vom ersten Schultage an kennt und täglich mindestens zwei Stunden mit ihr zusammen ist), bietet sich an im siebten, achten Schuljahr: das Auswendigsprechen von dichterischer Prosa. Im Nachvollziehen der Satzreihen und -gefüge eines Textes von Stifter, eines solchen von Herder, Schiller, Goethe, Kleist u. a. entsteht seelische Beweglichkeit, Schmiegsamkeit im Empfinden, die hinaufwirken können bis ins Denken und sich diesem als Wendigkeit mitteilen. Mancherlei anderer Gewinn, der aus solchem Üben erwächst, kann hier nicht dargestellt werden, da das die Betrachtungen zu stark ausweiten würde.

Ein Gesichtspunkt, unter dem das Gestalten von Prosastellen besonderen Reiz annimmt, ist die Frage nach einer deutlich vorherrschenden Temperamentfärbung des Stiles: Handelt es sich – völlig abgesehen vom Inhalt, rein dem Satzbau nach – um phlegmatischen, cholerischen, melancholischen oder sanguinischen Stil?[13] Es kann überraschen, welches Interesse diese

Klasse bleibt niemand sitzen, so bildet sich ein deutlich wahrnehmbares Altersstufen-Klima.

[13] R. Steiner: GA 302a. 22. Juni 1922.

Betrachtungsweise wachruft. Die Schüler fangen an zu ahnen, wie dicht Sprachstil und Individualität miteinander verbunden sind.[14]

Die Hinweise, die Steiner im Hinblick auf Lesestoff und Lektüren gab, stecken sehr weite Felder ab. Den Inhalt betreffend, kann es von Menschenschicksalen und biographischen Darstellungen über Beschreibungen ferner Länder und Erdteile zu denen fremder Völker gehen. Jeder Lehrer wird da nach seinen Neigungen auswählen und Schwergewichte setzen. Die Namen von Storm, Raabe, Stifter, Meyer, Keller gehören hierhin, aber auch möglicherweise Carossa mit Erzählungen aus ›Kindheit und Jugend‹, Stefan Andres, Schaper und Böll, Ende und Preußler.

Das Lesen und Aufnehmen dramatischer Werke fordert viel Zeit, daher kann es bis zum Abschluß der achten Klasse nur zu 1–2 Beispielen auf diesem Felde kommen, meistens einem Stück von Schiller.

Am Abschluß der Klassenlehrerzeit steht im achten Schuljahr als besonderes Ereignis eine Aufführung. Auch hier ist es in das Ermessen des Lehrers gestellt, ob er zu etwas 'Großem' greift (Schiller, Shakespeare), zu Heiterem (z. B. Nestroy, Raimund), zu Klassischem (Euripides) oder ob er versucht, selber etwas zu gestalten. Alles hat sich gleichermaßen bewährt.

4. Aufsatzkunde

Die wesentlichen Gesichtspunkte für schriftliches Darstellen und schriftlichen Ausdruck sind bis zum Ende der achten Klasse nicht von dem her genommen, was man als Aufsatztechnik bezeichnet. Theoretische Erörterungen solcher Art werden nur in sehr begrenztem Ausmaße gepflogen. Auf diesem Felde des Schreibens, wo ja ein besonders persönliches Verhältnis zwischen Mensch und Sprache zustande kommen kann, liegt der Ansatz für das, was Steiner anstrebte, eben im Spannungsfelde der Beziehungnahme. Beide Richtungsbestimmungen, um die es da vor allem geht, weisen das Kind, den auf die Pubertät zugehenden Schüler vom eigenen seelischen Erleben, von der eigenen Persönlichkeit weg und hin auf Objektives. Die Zielsetzungen heißen: Können soll erreicht werden im wahrheitsgemäßen Berichten und im exakten, klaren Vorbringen von Anliegen, Sachverhalten oder Vorgängen, wie sie zum Geschäftsleben gehören.[15]

Im dritten Schuljahr läuft das Ganze an mit kleinen, gründlich vorberei-

[14] Hierzu: E. Dühnfort, Der Sprachbau als Kunstwerk. Stuttgart ^{2}1987, S. 269–295.

[15] a) R. Steiner: GA 294, 1. 9. und 3. 9. 1919; b) R. Steiner: GA 311, 19. 8. 1924.

teten Nacherzählungen. Das Schreiben von Briefen aller Art wird geübt, und von der siebten Klasse an kommen leichte Charakteristiken hinzu, wozu der Stoff vorwiegend aus dem natur- oder erdkundlichen Bereich genommen wird. Entscheidend gilt für alle Thematiken gleichermaßen: Die Grenzen, innerhalb deren die Phantasie der Schüler sich bewegen kann und soll, sind deutlich abgesteckt; die Grenzsetzungen ergeben sich von dem her, was aus gemeinsamem Besprechen, aus Darstellung und Stellungnahmen von seiten des Lehrers bekannt und bestimmt ist.

Zweierlei fällt an diesem methodischen Vorgehen auf, das erste schon deshalb, weil es dem heute Üblichen und Geschätzten konträr entgegensteht: Wo das Kind sich schreibend gleichsam vom Außen abschließt und mit sich und der Sprache allein ist, wird es nicht etwa angeregt, sich selbst darzustellen, seine 'Schlüsselwörter' zu suchen und auszubreiten, sondern seine Aufmerksamkeit wird auf ein anderes hingelenkt, auf eine Erzählung, die wiederzugeben, einen Sachverhalt, der klar darzustellen ist. Das Ganze soll zudem deutlich in der Gesamtatmosphäre gehalten werden, in die der Lehrer es im Erzählen und Besprechen rückte. Die Gründe: Es geht einmal um Willenserziehung, um das Heranbilden der Absicht wie der Fähigkeit, genau zu hören, zu beobachten und wahrheitsgemäß zu schildern, ohne willkürliche Zutaten aus der eigenen Phantasie. Zum anderen wirkt sich aus, was die gesamte Klassenlehrerzeit bestimmt: Der Lehrer ruft das Urteil der Schüler bewußt noch nicht auf; er gewährt dem kindlichen Urteilsvermögen die ungestörte, ruhige Wachstumsfrist, die notwendig ist, damit die Urteilsfähigkeit zu ihrer Zeit, d. h. nach dem 14. Lebensjahr, kraftvoll hervorbrechen und zu immer größerer Sicherheit sich entwickeln könne.[16]

Freies Phantasiespiel ist beim Aufsatzschreiben aber auch von der Seite der Themenstellung her nicht gefragt, wenn es im Lehrplan betont um Briefe, Geschäftsbriefe und 'Geschäftsaufsätze' geht. Der Brief, den man an einen nahestehenden, befreundeten oder lediglich bekannten Menschen richtet, fordert Aktivität und Aufmerksamkeit im Blick auf den Briefempfänger. Der Gedanke an ihn bestimmt die Auswahl dessen, was man schreibt, und auch die Art, wie man es zu tun versucht. Der Geschäftsbrief verlangt Klarheit, Bestimmtheit, Genauigkeit und Kürze. Zudem sollte er sich in einer Atmosphäre freundlicher, nüchterner und aufrichtiger Höflichkeit halten. Das Bemühen um derartige Briefschreiber-Tugenden wirkt sammelnd, ordnend, klärend auf das Empfinden und Vorstellen der Schüler. Außerdem macht es sie geneigt, im Gegenzug gegen solche sachliche Kühle mit voller Anteilnahme in die Welt der Dichtung einzutauchen.

[16] R. Steiner: GA 301, 6. 5. 1920.

Die Reihenfolge der Darstellung, das Setzen von Schwerpunkten, Aufgliederung und Stilistik des Ganzen sucht der Lehrer schon in der Vorbereitung nach Möglichkeit zu berücksichtigen. Wichtig ist aber auch die nachträgliche Aufarbeitung, u. a. als Fehlerbesprechung.

5. Grammatik

Auf diesem Gebiete tritt das Bestreben der Waldorfpädagogik besonders deutlich zutage, das überall über ein rein intellektuelles Erfassen hinausführen möchte. Gerade in der Grammatik ist ja die Versuchung groß, sich mit bloßem Verstehen zu begnügen. Man meint schnell, man habe genug getan, wenn man weiß, was man z. B. als Deklination, als Konjugation, als Indikativ, als Konjunktiv bezeichnet, an was man unter diesen Bezeichnungen zu denken hat. Zum Verständnis gehört allenfalls noch genauere Kenntnis des Geltungsbereichs, der von dem jeweiligen Begriff umgrenzt wird.

Eine Betrachtungsweise dagegen, die Gefühl und künstlerisches Empfinden aufruft, wird kaum je angewendet. Für eine solche ergeben sich Fragestellungen z. B. nach dem Vorherrschen von Ruhe und Bewegung in einzelnen Sprachbau-Elementen, womit sich neue Zugänge eröffnen, unter anderem zum Verständnis der Wortarten und innerhalb ihres Umkreises wiederum zum Erfassen des Unterschiedes zwischen finiten und infiniten Verbformen.

Bei der Deklination kann es manches erbringen, der polaren Entgegensetzung von Nominativ und Akkusativ nachzuspüren, empfindend anzuschauen, was die Eigenart des 4. Falles ausmacht und warum es ratsam ist, ihn mit Vorsicht anzuwenden, sobald es um Menschen geht, warum man denen nicht unnötigerweise die Rolle eines Akkusativobjektes zumuten soll.

Ein anderes Kapitel bietet sich an im Zusammenhang mit den Temporaformen, mit der Art, wie sie im Deutschen eingesetzt werden. Was drückt sich in der Tatsache aus, daß die Modalaspekte in die sechs Zeitformen so stark hineinspielen? Welche Einstellung des Deutschsprechenden gegenüber Zeit und Dauer liegen dem zugrunde?

Eine weitere Frage, der nachzugehen es sich lohnt, ist die nach Merkmalen, die innerhalb des Sprachbaues den Charakter des Ich tragen. Diese Spur führt unter anderem zum Passiv, wie es in der deutschen Sprache veranlagt ist und lebt.

Daß derartige Ansätze tiefer in das Wesen der Sprache hineinführen können, zeigen nicht nur die sprachphilosophischen Arbeiten von Herder und

Humboldt, sondern manches auch, was die inhaltsbezogene Grammatik in Jahrzehnten zutage förderte. Doch gilt es, im Verfolgen dieses Weges weiterzugehen. Im Werke Rudolf Steiners finden sich die Anregungen und Hinweise dazu.

In der Unterrichtspraxis zeigt sich: Die Möglichkeiten, Sprachlehre und Sprachkunde Kindern wirklich nahezubringen, liegen allein in der Richtung von Sprachbau-Empfinden und -Erfühlen. Ohne sie kann allenfalls ein klares, aber flaches Begreifen erreicht werden, das wenig geeignet ist, Interesse hervorzurufen. Deshalb müssen dann Anreize, Motivationen von spaßigen oder anregenden Inhalten hergeholt werden. Viele Sprachlehrewerke bezeugen das. Wird der Weg zum Verständnis aber für alle grammatischen Tatsachen jeweils über ausgiebige Wahrnehmungs- und Empfindungsübungen genommen, füllt sich der Unterricht aus der Sache heraus mit Leben, das Anteilnahme weckt und wach erhält.[17]

6. *Rechtschreibung*

Noch stärker als bei der Lehre vom Sprachbau liegt bei der Rechtschreibung als Unterrichtsfach die Gefahr nahe, in Einseitigkeiten oder in eine Enge hineinzugeraten. Zweifelsfreie Wertschätzung oder gedankenlose Nichtbeachtung des herrschenden Reglements bieten sich gleichermaßen an, und viel hängt auch hier wieder davon ab, welche Stellung der Lehrer gegenüber dem Fach einnimmt, welche Absichten er im Unterricht verfolgt.

In der Waldorfpädagogik vermeidet man es, die Begriffe 'richtig' oder 'falsch' in Verbindung mit der Orthographie ohne weiteres anzuwenden. Die Tatsache, daß es sich bei den Regeln der Schreibung nicht um Grundzüge der Sprache handelt, sondern um Konvention, ruft man sich als Unterrichtender immer wieder ins Bewußtsein. Indem man dieses Faktum mit allen Folgerungen ernst nimmt, kommt man zur richtigen Einschätzung dessen, was Rechtschreibung heißt. Leben und Eigenart eines Sprachgeistes schlagen sich darin ja nur in winzigen Spuren nieder. Andererseits würde ein Geschriebenes für jeden mit Ausnahme des Schreibers mehr oder weniger schwer zu entziffern sein, wenn dieser allein nach seinem Dafürhalten und gänzlich regellos das gesprochene Wort in Buchstaben übersetzte.

[17] a) E. Dühnfort, Der Sprachbau als Kunstwerk, Grammatik im Rahmen der Waldorfpädagogik. Stuttgart ²1987; b) E. Dühnfort, Ebenen des Zeiterlebens und ihre Widerspiegelung im Gebrauch der deutschen Temporaformen. In: Waldorfschule heute, Zeitschrift Erziehungskunst 8/9 1989, S. 798–812.

An dieser Seite, der einer sozialen Rücksichtnahme, riet Steiner den Lehrern anzusetzen.[18] Ein weiteres verband er wiederum damit: die Achtung, die in dem Kinde, dem jungen Menschen wachzurufen sei vor dem, was die Großen, die älteren Menschen miteinander ausgemacht haben und was sie zu tun pflegen, hier auf dem Felde der Rechtschreibung. Damit nach der Pubertät das eigene Urteilsvermögen kraftvoll aufbrechen könne, ist es zunächst notwendig, dem unbewußten Verlangen des Kindes so weitgehend wie möglich zu entsprechen, das heißt: seinen starken Wunsch, sich nach den Erwachsenen richten zu können, bei jeder sich bietenden Gelegenheit zu erfüllen.

Mit dieser Ansicht vom Fach Rechtschreibung entwickelt man als Unterrichtender Geduld und Großzügigkeit. Nicht als schenkte man an den Waldorfschulen der Orthographie geringe Beachtung. Von der zweiten Klasse an beginnen systematische Übungen, zunächst solche winzigen Ausmaßes, nach und nach werden sie umfangreicher.[19] Bis zum fünften Schuljahr aber schreiben die Schüler ihre Nacherzählungen mit dem vom Lehrer immer wieder gestärkten Bewußtsein, daß sie in dieser Situation auf die Rechtschreibung nicht zu achten brauchen. Wo ein Kind über der Arbeit nach ihr fragt, hilft der Lehrer unauffällig und mit dem Bemühen, die anderen Schreibenden nicht zu stören. Im übrigen aber sollen die Schüler ungehindert und unbeengt nach sprachlichem Ausdruck suchen, sollen unbesorgt schreiben können in dem Vertrauen: Der Lehrer zumindest kann lesen, was ich – in möglichst klaren Buchstaben – aufs Papier bringe, und er wird mir helfen, es zuletzt in die Form zu setzen, die die Erwachsenen einzuhalten pflegen.

Unterstützung erhält der Orthographie-Unterricht von mancher Seite her, so vom deutlich artikulierten Sprechen – unter anderem beim täglichen Rezitieren – und von der Wahrnehmungsschulung, die in ausgiebigem Maße von den ersten Schultagen an geschieht.[20] Eine weitere wertvolle Hilfe liegt in der Sorgfalt, mit der die klare, schöne Schrift gepflegt wird. All das geschieht nicht um seiner selbst willen, sondern aus Einsicht in das, was die kindliche Entwicklung in den Unterstufen- und Mittelstufenjahren verlangt.[21]

[18] R. Steiner: GA 294, 26. 8. 1919.

[19] E. Dühnfort, Der Sprachbau ..., S. 296ff.

[20] M. Jünemann/F. Weitmann, Der künstlerische Unterricht in der Waldorfschule. Stuttgart ²1980.

[21] E. Dühnfort, Rechtschreibung – ein leidiges Kapitel?, Zeitschrift Erziehungskunst 6/1990, S. 477–484; 7/8 1990, S. 572–582; 9/10 S. 703–709.

II. DER DEUTSCHUNTERRICHT IN DER OBERSTUFE

PETER GUTTENHÖFER

1. Grundsätzliches vorweg

Seit im allgemeinen deutschen Schulwesen das Fach Deutsch aus seiner Vormachtstellung im Kanon der Oberstufenfächer herausgerückt ist, haben vielfältige Bemühungen um Neubestimmung seines Bildungswertes eingesetzt. Die Diskussion wird von der Empfindung begleitet, daß wir nicht gerade in einer literarischen Hochblüte stehen, daß das gegenwärtige Geistesleben in Deutschland keine Lebensorientierung gibt, daß die Fragen nach dem Sinn von *'Allgemeinbildung'* überhaupt fast unbeantwortbar erscheinen nach den vielen ideologischen Fehltritten dieses Jahrhunderts. Den historischen Kulturwissenschaften gegenüber machen die Natur- und Sozialwissenschaften ihren Führungsanspruch beinah unwidersprochen geltend. Der Streit ist zunächst abgeklungen; der Zustand unserer Bildungsanstalten führt uns heute strenger denn je auf die Frage: Läßt sich überhaupt ein Bildungsgang entwickeln, auf dem der wachsende Mensch sowohl zu kritischem Bewußtsein erzogen als auch im Fühlen und Wollen gestärkt wird; es ist gemeint: auf dem er sich als ganzer Mensch entwickeln und somit die Befähigung zur Selbstbestimmung *und* zu schöpferischem Handeln erwerben kann? Damit ist der Problemkreis von Kreativität, Phantasie, Spontaneität berührt. Übung von kritischem Vermögen allein gewährleistet noch nicht die Entwicklung schöpferischer Fähigkeiten, da sie eher Lebenskräfte verbraucht als kräfteweckende Nahrung gibt. Zu schöpferischem Handeln sind neben der Helligkeit der Einsicht in die Verhältnisse, die gestaltet werden sollen, auch lebendiges, präzises Fühlen und gebändigte Willenskräfte notwendig. Das heißt, der jugendliche Mensch sucht einen Sinnzusammenhang und darin Aufgaben, in deren Erfüllung er seine Identifikation, in deren Verwirklichung er ein Stück Selbstverwirklichung finden kann.

Nun spricht und regt Deutschunterricht vorwiegend kognitive Fähigkeiten an; seit den sechziger Jahren ist er in der Bundesrepublik so entwickelt worden, daß er im wesentlichen emanzipatorisch wirken sollte. Die tiefgreifende, bildungstheoretische Umorientierung der vergangenen drei Jahrzehnte hat auf dem *'literarisch-sprachlichen Feld'* dazu geführt, daß sich, nachdem die Welle der Politisierung des Unterrichts abgeflacht war, das didaktische Interesse auf die Methodenvielfalt gerichtet hat. Damit war eine Stufe der Ernüchterung erreicht, auf der sich die Schule wie erlöst zeigte sowohl aus den Bindungen eines traditionellen Bildungskanons wie auch aus einseitiger Ideologisierung. Nun war Spielraum gewonnen für die Bearbeitung des Wie: Eine rege Diskussion setzte ein z. B. um den handlungs- oder produktionsorientierten Literaturunterricht. Damit wurden wohl Anstöße gegeben, den Schüler aus seiner einseitig rezeptiven Haltung zu erlösen; aber große Aussichten auf ganz neue fruchtbare Felder scheinen damit nicht eröffnet worden zu sein. Weiterhin liegt der Schwerpunkt der Arbeit in der Oberstufe so, daß der Schüler in kritischer Distanzierung gegenüber literarischen Gestaltungen, Denkmethoden, Weltanschauungsansätzen seine eigene geistige Selbständigkeit zu suchen und zu erproben hat, das heißt, wir finden ihn in überwiegend emanzipativer Haltung. Hier verstärkt sich die ohnehin in unserer Kultur liegende Gefahr der Selbstentfremdung, indem sich das Bewußtsein des Jugendlichen von Vorstellungen nährt, die ihn nicht auf primäre Seinsinhalte hinführen, sondern ihn binden an vorgefertigte Gedankenstrukturen, ohne daß ihm diese Lage durchschaubar wäre. Damit tritt an die Stelle der Selbstverwirklichung ein illusionäres Selbstbewußtsein, das sich viele Jugendliche auf dem Weg zur Hochschulreife erwerben und das vor den Lebensforderungen schnell zunichte wird.

Daß in der heutigen Erziehungspraxis der gymnasialen Oberstufe viel von '*Motivation*' gesprochen werden muß, ist ein Hinweis darauf, wie schwer es für den Schüler ist, seine eigenen Lebensmotive im Zusammenhang mit den Weltinhalten zu entdecken, die es da zu lernen gibt. Weniger als für die natur- und sozialwissenschaftlichen Fächer ist eine irgendwie äußerliche Motivation für den Literaturunterricht zu finden; zur Bewältigung der Lebenspraxis scheint das Dichterwort unerheblich. Ein Interesse für die Dichtung kann nur erwachen, wenn in ihr das eigene, dem Tagesbewußtsein vielleicht noch verschwommene Daseinsmotiv auf etwas Verwandtes stößt, woran es sich klären kann. Anders gewendet: Die heilsame Wirkung von Deutschunterricht kann darin liegen, daß der junge Mensch durch die Art der Einführung in ein literarisches Werk Zugang findet zu der Quelle, aus der er die Kräfte zur Ausbildung des Ich schöpfen, d. h. zur Selbstidentifikation finden kann.

2. *Emanzipation und Identifikation*

a) Dichtung und „latente Fragen"

Es ist schön, wenn Schüler einer neunten oder zehnten Klasse sich eine dichterische Heldengestalt zum Ideal wählen: Marquis Posa, Antigone, Holden Caulfield;[1] oder wenn ein Schriftsteller ihnen zum Vorbild wird: Saint-Exupéry oder Lessing. Aber das ist nicht das Wesentliche, diese Weise von Identifikation ist nicht gemeint. In der Dichtung tritt uns der Ausdruck des Individuellen schlechthin entgegen, die Klage des einzelnen, sein tragischer Untergang, sein Verrat, sein Triumph, sein Glück. Dichtung ist immer Beunruhigung durch die Empörung der Einzelseele gegen das Dogma; Dichtung zerstört alles Illusionäre, indem sie nach der Entschleierung des Wirklichkeitsgrundes selbst strebt, Dichtung sucht höhere Bewußtseinsgrade auf, sucht die Qualität des Seienden in der Sprache zu finden. Das aber ist die seelische Situation des jugendlichen Menschen überhaupt; hier findet er zum Ausdruck gebracht, was an Impulsen in seinem zur Freiheit drängenden Seelenleben wirkt. Die neugeschenkten Kräfte des in der Pubertät geborenen seelischen Organismus eröffnen ihm völlig neue, zum Teil erschreckende Perspektiven; die Ahnung von der Möglichkeit und von der Notwendigkeit eines eigenen, freien Daseinsentwurfes beunruhigt und beflügelt ihn. In der Dichtung erhält er Zutritt in ein Reich, das frei ist von der Dogmatik der Lebensverhältnisse: „Die Dichtung hat nicht die Aufgabe, das zu schildern, was ist, sondern was sein soll, oder das, was sein könnte als Teillösung dessen, was sein soll."[2] Aus dem Blickwinkel der sich ganz auf das Ich stellenden Dichterpersönlichkeit, wie sie sich im Werk äußert, findet der wachsende Mensch die Fragen an die Welt, die ihn leiten. Rudolf Steiner macht darauf aufmerksam, daß diese Fragen *'latent'* in der Seele des Jugendlichen ruhen, daß er sie darum ausgesprochen finden müßte, um sie mit dem Bewußtsein greifen zu können. Für jede Altersstufe sind besondere latente Fragen charakteristisch; sie bilden gewissermaßen die inneren Leitmotive für die Unterrichtsinhalte der Waldorfschule. In dem didaktischen Gesamtplan des Deutschunterrichts der Oberstufe spielen sie insofern eine besonders auffällige Rolle, als sie dadurch, daß die Dichter kein Blatt vor den Mund nehmen, ausdrücklicher zur Sprache kommen als zum Beispiel in den naturwissenschaftlichen Fächern.

[1] J. D. Salinger: Der Fänger im Roggen.

[2] R. Musil: Theoretisches zu dem Leben eines Dichters. In: Drei Frauen. Reinbek 1971, S. 150.

b) „Entwicklungsweg" und Didaktik

Hinter dem Gesagten wird das die Waldorfpädagogik bestimmende *'Erziehungsziel'* sichtbar: Persönlichkeitsbildung, Ich-Findung, Selbstbestimmung, Mündigkeit. Diese Begriffe sind alle der Diskussion bedürftig, die nicht an dieser Stelle zu führen ist; hier kann nur gesagt werden, daß es richtig erscheint, nicht vom Erziehungs- oder Bildungsziel zu sprechen, sondern von einem Entwicklungsweg. Um über die Richtung dieses Weges etwas auszumachen, ist eine Formulierung Helmut Schelskys aus seinen Überlegungen zur Bildung durch Wissenschaft hilfreich, die zwar die Universität betrifft, aber die pädagogische Arbeit mit den Jugendlichen im dritten Jahrsiebt gleichermaßen begründet. Er bezeichnet als den *'Dauerauftrag der Bildung'*: „den personbewahrenden Widerspruch gegen die jeweiligen Entfremdungstendenzen der herrschenden geistigen, wissenschaftlich-technischen und sozialen Systeme."[3] Schreiben die Dichter nicht in diesem Auftrag?

Indem Dichtung zum *'Stoff'* des Unterrichts gewählt wird, ist also bereits die didaktische Grundentscheidung gefällt worden: Erziehung zur Autonomie. Das mächtige erzieherische Potential, das in der Literatur liegt, wird fruchtbar gemacht; es sprechen die großen Erzieher.

Unter diesem Aspekt sind einzelne Lehrziele nicht leicht festzulegen, Kriterien zur Urteilsbildung, ob ein Lehrziel erreicht ist oder nicht, nur schwer zu definieren. Studium der Menschenkunde und ständige Übung der Waldorfschullehrer in der Beobachtung der Entwicklungsschritte ihrer Schüler bilden die Grundlage für ihr didaktisches Handeln.[4] Natürlich gibt es Bereiche des Deutschunterrichts, die von der Fachdidaktik her klar bestimmbar, in denen Leistungen auch nach allgemein üblichen Maßstäben beurteilbar sind (z. B. die Aufsatzschulung). Aber das Wesentliche ist, daß die Lernschritte nicht von einem zu vermittelnden *'Stoff'* (Lektürekanon) oder einer zu erübenden Wissenschaftsmethodik (Literaturwissenschaft) her gesetzt werden, sondern sich aus der Richtung des Entwicklungsweges, d. h. von der Zukunft des Schülers her begründen.

Die Frage nach der Didaktik des Deutschunterrichts an der Oberstufe

[3] H. Schelsky: Einsamkeit und Freiheit. Reinbek 1963, S. 300.

[4] Vgl. z. B. Werner Zimmermann: Die poetische Literatur der Gegenwart in der Sicht der heutigen Didaktik, das Vorwort zu seinem Buch: Deutsche Prosadichtungen unseres Jahrhunderts. Düsseldorf 1971, S. 17: „[...] es besteht auch ein Konsens darüber, daß die anspruchsvolleren Ziele im kognitiven Bereich, die kreatives und kritisches Denken erfordern, erst recht aber Lernziele im affektiven Bereich, wie Aufbau von Werthaltungen, Internalisierung von Verhaltensprinzipien u. a. m. zu den schwer operationalisierbaren Zielsetzungen zählen."

der Waldorfschule ist also, um es kurz zu sagen, eine Frage nach der Ökonomie dieses Unterrichts.[5] Welche Unterrichtsmaßnahmen führen meine Schüler rasch und überzeugend an die Welt- und Lebensfragen heran, die im Augenblick ihrer Entwicklung zugrunde liegen? Hierauf geben die Lehrplanratschläge Rudolf Steiners zu den einzelnen Klassenstufen Antwort.

Natürlich wird das, was jeder einzelne Deutschlehrer heute an dieses *'Grundprogramm'* anbaut, anders aussehen als vor siebzig Jahren. Aber die von Rudolf Steiner vorgeschlagenen Hauptmotive der vier Klassen 9 bis 12 erscheinen heute wie damals in demselben Licht, das ihre didaktische Funktion durch die zugrundeliegende Menschenkunde empfängt. Von diesen Hauptmotiven soll gesprochen werden als von einer Art didaktischer Übersichtskarte.

Zuvor noch der Hinweis, daß der Deutschunterricht an manchen Stellen in sehr engem Zusammenhang mit der Thematik des Geschichtsunterrichts der gleichen Stufe steht, so daß es auch die Waldorfschulen meistens so einzurichten versuchen, daß beide Fächer von demselben Lehrer gegeben werden. Auf didaktische oder methodische Einzelfragen, die diesen Zusammenhang betreffen, soll hier nicht eingegangen werden; sie werden nur da und dort gestreift. Ebenso auch die Berührungsflächen mit dem betrachtenden Kunstunterricht, die sich besonders in der 10. und 11. Klasse ergeben.

Deutschunterricht an der Oberstufe umfaßt zwei Aufgabenfelder: Literaturunterricht und Spracherziehung. Die Felder durchdringen einander, sie sollen aber getrennt voneinander beschrieben werden, da sie unterschiedliche Fragestellungen sowohl in Rücksicht auf ihre wissenschaftliche Grundlegung als auch im Hinblick auf ihre erzieherische Intention aufwerfen. Zudem bieten sie je spezifische methodische Probleme.

3. Literaturunterricht

a) Zum Methodischen

Sieben Gesichtspunkte seien – ohne Wertung – genannt, die einem Literaturunterricht eine bestimmte Perspektive verleihen können:

1. Hermeneutik im allgemeinsten Sinne, also Übung im Verstehen und Auslegen von Texten.

[5] Vgl. H. v. Hentig: Was ist Didaktik? In: Spielraum und Ernstfall. Stuttgart 1969, S. 254f.: „Didaktik als Wissenschaft ließe sich geradezu verstehen als die umfassende Ökonomie des Unterrichts."

2. Ästhetische Erziehung durch das dichterische Kunstwerk.
3. Denkschulung, z. B. anhand von philosophischen Texten; in den obersten Klassen als eine Art philosophischer Propädeutik.
4. Moralische Erziehung, d. h. Vermittlung von Wertvorstellungen durch das dichterische Werk oder durch Erarbeitung einer Stellungnahme zu ihm.
5. Einführung in die Kulturgeschichte. Literaturgeschichte als ein Zweig der allgemeinen Bewußtseins- und Geistesgeschichte wie politische Geschichte, Philosophiegeschichte, Technikgeschichte usw.
6. Einführung in die gegenwärtige kulturelle Situation auf dem literarischen Sektor.
7. Einführung in die Weltliteratur. Natürlich wird unter '*Deutschunterricht*' schon lange nicht mehr verstanden, daß nur deutsche Literatur gelesen wird; aber dem Aspekt '*Weltliteratur*' könnte ja durch das Ideal einer Erziehung zum Weltbürgertum besonderes Gewicht verliehen werden.

In einem lebensvollen, reichhaltigen Unterricht werden diese Aspekte wohl alle zur Geltung kommen, im einzelnen Arbeitsgang von Fall zu Fall methodisch voneinander geschieden, in guten Stunden aber einander ergänzend zu einem ganzheitlichen Verstehen einer Dichtung. Es ist ja etwas über den Rang eines Werkes damit gesagt, unter welchem der genannten Gesichtspunkte es dem Lernenden etwas zu bieten hat – von den altersspezifischen Verständnisgrenzen der Schüler einmal abgesehen. So bedeutet die Wahl eines Textes oft schon die Entscheidung für eine Methode. Zur Arbeit an sehr komplexen Gestaltungen wie Goethes ›Faust‹ bietet sich kein methodischer Weg ohne weiteres an; hier müssen die Methoden im lebendigen Zusammenspiel von Lehrer und Klasse entwickelt werden, jedesmal neu, jedesmal anders. Darum gestattet der Lehrplan der Waldorfschule dem Lehrer methodische Freizügigkeit; denn nur aus dem Ich des Lehrers heraus gewinnt der Unterricht '*Durchschlagskraft*', d. h., der Lehrer hat in voller, freier Verantwortung jeden Unterrichtsschritt zu wählen und zu vertreten. Auch die Anregungen Rudolf Steiners sind keine Dienstanweisungen. Es wird ja deutlich, daß Steiner dem Literaturunterricht noch weitere Dimensionen geben wollte, als die genannten sieben Punkte umfassen, wenn man z. B. die Behandlung des *Humors* in der 9. Klasse betrachtet. Bei dieser Aufgabe zeigt sich, daß das eigentliche Unterrichtsthema die Menschennatur selber ist, daß der Neuntkläßler also ein Stück Anthropologie im Gewand der Literaturbetrachtung treiben soll. Welche Stoffe der Lehrer dazu heranzieht, ist völlig offen, muß offen sein, denn hier muß er sich wie ein gestaltender Künstler entfalten und seine speziellen Fähigkeiten und Kenntnisse einsetzen. Vielleicht erfüllt er die Aufgabe sogar gut, ohne Jean Pauls Ästhetik zu Hilfe zu nehmen, wie Steiner rät; denn leicht mißrät eine Arbeit an Jean Paul, wenn der Lehrer es schwer mit ihm hat, was ja gelegentlich der Fall ist.

Mit alledem ist nicht gesagt, daß Beliebigkeit herrscht, sondern Freiheit des Lehrers in der Verantwortung gegenüber den Entwicklungsschritten des Schülers, die für eine gesunde Personbildung notwendig sind. Von allen werdenden Waldorflehrern wird in den ersten Lehrjahren die Erfahrung gemacht, wie zielgenau die Unterrichtsvorschläge Steiners ‚sitzen', weil sie aus der Erkenntnis dessen, was er das *'Allgemeinmenschliche'* jeder Altersstufe nennt, herrühren.

Die Offenheit des Deutsch-Lehrplanes und die Autonomie des Lehrers in der Durchführung seines Unterrichts beruhen darauf, daß jedem Unterrichtsvorgang in der Waldorfpädagogik bestimmte fundamentale methodische Prinzipien zugrunde liegen. Es ist hier notwendig, speziell zur Methodik des Literaturunterrichts auf eine Leitidee hinzuweisen, die Steiner in den ›Grundlinien einer Erkenntnistheorie der Goetheschen Weltanschauung‹ entwickelt hat, weil in ihr die Begründung dafür liegt, warum die Arbeit am Kunstwerk zur Erweckung des Ich so bedeutsam ist. Er schreibt am Schluß jener Schrift über die Aufgabe der Geisteswissenschaften im Verhältnis zu den Naturwissenschaften:

„Während in der Organik[6] stets das Allgemeine, die Typusidee im Auge behalten werden muß, ist in den Geisteswissenschaften die Idee der Persönlichkeit festzuhalten. Nicht die Idee, wie sie sich in der Allgemeinheit (Typus) darlebt, sondern wie sie im Einzelwesen (Individuum) auftritt, ist es, worauf es ankommt. Natürlich ist nicht die zufällige Einzelpersönlichkeit, nicht diese oder jene Persönlichkeit maßgebend, sondern die *Persönlichkeit überhaupt*; [...]

Der Typus hat die Bestimmung, sich im Individuum erst zu realisieren. Die Person hat dieses, bereits als Ideelles wirklich auf sich selbst ruhendes Dasein zu gewinnen. Es ist etwas ganz anderes, wenn man von einer allgemeinen Menschheit spricht, als von einer allgemeinen Naturgesetzlichkeit. Bei letzterer ist das Besondere durch das Allgemeine bedingt; bei der Idee der Menschheit ist es die Allgemeinheit durch das Besondere. [...] Daß das Besondere zugleich das Gesetzgebende ist, charakterisiert die Geisteswissenschaften; daß dem Allgemeinen diese Rolle zufällt, die Naturwissenschaften."[7]

Es gilt also, sich zu einer Betrachtung des menschlichen Individuums überhaupt zu erheben:

[6] Gemeint ist Wissenschaft vom Organischen.

[7] R. Steiner: GA 2. Stuttgart 1961, S. 88f. (Hervorhebung vom Autor.)

„Es ist da nicht mehr so wie in der Organik, daß wir in dem besonderen Wesen die Gestaltung des Allgemeinen, der Urform erkennen, sondern die Wahrnehmung des Besonderen als diese Urform selbst. Nicht *eine* Ausgestaltung ihrer Idee ist das menschliche Geisteswesen, sondern die Ausgestaltung derselben."[8] Diese Anschauung, die erkennen läßt, welch hoher Rang hier der menschlichen Persönlichkeit zuerkannt wird, mündet dann ein in die Idee von der Freiheit der Persönlichkeit, die Steiner später in seiner ›Philosophie der Freiheit‹ gründlich entwickelt hat:

„Das Wollen ist souverän. Es vollführt nur, was als Gedankeninhalt in der menschlichen Persönlichkeit liegt. Der Mensch läßt sich nicht von einer äußeren Macht Gesetze geben, er ist sein eigener Gesetzgeber. Wer sollte sie ihm, nach unserer Weltansicht, auch geben? Der Weltengrund hat sich in die Welt vollständig ausgegossen; er hat sich nicht von der Welt zurückgezogen, um sie von außen zu lenken, er treibt sie von innen; er hat sich ihr nicht vorenthalten. Die höchste Form, in der er innerhalb der Wirklichkeit des gewöhnlichen Lebens auftritt, ist das Denken und mit demselben die menschliche Persönlichkeit."[9]

Hiermit ist ausgesprochen, daß Steiner im Denken „das Wesen der Welt"[10] erkennt und daß dieser Anschauung gemäß „das individuelle menschliche Denken die einzelne Erscheinungsform dieses Wesens ist"[11]. In dem, was Steiner „Persönlichkeit überhaupt" nennt, bekundet sich also ein sehr hohes geistiges Prinzip. Urform der Persönlichkeit, Urbild des Menschen: Das ist das Erkenntnisziel der Geisteswissenschaften. Nun tritt das Persönlichkeitsprinzip besonders rein zutage in der Kunst, weil der Künstler in seiner Arbeit sich von dem Privat-Persönlichen losringt, weil sein Werk aus dem Bereich der Zwecke und des Zufälligen herausgehoben sein soll. Hier ist Goethes Kunstauffassung für Steiner richtungweisend: „[...] denn indem der Mensch auf den Gipfel der Natur gestellt ist, so sieht er sich wieder als eine ganze Natur an, die in sich abermals einen Gipfel hervorzubringen hat. Dazu steigert er sich, indem er sich mit allen Vollkommenheiten und Tugenden durchdringt, Wahl, Ordnung, Harmonie und Bedeutung aufruft und sich endlich bis zur Produktion des Kunstwerkes erhebt [...]"[12]

Im literarischen Kunstwerk tritt also dem Betrachter das Wirken der

[8] Ebd., S. 91. (Hervorhebung vom Autor.)

[9] Ebd., S. 94f.

[10] Ebd., S. 60.

[11] Ebd., S. 60.

[12] J. W. Goethe: Winckelmann und sein Jahrhundert. Großherzog-Wilhelm-Ernst-Ausgabe. Leipzig 1910, Kunstschriften Bd. 1, S. 672.

Persönlichkeit, d. h. Ichhaftigkeit, unmittelbar entgegen; im jugendlichen Leser kann durch die Begegnung mit dem Ich-Prinzip die eigene Ichkraft entzündet werden.

Dazu ist eine besondere Aktivität nötig. Es muß nämlich „der Weg der Erfahrung im strengsten Sinne" gegangen werden, wie Steiner in den ›Grundlinien‹ die naturwissenschaftliche Methode Goethes charakterisiert:

„Er nimmt zuerst die Objekte, wie sie sind, sucht mit völliger Fernhaltung aller subjektiven Meinung ihre Natur zu durchdringen; ..."[13] Nur bei Beachtung dieser strengen Methode, die Zurückhaltung und Überwindung von Schüler und Lehrer verlangt, kann es gelingen, eine Dichtung sich so aussprechen zu lassen, daß das in ihr wirksame Persönlichkeitsprinzip im vorstellenden Ich des Betrachters aufleuchtet. Etwas Ähnliches mag Goethe gemeint haben, wenn er in dem Gespräch „über Wahrheit und Wahrscheinlichkeit der Kunstwerke" den Anwalt des Künstlers sagen läßt: „Der wahre Liebhaber ... er fühlt, daß er sich zum Künstler erheben müsse, um das Werk zu genießen, er fühlt, daß er sich aus seinem zerstreuten Leben sammeln, mit dem Kunstwerke wohnen, es wiederholt anschauen und sich selbst dadurch eine höhere Existenz geben müsse."[14]

Der Waldorflehrer wird daher dem dichterischen Text den Vorzug geben vor der Gebrauchsliteratur, da jener – im Sinne des oben genannten Ökonomiegedankens – zur Ichentwicklung des jungen Menschen mehr beiträgt.[15] Nicht also, wie leicht mißverstanden werden könnte, weil der Waldorfschüler etwa nur „gute Literatur" in bürgerlichem Sinne lesen sollte. Erziehung zur Autonomie, das ist der Leitgedanke; aber die Arbeit mit dem literarischen Kunstwerk hat ihre Funktion nicht darin, daß Freiheitsgedanken der Dichter von den Seelen der Schüler direkt übernommen werden, sondern darin, daß durch den Kunstcharakter eines Werkes in der Seele des Schülers das Freiheitselement gebildet wird. „Die Geisteswissenschaften sind im eminenten Sinne daher Freiheitswissenschaften", sagt Steiner, mit einem Blick auf die hohe Bedeutung von Schillers ästhetischen Briefen, die „das Wesen der Schönheit in der Idee der Freiheit finden wollen"[16] und die im Kunstunterricht der Waldorfschule eine wichtige Rolle spielen.

Selbstverständlich ist der Literaturunterricht nicht allein im Aufgaben-

[13] GA 2, a. a. O., S. 43.

[14] Kunstschriften, a. a. O., Bd. 2, S. 137.

[15] Was eine Beschäftigung mit Gebrauchstexten, Trivialliteratur etc. zu bestimmten didaktischen Zwecken natürlich nicht ausschließt.

[16] GA 2, a. a. O, S. 88.

feld *'Kunstunterricht'* anzusiedeln; es sind auch Themen zu behandeln, bei denen der ästhetische Aspekt entschieden zurücktreten muß, um anderen den Vortritt zu lassen. Aus den folgenden Skizzen zu den verschiedenen Klassenstufen ist auch dies zu ersehen.

b) Zur 9. Klasse

In den zwei Deutschepochen dieser Klasse werden vorzugsweise Schiller und Goethe behandelt und der Humor. Darin zeigen sich zwei ganz unterschiedliche Ansätze, wie auf die Entwicklungssituation des Jugendlichen mit diesem Unterricht eingegangen wird.

Für eine Beschäftigung mit den beiden großen Weimarern gibt es eine Vielfalt von Motiven; zwei seien genannt. Die Auseinandersetzung mit den Autoritäten, in die der junge Mensch mit Beginn des Jugendalters eintritt, um sich aus deren Vormundschaft zu lösen und einen eigenen Lebensplan zu entwerfen, ist ein Thema, das bei der Betrachtung der Jugendbiographie sowohl Schillers als auch Goethes ganz in den Mittelpunkt gestellt werden kann. Das andere Motiv ist das der Freundschaft; nach der Pubertät werden neue menschliche Bindungen gesucht, die tiefer in das eigene Schicksal eingreifen, indem sie den vollen Lebensernst der gegenseitigen Steigerung, aber auch der Verantwortung tragen. Die Freundschaft der beiden Dichter ist hierfür wie urbildlich; denn nicht Sympathie führt sie zusammen, sondern die Erfahrung, daß die Geistesart des anderen die eigene befruchtet.

Also werden z. B. die beiden Biographien vom Lehrer erzählt. Aus den Kapiteln von Schillers Jugend läßt sich Feuer schlagen; alle Probleme von Herkunft, Begabung, Erziehung, Autorität, die dem Neuntkläßler auf den Nägeln brennen, kommen zur Sprache, aber nicht in der Reflexion der eigenen Situation – die kann man vermeiden –, sondern durch die Lenkung der Aufmerksamkeit auf das Freiheitsringen einer Persönlichkeit, die damit im Menschheitsgang objektiv etwas bewirkt hat. So wird das Interesse auf die Außenwelt gewendet, was für den Jugendlichen besonders heilsam ist; die latenten Fragen nach dem eigenen Freiheitsideal, nach Ausdrucksformen wahrer Autorität, nach freier Bildung u. a. werden berührt, ihre erkenntnismäßige Durchdringung, wie sie dann in der 11. und 12. Klasse möglich ist, wird vorbereitet.

Goethes Jugendentwicklung wirft die Emanzipationsfrage unter anderen Schicksalsvorzeichen auf; hier wäre z. B. sein traditionsbewußter Vater zu betrachten oder die erste Begegnung des jungen Studenten mit dem *'Literaturpapst'* Gottsched, als dieser gerade keine Perücke trug. Anekdoten machen die Bilder lebendig. Ihre Befreiung von den Dogmen des Vernunftzeitalters dokumentieren beide Dichter in ihren genialen Erstlingswerken, im ›Götz‹ und in den ›Räubern‹. Die ›Räuber‹ bereiten Schwierigkeiten, der ›Götz‹ aber eignet sich gut zur Lektüre. Ein Vergleich dieses Stückes mit Schillers ›Don Carlos‹, der gern gelesen wird, öffnet die Augen für das, was die beiden in ihrem geistigen Streben verbindet, aber auch gerade für ihre große Verschiedenheit. In beiden Dramen geht es um Behauptung oder Untergang der Persönlichkeit im Kampf um politische Freiheit, geht es um das Ränkespiel der Mächtigen, um das Wirken einer Frau im Hintergrund; hier wie da steht Freundschaft in der Bewährungsprobe durch die Umstände, werden Herzen auf Festigkeit und Treue geprüft. Aber wie verschieden äußern sich die Persönlichkeiten der beiden Dichter durch die Art, wie sie ihre Thematik künstlerisch gestalten! Goethe entwirft eine lebensvolle Szenerie, wo neben der Sprache des Hofes auch die Sprache des Volkes ertönt, die rauhe Prosa von Bauern und Knechten, Kampflärm und Fluch; die Szenen kurz, zum Teil knapp skizziert; das Ganze volkstümlich, frei von den Regeln des französischen Dramas, in wenigen Wochen von dem 22jährigen niedergeschrieben (›Urgötz‹). ›Don Carlos‹ dagegen ist in Verse gebracht, die Sprache hoch stilisiert, jeder Satz ins feinste durch-rhythmisiert; keine alltägliche Verrichtung in dem ausschließlich höfischen Milieu. Jahrelang hat Schiller daran gearbeitet, widrigen Lebensverhältnissen und einem kränklichen Körper das Äußerste abtrotzend, um dem hohen Ideal der Freundschaft und des Freiheitsstrebens eine ideale Form zu verleihen.

Die Schüler finden heraus: Goethe ging es mehr darum, ein lebendiges, realistisches Bild der großen Persönlichkeit zu geben, die aus den Wirren der beginnenden Neuzeit durch die Kraft ihres Ichs herausragt; Schiller aber läßt in ›Don Carlos‹ in mächtig strömenden Passagen die großen Menschheitsideale vortragen, den Handlungsfaden unnötig kompliziert verknäuelnd, den Goethe so schön gradlinig abwickelt. Damit sind sie der Polarität dieser beiden Geister auf der Spur: Goethe sucht die Wirksamkeit des Geistigen in der Natur, in der Menschennatur unmittelbar auf, Schiller strebt danach, eine höhere, geistigere Wirklichkeit zu gestalten. Mit einem Verständnis für die Polarität dieser beiden geistigen Grundhaltungen ist dem Schüler ein zentrales Kapitel mitteleuropäischen Geisteslebens eröffnet;[17] zugleich wird er gewahr, wie sich auch in den beiden

[17] Was im Hinblick auf die Grundlegung einer Erkenntnistheorie durch diese Goethe-Schiller-Epoche vorbereitet werden kann, zeigt der folgende Gedanke Steiners aus den „Vorfragen" zu seinen ›Grundlinien‹: „Goethes Blick ist auf die Natur und das Leben gerichtet; und die Betrachtungsweise, die *er* dabei befolgt, soll der *Vorwurf* (der Inhalt) für unsere Abhandlung sein; Schillers Blick ist auf Goethes

Lebensläufen entsprechende polare Verhältnisse erkennen lassen[18] und wie in jener einzigartigen Freundschaft jeder eine beglückende Steigerung der eigenen Natur und der schöpferischen Kräfte erfuhr[19].

Vieles läßt sich anbauen. Es gibt wohl kaum eine Waldorf-Neunte, die nicht Goethes ›Prometheus‹ rezitierte; denn wo ist das Gefühl der eigenen Ich-Kraft und der Auflehnung gegen den '*Vater*' herrlicher, unverhohlener, bis in Rhythmus und Lautung hinein, zum Ausdruck gebracht? Schillers '*Verbrecher aus verlorener Ehre*' löst leidenschaftliche Debatten – die sich zu rhetorischen Übungen gut nutzen lassen – über Schicksal und Schuld, Gerechtigkeit und Barmherzigkeit aus, an die sich auch zeitgenössische Lektüre, z. B. Günter Eichs ›Züge im Nebel‹, anknüpfen läßt. Das in der Kritiklust sich äußernde Erwachen des Urteilsvermögens verlangt nach Gelegenheiten, wo sich die Persönlichkeitskräfte im Urteilen messen dürfen, wo das oft wirre, oft dogmatisch befangene Urteilen geordnet oder befreit werden kann, z. B. durch diesen Gedanken Schillers zu seinem '*Verbrecher*': „Auf dem höchsten Gipfel seiner Verschlimmerung war er dem Guten näher, als er vielleicht vor seinem ersten Fehltritt gewesen war."

Als Kämpfer gegen das Vorurteil hat auch Lessing seinen Platz in dieser Epoche, vielleicht durch die Lektüre des ›Nathan‹. Gerade Lessings Schriften bieten auch Stoff für die Beschäftigung mit den Formen und der Theorie des Humors. Es versteht sich, daß dadurch auch ein Licht auf die geschichtlichen und sozialen Verhältnisse fällt. Das Thema der Behandlung des Humors könnte so formuliert werden: Die Art, wie mir die Wirklichkeit erscheint, hängt von *meinem Standpunkt* ab. Daran knüpfen sich sofort bedeutende Fragen: Steht es mir frei, meinen Standpunkt zu wählen und zu wechseln? Und: Wie ist die Welt wirklich? Finde ich die Wahrheit in der äußeren Wirklichkeit vor oder erzeuge ich sie? Natürlich wird man kein Philosophikum durchführen, sondern anhand der Literatur Erfah-

Geist gerichtet; und die Betrachtungsweise, die er dabei befolgt, soll das Ideal unserer *Methode* sein." GA 2, a. a. O., S. 19. (Hervorhebungen vom Autor.)

[18] Die Polarität der beiden Biographien hat Herbert Hahn in: Der Lebenslauf als Kunstwerk. Stuttgart 1966, dargestellt.

[19] Ein Literaturwissenschaftler wird vielleicht Anstoß nehmen an dem Vergleich zwischen ›Götz‹ und ›Don Carlos‹ und fragen, warum nicht ›Götz‹ und ›Die Räuber‹ verglichen werden, was doch näher liege und ein solches polares Verhältnis gar nicht ohne weiteres zur Erscheinung bringe. Es kommt aber für eine 9. Klasse auf den literaturwissenschaftlichen Gesichtspunkt gar nicht an; der Vergleich erbringt ja ein ‚Ergebnis', das, aufs Ganze der beiden Dichter gesehen, das Charakteristische ihrer geistigen Gestalten enthält.

rungen machen lassen, die jenen Erkenntnisfragen, die jetzt im Dämmer der Schülerseelen rege werden, Nahrung geben. Das Erproben verschiedener Standpunkte ist auch Aufgabe für dialektische Übungen aller Art, die Steiner für die Aufsatzschulung dieser Klassenstufe besonders empfohlen hat. Es geht also um das Verhältnis des Ich zur Welt.

Zuerst ist es notwendig, Erscheinungsformen und Wirkungen des Komischen kennenzulernen. Ob mir etwas komisch erscheint, hängt damit zusammen, was für ein Verhältnis ich dazu habe. Und wenn etwas, das ich komisch finde, mich zum Lachen reizt, so kommt darin ein doppeltes Verhältnis meiner Subjektivität zu etwas Objektivem zum Ausdruck: einmal zu dem lächerlich erscheinenden Objekt oder Ereignis, zum anderen zu meinem eigenen physischen Leib als etwas Objektivem. Denn das Lachen ist ja ein Vorgang, den die Seele im Leibe auslöst, wenn das Ich zu einer Sache in ein bestimmtes Verhältnis tritt.[20] Hier sei nur darauf hingewiesen, daß eine Betrachtung des Lachens und des Weinens mit den Schülern einen Beitrag leisten kann zu einem Verständnis der Selbständigkeit des Seelischen gegenüber dem Physischen, d. h. zu einem Verständnis dessen, was sich gerade in ihrer eigenen Entwicklung als Verselbständigung, als *'Geburt'* des seelischen Organismus abspielt.

Nun können ein paar Theorien des Komischen oder des Lächerlichen vorgelegt werden: beispielsweise die von Aristoteles, Kant, Flögel oder Schiller. Die Schüler sollen selber prüfen, wieweit dadurch die ihnen bekannten komischen Wirkungen erklärt werden. Komische Dichtungen von Hans Sachs bis Wolfgang Hildesheimer werden dazu gelesen; unterderhand eine kleine Literaturgeschichte vom 16. bis zum 20. Jahrhundert. Verschiedene Arten der Komik werden angeschaut: der Wortwitz, die komische Figur, die Situationskomik. Herbert Schöfflers ›Kleine Geographie des deutschen Witzes‹[21] bereichert den Unterricht; es dürfen auch einmal Witze erzählt werden – die meisten müssen das üben –, man lernt, was eine Pointe ist. Schließlich das Studium einzelner Partien aus Jean Pauls ›Vorschule der Ästhetik‹ zur Theorie des Humors.

Lernen die Schüler etwas von Jean Pauls Leben kennen, z. B. die schreckliche Armut und die furchtbaren Sorgen seiner Jugend, und hören sie dann, wie Jean Paul selbst seine Jugend darstellt, so wird ein Verständnis von der Macht des Humors in ihnen erwachen, der „nicht das Einzelne, sondern das Endliche durch den Kontrast mit der Idee" vernichtet.[22]

[20] Rudolf Steiner hat die Vorgänge im Gefüge der Wesensglieder beim Lachen und Weinen exakt beschrieben. GA 107, 27. 4. 09 und GA 58, 3. 2. 10.

[21] Göttingen 1955, geschrieben 1941, als es nichts zu lachen gab.

[22] § 32 der ›Vorschule der Ästhetik‹.

Abzugrenzen sind nun Äußerungen des wahren Humors, wie Jean Paul ihn auffaßt, von Witz, Ironie, Satire usf. Das Lachen dessen, der die Kunst, glücklich zu sein, wie Jean Paul sagt, übt, „weil vor der Unendlichkeit alles gleich ist und nichts“[23], ist zu unterscheiden vom Lachen des Satirikers, der einzelnes vernichten will. Hatte Heine Humor? Lessing? Wilhelm Busch? Tucholsky? Es gibt spannende Leseproben, kontroverse Stellungnahmen, die das Gespräch befeuern, und Anlässe zu eigenen schriftstellerischen Übungen in verschiedenen Tonarten des Komischen. Auch auf sein eigenes Lachen, das gerade dem Neuntkläßler so oft an der falschen Stelle herausplatzt, nach dessen befreiender Wirkung er aber ein großes Bedürfnis hat, wird er aufmerksam. Aus welcher Perspektive habe ich die Sache angeschaut, daß mir das Lachen kam? War es das Lachen des Humors, ein satirisches oder gar sarkastisches Lachen oder das Lachen dessen, der gar nichts versteht? So ist in der Thematik dieser Epoche auch noch eine geheime Anleitung zur Selbstkorrektur versteckt.[24]

c) Zur 10. Klasse

Zwei Themenkreise sind auch für diese Klassenstufe von Steiner empfohlen worden, die eigentlich riesige Arbeitsgebiete umfassen und ein hohes Maß an Kompositionskraft vom Lehrer verlangen, wenn die Epochen aus den wesentlichen geistigen Linien ihre Kontur gewinnen sollen: das Nibelungenlied und das Gudrunepos[25] einerseits, Metrik und Poetik andererseits. Für das zweite Gebiet steht eine Kunstunterrichtsepoche zur Verfügung, die in dieser Klasse ganz dem Sprachlich-Künstlerischen gewidmet wird. Das Kapitel Metrik gehört in den Rahmen der Ausführungen zur Spracherziehung.

Die Arbeit am Nibelungenlied wird so vorbereitet, daß die Schüler das Milieu kennenlernen, „aus dem die Dichtung gewachsen ist“, wie Steiner sagt.[26] Das heißt: germanische Mythologie, Völkerwanderungszeit, nordische Dichtung, höfische Kultur des Hochmittelalters. Die Hauptzüge der Mythologie und die germanischen Sagengestalten der Völkerwanderung sind den Schülern seit der Unterstufe bekannt. Das wird jetzt wachgerufen

[23] Ebd.

[24] Siehe auch: A. v. d. Goltz: Jean Paul im Deutschunterricht der 9. Klasse. In: Erziehungskunst 10/1971, S. 390ff.

[25] Bei H. de Boor: Geschichte der deutschen Literatur. Bd. 2 München ^{8}1969 heißt es Kudrunepos.

[26] GA 300, Konferenz vom 17. 6. 1921.

und führt dazu, daß die Gesichter sich in der Freude des Erinnerns aufhellen, wenn nun sichtbar gemacht werden kann, in welchen Zusammenhängen das steht, was das kindliche Bewußtsein einst als große Bilder aufgenommen hatte, und wenn es gedanklich durchdrungen und verstanden wird. Das ist ein Beitrag zu dem „Übergang von der Kenntnis zur Erkenntnis", der dem Unterricht in der 10. Klasse einen absolut neuen Stil verleihen soll gegenüber dem in der 9.[27] Beispielsweise kann ein Gespräch mit den Schülern über das Träumen, so wie jeder es kennt, die Bereitschaft wecken, die Bilder, in denen hier *'Geschichte'* erzählt wird, ihrer mythischen Natur gemäß aufzufassen und auch die eigenartige Mischung von Sage und Geschichtlichkeit in den Heldenliedern zu begreifen. „Diese Dichtungen schildern, was die germanische Seele in den Stürmen der Völkerwanderung innerlich erlebt und erleidet. Diese Dichtungen sind künstlerisch geformte Biographien der germanischen Volksseele, dargestellt an ihren größten, an ihren markantesten Vertretern. Der Nibelungenstoff ist das Epos von der Götterdämmerung."[28] Ein Verständnis auf diesem Niveau zu erreichen erfordert, daß z. B. Siegfried urbildhaft erlebt werden kann als der Repräsentant hoher Kräfte, als der Führer zu neuen Seelenfähigkeiten, der aber dem archaisch-dunklen Widersacher erliegt, verstrickt in das Spannungsnetz zwischen den zwei Frauen, von denen die eine eigentlich eine Walküre, d. h. noch ganz mit übermenschlichen Mächten verbunden, die andere die *'modernere'* ist, in der ein neues Persönlichkeitsprinzip sich herrlich und furchtbar offenbart. Die heldische Steigerung von Krimhilds Rachsucht, die sich gegen die eigene Sippe wendet, zeigt den Entwicklungsschritt: Lösung aus der Bindung an die Blutsverwandtschaft; zeigt aber auch die Entwicklungstragik, die darin liegt, daß die neue Moralität des Christentums, die Milde und Selbstüberwindung fordert, noch keine Geltung in dieser Nibelungenseele hat. In Dietrich von Bern erst wird sie wirksam. „Zwei große Führer sind da", schreibt Uehli, „Siegfried und Dietrich. Der eine ist ein tragischer Götterdämmerungsführer, der andere ein Führer zum Menschengott, zum Christentum."[29]

Wieder wird Steiners Lehrplanprinzip sichtbar: In den Bildern des Epos, die die Entwicklungsgeschichte der germanischen Seele darstellen, spiegeln sich auch Entwicklungsvorgänge, die die Dramatik des Seelenlebens eines heutigen 16jährigen Menschen mitbestimmen. Darum im An-

[27] So R. Steiner am 21. 6. 22 in: GA 302a.

[28] Ernst Uehli: Bildgestalten und Gestaltenbilder. Stuttgart 1975, S. 52. Zum Begriff der ‚Volksseele' siehe R. Steiner: GA 121. Hier findet sich auch Wesentliches zur Deutung der germanisch-nordischen Mythologie.

[29] Ebd.

schluß daran das Gudrunlied, weil hier die „autonome sittliche Selbstbehauptung" der heroischen Frau sich nicht in wilder Selbstsucht, sondern im „unerschütterlichen Ausdauern im Leiden" offenbart.[30] In dieser Dichtung kann etwas von der sittlichen Kraft zur Überwindung dessen spürbar werden, was Steiner die *'Nibelungenwildheit'* genannt hat. Er hat geschildert, wie sich durch die deutsche Geschichte eine Unterströmung ziehe, in der etwas von der „alten innerlichen Seelenwildheit und Seelenprimitivität der Nibelungenmenschen" fortlebe, aber in krankhafter, dekadenter Form, stark z. B. im Preußentum zu Zeiten Friedrichs des Großen auftauchend, „die allerärgste Bewahrung der Nibelungenwildheit in vollstem Verfall".[31] Das geht schließlich bis hin zur *'Nibelungentreue'* im sogenannten Dritten Reich.

Die innere und die historische Situation des Jugendlichen, wo sich im Halbbewußtsein entscheidet, was für Impulse für die Lebensgestaltung wirksam werden, machen ihn also empfindsam für die Wahrnehmung geschichtlicher Kräfte, die sein Zeitalter bewegen und bis in sein eigenes Inneres hereinwirken. So erhält die Frage Nahrung, die in diesem Alter aktuell wird: Was ist das für ein Volk, dem ich angehöre? Wie stelle ich mich dazu? Das heißt, der junge Mensch selbst ist geradezu ein Organ für das Verständnis von Geschichte, und zwar ihrer Tiefenströmungen, auf die es ankommt, und die Zeugnisse für die Bewußtseinsentwicklung der Menschheit werden ihm Schlüssel zum Selbstverständnis.[32] Darüber wird im Unterricht freilich nicht direkt gesprochen; wichtig ist indessen, daß die Dichtung Leben gewinnt. Hierzu ist die Beachtung einer methodischen Regel wichtig, auf die Steiner oft hinweist, gerade auch im Hinblick auf die Arbeit am Nibelungenlied: Erst muß vom Lehrer ein vollständiges Bild vom Ganzen gegeben werden, „nicht in einer langweiligen Prosa, sondern in einer kurzweiligen bildhaften Art"![33] Dann werden ausgewählte Stellen *'als Probe'* gelesen. Steiner forderte sogar: „Womöglich dahin arbeiten, daß man es in der mittelhochdeutschen Sprache durchnimmt."[34] Das ist schwer, aber unerläßlich, um den vollen sinnlichen Geschmack der Dichtung zu erleben; es gibt Gelegenheiten zu anregenden Vergleichen zwischen mittelhochdeutscher und neuhochdeutscher Grammatik, zur Untersuchung von Bedeutungswandel und zur Betrachtung der Lautver-

[30] De Boor: a. a. O., S. 204.

[31] R. Steiner: GA 190. 10. Vortrag, S. 167 und 169.

[32] Die Behandlung der alten Kulturen im Geschichtsunterricht der 10. Klasse steht insgesamt unter diesem Vorzeichen.

[33] R. Steiner: GA 300, Konferenz am 14. 2. 23.

[34] Ebd., 17. 6. 21.

schiebungsgesetze, besonders wenn althochdeutsche Texte, z. B. das Hildebrandslied, auch gelesen werden.[35] Im Zusammenhang mit dem Nibelungenlied kann eine Fülle von historischen, mythologischen, psychologischen, religiösen, ästhetischen, auch politischen Problemen zur Sprache kommen, die hier nicht genannt werden können.[36] Was aber im Anschluß an diese Epoche behandelt wird, ist jedesmal neu eine spannende Frage. Natürlich wollen Zehntkläßler auch moderne Literatur in der Schule lesen. Hier läßt sich vieles unter verschiedenen Aspekten anschließen. Zum Beispiel Alfred Anderschs Roman ›Sansibar oder der letzte Grund‹ von 1957 unter dem Aspekt der Selbstbestimmung im Spannungsfeld der zwei großen Unfreiheitssysteme unseres Jahrhunderts. „Der junge Mann, der sich Gregor nennt", der „im eigenen Auftrag" handelt,[37] mit derselben Nüchternheit, die ihn selber führt, vom Autor bezeichnet: „So also sehen in unserer Zeit die Boten und die Söhne aus, die Boten der Rettung und die Söhne der Ideen: man kann sie nicht unterscheiden."[38] Hier ist das Gegenbild zum archaischen Menschen des 20. Jahrhunderts, den z. B. Laurens van der Post in seiner Erzählung ›Trennender Schatten‹ in der Gestalt des Japaners Hara schildert. Durch die Lektüre van der Posts läßt sich beispielsweise die Thematik: Nibelungentum und moderner Geistesritter, um ein Kierkegaardsches Wort dafür zu nehmen, weiterführen.

Das Arbeitsgebiet Poetik verlangt, daß die Arten der Dichtungsformen Lyrik, Epik, Dramatik behandelt werden. Hier kann man inhaltlich auch anschließen, was thematisch zu dem Nibelungenthema paßt.

d) Zur 11. Klasse

Im Laufe des 17. Lebensjahres durchschreitet der heranwachsende Mensch eine wichtige Station auf seinem Entwicklungsweg. Die Reifung ist so weit vorgeschritten, daß die Frage nach der selbständigen Gestaltung der eigenen Biographie jetzt auftritt, oft mit Schärfe. Der Lehrplan antwortet auf diese Situation mit dem zentralen Thema dieses Schuljahrs, mit

[35] Steiner hat in der Konferenz vom 22. 9. 20 die Behandlung der Lautverschiebungsgesetze schon für die 9. Klasse empfohlen.

[36] Zu dem Thema dieser Epoche siehe z. B. Ernst Uehli: Nordisch-germanische Mythologie als Mysteriengeschichte. Stuttgart 1965; Rudolf Meyer: Nordische Apokalypse. Stuttgart 1967. Steiners Vortragswerk enthält eine Fülle von Anregungen dazu. Reinhart Fiedlers Aufsätze: Aus dem Deutschunterricht der 10. Klasse. In: Erziehungskunst 12/76 und 1/77, geben eine gute Einführung.

[37] In der Taschenbuch-Ausgabe, Frankfurt 1965, S. 117.

[38] Ebd., S. 162.

der Arbeit an dem Parzival-Epos von Wolfram von Eschenbach. Der Schritt vom Nibelungenlied zum ›Parzival‹ läßt den Umschwung erkennen: Nach der Auseinandersetzung mit den düsteren archaischen Untergangsmächten des Nibelungentums jetzt die Wendung zu den fortschreitenden geistigen Strömungen der Artus-Kultur und des Gralsrittertums.

Das Motiv von der erlösenden Kraft der Frage, durch die Parzival Anfortas heilt und selber das Gralskönigtum erringt, wird jetzt zu einem Leitmotiv für den Unterrichtsstil: Der Schüler muß die richtige Frage suchen. Es ist eine Sache des Mutes und der inneren Aktivität, sich der Fragwürdigkeit von Denkgewohnheiten, Vorurteilen und Lebensnormen bewußt zu werden und sich ihr zu stellen. Die echte Parzival-Frage führt aber noch darüber hinaus: In ihr äußert sich die Selbstlosigkeit des Fragers, die Reinheit seiner Anteilnahme am Schicksal eines anderen Menschen und der Menschheit. Erst die vom Egoismus befreite Frage hat erlösende Kraft, ruft Erkenntnis hervor und führt den Frager selbst auf eine höhere Entwicklungsstufe. Die hohe Kunst des Fragens ist ein wichtiges Lernziel dieser Klassenstufe, damit Weltoffenheit und wahre Erkenntnisgesinnung sich bilden können.

Im Zusammenwirken mit dem Geschichtsunterricht wird ein möglichst lebendiges Bild der mittelalterlichen Welt entwickelt, damit die Dichtung aus dem Milieu heraus, aus dem sie gewachsen ist, verstanden werden kann. Auf dem Gang durch die Bilderwelt des Epos wird den Schülern allmählich deutlich, daß es sich um die Darstellung eines individuellen Entwicklungsweges handelt, auf dem Versuchungen und Erfüllungen, Kämpfe und Unterweisungen, Niederlagen und Beglückungen durchlebt werden, in denen sich ihr eigenes Erleben spiegelt. Der Weg Parzivals von der tumbheit durch den zwîfel zur sælde läßt Gesetzmäßigkeiten des Menschseins erkennen, deren gedankliche Durchdringung zum Erfassen des allgemeinen Begriffs der *'Biographie'* führen kann. Damit ist der Zusammenhang gestiftet zwischen den Fragen des Jugendlichen nach den Kräften, die seine eigene Entwicklung bestimmen, und den Erziehungsimpulsen, die die europäische Menschheit von der Artus- und von der Gralsströmung empfangen hat. Das bedeutet, daß an der Parzivalbiographie die Erziehungsprinzipien aufleuchten, die die Menschheit reif gemacht haben für den Eintritt in das Zeitalter der Bewußtseinsseele, wie in anthroposophischer Terminologie die im 15. Jahrhundert anbrechende Neuzeit genannt wird.[39]

[39] Parzival als Repräsentant der Bewußtseins(seelen)entwicklung, siehe R. Steiner: „Und was sich in der Bewußtseinsseele abspielen muß, das ist ausgedrückt in alle dem, was sich um die Gestalt des Parzival herumkristallisiert“ (GA 144, 6. 2. 1913).

Mit dem Aufgreifen dieser Prinzipien für die Selbsterziehung macht sich der junge Mensch auf den Weg, Zeitgenosse des 20. Jahrhunderts zu werden.

Die methodischen Probleme, die sich bei der Durcharbeitung des Werkes stellen, sind groß. Um die nötige Aktivität aufzubringen zum Verständnis der einzelnen aventiuren, braucht der Schüler eine Übersicht über den Sinnzusammenhang des Ganzen. Sonst bereiten allein schon Wolframs Sprünge von einem Strang der Handlung in den anderen Schwierigkeiten; die Kraft droht zu erlahmen gegenüber den ineinander verschlungenen, sich immer weiter ausbreitenden Gestaltenkreisen. Andererseits bietet gerade die vielschichtige Komposition dieses Epos eine ideale Gelegenheit, den Schüler das Beziehungsgefüge einer reinen Vorstellungswelt selbständig entdecken und innerlich neu aufbauen zu lassen, so daß seine Fragekraft sich auch wirklich daran entzündet, daß der Zusammenhang des Ganzen sich ständig verschleiern möchte. Erika Essen hat zur Lösung dieses methodischen Problems wertvolle Anregungen gegeben.[40] Um aber über die rein geistesgeschichtliche Betrachtungsweise oder einen nur psychologisierenden Ansatz hinauszukommen, stellt sich der Waldorfschullehrer die Aufgabe, Wolframs Bilderwelt noch für eine höhere Dimension durchsichtig zu machen, ohne in ein unzuträgliches Symbolisieren zu geraten, was R. Steiner ausdrücklich verworfen hat. Es geht dabei um die '*Wirklichkeit des Grals*'. Die Bemühungen um einen Zugang zu dem geistigen Mittelpunkt dieser Dichtung können dazu führen, daß die Schüler erleben, wie in ihnen eine andere Bewußtseinsebene berührt wird als die gewöhnliche, wie die Imaginationen Wolframs nicht nur von geheimnisvollen Kräften sprechen, sondern selbst solche Kräfte sind, so daß in manchen Klassen eine ganz besondere Art von geistiger '*Spannung*' gerade in dieser Epoche entsteht. Manche Schüler mögen ahnen, daß die Worte über den unenträtselbaren Gral unmittelbar zu ihrem eigenen „verhangenen Allerheiligsten", wie Jean Paul das Ich genannt hat, gesprochen werden. Ohne daß die ganze Tiefendimension der Parzival-Dichtung im einzelnen aufgezeigt wird, kann der junge Mensch eine Wirkung von der Realität dessen spüren, was sich als Gralsströmung, als ein spirituelles, esoterisches Christentum durch die Geschichte zieht, nach dem die Menschheit heute sucht. Die Sehnsucht nach Sprengung der Bewußtseinsgrenzen führt ja besonders leicht in diesem Lebensalter zu den Drogen oder zu östlichen Weisheitslehren; die Beschäftigung mit dem ›Parzival‹ kann zur Stärkung der Abwehrkräfte gegen diese Verführungen beitragen, weil durch sie die

[40] Erika Essen: Gegenwärtigkeit mittelhochdeutscher Dichtung im Deutschunterricht. Heidelberg 1967.

Wegweiser gesetzt werden für eine bewußte Selbsterziehung, die einmal auf einen geistigen Schulungsweg führen kann.

Je nachdem, in was für ein Verhältnis zu der Gralsthematik der Lehrer sich selbst zu setzen vermag, wird er die Aufgabe bewältigen, die Geschichte der abendländischen Kultur *'im Lichte des Grals'* erscheinen zu lassen,[41] indem er aufweist, wie mit den Bildern des Wolframschen *'Entwicklungsromans'* bestimmte einschneidende historische Vorgänge korrespondieren. Das Ringen der Menschheit um das richtige Verständnis des Christus und der Menschennatur ist hier das Thema. Da werden Vorgänge wie die Auseinandersetzung zwischen dem arianischen und dem athanasianischen Christentum besprochen, wie die Kreuzzüge gegen die Katharer in Südfrankreich, die Wirksamkeit und der Untergang des Templerordens usw. Von dort lassen sich mancherlei Brückenschläge versuchen zu den geistigen Kampfstätten der heutigen Zeit. Der Vortrag ›Gegen die Verschmutzung des Ich‹ von Jacques Lusseyran[42] von 1971 zum Beispiel eignet sich gut, den Schülern den Bezug zwischen der Parzival-Thematik und ihrer eigenen augenblicklichen Situation zu erhellen, da dort schonungslos vom „Krieg gegen das Ich“ gesprochen wird.[43] Die Ich-Verfehlung des Friedrich Mergel in Droste-Hülshoffs ›Judenbuche‹, die erschütternde Ichlosigkeit des Auschwitzkommandanten Rudolf Höss, wie seine Aufzeichnungen sie dokumentieren, oder das allmähliche Erlöschen eines Menschen, der seine Identität nicht finden kann, das Paul Nizon in seinem Roman ›Stolz‹[44] beschreibt – das sind mögliche Stoffe im Zusammenhang mit dem ›Parzival‹. Auch finden sich Zeugnisse genug für die Unbezwingbarkeit des Menschen-Ich, für die *'stæte'* Wolframs, aus unserer Zeit, wie z. B. die Jugend-Autobiographie ›Das wiedergefundene Licht‹, worin der blinde Jacques Lusseyran von seiner Erfahrung einer inneren Lichtsubstanz erzählt, die die Finsternis Buchenwalds durchstrahlt und tödliche Krankheit überwindet.

Noch ein anderer Weg von der Parzival-Thematik zur neueren Literatur bietet sich an, nämlich die Beobachtung, wie sich gewisse Motive auf ihrer Wanderung durch die Jahrhunderte verwandeln und ihre Größe verlieren. Cervantes' satirische Darstellung des sinnentleerten Rittertums oder Grimmelshausens humoristische Behandlung des Parzival-Problems in seinem ›Simplicissimus‹ sind wichtige Stationen, von denen aus ganze Zeit-

[41] Dazu: W. J. Stein: Weltgeschichte im Lichte des Heiligen Gral: Das neunte Jahrhundert. Stuttgart ²1966.

[42] Stuttgart 1972.

[43] A. a. O., S. 9

[44] Frankfurt 1975.

alter beleuchtet werden können. R. Steiner riet,[45] das Seichtwerden der großen Motive im 19. Jahrhundert deutlich zu machen, z. B. an der ins Alberne übersteigerten Gurnemanz-Figur des Trast in Hermann Sudermanns ›Ehre‹ von 1891.

Aus den Bildungs- und Entwicklungsromanen des 19. Jahrhunderts wäre hier manches Kapitel durchzunehmen; Lektüre Hermann Hesses könnte sich anschließen. Auf diese Weise wird vorbereitet – in ständiger thematischer Bindung an das Zentralmotiv dieser Klassenstufe – ein literaturgeschichtlicher Überblick, der dann Aufgabe der 12. Klasse wird.

e) Zur 12. Klasse

Auf dieser Klassenstufe ist zweierlei anzustreben: Zusammenfassung und Ergänzung des bisher Gelernten, so daß der Schüler eine Überschau gewinnt über ein Kapitel Bewußtseinsgeschichte, und Einsicht in den eigenen Standort, die sich nur aus einer solchen Überschau ergeben kann. Das bedeutet, hier treten die Fundamente für die künftige '*Weltanschauungsbildung*' des jugendlichen Menschen in das Licht seines eigenen Bewußtseins, und der Zusammenklang aller Fächer, aller Tätigkeiten (Praktika), aller künstlerischen Übungen erzeugt Sicherheit einer vielgestaltigen, disharmonischen Welt gegenüber, die als ein sinnerfülltes Ganzes angeschaut und gedacht werden kann.

Für das Fach Deutsch sind dementsprechend zwei Aufgaben gestellt: Literaturgeschichte im Überblick und Behandlung von Gegenwartsliteratur. Was sagen die Literaturdenkmäler der verschiedenen Epochen über die Bewußtseinsschritte der Menschheit aus? In welcher Weise wird von den Schriftstellern unserer Zeit um Menschenbild und Weltverständnis gerungen? Das sind Leitfragen, die den Ernst der Arbeit bestimmen und den Schüler hinüberleiten sollen zu einer größeren Objektivität als in der 11. Klasse.

Für den literaturgeschichtlichen Überblick läßt sich die Arbeit so einrichten, daß man Brücken baut über die Zeiten hinweg. Ein Aspekt z. B., der dem Schüler deutlich macht, daß er nicht durch ein *imaginäres Museum* geführt wird, sondern den Fragen begegnet, deren Beantwortung seine eigene Lebensgestaltung betrifft, ist der der Herausbildung und Verwandlung des Gewissens im Gang der Menschheitsentwicklung. Da wäre beispielsweise der Bogen zu spannen von Aischylos' und Euripides' dramatischen Fassungen der Orest-Sage zu J. P. Sartres ›Fliegen‹, von der

[45] GA 300, Konferenz vom 9. 12. 22.

vorchristlichen Gewissensproblematik zur *'nachchristlichen'*, oder von Sokrates zu Nietzsche; dazwischen wären einzugliedern Shakespeares ›Hamlet‹, Goethes ›Faust‹ (I. Teil). Fügt man hier z. B. Bertolt Brechts ›Leben des Galilei‹ und F. Dürrenmatts ›Physiker‹ an, so beginnt für den Schüler sichtbar zu werden, wie die Bewußtseinsproblematik des modernen Wissenschaftlers mit der abendländischen Gewissensentwicklung zusammenhängt. Andere Bögen ließen sich schlagen von der ›Antigone‹ des Sophokles zu Jean Anouilhs ›Antigone‹ oder von dem Erlebnis der Nemesis, wie es sich in der attischen Tragödie äußert, zu Dürrenmatts ›Besuch der alten Dame‹. Den Entwicklungsschritt von der griechisch-römischen Kultur zur germanisch-mitteleuropäischen kann man in einem Aspekt deutlich machen durch Gegenüberstellung des ›König Oidipus‹ von Sophokles mit dem althochdeutschen Hildebrandslied aus dem frühen 9. Jahrhundert.[46] In dem griechischen Drama erschlägt der Sohn unwissend den Vater, im Hildebrandslied erschlägt der Vater wissend seinen Sohn: Die Wandlung in der Auffassung vom Wirken der Schicksalsmächte und im Erlebnis der Macht der Persönlichkeit kündigt sich an. Nibelungenlied und ›Parzival‹ können noch einmal gestreift werden und erhalten ihren Stellenwert im Gang der Geschichte.

Dem Lehrziel dieser Überschau, nämlich der Befähigung des Schülers zur Entschlüsselung der Literaturen als Symptome der menschheitlichen Bewußtseinsentwicklung, dient auch das Studium von mehr philosophischen Texten, die direkt Licht auf diese Bewußtseinsentwicklung werfen: Heinrich von Kleists ›Über das Marionettentheater‹, Schillers Aufsatz ›Etwas über die erste Menschengesellschaft nach dem Leitfaden der Mosaischen Urkunde‹ und seine Briefe ›Über die ästhetische Erziehung des Menschen‹, Lessings ›Erziehung des Menschengeschlechts‹, Ausschnitte aus Herders Schriften über die Urpoesie der Völker oder auch Novalis' Aufsatz ›Die Christenheit oder Europa‹. Vieles weitere ist möglich; ein besonderes Gewicht liegt aber auf jenen Denkern der Zeit zwischen Frühklassik und Romantik, da sie die Grundlagen schufen zur Entfaltung der Entwicklungsidee und zur Überwindung der positivistischen Aufklärung. Damit hängt es auch zusammen, daß einzelne Lehrer – wohlbegründet – der Lektüre des ›Faust‹ eine ganze Epoche einräumen. Der Schüler wird gründlich eingeweiht in die Entwicklungsdramatik des abendländischen Menschen: Fausts an der Schwelle zur Neuzeit, Goethes im Ringen um reale Geisterfahrung am Eingang des modernen Zeitalters. Motive wie *Überwindung der Erkenntnisgrenzen, Begegnung mit dem Prinzip des Bösen, Erotik und Schuld* u. a. treffen die brennenden latenten Fragen des Menschen im 18./19. Lebensjahr. Den unerschöpflichen Reichtum dieses

[46] Beides ist möglicherweise schon aus der 10. Klasse bekannt.

Werkes an Ideen und Gedanken, Bildern und sprachkünstlerischen Formen durchzuarbeiten, auch Ausschnitte aus dem zweiten Teil zu durchdenken, ist, wenn es gelingt, für die Schüler ein ähnlich großes Ereignis wie die Parzival-Epoche in der 11. Klasse. Ein Blick auf die unterschiedlichen Weisen des derzeitigen Goethe-Verständnisses kann ihnen die Augen öffnen für die Weltanschauungskämpfe unserer Tage.[47] Die Schüler machen ja in diesem Schuljahr auch Bekanntschaft mit dem Naturwissenschaftler Goethe, besonders in der Physik, in der Lichtlehre, und werden in die Auseinandersetzung Goethes mit Newtons Erklärung von der Natur des Lichtes eingeführt. Wenn die Korrespondenz zwischen der Arbeit in der Physikepoche und Fausts großem Licht-Monolog zur Eröffnung des II. Teils der Tragödie für das Bewußtsein des Schülers hergestellt wird, dann tritt z. B. an dieser Stelle das ein, was den Schüler anregt, die Welt als Ganzheit zu erfassen: Die Fächer stützen und beleuchten einander; der *'Lehrplan'* läßt etwas von seinem Sinn, nämlich Spiegel des Weltganzen zu sein, erkennen.

Manche andere Leitlinien für den literaturhistorischen Überblick bieten sich an: Geschichte der Erzählformen von Herodot bis Jorge Luis Borges, Geschichte der Lyrik von der *'Urpoesie'* der Völker bis Paul Celan oder Juan Ramón Jiménez, Geschichte des Dramas. Die Metamorphosen der Bewußtseinsformen lassen sich an der Entwicklung jeder Gattung ablesen. Ein Aspekt der Entwicklung, der deutlich in Epik und Dramatik, weniger in der Lyrik hervortritt, kann jeden Zwölftkläßler, auch den an Literatur wenig Interessierten, anregen und sein Selbstverständnis vertiefen: Die Helden der Dichtung waren in der ältesten Zeit die Götter, dann folgt ein kontinuierlicher Abstieg über die Heroen, die Könige, die Ritter, die Bürger bis zum *'Proletarier'* und zum Ausgestoßenen – Büchners Woyzeck oder Wladimir und Estragon aus Becketts ›Warten auf Godot‹. Was ist verlorengegangen, was ist gewonnen? Die Literaturgeschichte zeigt, wie sich das Ich schmerzlich herausringt aus allen Ordnungen, wie es Hülle um Hülle abwirft, seiner selbst immer schärfer bewußt wird, bis es schneidend sich selbst nennt wie in einigen Gedichten Gottfried Benns, oder bis es – das unentwickeltste Glied des menschlichen Wesens – von den ich-zerstörenden Gewalten erfaßt wird wie Kaspar in Peter Handkes gleichnamigem Stück, dessen letzte Worte sind: „Ich bin nur zufällig ich.“[48] Methoden der

[47] Besonders wenn Stellungnahmen zum 5. Akt des II. Teiles des ›Faust‹ verglichen werden, beispielsweise die Georg Lukács' und die Benno von Wieses, oder wenn die Rede Ortega y Gassets zu Goethes 200. Geburtstag 1949 gelesen wird: ›Über einen zweihundertjährigen Goethe‹.

[48] Frankfurt 1967. Interessanterweise hat Handke den Schluß später geändert. Er korrespondiert aber eigentlich mit Kaspars dreifachem „Ich bin, der ich bin“ in der Mitte des Stückes (S. 46).

Selbsterfassung des Ich sind nötig, daß der Mensch in der Kälte des nihilistischen Materialismus des 20. Jahrhunderts nicht zerbricht, sondern gerade in der Trost-Losigkeit sich selber findet. Auseinandersetzung mit der modernen Literatur mit ihren oft düsteren und hoffnungslosen Perspektiven zwingt den jungen Menschen zu dieser Selbsterfassung, so daß ihm die lichte Kehrseite des Verlustes der Geborgenheit sichtbar werden kann: das seiner selbst gewisse Ich. Rilke hat einmal einen Hinweis gegeben, wie seine ›Aufzeichnungen des Malte Laurids Brigge‹ zu lesen seien: „Wer der Verlockung nachgibt und diesem Buche parallel geht, muß notwendig abwärts kommen; erfreuend wird es wesentlich nur denjenigen werden, die es gewissermaßen gegen den Strich zu lesen unternehmen."[49] Das Erlernen der Methode, wie man *'gegen den Strich'* liest, ist eine vielleicht bittere, aber heilsame Schulung der Ich-Kräfte.

Manches von dem Gesagten würde eher auf die Schüler eines 13. Schuljahres passen als auf den Zwölftkläßler. Die zeitverschlingende Faust-Epoche bringt es ohnehin mit sich, daß für die Gegenwartsliteratur oft zu wenig Zeit bleibt, so daß der Stoff mit über das 13. Jahr verteilt wird. Für die inhaltliche und methodische Gestaltung der Vorbereitungsklassen auf die Reifeprüfung gibt es aber an den vielen Waldorfschulen ganz unterschiedliche Bestimmungen, Auflagen, Einschränkungen etc., so daß hier kein Bild von der Arbeit gegeben werden kann. Besteht Gestaltungsfreiheit, so liegt es nahe, ein in sich zusammenhängendes Gesamtkonzept für Klasse 12 und 13 zu entwerfen und durch die Arbeit im Abschlußjahr sowohl den literaturgeschichtlichen Überblick zu erweitern als auch die Auseinandersetzung mit dem Gegenwartsschrifttum zu vertiefen. An Schulen, die eine an das Kurssystem der gymnasialen Sekundarstufe II angelehnte Form ausgebildet haben, bieten sich wieder andere Akzentsetzungen an. Ein besonderes Gewicht in Klasse 13 kann z. B. der Reflexion über die Sprache verliehen werden.

4. Spracherziehung – Sprache als Unterrichtsgegenstand

Vier Arbeitsfelder breiten sich hier aus: Praxis des Sprechens, Praxis des Schreibens und Lesens, Grammatik und Denken über die Sprache. Die Oberstufenarbeit geht auf dem ersten und vierten Feld ihre eigenen charakteristischen Wege; die Eigenart der Waldorfpädagogik auf dem zweiten und dritten ist in der Unter- und Mittelstufe ganz besonders wirksam und auffällig; auf der Oberstufe dagegen zeigt sich hier nicht ein besonders aus-

[49] Zitiert in: Fricke/Klotz; Geschichte der deutschen Dichtung. Lübeck/Hamburg, S. 348.

geprägtes eigenes methodisches Profil. In der Aufsatzerziehung, um die es sich hier ja im wesentlichen handelt, wirkt sich eine besondere Anschauung vom Wesen und vom Ursprung der Sprache nicht unmittelbar im didaktischen und methodischen Vorgehen aus, da es vorrangig um die gedankliche Bewältigung bestimmter Inhalte geht, denen die Sprache zu dienen hat. Es gibt zur Aufsatzschulung einige Anregungen von Rudolf Steiner: zum künstlerischen Bau des Satzes, zur Zeichensetzung oder zu angemessener Themenstellung in der 9. Klasse. An diesen Stellen wird das Charakteristische der Waldorfpädagogik weniger deutlich sichtbar als dort, wo die Sprache selbst Stoff der Betrachtung oder der Gestaltung ist.

Natürlich fließt in die Übungen zur schriftlichen Gestaltung mit ein, welches Verhältnis zur Sprache der Lehrer selbst hat und welche Intention er mit sprachlicher Erziehung überhaupt verfolgt. Damit diese Intention sich zeigt, ist es notwendig, den Schwerpunkt der Darstellung auf ein anderes Feld zu verlagern.[50] Das Sprechen der Sprache ist es, das vor allem die pädagogische Kunst des Lehrers und seinen eigenen Übwillen herausfordert; hier soll nämlich auf dem Erziehungsweg von der ersten bis in die höchste Klasse zur Geltung kommen, was aus einer vertieften Erkenntnis über das Wesen der Sprache gewonnen werden kann. Die von R. Steiner für Schauspieler und Pädagogen entwickelte *'Sprachgestaltung'* wird mit den Schülern in kontinuierlicher Übung durch alle Jahre gepflegt. Zu jedem Hauptunterricht gehören einige Sprachübungen: Übungen zum Bewußtmachen der Sprechwerkzeuge und des Atemstromes, Übungen zur Gestaltung von Haupt- und Nebensatz, Artikulations- und Geläufigkeitsübungen, Übungen zur Verstärkung der Lautempfindungen usw. In den Deutschepochen können umfangreiche dichterische Texte, die zur Unterrichtsthematik gehören, erarbeitet werden; beispielsweise ein Stück aus dem Nibelungenlied mit einer zehnten Klasse auf Mittelhochdeutsch auswendig zu rezitieren und bis zur Vortragsreife zu bringen, ist Schwerarbeit und vervollständigt erst die Arbeit an dem Werk.

Diesem Umgang mit der Muttersprache liegen drei Intentionen zugrunde:

- Pflege des Sprechens unter dem Gesichtspunkt der Kommunikation. Deutlichkeit und Kraft der Artikulation sind Voraussetzung für das

[50] Aufsatzschulung ist ja nicht nur eine Angelegenheit des Deutschunterrichtes, sondern auch der anderen wissenschaftlichen Fächer. Sachtreue und Präzision beispielsweise lassen sich in Versuchsbeschreibungen, Protokollen, Referaten zu manchen naturwissenschaftlichen Themen besser erüben als im literarischen Aufsatz. Die Aufgabe der Schüler, zu den meisten Epochen gründliche Epochenhefte zu führen, trägt dazu bei, daß sie sich ‚freischreiben' können.

Gespräch. Damit ist nicht ausschließlich Erziehung zur Hochsprache gemeint.

- Anregung der Formkräfte im seelischen Ausdruck, Stabilisierung des Seelischen, Regulierung des Atmens durch künstlerisch gestaltete Sprache. Hier wird schon therapeutisches Gebiet betreten, auf dem der ausgebildete Sprachgestalter an der Schule verstärken kann, was die Deutschlehrer anlegen, auch in der Arbeit mit einzelnen Schülern.
- Erweckung des Empfindungsvermögens für die Qualitäten der Laute.

Hier handelt es sich nicht um drei verschiedene Ansätze, sondern um drei verschieden weit gesteckte Ziele. Der Ausgangspunkt ist eine bestimmte Einsicht in das Wesen der Sprache, zu der nur ein ganz eigener, von den heute akademisch *'anerkannten'* sprachwissenschaftlichen Forschungswegen stark unterschiedener Weg der Beobachtung und Übung führen kann.

Die Sprache wird dabei nicht nur in ihrer Funktion als Bedeutungsträger verwandt und erkannt, sondern auch in ihren sinnlichen Erscheinungsformen in Konsonanten, Vokalen, Wörtern und Pausen wahrgenommen. Üblicherweise überhören wir die sinnliche Seite der Sprache, indem wir ganz im Erfassen des Gemeinten aufgehen. Daß der Laut selbst für sich schon etwas ist, daß er eigene Seinsqualität besitzt, bleibt uns unbewußt oder halbbewußt. So entzieht sich die Sprache teilweise unserer Wahrnehmung, wir benutzen sie als Instrument unserer Kommunikation, erfahren nicht, daß sie etwas von unseren Gedankeninhalten Verschiedenes ist. Das hat zur Folge, daß wir über den Zusammenhang von Denken und Sprechen zu falschen Urteilen kommen und auch zu Täuschungen über die Natur des Denkens.

Rudolf Steiner hat in zahlreichen Vorträgen zum Sprachthema den Ansatz zu einer Linguistik gegeben, die zur Erkenntnis von der Eigenbedeutung der Laute führt. In der von ihm geschaffenen Eurythmie wird diese Erkenntnis in künstlerische Praxis umgesetzt.

Es ist hier nicht möglich, in die Methode einer geisteswissenschaftlichen Sprachbetrachtung einzuführen. Der Hinweis mag genügen, daß in den oberen Klassen nicht unreflektiert bleibt, was der besonderen Sprachpraxis der Waldorfschule erkenntnismäßig zugrunde liegt. Aber die Reflexion gründet sich auf reiche Erfahrung in der Sprachübung und wird oft angeregt durch die Fragen, die der kritische Schüler besonders der Eurythmie entgegenbringt. Es ergibt sich dann, daß unterschiedliche Positionen der Sprachwissenschaft skizziert werden und in dem Schüler das Bewußtsein für die Problematik erwacht, die mit den Fragen nach Sprachentstehung und Sprachentwicklung zusammenhängt und die weit über den Wissenschaftsbereich Linguistik hinausweist. Zur Ausstattung für diese Diskussion gehört die Fähigkeit, sich in Lautqualitäten *'einzufühlen'*, gehören Erlebnisse mit den besonderen Lautformen fremder Sprachen, gehört also Aufgeschlossenheit für die sinnliche Seite der Sprache. Die Behandlung von Gesetzmäßigkeiten der Lautverschiebung bleibt für einen Zehntkläßler trocken, wenn er nicht zur *'Einfühlung'* gelangt in den realen Vorgang der Erweichung eines t zu einem d, der Verflüssigung eines k zu einem ch usw. An dieser Stelle werden Gebärden im Lautlichen hörbar, Lautgebärden, in denen sich bestimmte seelische Vorgänge äußern wie in den Gebärden der Leibesglieder. Eine rein nominalistische Betrachtung dieser Erscheinungen führt nicht über ein bloßes Registrieren der Gesetzmäßigkeiten hinaus.[51] Hier genügt der Hinweis darauf, daß schon die besondere Art der Einführung der Buchstaben in der Waldorfschule das Vermögen der Einfühlung in die wesenhafte Beziehung zwischen Buchstabe und Laut, Laut und Gebärde, Gebärde und seelischem Erlebnis anregt. Ist das gelungen, so kann der Herangewachsene in der 12. oder 13. Klasse an eigenes Erleben anknüpfen und die Frage ermessen, ob in der Sprache sich etwas vom Gehalt der Welt, wie der Mensch ihn auffaßt, zeigt oder ob es sich nur um gesellschaftliche Übereinkünfte handelt.

Die Art der Darstellung zeigt, daß es nicht pädagogisches Ziel ist, den Schüler mit fertigen Anschauungen aus der Schule zu entlassen, sondern daß es darauf ankommt, die richtige Gesinnung den Phänomenen gegenüber zu erzeugen. Dazu ist vor allem Unbefangenheit nötig. Nur eine Loslösung aus der Befangenheit in zeitgenössischen Wahrnehmungs- und Vorstellungsgewohnheiten kann dazu führen, die eigentliche Zentralfrage aller Sprachwissenschaft überhaupt zu stellen: Haben alle Sprachen der Menschheit einen gemeinsamen Ursprung? Gibt es Spuren einer Ursprache?[52] Die Probleme, die im Zusammenhang mit dieser Frage ins Blickfeld geraten, führen zu so weitreichenden Konsequenzen in der Weltanschauung, daß die derzeitige Linguistik diese Frage umgeht.[53] Darin liegt das Unbefriedigende dieser Disziplin, was viele Studierende zu tiefer Enttäuschung führt. Ein gesundender Unterricht in der Schule ist jedenfalls aus einer solchen Haltung nicht zu gestalten; der junge Mensch verlangt

[51] Z. B. in der Sprachgeschichte von H. Eggers.

[52] Dieser Begriff darf nicht nur zeitlich aufgefaßt, sondern müßte auch in dem Sinne verstanden werden, wie Goethe von der Urpflanze spricht.

[53] Z. B. John Lyons: Einführung in die moderne Linguistik. München 1975, S. 56f.: „Kaum jemand würde heutzutage behaupten, die Zuordnung eines bestimmten Wortes zu einer bestimmten Bedeutung (Korrelation zwischen Wort und Bedeutung) sei mehr als eine Sache der Konvention. Der lange Disput zwischen den Naturalisten und den Konventionalisten kann als abgeschlossen betrachtet werden."

danach, daß sich ihm die Perspektiven auf die Grundfragen der Menschheitsentwicklung eröffnen.

Für den Zwölftkläßler[54] ergibt sich aus der Reflexion über Sprache, daß eine ganze Reihe verschiedener Wissenschaftsgebiete in einem Zusammenhang stehen, der jeweils dort sichtbar wird, wo sich die Weltanschauungsfragen stellen.

Auch das kann nur angedeutet werden: In der Frage nach Herkunft und Entwicklung des Menschen trifft die Sprachforschung mit Geologie/ Geographie und Kosmologie zusammen wie mit Geschichte, mit Paläo-Anthropologie, mit der Biologie (Abstammungslehre, Verhaltensforschung usw.) und mit der Völkerkunde. Philosophische Fundamentalprobleme werden berührt; Plato kann nicht verstanden werden, ohne daß sein Verhältnis zur Sprache betrachtet wird, wie es im ›Kratylos‹ dargestellt ist; Fausts Übersetzungsnöte mit dem Wort logos führen in die Problematik Realismus – Nominalismus wie auch in ein zentrales christologisches Thema (Johannesevangelium).

Hier zeigt sich, daß das Denken über Sprache in besonderem Maße zu dem beitragen kann, was der Lehrplan der 12. Klasse seinem Idealbild gemäß zu leisten hat: In jedem Fachgebiet sind Zusammenfassung alles bisher Erarbeiteten und Überblick in der Weise zu geben, daß der Zusammenhang aller Wissenschaftsgebiete und der Zusammenhang von Wissenschaft, Kunst und Religion sichtbar werden, d. h., daß sich im Bewußtsein des herangewachsenen Menschen die Mannigfaltigkeit der Welterscheinungen zur Einheit zusammenfügen kann.

Alle Reflexion über die Sprache führt nur zu einem gesunden Urteilen, wenn sie an das Spracherleben des Menschen anknüpft. Wie dieses auf der Oberstufe, über die Sprachgestaltung hinaus, angeregt und gepflegt wird, möge eine Skizze einiger Arbeitsgänge zeigen.

Besondere Bedeutung im Entwicklungsgang einer Oberstufenklasse hat das Schauspiel. Wenigstens eines im Lauf der vier Jahre wird einstudiert, meistens in der 12. Klasse. Nicht so sehr die begriffliche Klarheit, die logische Folgerichtigkeit der Sprache wird hier betont, sondern die Jugendlichen suchen die Fülle der Ausdruckskraft, die dramatische Wucht eines Satzes, die suggestive Gewalt einer Frage, die Betörung durch die Betonung, Ironie, Fluch, Schmeichelei. Oder auch Verkündigung. Das kann z. B. in einem zehnten Schuljahr den notwendigen Ausgleich schaffen zu der strengen Kausalität, in der sich die Schüler im Bereich der Mathematik

[54] Der Dreizehntkläßler ist auch gemeint. Je nach Gestaltungsfreiheit in den Abiturvorbereitungsklassen ist die Thematik des 12. Schuljahres fortzusetzen, zu vertiefen, zu präzisieren.

und der Naturwissenschaften üben müssen. Das kausale diskursive Denken erschließt gewisse Zusammenhänge; zwischen den Menschen aber wirken noch andere Kräfte, die auch im Sprechen zum Ausdruck kommen. Das heißt, im dramatischen Spiel soll der Schüler die Macht der Sprache ausüben und erleben, Schönheit und Gefährlichkeit der Sprachmagie empfinden lernen.

Jeder künstlerische Umgang mit der Sprache führt über das hinaus, was nach den Bestimmungen der formalen Logik richtig ist. Die Metaphorik, als ein wesentliches Bildeprinzip der Sprache selbst, funktioniert nicht logisch, sondern verläuft nach einer Art von künstlerischer Gestaltungsweise. Das Gewicht, das für die achte bis zehnte Klasse auf die Tropen- und Figurenlehre gelegt wird, läßt erkennen, daß es darauf ankommt, dem Schüler gerade dieser Altersstufe, in der das kausale Denken große innere Befriedigung gewährt, die nichtkausalen Bildekräfte der Sprache zum Erleben zu bringen. So spricht R. Steiner davon, den künstlerischen Bau des Satzes zu üben; Hermann Grimms Satzbaukunst z. B. könne erzieherisch wirken. Übung bildhafter Ausdrucksweise führe zur rechten Stilisierung des Satzes. Es geht also darum, imaginative Elemente, die in der Sprache wirksam sind, verfügbar zu machen, um zur Satzgestaltung zu finden. Das ist in unserem Zeitalter des Jargons, der unechten Bilder („ich glaub, mich streift ein Bus") und des Satzverfalls eine sehr schwierige Aufgabe. Ihre Bewältigung vor allem verleiht dem Deutschunterricht die notwendige „Schlagkraft und Stoßkraft"[55], die für die Erziehung während der Pubertätsjahre so wertvoll ist.

Im zehnten Schuljahr gilt die Arbeit einer ganzen Epoche der Metrik und der Poetik. Eine der drei Dichtungsgattungen, die in der Poetikepoche behandelt werden, ist in bezug auf die Sprache als Unterrichtsgegenstand besonders ergiebig: die Lyrik. Hier wird vom Vers, von der Strophe, vom Reim und vom Rhythmus gehandelt.[56] Es ist am wirklichen Erleben des Schülers anzuknüpfen.

Die deutsche Volksliedzeile ist häufig so gebaut, daß sie drei Hebungen aufweist.

> Ich hört ein Sichelein rauschen,
> wohl rauschen durch das Korn ...

Kayser sagt: „[...] horcht man indessen genauer hin, so spürt man deutlich eine pochende Hebung in der Pause am Zeilenende. So ist es meist in

[55] GA 300, Konferenz vom 21. 6. 1923.

[56] Vgl. Wolfgang Kayser: Kleine deutsche Versschule. 5. Aufl. Bern u. München 1960.

volkstümlichen Versen: die vierhebige Zeile als Ordnungseinheit liegt uns seit germanischer Zeit im Blute."[57] Dabei beläßt er's. Und gerade hier wird es interessant. Denn was als rhythmisch gestalteter Vers hörbar wird, entspricht einem physiologischen Urphänomen. Das Verhältnis zwischen dem Pulsschlag und dem Atemrhythmus des ausgewachsenen Menschen beträgt ungefähr 4:1. Was Kayer nur andeutet, heißt also genauer: In der Volksliedzeile kommt die rhythmische Organisation des Menschen selbst zur Offenbarung; der Atemzug, der durch den Vers strömt, wird vom Pulsschlag der Betonungen gegliedert, rhythmisiert. Das liegt uns also nicht erst „seit germanischer Zeit im Blute". Ebenso wie im Vers des Nibelungenlieds „Uns ist in alten maeren wunders vil geseit" erscheint das Phänomen im griechischen Hexamter: –́ ◡ ◡ –́ ◡ ◡ – ◡́ Pause ◡ –́ ◡ ◡ –́ ◡ ◡ –́ ◡ Pause (1. Vers der Odyssee). Auch das finnische Kalevala ist strömender Gesang mit vier Hebungen im Vers. Was ist daran für den jugendlichen Menschen interessant? Er kommt im Umgang mit der Dichtung einem Gestaltungsprinzip auf die Spur, das seinen eigenen Organismus bestimmt; er lernt verstehen, wie künstlerisch gestaltete Sprache ordnend in seine eigene rhythmische Organisation einwirkt, wie sie zu einem harmonischen Zusammenklang von Herzrhythmus und Atemrhythmus führen will. „Und jede einzelne Versform [...], jede einzelne Gedichtsform einschließlich des Reimes, der Alliteration, Assonanz lernt man verstehen, wenn man ausgehen kann von der lebendigen Anschauung des menschlichen Organismus, wie er ist, wenn er sich der Sprache als eines künstlerischen Elementes bedient. Deshalb ist es wohl gerechtfertigt, wenn in mehr oder weniger bildhafter Weise verständige Menschen von der Dichtung gesprochen haben als einer Göttersprache. Denn diese Göttersprache spricht in der Tat nicht des vergänglichen menschlichen Ich Geheimnisse aus, sondern sie drückt im menschlichen Bewußtsein Weltengeheimnisse auf musikalische, auf plastische Weise aus. Sie spricht sie aus, indem aus übersinnlichen Welten herein gespielt wird durch das menschliche Herz auf der menschlichen Atmung."[58]

Aus dieser Perspektive wird für den Schüler auch anfänglich verständlich, warum in der modernen Lyrik die regelmäßigen Formen von Reim und Rhythmus aufgegeben worden sind[59]: Er stößt hier auf die Bestrebungen des Ich, sich von allen *'Götterordnungen'* zu emanzipieren; es läßt sich auch sagen: das Bewußtsein ganz von der leiblichen Organisation zu lösen. Der Zehntkläßler sucht ja diese Befreiung, aber er spürt auch, daß er die Ungebundenheit noch nicht aushält; diese Erfahrung kann nur dann

[57] Ebd. S. 23.

[58] R. Steiner: GA 281. 6. 10. 1920, S. 39.

[59] Das setzt ja schon mit Klopstocks freien Rhythmen ein.

fruchtbar für ihn werden, wenn er weiß, was mit den Formen aufgegeben wird.

Die Arbeit an und mit der künstlerisch gestalteten Sprache wird dadurch erleichtert und befruchtet, daß die Schüler in der Eurythmie ausgiebig üben, was im Hauptunterricht mehr in die Reflexion gehoben wird: Jamben und Trochäen, Daktylus und Anapäst haben sie bereits in den Gliedern; was ein '*Versfuß*' ist, ist ihnen im wahren Sinne des Wortes ‚geläufig'.

In das zehnte Schuljahr ist also ein besonderer Schwerpunkt gelegt im Hinblick auf die Sprache als Unterrichtsgegenstand. Die Kunstunterrichtsepoche der 11. Klasse gibt Raum, das Thema *Ästhetik der Sprache* weiterzutreiben.

In der 12. und 13. Klasse dann erfolgt die Reflexion über die Sprache, und damit spiegelt sich der ganze Lehrplan der zwölf Jahre im erwachten Selbstbewußtsein des Schülers noch einmal.

Es ist in diesem Rahmen nicht notwendig, die Skizze weiter auszuführen. Die Darstellung läßt deutlich genug erkennen, welchen geistigen Grundlinien die Arbeit an der Sprache zu folgen hat. Der jugendliche Mensch braucht reiches Spracherleben und lebendige Begriffe vom Wesen der Sprache, um zwischen Wortschwall und Sprachlosigkeit seine Orientierung zu finden, um nicht der „Sprechfolterung" der „Einsager" zu erliegen wie Peter Handkes ›Kaspar‹, um der Weltherrschaft der Phrase widerstehen zu können, denn „wo die Phrase zu herrschen beginnt, da erstirbt die innerlich seelisch erlebte Wahrheit. Und mit der Phrase geht einher ein anderes: Der Mensch kann den Menschen nicht mehr finden im sozialen Leben."[60]

[60] R. Steiner: GA 217. S. 13.

III. DER UNTERRICHT IN NATURWISSENSCHAFT AM BEISPIEL DER PHYSIK[1]

Manfred von Mackensen

1. Vorbemerkung

Wenn wir uns den Einzelheiten der Schulfächer zuwenden, stoßen wir immer wieder auf die Frage: *Wozu?* – Wozu Physik, wozu Chemie ...? So sei hier zunächst die Tragfähigkeit von Naturwissenschaft für die geistige Entfaltung des Menschen überhaupt befragt. Was heißt z. B. ‚Erziehungswert'?

Solche zweifellos sehr weit führenden Fragen sollen im folgenden konkret an der *Physik* entwickelt werden. Die Physik ist methodisches Vorbild aller sogenannten exakten Naturwissenschaften; sie liefert z. B. für alle anderen Fachgebiete die Grundgesetze (von Bewegung, Materie, Wärme und dergleichen). Physik ist heute der Kern unserer Naturwissenschaften.

Eine weitverbreitete, zumindest untergründig starke Meinung – meist so eingefleischt, daß sie sich als selbstverständlich empfindet – sagt uns, daß Physik in ihren bisherigen Ergebnissen eindeutig und unverrückbar feststeht. Pädagogik, didaktisches Anrichten kann dann wohl nur in einer Art Garnierung bestehen. Die Gerichte selbst sind fertig. Naturwissenschaftliche Inhalte hätten – so meint man – im Grunde in sich einen festen Aufbau. Man könne zwar von verschiedenen Seiten in ihr Gerüst einsteigen, aber man muß es insgesamt bestehen lassen. Aus pädagogischer Freiheit – so meint man – könne lediglich variiert werden, wie *weit* man jeweils eindringt, und mit welcher Darlegungsart, was man als *Experiment* vorführt, wo man *rechnen* läßt – kurz: Stückelung und Verpackung. Die Sache selbst jedoch ragte, nur in ihrem eigenen Licht glänzend, auch in die Waldorfpädagogik heinein – ein Stück Außenwelt, weil Wirklichkeit. So daß man schließen müßte: An exakter Naturwissenschaft endet schließlich auch alternative pädagogische Gestaltung.

Daß die angedeutete Meinung fraglich ist und das Ganze gar nicht so

[1] Dieses Kapitel entstand im Rahmen eines von der Deutschen Forschungsgemeinschaft geförderten Projektes zum phänomenologischen Physikunterricht.

unverrückbar feststeht, kann nur dadurch gezeigt werden, daß, wie es z. B. auf den folgenden Seiten versucht wird, die Frage nach der geistigen Bedeutung der Physik für die erlebte Wirklichkeit des Menschen untersucht wird. Pädagogik muß nämlich an jedes Fach *Wesensfragen* stellen; weil der Mensch ein Wesen ist und nach dem Wesentlichen der Wirklichkeit fragt, solange er selbständig denkt. Zum Beispiel jene Spannung zwischen dem abstrakten fernen Gesetz und der dunklen Wucht einer eigenen Wahrnehmung – sie wird vom urteilsfähig gewordenen jungen Menschen bemerkt. Warum folgt die Welt mathematischen Gesetzen? Tue ich das auch? Was ist das Wesen der mathematischen Erkenntnis in mir gegenüber meinem Durchleben der Sinneswelt mit meinem Leib – von mir aus gefragt? Solches zu durchdenken erst schult Kräfte der Selbstbestimmung, d. h. *ist Erziehung*. Dazu muß aber auch der Lehrer dieses Durchdenken beginnen und lieben – und erfassen, was daran schulend ist.

2. *Erkenntnisfragen: Physik als Aspekt*

Es ist schon oft gesagt worden: Physik will nur einen kleinen Ausschnitt der Welt sehen. Die Überschrift dieses Abschnittes wirkt deshalb auf viele wie die ermüdende Wiederholung einer längst notierten Nebenwirkung. Jeder Physiker gibt sie zu – um sich ganz der ausschnitthaften Physik zuzuwenden. Denn das viele und berechtigte Klagen über die Aspektnatur, die Einseitigkeit, die Verstümmelung – es hat bisher nicht in den *Ansatz* von Physik fruchtbar hereingewirkt. Es blieb folgenlos. Physiker aber sind auch Erfolgsmenschen. Von einer anscheinend unablegbaren Schwäche, die einem noch anhängt, redet man nicht weiter, sondern blickt aufs Positive, aufs Machbare. Und vielleicht läßt sich ja die gewonnene Erkenntnis trotz ihrer Aspektnatur doch irgendwie auf das *Ganze* der Welt übertragen, zeigt eben einen Teilaspekt! Man will natürlich immer aus dem Erkannten etwas über die wirkliche Welt sagen können. Man hofft im Grunde, der Aspektnatur *im Aspekt* irgendwie doch zu entrinnen – absurd! Und doch rechnet jeder unausgesprochen gerade darauf, wenn er herkömmliche Naturwissenschaft treibt oder lernt! Ausgenommen sind nur seltene Augenblicke philosophischer Reflexion.

Wie konnte der Physiker in eine solche Lage geraten, wo er etwas äußerlich sagt, aber das Gegenteil innerlich ausführt? Das muß mit dem ständigen Ausblenden wesentlicher Züge der Naturerscheinungen zusammenhängen. So fragen wir einmal wieder: In welchem Verhältnis steht Physik zur Wirklichkeit? Dabei ist jene Wirklichkeit gemeint, wie sie von Philosophen verschiedener Zeiten immer neu an der Lebenswelt erblickt wird;

nicht die Wirklichkeit der Physik, von der wir – schon im Banne des Aspektes – meinen, daß es sie nur so gäbe.

Eine psychologische Schwierigkeit, ernsthaft zu suchen, taucht bereits hier auf: Der Aspektcharakter beunruhig kaum. Die großen Theoriebildungen der Neuzeit, z. B. eines Galilei, eines Newton, haben populär in gebildeten Kreisen letztlich immer so gewirkt, als sei damit nicht ein ausgeblendeter Aspekt entwickelt, sondern als sei damit Wesentliches aller Wirklichkeit aufgedeckt. Ein oft jubelnd aufgenommenes, handfestes Weltbild entstand, bejubelt gerade wegen seiner – eigentlich unerlaubten – Übertragung auf das Ganze. Das ist heute noch so. Die allmählich häufiger gewordenen Relativierungen der Spitzengelehrten beschäftigen zwar manchmal das Feuilleton. Das zeitgenössische Bewußtsein jedoch glaubt fest daran, daß Physik – annähernd – herausgebracht hat ‚was die Welt im Innersten zusammenhält': wie das Weltall eigentlich *ist*[2]. – Das hat philosophiegeschichtliche Gründe.

a) Philosophen von einst bis heute

Besonders gewirkt hat die Anschauung Descartes'. Er schildert, wie der sich selbst vertrauende Verstand in der Welt die ausgedehnten Gegenstände definiert. Länge, Breite, Tiefe stehen unabhängig vom Leib und seinen Sinnesorganen fest. Alle eigentlichen Sinnesqualitäten dagegen, z. B. die Farben, der Schmerz beim Stechen usw. entspringen dem Einwirken der ausgedehnten Dinge auf den menschlichen *Leib;* sie rücken dadurch erst zum Geiste vor. „Es genügt, wenn wir beachten, daß die sinnlichen Wahrnehmungen nur jener Verbindung des menschlichen Körpers mit dem Geiste zukommen und uns in der Regel sagen, inwiefern äußere Körper demselben nützen oder schaden können, aber nur bisweilen und zufällig uns darüber belehren, was sie ihrem Wesen nach sind." Das Wesen der äußeren Körper kann deshalb besser mit dem Verstand ausgemacht werden, weil dieser manches direkt, ohne Zwischenschaltung der Erlebnisse der Nützlichkeit für den Leib erfaßt, nämlich die räumliche *Ausdehnung* der Ge-

[2] Ein Beispiel unter Legionen brachte die naturwissenschaftlich-geografische Zeitschrift GEO (Heft 6, 1981, S. 8ff.). Die physikalischen Lichttheorien deckten uneingeschränkt auf, „was Licht ist ... in Wahrheit ... seiner Natur nach ...". Interessanterweise wird – wie meistens – der technisch machtvollen Wesenstäuschung später eine kleine, im Gesamtbild unwirksame, da ausgesprochenerweise methodisch nullwertige Relativierung nachgestellt – als Höflichkeitsgeste und Absicherung (S. 34).

genstände.[3] John Locke sagt dann 1690 noch radikaler: nur Gestalt, Lage und Bewegung gehörten den Dingen *selbst* an (primäre Qualitäten). Dagegen seien Farbe, Ton und Wärme usw. – die von ihm so genannten *„sekundären"* Qualitäten – nur Erzeugnisse der von jener primären Wirklichkeit affizierten menschlichen Leiblichkeit. Sie seien objektiv nicht vorhanden. Die sekundären Qualitäten hätten also mit den so definierten *Dingen* nichts zu tun, nur mit uns. Sie täuschten den Menschen, indem sie ihn sich in einer qualitätserfüllten Welt fühlen ließen: wo doch die Außenwelt *an sich* ewig stumm und finster und tot sei. ...

Descartes entwickelt dann, ähnlich wie schon Demokrit, seine Ansicht vom inneren Wesen der Naturdinge. Sie bestünden nur aus Gruppierungen und Bewegungen von Teilchen einer im Raum ausgedehnten Materie. Damit wird das dann von Kant gefeierte unwahrnehmbare *„Ding an sich"* zum Seinsgrund. Nach derartigen Anschauungen tue rechte Wissenschaft allein dieses, die objektiven Zustände des *„Dinges an sich"* (der Teilchenstrukturen), welche sich uns in Form der primären Qualitäten, d. h. in Lage, Zahl, Bewegung bekunden, zu inventarisieren. Solches geschieht bekanntlich am klarsten mathematisch.

Descartes' Ausblendung führt also zur Vorherrschaft der Mechanik und zur Mathematisierung. Diese wie jene faßt aber niemals Sinnesqualitäten an. Alles Erlebte entfällt. Wirklichkeitsentbehrung tritt auf. Da verlegt man die Wirklichkeit in etwas ‚dahinter' oder in ein ‚an sich': Die Entbehrung erscheint gemildert – doch gottgegeben.

In dieser Richtung hat sich Wissenschaft bis heute entwickelt. „Der Wissenschaftsbegriff anderer Wissenschaften orientiert sich am Wissenschaftsbegriff der Physik [...] Sie ist so etwas wie eine Zentral- oder Grundwissenschaft" – ein großer Anspruch. „Aber jedenfalls wird er vielfach erhoben, und er wird oft auch dort, wo er nicht ausdrücklich erhoben wird, doch quasi im Verhalten ein wenig vorausgesetzt."[4] Und an späterer Stelle: „Wissenschaft, und zwar Naturwissenschaft, ist der harte Kern der modernen Kultur, ihre fundamental neue Entdeckung."[5] Einzig die Physik (= exakte Naturwissenschaft) erschaffe in der verwirrenden Vielfalt der Welterscheinungen die Einheit einer klaren Sichtweise. Sie sei die materielle und geistige Quelle der Kultur: so lebt es im zeitgenössischen Bewußtsein – so wird es von v. Weizsäcker, einem führenden, sich dem allgemeinen Einver-

[3] René Descartes: Die Prinzipien der Philosophie. (1644), 2. Teil, 3. Absatz. Hamburg 1965 (1922), S. 32.

[4] C. F. v. Weizsäcker: Die Einheit der Natur. München 1971, S. 107f.

[5] C. F. v. Weizsäcker: Der Garten des Menschlichen. München 1977, S. 61 bzw. S. 95.

nehmen angrenzend haltenden Geist der Zeit, ausgesprochen. (Man kann ahnen, in welche Schwierigkeiten die Kultur dadurch kommen mußte.)

b) Politische Gewalten

Es kann mit den vorliegenden Zeilen nicht beabsichtigt sein, abgesicherte Erkenntnistheorie zu betreiben. Wir fragen nach dem entstandenen Zustand. Wir betrachten die *populäre* Einstellung zu Wissenschaft und Welterkennen. Das also, was man z. B. als Lehrer im konventionellen naturwissenschaftlichen Unterricht ausbreitet, auch wenn man es ungewollt, ja unbewußt tut. Man übersieht oft, daß einem (jungen) Menschen, der weltanschaulich noch offen, unfertig ist, jeder unterrichtete Erkenntnisweg in die Welt auch ein Zug seiner Weltanschauung wird. Welche Weltanschauung ist es? Diese zeitgenössische, stillschweigend praktizierte Erkenntnishaltung finden wir von denen am konkretesten als Forderung ausgesprochen, die bei den Massen auf Resonanz stoßen. Hören wir einen solchen Wortführer, der gerade dadurch Erfolg hatte, daß er Züge der naturwissenschaftlichen Weltauffassung radikal auf andere Bereiche übertrug: Lenin.

Grundlage aller Welterscheinung ist für Lenin die sich aus sich selbst bestimmende Materie und ihre selbstläufige Entwicklung. Sie ist ihm Inbegriff eines an sich – ohne den Menschen – objektiv Seienden. Die Physik (als Kern aller Naturwissenschaften) nähert sich ihr immer mehr. Sie kann mit ihren Gesetzen die Materie – die absolute Wahrheit – nie ganz umfassen (auch nie abschaffen), aber immer weitreichender, abstrakter annähern und widerspiegeln. Lenin spricht vom „unendlichen Prozeß der Vertiefung der Erkenntnis des Dinges, der Erscheinungen, Prozesse usw. durch den Menschen, von der Erscheinung zum Wesen und vom weniger tiefen zum tieferen Wesen“, weil „die Welt eine sich ewig bewegende, sich entwikkelnde Materie ist, die sich in dem sich entwickelnden menschlichen Bewußtsein widerspiegelt“[6]. Der Beweis für die Wirklichkeitsadäquanz der Erkenntnis kann nicht im Bewußtsein selbst, sondern nur in der *Praxis* gefunden werden. Als solche Praxis läßt Lenin das Experiment der Naturwissenschaftler, die industrielle Produktion und die politische (geplante) Aktion gelten.[7] Lenin vermeidet dabei jede Schau auf das Menscheninnere und sein Bewußtsein, auf die Quellen seiner Selbstbestimmung, auf die Artung der Begriffe. *Äußere* Feststellungen müssen über das Innere (den

[6] Zitiert nach: Iring Fetscher (Hrsg.): W. I. Lenin: Theorie, Ökonomie, Politik. Stuttgart 1974, S. 34, S. 99.

[7] Ebd., S. 31.

Erkenntnisakt) entscheiden. „Der Gesichtspunkt des Lebens, der Praxis muß der erste und grundlegende Gesichtspunkt der Erkenntnistheorie sein."[8] Gerade das ‚Kriterium der Praxis' ist ja in Erkenntnisproblemen Grundmeinung der Wissenschaft (und damit auch des Alltags) geworden. Es ersetzt eigentliche methodische Betrachtungen – so zum Verhältnis Naturwissenschaft/Wirklichkeit. „Auf die Frage nach dem Grund des historischen Erfolgs der Wissenschaft weiß ich keine andere Antwort als ihre Wahrheit. [...] Die Macht der Naturwissenschaft beruht auf ihrer Wahrheit."[9] Gewiß ist es zutiefst menschlich, zu sagen „was fruchtbar ist, allein ist wahr" (Goethe) – aber: Diese Fruchtbarkeit heißt nicht Nützlichkeit und kann nicht im äußeren technischen Erfolg liegen, sondern nur in der inneren Fähigkeit, das Leben menschlich zu handhaben. Sie liegt im moralischen, nicht im gegenständlichen Erfolg. Insofern folgt v. Weizsäcker auch mit dem folgenden Ausspruch Voraussetzungen Lenins, indem unter Erfolg – wie bei Weizsäcker offensichtlich – der intellektuelle, und letztlich der äußere, technische Erfolg verstanden wird. „Die Wahrheit eines Paradigmas, so könnte man sagen, ist eine ökologische Nische, d. h. diejenige Struktur der Wirklichkeit, die den zeitweiligen Erfolg dieses Paradigmas ermöglicht. Strukturen der Wirklichkeit werden uns sichtbar, insofern sie unser erfolgreiches Handeln ermöglichen; die Begriffe, mit denen wir sie beschreiben, sind eben die Anweisungen, in ihnen erfolgreich zu handeln. Begriffe sind Handlungsanweisungen."[10] Zweifellos sind derartige Einstellungen, durch v. Weizsäckers Arbeiten noch bekräftigt, ein Stück gegenwärtiger Staatsräson – bis in die Kernenergiepolitik. Aus dem Dogma: was *machbar* ist, muß *wahr* sein (populär ausgedrückt), gleitet man weiter in die Tendenz: was *machbar* ist, soll auch *gemacht* werden (denn es ist ja ‚ordentlich erkannt') – und ist mitten im Hauptproblem der technischen Zivilisation.

Erkenntnismethodische Fragen sind nicht Gelehrtensache, sondern bestimmen den Lauf der Welt. Man kann in der Fundierung von Unterricht nicht vor diesen Fragen haltmachen.

Wir fassen den Abschnitt zusammen:

- Der Lehrer multipliziert zeitgenössische Erkenntnishaltung.
- Lenin formuliert deren Grundlagen mit der Annäherungs- und Widerspiegelungstheorie und dem Kriterium der Praxis.
- Zeitgenössische Philosophie gibt sich dem Erfolgsdenken Lenins hin; jenes ist die im Grunde herrschende populäre Weltanschauung; Lenin hat sie nur am ehrlichsten formuliert.

[8] Ebd., S. 103.

[9] Siehe S. 182, Fußn. 5, dort S. 95.

[10] Ebd., S. 97.

c) Zwischenrufe

Es hat zu keiner Zeit an Stimmen gefehlt, die der Entwicklung Einhalt gebieten wollten, *diese* Physik zur einzigen wirklichkeitserschließenden Tätigkeit des menschlichen Geistes zu machen – und dann aus ihr die Welt zu gestalten. Die Anthroposophie ist ein solcher Zwischenruf, doch seien zunächst Argumente anderer aufgezeigt.

Der bekannte Wissenschaftskritiker Friedrich Wagner spricht radikal sogar von „Ersatzreligion", das Ungedeckte des Erkenntnisentwurfs der Naturwissenschaft damit beleuchtend. „Ihre Lösung: zunächst die Natur, dann die Forschung als Offenbarung zu betrachten, um schließlich die Forschererkenntnis der Gottesschau gleichzusetzen und in der Vorsehung das Naturgesetz, im Jenseits die Wissenschaft wiederzufinden, hat jene Denkformen geprägt, auf denen bis heute der Wissenschaftsglaube beruht. Das Dogma der 'Freiheit der Forschung', das im Weltwesten wie im Weltosten anerkannt wird, wirkt durch die Immunität, die es dem Forscher gegen die Folgen der Forschung verleiht, wie das einer Weltreligion." Im Grunde jedoch bringt diese Religion den Menschen nicht zum bewußten Wirken im Schöpfungszusammenhang, sondern isoliert und lähmt ihn. „Die 'exakte' Wissenschaft aber – deren Modell heute tief in die Geisteswissenschaft wirkt – gewinnt den Zugang zu den Entdeckungen und Erfindungen, die ihre Macht und Autorität begründen, erst durch die Preisgabe dieser Sinn- und Wesensfrage nach Seinswahrheit und Existenzwahrheit – seit Galilei führt der Verzicht auf Metaphysik zur Physik. [...] Der methodischen Ausschaltung der Naturerscheinung als eines Ganzen, das heißt der ‚Natur', wie sie die Antike begriff, durch Isolierung und Quantisierung des Vorgangs, entspricht die Ausschließung des Menschen aus einem Forschungsakt, der ihn nun nicht mehr zur Einordnung in einen ‚Kosmos' führt, sondern zu dessen Zerstückelung und Kontrolle. [...] Die Blendung der kartesianischen Illusion verbarg das Verhängnis, daß die immer wirksamere Kontrolle der Kräfte, die Forschungsobjekte diese Wissenschaft waren, sich selbst immer mehr der Kontrolle entzogen."[11] Letztlich wird also der Mensch Mächten ausgesetzt, die er äußerlich kaum kontrollieren, und vor allem innerlich nicht legitimieren kann – ein Zug, der in der wissenschaftsbeherrschten Zivilisation zunehmend wahrnehmbar wird.

Mehr in eine philosophisch-systematische Beurteilung dringt Kurt Hübner, der sich mit der Widerspiegelungstheorie – von Descartes bis Popper – auseinandersetzt. Er zeigt, daß die immer behauptete, schritt-

[11] Friedrich Wagner: Weg und Abweg der Naturwissenschaft. München 1970, S. 80, 50, 125, 126.

weise Annäherung der Theorie an die „absolute Wahrheit" unüberprüfbar und damit reiner Glaube ist; daß es „[...] im strengen Sinne weder eine empirische Verifikation noch eine empirische Falsifikation gibt [...]. Nicht in der Theorie, sondern erst in der Metatheorie erscheint die Realität"[12] (Metatheorie, hier etwa: auf Bedingungen bezogene Aussage, nicht Absolutaussage). „Es gibt nicht den mindesten Grund dafür, eine absolute Wahrheit anzunehmen, der wir uns mehr und mehr nähern, weil wir weder absolute Tatsachen noch absolut gültige Grundsätze kennen, die uns dabei den Weg zeigen könnten. Auch wird im Fortgang der Forschung keineswegs ständig über dieselben Gegenstände besser und besser geredet. [...] Die Bewegung der Wissenschaften ist wesentlich Selbstbewegung von Systemmengen."[13]

Das philosophische Werk R. Steiners befördert eine Wende auch in den Schulfächern. Seine Erkenntnistheorie ist eine ganz andere als die seines Zeitgenossen Lenin; sie wurde Wurzel seiner Anthroposophie, blieb aber viel weniger beachtet als diese.[14] Nach ihm sind die sogenannten primären Qualitäten, räumliche Gestalt, Lage, Bewegung usw. so, wie sie physikalisch gemeint werden, nicht Qualitäten, sondern Quantitäten. Sie sind metrische Begriffe, nach Art von Meßvorschriften, mit denen an die Erscheinung herangetreten wird. Sie werden *im Menschen* gebildet, nicht in der Welt angeboten. Am Anfang stehen die frühkindlichen Erlebnisse des Aufrichtens, der Bewegungen, des Gleichgewichts. Das Kind erlebt das alles mit dem Eigenbewegungssinn und mit dem Gleichgewichtssinn. Zu diesen Wahrnehmungen bildet es die Begriffe der Richtung, aus der Wiederholung z. B. von Bewegungen den der Zahl. Aus dem eigenen physischen Leib werden so mechanische, geometrische und mathematische Begriffe hervorgelockt.

Klang, Helligheit und Wärme dagegen werden in der Hinwendung der Seele zur Außenwelt *in* der Außenwelt durchlebt.[15] Jede Begrifflichkeit schweigt zunächst, soll das Qualitative als solches wahrgenommen werden, nicht nur als Signal für Gegenstandsortungen oder Theorieabläufe innerhalb des Verstandes. Erkenntnis besteht dann nicht im Ausschließen, sondern im Verarbeiten solcher Wahrnehmungen – im Vertrauen darauf, daß die Gedanken, die zur qualitativen, als solche vereinzelt stehenden Wahrnehmung dazutreten, mit ihr zusammen die überschaubare Wirklich-

[12] Kurt Hübner: Kritik der wissenschaftlichen Vernunft. Freiburg/München 1979, S. 70f.

[13] Ebd., S. 209f., 202.

[14] R. Steiner: GA 4 (1918).

[15] Ders.: GA 326 (1923), 6. Vortrag. Außerdem E. Schuberth: Waldorfpädagogik. In: Kritische Stichwörter – Mathematikunterricht. Heidelberg 1980, S. 350ff.

keit erst erzeugen. Das menschliche Denken ist ein zur Welt gehörender Prozeß. „Nicht durch das Erkennen fügt die Seele etwas zu den Dingen hinzu, was ihnen gegenüber ein unwirkliches Element wäre, sondern vor dem Erkennen hat sie den Dingen genommen, was zu ihrer wahren Wirklichkeit gehört. Es wird die Aufgabe der Philosophie sein, einzusehen, daß die dem Menschen offenbare Welt eine ‚Illusion' ist, bevor er ihr erkennend gegenübertritt, daß aber der Erkenntnisweg die Richtung weist nach der vollen Wirklichkeit."[16]

Mit welcher Vorsicht ein Denken dieser Art an Wahrnehmungen anzusetzen hat, wird das unten folgende Beispiel aus der Optik wenigstens an einem Zipfel vorführen.

d) Der Aspekt als Schwundstufe

Läßt man einige traditionelle Relikte unbeachtet, so muß man feststellen, daß heute über die Erde hin entweder ein im Grund agnostischer Positivismus herrscht oder, als Teil der Erkenntnis-Haltung Lenins, die Widerspiegelungs- und Annäherungstheorie – nicht in den philosophischen Auslassungen von Zeitgenossen, die erkenntnistheoretisch forschen, sondern in den lebensleitenden Einstellungen der bestimmenden Mehrheit, wenn sie sich der Welt zuwendet; und im überkommenen Wissenschaftsalltag, in der Schule, im Labor. Physik, exakte Naturwissenschaft, wird zwar von den Wissenschaftlern selber nur als ein Aspekt der Welt bezeichnet. Indem die Wissenschaft aber nur *diesen* Aspekt ergreift – betrachtend, handelnd, eine neue Welt schöpfend –, erzeugt sie die Grundstimmung, dies sei der wesentlichste Aspekt: der einzige, der des Schweißes der Vernünftigen wert sei. Damit entsteht das Urteil – besonders wirksam, wenn unausgesprochen –, daß *nur* im Sinne der mathematischen Naturwissenschaft vernünftige, gemeinnützige Schritte zur Wahrheit unternommen werden können. Nur *diese* Physik könne Sinneswahrnehmungen in Richtung allgemeiner Wahrheiten verarbeiten und fruchtbar machen; und zwar durch die Reduktion auf die primären Sinnesqualitäten (die keine sind, s. o.). Alle Beschäftigung mit den sekundären Sinnesqualitäten – die ja in Wirklichkeit die einzigen wahrnehmbaren sind – sei subjektiv: eben keine Naturwissenschaft. So herrscht die Meinung: Alles, was nicht sofort evident ist, so wie die Ablesung einer Meßgröße, sei unkontrollierbare Innerlichkeit und münde bestenfalls in eine subjektive Konstruktion. Derartiges könne nur eine Art

[16] R. Steiner: GA 18 (1914). Stuttgart 1955, S. 598. Als Einstieg ist möglich: R. Steiner, GA 6.

Naturtourismus begründen, etwa zur Entspannung nach *echter* wissenschaftlicher Anstrengung – Goethes Farbenlehre für den Feierabend.

Wir beobachten also einen übermächtigen Hang zur Widerspiegelungs- und Annäherungstheorie, wie sie u. a. von Lenin formuliert wurde. Daran ändern offenbar die vielen Zwischenrufe wenig, von denen wir drei beispielhafte angeführt haben. Die Widerspiegelungs- und Annäherungstheorie ist eine Grundlage neuzeitlichen Weltempfindens. Versuchen wir trotzdem einmal mit der Logik an sie heranzutreten.

Der Weg der Physik ist, wie alle zugeben, ein eingeschränkter. Ob er die Einschränkung durchbricht und sich der ‚absoluten Wahrheit' nähert, könnte erst entschieden werden, wenn man sich dieser Wahrheit auf *anderem* Wege als dem der Physik genähert hätte. Anders gewendet: Physik und ‚absolute Wahrheit' sind etwas Verschiedenes. Wie die zwei Komplexe zueinander stehen, kann man nur bestimmen, wenn man beide unabhängig voneinander erfaßt. Wir haben nur die Physik. (Sie müßte ein Münchhausen sein!) Also können wir nur sagen: Physik ist Physik! Sie leistet dies und jenes – aus anderen Gründen als um der Wahrheit willen. Wie sie zur wahren Wirklichkeit steht, d. h. zu dem, was bis auf das geistige Innere des Menschen wirkt, kann nicht einfach ausgemacht werden, indem man zu ihren Ergebnissen etwas Ungeklärtes von außerhalb hinzunimmt, wie den Seitenblick auf eine ausgedachte ‚absolute Wahrheit'. Vielmehr hilft es uns zunächst, genau die Stelle zu untersuchen, wo sich Physik von Wirklichkeit trennt (Descartes). Ein jeder kann nämlich diese Schritte am Ursprung in sich selbst, in seinem Weltbetrachten aufsuchen. Das *Endergebnis* der Physik hingegen, die Formel, steht zunächst nur im Licht ihrer eigenen Konzepte, der Gegenstandswelt usw. Das Endergebnis erlaubt keine über seine Voraussetzungen hinausgehende Urteile.

Physik, Naturwissenschaft und damit derartige Wissenschaft überhaupt erscheint uns zunächst als Aspekt der natürlichen Wirklichkeit. Sie ist aber im Grunde nur eine Methode unseres Verhaltens – ob an Wirklichkeit, in Wirklichkeit oder in etwas Neugeschaffenem, das ist *innerhalb* des Aspektes nicht zu erfragen. Jede Aussage darüber hieße ja, auf *andere* Weise Wirklichkeit gefaßt zu haben – und eben daran fehlt es. So gesehen ist Physik nicht ein Aspekt der Wirklichkeit, sondern Physik ist Physik. Von außen gesehen: Macht, Eingriff, intellektuelles System – einfach eine Verhaltensweise.

Will man Physik in den Weltzusammenhang einordnen, so kann man sich wohl nicht nur innerhalb von *Dingen* bewegen, in einer eindeutigen Sachwelt. Dann bliebe man ja in der Physik. Als nächstes blickt man auf den Physiker im Vergleich zum Menschen außerhalb des Physikerseins. Da findet man am Anfang dunkle, wenn auch später gut formulierte, menschliche Entschlüsse, z. B. Erfolg haben zu wollen oder nur die primären Qualitäten gelten lassen zu wollen usw. (Feyerabend, Wagenschein[17]).

Um solches zu durchdringen, muß man sich einlassen auf die Verständigung des Menschen mit sich selbst. Aber dem will gerade der Naturwissenschaftler entkommen. Er hat mehr Neigung, Sachbewegungen da draußen zu verfolgen und in die Hand zu nehmen, nicht jedoch seelische und geistige Bewegungen. Die populäre Hochschätzung der Naturwissenschaft beruht mit darauf, daß sie einer Schwäche des Menschen entgegenkommt, nämlich keine ganzheitliche Ordnung in seiner Erkenntnishaltung, in seinem Denken zu schaffen. Statt dessen lenkt die Naturwissenschaft nach außen. Sie entschuldigt die Schwäche nicht nur, sondern sieht in ihr noch Berechtigung, ja höhere Verpflichtung – z. B. zum Exakten, zum Tüchtigen. „Das ist ein beinahe philosophisches Problem ..." wird z. B. bei lange unklärbaren Erscheinungen der Chemie ausgesprochen, den Triumph der ansonsten sicheren Wahrheit des eigenen Systems genießend: gegenüber den Unsicherheiten wertenden, qualitativen Denkens bei den Philosophen. Indem der Physiker – von Minuten der Erhebung abgesehen – den Aspektcharakter seiner Wissenschaft übergeht und sie als Sachausfluß der ‚Welt an sich' ansieht, kommt er daran vorbei, die menschlichen Entschlüsse des Ursprungs dieser Wissenschaft im Erkennen des Menschen selbst (und bei sich!) zu untersuchen. Er hat allein die *Sachen* und nicht sein *Denken* zu erfassen. Physik, Naturwissenschaft wird damit zur Einschränkung des Menschen überhaupt. Sie reduziert nicht die Welt, sondern zunächst die Regungen des Menschen. Pädagogik muß davon wissen. Sie muß die Schrumpfung innerer geistiger Dimensionen erkennen. – Demgegenüber wirken Goethes naturwissenschaftliche Arbeiten ganz anders auf den Menschen. Bei Goethe muß etwas äußerlich Undefiniertes innerlich erübt werden. Man denke z. B. an die wandelvolle Idee der ‚Urpflanze' oder an die ‚Taten und Leiden' des Lichtes ...

Wir fassen die Aussagen dieses Abschnittes zusammen:

- Die Annäherungs- und Widerspiegelungstheorie ist das naturwissenschaftliche Credo unserer Zeit.
- Diese Theorie stammt aus einer intensiven, intellektuellen Arbeit an einem kleinen Aspekt der Welt, eben dem der ‚primären Qualitäten'; ihr darüber hinausgehender Anspruch ist logisch unhaltbar.

[17] P. K. Feyerabend: Wie wird man ein braver Empirist? Ein Aufruf zur Toleranz in der Erkenntnistheorie. In: Lorenz Krüger (Hrsg.): Erkenntnisprobleme der Naturwissenschaften. 1970, S. 303–335, spez. 325 f.

Martin Wagenschein: Rettet die Phänomene! – Der Vorrang des Unmittelbaren. In: Der Mathematische und Naturwissenschaftliche Unterricht (MNU) 30 (3), S. 130 (1977).

– Das Arbeiten mit diesem Aspekt hat äußeren Erfolg gebracht, aber es macht den Menschen in einer tieferen Schicht als der des Intellekts passiv. Es unterbindet damit auch pädagogische Prozesse.

3. Pädagogische Konzepte

a) Schulung durch konventionelle Physik

Der vorliegende Text kann seine Reservierung gegen philosophisch-erkenntnistheoretische Praxis der traditionellen Naturwissenschaft nicht verheimlichen. Worin liegt die Begründung einer solchen Reserviertheit? Man bedenke, daß in den jetzigen Jahrzehnten Naturwissenschaft und Technik Weltprobleme geworden sind. Junge Menschen, die zur heutigen Welt hingeführt werden, müßten es verübeln, wenn im Entwurf von Unterricht nicht rückhaltlose Klarheit auch der fatalen Züge des wissenschaftsgeprägten Geisteslebens angestrebt würde. Solche ungelösten Erkenntnisprobleme, welche Naturwissenschaft noch birgt, werden markant, vielleicht sogar tragisch sichtbar, wenn man von den uns gleichzeitig umgebenden großen Leistungen aus auf sie blickt. Widerspruch und Tragik dürfen dem jungen Menschen nicht verhohlen werden.

Auf der anderen Seite hat ja Naturwissenschaft – außer allen technischen Errungenschaften – dem Menschengeist eine noch nie dagewesene Kraft des innerlich impulsierten Denkens anerzogen. Daraus können pädagogische Werkzeuge geschmiedet werden: wenn es gelingt, sich das illusionäre Streben der Naturwissenschaft vom Halse zu halten, Inhalt und Grenzen der Welt des Menschen bestimmen zu wollen. Dann bleibt ihre große Mission bestehen: die der Übung.

An Physik läßt sich erüben, wie wir mit dem zwar beschränkten, aber klar erfaßten Begriff bis an die Einzelheiten der Erscheinung in der sinnlichen Wahrnehmung unterscheidend herankommen. Ständig wird ja unser Denken von der Erfahrung herausgefordert, aber auch zurückgewiesen: Wir stoßen an der Wahrnehmung an. Wir lernen, ein Problem zu Ende zu denken; und wir wissen dann auch, wann es in dem vorgegebenen Rahmen gelöst ist. Der Zusammenhang z. B. von Hubarbeit und Beschleunigung am Pendel läßt uns die Unabhängigkeit der Pendelfrequenz von der Masse erkennen. Was unter diesen Voraussetzungen gedacht wird, kann aus den inneren Schritten des Denkens als *vollständig* erlebt werden. Die mathematische Seite dieser Naturwissenschaft wirkt sich so aus, daß das Denken auf feste Gleise gesetzt ist. Richtig und falsch scheiden sich: begrüßenswert klar für Schulungszwecke – überklar vielleicht für Wirklichkeit. Der

Schwierigkeitsgrad von Problemen läßt sich bestimmen, dosieren und vom Lernenden akzeptieren. Der Lernende wird am Detail innerlich selbständig und sicher in der Gedankentätigkeit und erringt Freiheit von mythischen Vorgaben. Gerade der Aspekthaftigkeit der exakten Naturwissenschaft läßt sich Unersetzliches abgewinnen.

Der vorliegende Text stellt solche positiven Seiten weniger breit heraus, denn darüber herrscht große Einigkeit. Die erkenntnistheoretischen Defizite hingegen sind unklarer; sie erfordern schärferzeichnende Worte. – Auf einem ganz anderen Blatt stehen noch die *technischen* Errungenschaften, die vor allem im kleinen Rahmen („Small is Beautiful"[18]) verantwortbare äußere Befreiung geschenkt haben, und, in weiterer Folge, Bildungsmöglichkeiten für alle. Auch das sollte im Unterricht an durchgearbeiteten Beispielen deutlich werden. Aber auch die Kehrseite sollte deutlich werden. Da nämlich nun die meisten Menschen nicht mehr durch Arbeit in die Welt hineinwachsen, sondern durch Bildung, z. B. im Klassenzimmer, muß auch die Bildung, d. h. die Bildungsseite der Naturwissenschaft, ihr *philosophischer* Gehalt, genauer geprüft werden. Darum ringen wir in diesen Zeilen.

b) Auf der Suche nach Bildungszielen

Im vorigen ist versucht worden zu zeigen, daß man aus einer erkenntnistheoretischen Untersuchung des Werdeganges, vor allem der populären wissenschaftsorientierten Weltbeziehung, die Stärken und Schwächen der exakten Naturwissenschaften anders einschätzen wird, als dies aus rein naturwissenschaftlichem Bewußtsein heute getan wird. Damit ist ihre Bildungsfunktion anders anzusetzen, als sie sich bislang im herkömmlichen Schulstoff niederschlägt; Bildungsziele sind neu zu fassen.

Doch allgemeine Bildungsziele, die am Erziehungsproblem und damit am Menschen aufgezeigt werden, haben meist kaum Kraft, fachlich schon angeordnete Inhalte anders zu gestalten und sie, auf den Menschen gezielt, zu verwandeln. Das dürfte nach dem Vorangehenden verständlich sein, wo doch Fachwissenschaft gerade als Bewegung vom Menschen weg entstanden ist. Als ein anderes Extrem tritt heute die Waldorfpädagogik auf. Sie erhebt sich zunächst als ein einziges, riesiges, menschliches Bildungsziel – und ordnet Fachliches anscheinend rigoros unter. Wie kann aber vom allgemeinen Ziel zu fachlichen Lernschritten gefunden werden? – Das

[18] E. F. Schumacher: Die Rückkehr zum menschlichen Maß. rororo, Reinbek, 1977 (deutsche Ausgabe von ›Small is Beautiful‹, 1973).

oberste Bildungsziel, auch des fachlich orientierten Lehrens, ist in der Waldorfschule die Selbstfindung. Dieses Ziel findet sich ja immer wieder in fachdidaktischen Betrachtungen. „Autonomie: Dieses Bildungsziel reflektiert die unverlierbare Intention des neuzeitlichen Emanzipationsprozesses, an dem die Naturwissenschaften wesentlichen Anteil hatten. [...] Es wäre vermutlich nicht schwierig, alle wesentlichen Bildungsziele als Momente des einen Ziels der Autonomie darzustellen."[19]

Auch in geltenden Lehrplänen erscheint Emanzipation, Selbstfindung und Autonomie immer wieder als übergeordnetes Lernziel, z. B. für die Sekundarstufe I in Bremen. Angestrebt wird dort „Bereitschaft und Fähigkeit, naturwissenschaftliche Methoden und Erkenntnisse zu emanzipatorischem und kreativem Verhalten zukunftsorientiert umzusetzen"[20]. Mit anderen Folgerungen findet man dieses Ziel auch in den Lehrplänen bzw. Rahmenrichtlinien von Berlin[21] und Hessen[22]. Dem Sinn nach schließt sich daran meistens die Überlegung an, daß selbständig allein der sein kann, der das Getriebe, in das er hineingestellt ist, bis in fachliche Erscheinungen überblickt: nur Wissen macht frei. Selbstbestimmung im Leben benötigt aber als Kern individuelle, *menschliche* Orientierungsfähigkeiten. Nicht äußeres Sachwissen, sondern innerlich handhabbare Zugänge zum Wesentlichen, zur Erlebnisseite des Menschenlebens ermöglichen letztlich autonome Gestaltungen. Rät man also, im System der Physik eben das System der Physik eine Strecke weit zu lernen (wie in Hessen), so mutet das wie ein Ausweichen an vor den Konsequenzen jenes noch im Vorsatz formulierten Zieles Selbstbestimmung. Immer wieder wird in Richtung eines solchen Ausweichens ein Gerüstentwurf oder eine Sammlung von herausgezogenen Prinzipien der Physik für das gehalten, „dem für die Diskussion um die *Bildungsfunktion des Physikunterrichts* und für die Curriculumentwicklung besondere Bedeutung zukommt: Die Vermittlung von Einsichten in die Struktur der Physik, ihre grundlegenden Prinzipien und Begriffsbildungen, die wesentlich zur Übertragbarkeit und Verfügbarkeit des Gelernten beitragen können"[23].

[19] Walter Jung: Beiträge zur Didaktik der Physik. Frankfurt 1970, S. 15f.

[20] Lehrplan Naturwissenschaft im Fachbereich Mathematik/Naturwissenschaft. Lehrplan Physik. Hrsg.: Der Senator für Bildung, Wissenschaft u. Kunst. Bremen 1976.

[21] Inhaltliche Grundlagen für das Fach Physik, Jahrgangsstufe 7–9 (Gesamtschulen in Bildungszentren). Hrsg.: Der Senator für das Schulwesen. Berlin 1975.

[22] Rahmenrichtlinien, Sekundarstufe II, Physik 1975 Teil 1, S. 1 oben, Der Hessische Kultusminister.

[23] Wolfgang Bleichroth (Hrsg.): Didaktische Probleme der Physik. Darmstadt 1978, Einleitung von W. Bleichroth, S. 6.

Anders gezielt, nämlich ganz auf menschliche Bildung, auf Selbständigkeit des Denkens gerichtet sind die bekannten ‚Funktionsziele' Martin Wagenscheins. Deren erstes ist: „Nur wer Physik als eine beschränkende Sicht erfährt, kann durch sie in seiner Bildung bereichert werden."[24] Für Wagenschein ist Physik eine sehr eingeschränkte Erkenntnis. „Wieso ist der ermächtigende Zugriff derjenige, der uns die Wahrheit erfassen läßt? Offenbar ist dieser Glaube keine Einsicht, sondern ein unserer Epoche naheliegender Beschluß, sich mit Bemächtigung zu begnügen. Dazu kommt: die technischen Leistungen zeugen nicht von Beherrschung ‚der Natur'."[25] Er meint: Wir durchdringen nur die Natur mit einer zweiten, der technischen Welt.

c) Selbstfindung

Wie kann dieses oberste Ziel eines Waldorfschulunterrichts angesichts des Aspektcharakters der Naturwissenschaft angestrebt werden? Erklärt man dem Schüler immer wieder, zwischen die Kapitel positiven Wissens geschaltet, daß all dieses Wissen nur eine schmale, ausschnitthafte Sicht der Sache sei, so wird man gerade diese Einsicht meistens nicht erreichen. Denn der junge Mensch nimmt Erklärungen zu einer Sache zunächst als die bestimmenden Wesenszüge derselben. Sie bestimmen ihm wenigstens grob die wahre Stellung der Sache zum Weltganzen. Er lernt immer mehr, mit den erlernten Gedanken in die Welt zu blicken, und was er unter diesem Aspekt sieht, *ist* ihm die Welt. Andere Seiten der Welt *fühlt* er wahrscheinlich, aber sie bleiben traumhaft, ohne gedankliche Klarheit. Die Versuche, dem Schüler die Aspekthaftigkeit seiner Weltsicht klarzumachen, können ihn dann nur die Begrenztheit seiner Gedankenfähigkeit *überhaupt* annehmen lassen; als würde der einzig *mögliche* Erklärungsansatz unabänderlich *dürftig* bleiben müssen. Es muß ihm scheinen, daß es nur an der Komplexität der Welt oder an der Isoliertheit des erkennenden Menschen liegen kann, wenn seine klaren Begriffe bloß Aspektwert haben sollen. Eine solche Betonung des Aspektcharakters wirkt also nicht erweiternd, sondern eher *lähmend* auf das Erkenntnisleben des jungen Menschen. Deshalb wird sie in der Fachdidaktik zwar aus intellektueller Redlichkeit mitgeschleppt, aber im praktischen Fachunterricht vernünftigerweise nur wenig zur Wirkung gebracht. Das entspricht einem

[24] Vortrag beim Vierten Pädagogischen Hochschultag in Tübingen im Oktober 1959. Siehe (18), S. 115.

[25] Martin Wagenschein: Die Pädagogische Dimension der Physik. Vieweg Verlag, Braunschweig 1971, S. 308.

gesunden, pädagogischen Instinkt: Der Lehrer umgeht ‚Lernfrust' der Schüler.

Soll Aspekthaftigkeit nicht als Beurteilung der Aussichtslosigkeit jedes physikalischen Strebens begriffen werden, sondern als Charakterisierung der Eigenart dieses *einen* Gesichtspunktes gegenüber der Fülle der Welt, dann müssen *andere* Aspekte dieser Fülle wissenschaftlich anwesend sein – also als abgerundete, gedankliche Sichtweisen konkret gelehrt werden. Will man zeigen, wie einseitig ein Weg oder die Sicht einer Sache ist, muß man eben diese Sache noch *außerhalb* dieser Sicht ins Auge fassen und einen anderen Weg betreten: und zwar mindestens bis zur gleichen gedanklichen Fülle. Daran mangelt es aber in der heutigen Bildungspraxis total! Aspekthaftigkeit bleibt eben bloße Klage über das anscheinend Unabänderliche: sofern nicht alternative, wissenschaftliche Tätigkeit – nicht nur andeutungsweise – durchgeführt wird. Erst im „Gleichgewicht der Aspekte" (Wagenschein) kann das bewußte Einnehmen und Ausgestalten von Aspekten frei geübt und beurteilt werden. Nur dann ist spätere Selbstbestimmung im Erkennen vorbereitet. Diesem zunächst, im konventionellen Aspekt gesehen, verwegen erscheinenden wissenschaftlichen Streben muß sich ein moderner Unterricht in Physik und Chemie stellen. Daß die Verwirklichung solcher Bestrebungen auch im Waldorfschulunterricht nicht abgeschlossen ist, wird bei der Größe der Aufgabe nicht überraschen. Gerade diese Aufgabe wird auch nicht dadurch gelöst, daß man sich auf anderweitig fruchtbare pädagogisch-menschenkundliche Prinzipien beruft, deren Überlegenheit genießt und das Fachliche so bleiben läßt.

Die gezeichnete, didaktisch-wissenschaftliche Entwicklungsaufgabe entstammt, wie eingangs zu zeigen versucht wurde, gar nicht dem Ideengut der Waldorfschule, sondern dem Ideengang der Menschheit. Ihre Lösung muß nicht nur auf dem Boden der Waldorfschule gesucht werden. Sie ist eine allgemeine Zeitnotwendigkeit: *soweit denkerisch freie Weltbetrachtung in der Zukunft nicht aufgegeben werden soll.*

d) Altersspezifische Betrachtungsweisen

Es wurde zu zeigen gesucht, daß nur derjenige 'Physik' als einen speziellen Aspekt der Natur begreifen, beurteilen und damit frei als Erkenntnismittel nutzen kann, der in anderen Aspekten wissenschaftlich denken geübt hat. Vorher kann man nur ahnen, in welcher Beziehung Physik Aspekt ist; man kann nicht sicher sein, ob sie nicht doch das wahre Wesen der Welt an sich zeichnet. Andere Aspekte sind zwar vorhanden, aber nicht genügend auf Sinneswahrnehmung, sondern stärker auf Humanismus, auf

Offenbarung gegründet – sie lassen ahnen, aber befreien nicht. Egal nach welcher Richtung: Man muß sich im Zeitalter fehlender öffentlicher erkenntnismethodischer Alternativen (auch der vorliegende Text ändert das nicht) aus solchen 'Ahnungen' entschließen, Naturwissenschaft und Unterricht unter alternativen Gesichtspunkten zu betrachten und umzustellen. Auch die Waldorfschule setzt heute einen nur ahnenden Entschluß an den Anfang. Weil er pädagogisch erfolgreich ist und weil alternative erlebniserhellende Wissenschaftsschritte wenigstens stellenweise entstehen – unter dem Kriterium ihres Konzeptes gesehen –, erscheint es gerechtfertigt, davon zu berichten. Das soll nun geschehen.

Im Unterricht der Waldorfschule werden manchmal drei Konzepte der Naturbetrachtung angewendet:
- das *phänomenologisch-bildhafte* in den Altersstufen der Vorpubertät (6. und 7. Klasse);
- das *kausalanalytische*, d. h. konventionell wissenschaftlich-technische in den Klassenstufen 8 bis 10, d. h. in der Zeit der Pubertät und ihres Abklingens;
- das *erkenntnistheoretisch* aufgebaute, *goetheanistische* Konzept in der 11. und 12. Klasse.

Die Begründung für diesen Dreischritt, bei dem das Ende (12. Klasse) wieder auf den Anfang (6. Klasse) zurückkommen soll, steht in den allgemeinen Kapiteln dieses Buches. Daß Schulwissen *altersgemäß* zu gestalten ist, d. h. eine geistig-seelische Entwicklung unterstützen, ja vollziehen muß, wird immer wieder allgemein gefordert, z. B. in dem Hilferuf von Wolfgang Edelstein[26]. Nur kann man menschliche Entwicklung erst produktiv ins Auge fassen, wenn man sich selbst geistig-seelisch engagieren will, d. h. mehr als distanziert-intellektuell: zuerst in der Menschenkunde, dann auch gegenüber dem Wissenschaftsstoff selbst. Erst aus diesem kann „der ganze Prozeß des Hervorgehens von Seelischem aus Seelischem“, den wir Lernen nennen, geführt werden.[27] Das wollen wir nun an einem Beispiel versuchen.

[26] Wolfgang Edelstein: Lernen ohne Zwang. In: Neue Sammlung 20 (4), 340 (1980).

[27] Werner Spies: Morphologische Didaktik. In: Neue Unterrichtspraxis 13 (8), 450 (1980).

4. Beispiele pädagogisch begriffener Fachinhalte

a) In welchem Alter soll Physik beginnen?

Ein Unterricht, der Experimente vorführt, ohne schon Theorien zu liefern, appelliert besonders an das Urteilsvermögen. Die experimentellen Wahrnehmungen entstehen nicht durch den Gang des Lebens; sie sind Folge von besonderen Handhabungen, die ohne mitgeteilten Problemaufwurf zunächst nur vorgeführt werden. Die Handhabungen haben ihren Sinn nur darin, bestimmte Wahrnehmungen hervorzubringen. Letzere müssen also zunächst ohne erklärende Gesetze auf die Handhabung und Geräte konkret bezogen werden. Die räumliche Anordnung des Versuchs muß urteilend erfaßt werden. Zusammenhanglos auftretende, d. h. zunächst geistlos und seelenlos erscheinende Fakten stehen vor den Kindern und verlangen von ihnen eigene geistige Schritte. Wo so vorgegangen wird, müßte der Schüler eigentlich 14 Jahre alt, d. h. etwa Achtkläßler sein. Der Physikunterricht beginnt aber in der Waldorfschule in der 6. Klasse; also nicht zur Pubertätsmitte, sondern mit der Vorpubertät (der Chemieunterricht beginnt in der 7. Klasse). Das volle Urteilsvermögen im Selbständigkeitsgefühl ist in der 6. Klasse – trotz intellektueller Beweglichkeit – bei den meisten Waldorfschülern noch nicht herangereift. Deshalb werden die Beobachtungen und Begriffe anfangs so angeordnet, daß sie zwar in vielem Äußeren, z. B. der Versuchstechnik, Urteilskraft herausfordern, im Ganzen aber schon etwas von sinngebenden Zusammenhängen einfach durch den Lauf der Erscheinungen bildhaft aussprechen. – Das können Beispiele erläutern.

b) Bildhafter Erlebnisunterricht in der Wärmelehre – ein Beispiel

Eine größere Sperrholzplatte, die mit z. B. Leinölfirnis etwas wasserfest imprägniert ist, wird zum Herabrinnen von Wasser schräg aufgebaut (siehe Seite 197).

Nun wird tassenweise eiskaltes Wasser auf die Platte gegossen. Im Ablaufe bilden sich Züge von Wellenformen aus. Mit einer scheinwerferartigen Lampe wird die Platte von unten streifend beleuchtet – die niederwallenden Wellenfronten glänzen hell auf. Man wechselt über zu heißem Wasser: Nun laufen die Wellen schneller herunter, bilden auch nicht so kräftige Bogenfolgen; die ganze Formung ist schlaffer, verebbt schnell. Hat man sich in die wallenden Formen eingelebt, so könnte man an ihnen Wasser-

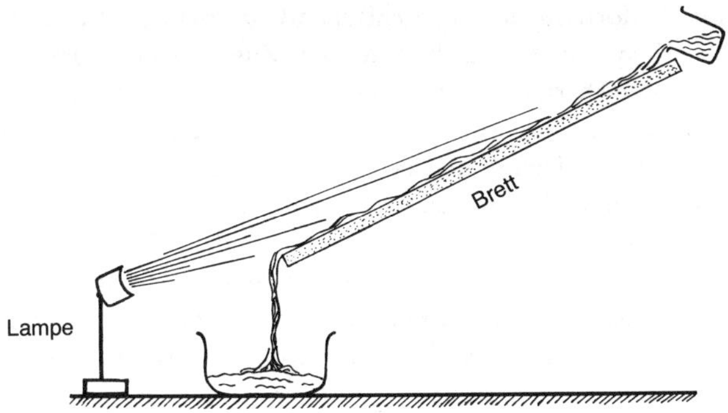

Abb. 4: Fließformen bei verschiedener Temperatur.

temperaturen im Bilde erkennen (was nicht Ziel des Versuches ist). – Hinzu gehört noch der Gießversuch: Kochendheißes Wasser wird in ein Porzellanbecken gegossen, dann zum Vergleich kaltes; beim heißen hört man ein weiches Puffen, beim kalten klatscht und plätschert es.

Die nachträgliche Besprechung des Erlebten lehrt, daß Flüssigkeiten mit dem Erwärmen dünnflüssiger und beweglicher werden; schon vor dem Kochen, dem Übergang in die Luft, zeigen sie – z. B. im Gießgeräusch – luftigeren Charakter. Auch im Beweglicherwerden kündigt sich das Luftige schon leise an; denn Gase sind beweglicher als Flüssigkeiten. – Das Pendant zu dem Gieß- und Fließversuch wäre ein Stockversuch mit einem Öl in der Kälte.

Kontrastieren wir damit das Ziel irgendeines Unterrichts zur Wärmelehre, der u. a. darin bestehen könnte, nach einer begrifflichen Fassung von Schmelzen und Sieden von möglichst vielen der wichtigsten Stoffe die Erstarrungs- und Kochtemperaturen lernen zu lassen. Vielleicht würde man dann noch zur Begründung dieser Zustandsänderungen zunächst etwas von Dampfdruckkurven und schließlich die Bewegung der kleinsten Teilchen erörtern. Sogar ein Modellversuch, wo Kügelchen die stoßenden Gasmoleküle repräsentieren, könnte zur Veranschaulichung der ‚eigentlichen Ursachen' eingeschaltet werden; oder eine Laserabbildung der Brownschen Bewegung. Und den obigen Versuch mit dem Brett würde man viel ‚exakter' anstellen: Durch eine Glaswendel läuft eine bestimmte Menge Wasser bei bestimmter Temperatur – man stoppt die Zeit. Daraus ergibt sich die Temperaturabhängigkeit der Zähigkeit. Würde man noch das Temperaturverhalten der Oberflächenspannung beobachten, dann wäre mit zwei Temperaturkurven dasjenige exakt erfaßt, dessen durcheinanderwirbelnde Wirkungen wir an der Holzplatte großartig bestaunen!

Der im Waldorfrahmen vorgeschlagene Unterricht geht einen anderen Weg. Es werden weniger einzelne stoffliche Zustände zur Markierung von Punkten auf der Thermometerskala benutzt, sondern das Übergangsgebiet zwischen den Fixpunkten wird zum Erleben gebracht. Man fühlt sich ein in die ganze innere Dichte und den Zusammenhalt eines kalten Wassers. Das versucht man in der inneren Anschauung in die Beweglichkeit und zugleich Schlaffheit des heißen Wassers zu verwandeln. Man muß das in der Vorstellung durchführen. Dadurch dringt man ein in das Wirken der Wärme. Man konstatiert nicht nur äußerlich, sondern begegnet innerlich einer Wirksamkeit. Das Erstarren einerseits und das Verfliegen andererseits werden zu äußeren Bildern des innerlich Durchgearbeiteten. Und daran schließen sich Bilder der Jahreszeiten; eigene Erlebnisse des Starrwerdens; Beobachtung von erstarrten Insekten, erfrorenen Pflanzen usw. Natürlich sollten dazu noch viele Versuche angereiht werden: z. B. das Rinnen geschmolzener Metalle; die Vereinheitlichung des Anblicks verschiedenster Dinge im Zustand der Glut[28].

Statt sich also mit der Frage nach dem Wesen der Wärme in die Materie hineinzubohren, wird der Blick auf die Fülle der Welterscheinungen gelenkt. Statt der Vorstellung von mechanischer Bewegung gegenständlicher Teilchen entsteht das Erleben von innerer Beweglichkeit bei den Erwärmungsvorgängen; statt abgeschlossener, mechanischer Vorstellungen, projiziert ins Unwahrnehmbare (und damit verfestigt), erringt man offene, d. h. immer erweiterungsfähige, qualitative Charakterisierungen, die zum Einfühlen in die Weltprozesse weiter und weiter beflügeln. – Es wird deutlich, wie die phänomenologisch ansetzende Betrachtungsart sachliches Arbeiten an physikalischen Erscheinungen mit dem oft geforderten affektiven Lernen, d. h. dem Aufhellen der Gefühls- und Erlebnisseite, in der Sachbegegnung verschmelzen will: ohne eine Kultur des Subjektiven aufzuziehen, die das rein Intellektuelle fachlicher Begriffssysteme nur nebenbei erheitern will. Über positive Affekte wie Neugier, Überraschung, Ermächtigung, spielerische Freude und Harmonie der Erscheinungen[29] geht das hier Gemeinte hinaus. Die Einfühlung in die im Inneren der Dinge wirksame Wärme gibt dem Gefühl einen ganz eigenen, objektiven (weil an Sinnesempfindungen gebildeten) qualitativen Inhalt. Er ist zwar gegenständlich entstanden, aber nicht in gegenständlichen Vorstellungen

[28] Material zu einem derartigen Physikunterricht findet man in: M. v. Mackensen: Klang, Helligkeit und Wärme. Lehrmittelabteilung, 3500 Kassel, Bildungswerk Brabanter Str. 43; 1992.

[29] H. Schwedes: Affektive Erziehung im Physikunterricht. In: H. Schmidt (Hrsg.): Zur Didaktik der Physik und Chemie. Hannover 1973.

fixiert, ist wandlungsfähig, lebendig. Seine Schwäche: Er ist nicht wissenschaftlich definierbar. Ist er deshalb unwissenschaftlich, widerwissenschaftlich – unvernünftig?

c) Das Telefon im Physikunterricht der 9. Klasse

Zur 9. Klasse hin wendet sich der Unterricht vom bildhaften zum technischen Betrachten. Die Schüler sollen dem begegnen, was um sie herum als Erzeugnis der Ehe von Verstand und Bequemlichkeit in der Welt ausgebreitet ist – der öffentlichen Technik, den Errungenschaften für jedermann. Verkehr zu Wasser, zu Lande und in der Luft, Nachrichtentechnik in ihren populären Einrichtungen, kurz alles, was das Zusammenleben der Menschen technisch erweitert (und dadurch formt!), gehört in dieses Lebensalter. Der Neuntkläßler hat sich, zumindest innerlich, vom Elternhaus und von schulischen Autoritäten unabhängig gemacht. Mit der 8. Klasse endet die Zeit des Hauptunterrichts durch den eigenen Klassenlehrer. Der Schüler fühlt sich stark, an allen moralischen Konventionen, an allen Umgangsformen zu rütteln. So wird er schulisch an dasjenige herangeführt, dessen innewohnende Zweckvernunft auch von *ihm* noch akzeptiert, weil selbstverständlich benutzt wird. Er fügt sich den Vorschriften, weil die *Sache* sie verlangt. Diese Sache ist aber nichts Naturgegebenes, sie ist Menschenwerk. In den technischen Zusammenhängen und Apparaten leben Gedanken. Der Jugendliche begegnet hier im Grunde ständig dem Denken und Schaffen anderer Menschen. Diese historisch-erfinderische Grundlage muß im Unterricht aufgedeckt werden. An der Entwicklung der Eisenbahn durch Stephenson sieht man sofort, daß die Idee eines Anwendungszusammenhanges leitend war und nicht die Bereitstellung neuer Naturgesetze (von denen natürlich auch etwas gewußt sein mußte). Die Anwendungsidee mußte sich nicht mit neuartiger Wissenschaft, sondern mit einem unerhörten handwerklichen Schaffen verbinden. Stufenweise entstand ein realistischer Apparat, der sich in die überall widerstrebende Welt einfügen konnte. Die realen Schritte der Schöpfer solcher Erfindungen gilt es aufzusuchen. Selbstverständlich mündet das in physikalische Kategorien, in Experimentalbeobachtungen und Lernstoff. Der Jugendliche soll diesen aber erleben als Begegnung mit schöpferischen, weltgestaltenden Gedankenschritten von Menschen, nicht als Begegnung mit einer an sich fertigen, zeitlosen Wissenschaftswelt.

Ein weiterer Punkt ist zu beachten: Die Verkehrs- und Nachrichtentechnik unterscheidet sich von der industriellen (in den Fabriken) und der privaten Technik (im Haushalt) noch dadurch, daß sie öffentliche Technik werden *muß*, um zu existieren. Was nützt mir die Anschaffung eines Telefons, wenn nicht viele andere auch eines haben? Was nützt das Angebot eines Eisenbahnwagens, wenn nicht viele Leute durch ihre Neigung, so zu reisen, den Bau eines weitreichenden Streckennetzes hervorrufen? Beide Karikaturen hat es gegeben: den Eisenbahnzirkus von Trevithiek 1808 am Euston Square in London und die Haustelefone der Frankfurter Großbürger nach der Erfindung von Reis 1861. Erst die Publikumsbenutzung über ganze Länder hin brachte diese technischen Errungenschaften aus dem Jahrmarktstadium hinaus: und veränderte das soziale Bewußtsein *aller*. Es tritt die Zusammengehörigkeit der Menschheit als *ganzer* auf – etwas, woran wir heute kaum mehr zurückdenken können. Mit dieser Erweiterung in die Ferne ist aber auch eine Art Aushöhlung im Nahbereich verbunden: Wie ändert sich mein Kontakt zu meiner menschlichen Umgebung, wenn ich jederzeit noch anrufen, jederzeit schnell einmal hinfahren oder auch jederzeit plötzlich von hier wegfahren kann – und wenn derartiges auch viel getan wird? Wie aber wird mein Verhältnis zu einem Menschen intensiver, wenn ich ihn aufsuche, anstatt ihn nur anzurufen? Mit der physikalischen Untersuchung von Telefon, Dampfmaschine, Lokomotive, Dieselmotor werden ja die Bedingungen des weltweiten Verbundenheitsgefühles des modernen Bewußtseins betrachtet; an dieser Stelle müssen auch Fragen zu diesem Bewußtsein selbst anklingen. Der Physikunterricht darf hier eben nicht nur als Kenntnisübermittlung der Meilensteine wichtiger technischer Anwendungen verstanden werden, sondern als ein sachliches Arbeitsfeld, durch das der Jugendliche den über die ganze Erde hin ausgebreiteten menschlichen Gedanken und den davon verursachten Verhaltensweisen wenigstens gefühlsmäßig begegnet. Auf die Begegnung und die Fragehaltung kommt es an, nicht auf die sozialwissenschaftliche oder psychologisierende Antwort des Fachmanns. Dieses Hinarbeiten aus äußerlichsten Sachverhalten zu Wesens- und Sinnfragen, an denen der Lehrer innerlich arbeitet, ohne darüber zu dozieren, ist die einzige Grundlage von schulischer Disziplin auf der Oberstufe. Das wird auch außerhalb der Waldorfschule z. B. von Carl Frankenstein anerkannt.[30]

Damit ist die didaktische Vorgehensweise gefunden. Man wird nämlich vom *funktionierenden Telefon* ausgehen, um dessen Funktion zu analysieren, nicht von physikalischen Gesetzen. Wie gelangt z. B. aus dem ankommenden Draht Sprache in die Luft? Man kristallisiert Einzelprobleme

[30] Carl Frankenstein: Das Lernen ernst nehmen. In: Neue Sammlung 20 (4), S. 250 (1980). Dort wird gezeigt, daß es darauf ankommt, „hinter den Kulissen der Tatsachen die Dimension der Bedeutung zu entdecken“, die mehr ist als „Kopie der Wirklichkeit“.

heraus. Das Mikrofon wird untersucht, dann das Wählen, die Vermittlungstechnik usw. Im Gegensatz zur 6. Klasse wird jetzt anscheinend ganz konventionelle Physik getrieben: wie die physikalischen Größen vom Sprechenden über die Membranen und Drähte fortwirken, bis irgendwo weit weg etwas zu hören ist. Der Unterschied zu üblichen Lehrgängen liegt darin, daß man *analytisch* vorgeht. Effekte werden aus dem Ganzen des technischen Apparates herausanalysiert. Man treibt *nicht* Wellenakustik, Elektromagnetismus usw. und vereinigt schließlich viele physikalische Erkenntnisse in der Telefonerfindung – was ein *synthetisches Vorgehen* wäre, sondern man findet bei der zunächst als gegeben hingestellten Sprachübermittlung Verdichtungen und Verdünnungen in der Luft (pneumatische Effekte); man untersucht elektrische Stromvariationen im Draht, spürt magnetischen Effekten in den Spulen nach usw. Man sagt also nicht am Ende eines physikalischen Unterrichtsganges: Das Wesen der Sprache beruht auf Schwingungen, und diese lassen sich dann so und so zum Bau eines Telefons verwenden. Sondern man zeigt zu Beginn die funktionierende Übertragung und holt analytisch die Einzeleffekte und Gedanken der Erfinder heraus. Schwingungen begleiten hier Sprache. Wenn man Schwingungen vermißt und handhabt, kann man Sprache transportieren. Wird die Sprache dabei aber wesentlich verändert, geht etwas verloren? Haben wir schon *alles* herausanalysiert? Es kommt wiederum nur darauf an, daß solche Fragen übrigbleiben, nicht daß zu ihnen gefühlvoll theoretisiert wird. Wenn man *synthetisch* vorgeht, stellt man erst Naturgesetze und -größen als ein Endgültiges, an sich Wahres auf. Dann bleibt für solche Fragen kein Raum, Sprache wird selbstverständlich zum Produkt von Schwingungen, Technik zu einer bloßen Anwendung dessen, was schon in der Sache an sich liegt. Geht man dagegen *analytisch* vor, so erhält man Effekte, die ihren Anlaß nur durch die *technischen* Fragen haben und nicht aussehen wie Antworten auf Wahrheitsfragen. Man klärt analytisch das uns Machbare, nicht das wahre Sein. Und die Wahrheitsfragen erheben sich dann im menschlichen Bereich, wie wir es mit den Fragen nach Bewußtseinsveränderungen andeutungsweise aufzuzeigen versucht haben. – Durch die analytische Methode an technischen Großanwendungen kann man handfest Physik im schulmäßig üblichen Sinne treiben, ohne Materialismus lehren zu müssen. Man springt mit einem großen Satz in den physikalisch-technischen Aspekt der heute vorhandenen Welt hinein. Das sollen die Schüler merken und mitmachen. Dann kann man gerade durch das Lernen dieses Aspektes die tieferen Interessen dieses Lebensalters der 8. und 9. Klasse treffen, die nach dem Üben von Urteilskraft zielen an jenen weltweit im äußerlich Machbaren wirksamen menschlichen Gedanken und den sich ergebenden Lebensformen. Damit wird dem inneren Umbruch des Jugendlichen in der

Pubertätszeit ein Stück Objektivierung durch seine eigene Lern- und Urteilstätigkeit einverleibt.

d) Ziele des Optikunterrichts in der 12. Klasse

Für die 9. Klasse ist die Öffnung zur Welt im Blick auf öffentliche Technik, auf Telefon und Verkehr, das durchgehende Thema. In der 12. Klasse ist es die Frage der Erkenntnisgewinnung durch Sinneswahrnehmung überhaupt – also ein Stück Verständigung der strebenden Menschenseele mit sich selbst. Optik wird nicht nur um der Optik willen gelehrt, sondern um verschiedene Methoden der wissenschaftlichen Begriffsbildung gegenüberzustellen. Der Welle-Korpuskel-Dualismus am Licht gibt hierzu den Auftakt. Es handelt sich aber keinesfalls nur um die übliche Abgrenzung der Gültigkeitsbereiche zweier physikalischer Modellvorstellungen (hie Photonen, da Wellen, dort vielleicht noch Strahlen); denn das würde immer noch bedeuten: Aufrechterhaltung eines ohne Erscheinungen schon fertigen Etwas, des Lichtes, des Energiestromes oder dgl. Vielmehr geht es um den Vergleich von gegenständlichen, modellhinterlegenden und mehr situativen modellfreien Erklärungsansätzen. Wir wollen versuchen, optische Abbildungen modellfrei zu erklären, und zwar an einem Beispiel; danach soll das Ziel solcher Übungen noch einmal begrifflich umschrieben werden.

Um einen Eindruck von den hier erforderlichen optischen Beobachtungen und Begriffen zu geben, muß das Feld der Schulphysik verlassen werden – einschneidend für den Physiker, der sich der Dinge schon mächtig glaubte. Wir müssen auf eine vergessene, physikmethodische Strömung zurückgehen: auf die Berkeleys. Sie findet eine Art Fortsetzung u. a. in Goethes Farbenlehre und manchem späteren Kenner derselben.[31] Berkeley

[31] Georg Maier: Vom Erscheinungszusammenhang des Weltbildes am Licht. In: J. Bockemühl (Hrsg.): Erscheinungsformen des Ätherischen. Stuttgart 1977. – Georg Maier: Vom Übergehen eines Bildes in das andere. In: Elemente der Naturwissenschaft, Nr. 26, S. 27 (1977). – Ders.: Über die sichtbare Erscheinung des Wässrigen. In: Elemente der Naturwissenschaft, Nr. 23, 9 (1975). – Ders.: Ein verformbarer Hohl-Wölb-Spiegel. In: Elemente der Naturwissenschaft, Nr. 22, 33 (1975). – Ders.: Zum Begriff der Trübe. In: Elemente der Naturwissenschaft, Nr. 19, 1 (1973). – Ders.: Mondphasen im irdischen Erscheinen. In: Elemente der Naturwissenschaft, Nr. 15, 12 (1971). – Ders.: Optik der Bilder. Verlag der Kooperative, 7941 Dürnau, 1988. – v. Mackensen u. Ohlendorf: Optikunterricht; Verlag des Bildungswerkes, 35 Kassel-Wilh., 1987/1990.– Julius: Entwurf einer Optik. Verlag Freies Geistesleben, Stuttgart 1984.

schuf eine umfassende Erkenntnistheorie; ein Auftakt und zugleich eine Konkretisierung derselben ist sein optisches Werk: Essay Towards a New Theory of Vision.[32] Der fruchtbarste Begriff Berkeleys ist der des *Sehdinges*. Eine Bergform inmitten der Linienzüge des Horizontes ist ein Sehding. Es verschwindet, wenn ich den Berg besteige. Ein Sehding ist ein hier und jetzt im Sehen Erscheinendes, das ich im Umkreis des Sehfeldes begrifflich anspreche (ausgrenze). Üblicherweise bezeichnen wir dasjenige als Ding, was dem Gesehenen als Tastbares, Materielles zugrunde liegend gedacht wird, man denkt: das die Seherscheinung verursacht. Berkeley geht aber gar nicht auf die gegenständlichen 'Ursachen' der Sehdinge ein, sondern räumt den Weg frei, um zwischen reinen Sehdingen Zusammenhänge zu entdecken. Er begründet damit erst wahre Optik als Phänomenologie des Sichtbaren. – Das im folgenden (nicht als Unterrichtsanleitung) skizzierte einfachste Kapitel einer Physikepoche der 12. Klasse gründet auf dieser Auffassung.

e) Das Linsenbild als Beispiel

Bekannt ist das Phänomen des 'freien Bildes': Auf einem Papier hinter einer Sammellinse – etwas außerhalb ihrer Brennweite – ist ein kleines, *umgekehrtes* Bild der Landschaft zu erblicken, die man vor der Linse ausgebreitet sieht.

Wie kommt es zustande? Eine Erklärung im reinen Sehen, wie sie hier versucht wird, darf nun *nicht* Vorgänge in Raum und Zeit vorstellen, die dem Blick nicht erscheinen, aber irgendwie zu dem Papier dringend das

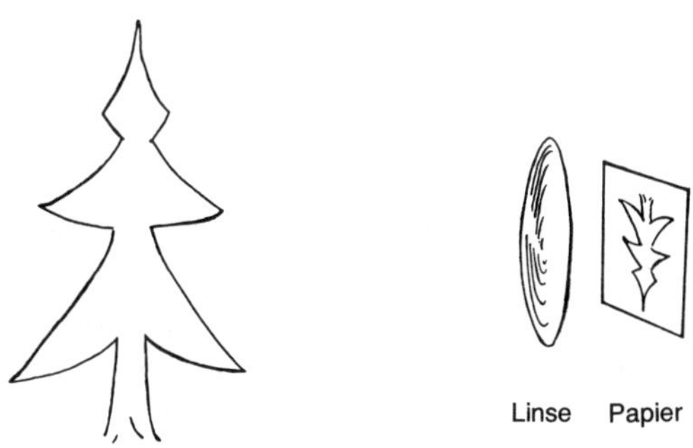

Abb. 5: Frei schwebendes Bild hinter der Linse.

[32] George Berkeley (1709): Versuch einer neuen Theorie der Gesichtswahrnehmung (Hrsg.: Raymund Schmidt). Meiner Verlag, Leipzig 1912.

Bild hervorbringen sollen. Man wird sich vielmehr in das Rätsel dieses Bildes einleben, indem man die Bedingungen, z. B. die Linse, vielfältig abwandelt – bis zum einfachsten derartigen Phänomen an einem durchsichtigen Körper, dem Blick auf die Wasseroberfläche. Es gilt, sichtbare Erscheinungen und Bildverwandlungen aneinanderzureihen, um aus dem Sehen selbst Gedanken zum frei schwebenden Bild zu finden. Deren Projektion auf ein logisches Gerüst gibt uns folgende Schritte.

1. Erscheinung. Beim schrägen Blick in Wasserbecken (oder auf Glasblöcke und dgl.) erleidet das unter Wasser Erblickte eine Verschiebung, quer zur Blickrichtung: Es wird wie zur Blickrichtung hochgezogen – um so mehr, je schräger man zur Grenzfläche sieht. Es scheint, als glitte der Blick mit dem unter Wasser Erfaßten an der Grenzfläche ab, so daß er – gegenüber der Greifrichtung – zu weit nach oben zielt, wenn das Betreffende erscheint.

2. Erscheinung. Dieses 'Abgleiten' tritt auch an der Vorderfläche eines Prismas auf. An der Hinterfläche geht das Zur-Seite-Ziehen des Anblicks in die Gegenrichtung, da man dort *vom Glas in Luft* blickt; die Ansicht 'gleitet an'. Das Prisma wirkt immer so, daß sich das Herüberziehen von Ansichtsinhalt durch Abgleiten und durch Angleiten addiert. Ansichtsinhalt wird zum brechenden Winkel (besser zur: 'ziehenden Kante') hingezogen: und zwar um so mehr, je größer der Abstand des Gesehenen vom Prisma ist; und je größer der Winkel an der ziehenden Kante ist.

3. Erscheinung. Ein vielwinkliges Doppelprisma, etwa vom gezeichneten Querschnitt, gibt gestufte Verschiebungen:

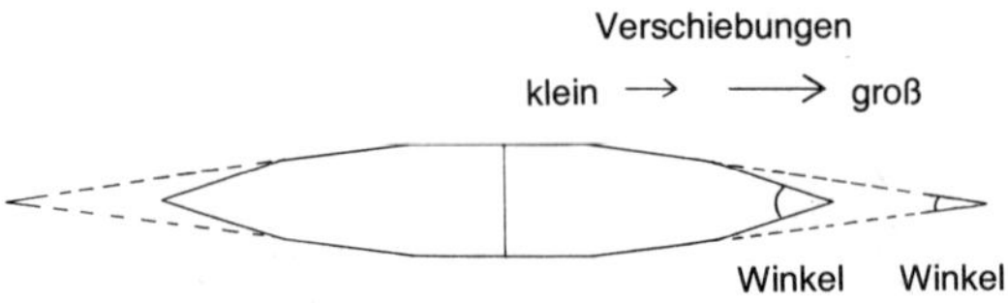

Abb. 6: Größe der Verschiebung je nach Flächenwinkel.

Werden die Kanten gerundet, haben wir die Konvexlinse. Im Gegensatz zum Doppelprisma zieht sie nicht nur Ansichtsinhalte feldweise zur Seite, sondern *vergrößert*. Der Blick auf eine weiter zur Mitte gelegene Stelle der Linse zieht Ansichtsinhalte weniger weit nach außen als der randnähere Nachbarblick. Denn näher der Mitte bilden die Linsenflächen ein spitzeres Prisma. Von der planparallelen Mitte der Linse bis zum Rand nimmt also das Ziehen ständig zu: Dehnung, Vergrößerung des Gesamtbildes tritt ein.

4. Erscheinung. Es zeigt sich am gesehenen Bild, daß beim runden

Schliff einer Linse der Vergrößerungsmaßstab annähernd konstant über die Linsenbreite bleibt. Wir verfolgen diese Idealisierung. Alle Blickrichtungen, die die Linse an Stellen entlang eines Linsenradius treffen, schöpfen dann zwar Ansichtsinhalt aus mehr zur Linsenmitte gelegenen Stellen der Szenerie hinter der Linse, aber sie übergreifen sich nie, denn dann wäre die Ansicht (das in der Linse Gesehene) zerstückelt. Nun rücken wir den angeblickten Gegenstand nach hinten, von der Linse weg: Seine Ansicht wird größer, läuft auseinander. Das erwähnte 'Ausschöpfen' greift mit zunehmender Entfernung der angeblickten Szenerie von der Linse immer mehr zu dem gerade hinter der Linsenmitte Gelegenen, aber es bleibt geordnet. Es tritt kein Überholen ein. Das sieht man wieder annähernd aus dem in der Linse Gesehenen. *Zugleich* erreicht somit das Ziehen von Ansichtsinhalt von allen Seiten der Linse die Mittelachse. Damit ist der Verschwimmpunkt begründet: *Ein* Punkt der Szenerie wird über die ganze Linsenfläche ausgedehnt, wenn das Objekt in dieser Verschwimmweite liegt. Die Verschwimmweite wird mit zunehmendem Betrachterabstand kleiner, die kleinste ist die Brennweite.

5. Erscheinung. Geht man mit dem Auge an die Stelle des freien Bildes, von dem anfangs die Rede war, so bemerkt man, daß sich gerade hier die vorher abgebildete Landschaft in der Verschwimmweite befindet. Eine rote Turmspitze z. B. füllt die ganze Linse. Eine winzige Seitenverschiebung des Auges in der vorherigen Papierebene aber läßt die Linse sich mit einer ganz anderen Farbe füllen. Zu jeder Stelle der Papierebene gibt es eine Linsenfüllung bestimmter Farbe.

6. Erscheinung. Hält man vor das weiße Papier, auf dem das freie Bild erschien, statt der Linse eine helle, gelbe Pappe, so wird das ganze Papier gelblich; nimmt man eine schwarze, so wird es grau usw. Zu den Anfangsgründen phänomenologischer Optik gehört die Erkenntnis: Eine Fläche ist demgemäß hell (oder farbig, oder dunkel), wie sie sich Hellem (oder Farbigem, oder Dunklem) zuwendet. Wenn im Raum, in der Kuppel über einer Fläche, von einer Stelle der Fläche aus etwas sehr Helles zu sehen ist, ist es an der Stelle der Fläche hell (wir sehen von der Körperfarbe dieser Stelle zunächst ab). Und zwar ist es um so heller, je größer der Raumwinkel des sehr Hellen ist (Lampengröße).

Folgerung aus den Erscheinungen 1 bis 6: Da für jede Stelle unseres freien Bildes auf dem Papier ein großer Teil der Kuppel die Linsenfläche ist und die Linse jeweils mit einer nur von dieser Stelle aus sichtbaren Farbe erfüllt ist, entsteht eine dementsprechende Mitfärbung der Papierstelle – und damit ein Farbmuster von Stelle zu Stelle. Anhand der unverzogenen Sehrichtung durch die planparallele Linsenmitte kann man sich klarmachen, daß dieses Farbmuster der umgedrehten Ansicht der Szenerie vor der

Linse gleichen muß. – Werden die Augen von weiter entfernt, die Linse durchblickend, auf die Ebene des freischwebenden Bildes eingestellt, so erscheint es auch ohne Papier wie räumlich greifbar an dieser Stelle gelegen.

Rückblick: Wir haben eine – sehr knapp gefaßte – Erklärung durch reines Aneinanderreihen von Gesehenem entworfen. Das Gesehene war in Ruhe. Also haben wir auch nichts laufen lassen. Auf diese Art erklären wir natürlich auch nur Gesehenes. Es leistet keine gegenständlichen Entdekkungen, die oft als Raumzeit-Vorgänge in einer gegenständlichen, ohne Sehen vorhanden gedachten Sachwelt gesucht werden, wie Strahlenläufe, Wellen, Materiewirkungen.

5. *Zur Denkentwicklung der Schüler*

Erst wenn die Schüler ein Stück weit durchgearbeitet haben, wie man ganz von der eigenen Wahrnehmung aus in den Phänomenen bleiben und doch denkerisch tätig werden und etwas verstehen kann, wird für sie beurteilbar, wo der Erkenntniswert der ebenfalls zu behandelnden gegenständlichen Lichttheorien liegt; was Erkenntnis eigentlich heißen soll. Dem Schüler soll ermöglicht werden, derartiges letztlich mit *sich selbst* auszumachen. Er soll angeregt werden, mit Fragen weiterzuleben. Zum Beispiel: Ist die konventionelle Naturwissenschaft berufen, die Welt zu gestalten, wenn sie doch – schon innerhalb ihrer eigenen Anordnungen – gar nicht ausmachen kann, womit sie es dem Wesen nach zu tun hat? – Wer ist aber dann berufen?

Die Hinführung zu wesentlichen Fragen gegenüber Naturwissenschaft ist keine Bestrebung nur der Waldorfpädagogik. Setzt doch z. B. der Hessische Kultusminister als drittes Hauptziel für den Physikunterricht der Sekundarstufe I: „Abstandnehmendes, wissenschaftstheoretisches Bewußtmachen der einschränkenden Besonderheit der physikalischen Betrachtungsweise. Dazu gehört eine Einordnung der Naturwissenschaften in die Geistesgeschichte, was eine Kenntnis der durch die Naturwissenschaften mit getragenen Veränderungsprozesse der Gesellschaft einschließt.“[33] Und in einer verbreiteten Physikdidaktik heißt es zur möglichen Ausuferung naturwissenschaftlichen Denkens: „Sicher ist dieses naturwissenschaftliche Denken, das da versucht, andere Bereiche menschlichen Seins zu erfassen, nur ein Teil dieser Gefährdung. Um nur diesen Teil der Gefährdung zu meistern, ist nichts wichtiger, als ihn zu kennen und Einsicht zu gewinnen in seine Bedingungen. Das setzt neben Sachbemeisterung die Selbst-

[33] Hessischer Kultusminister: Rahmenrichtlinien. Drucksache SI-Ph. 1978, S. 5.

besinnung voraus."[34] Dem ist zuzustimmen; aber das Besondere des Waldorflehrplanes ist demgegenüber, daß tatsächliche, durchgeführte alternative Unterrichtseinheiten – wie die oben skizzierten – solche Forderungen nach 'wissenschaftstheoretischer Bewußtmachung' und 'Selbstbesinnung' erst sachlich einlösbar machen. Gipfeln nämlich die Betrachtungen der Physik und Chemie, was die Verarbeitung von unmittelbar wahrgenommenen Erscheinungen anbelangt, lediglich darin, daß immer kompliziertere Modelle mit immer prinzipiellerer Unergründlichkeit vorgelegt werden, dann läßt sich zwar ein hohes fachwissenschaftliches Leistungsniveau erklimmen, doch tiefere Persönlichkeitsschichten, die im Grunde zur Weltorientierung drängen, bleiben brach liegen! Gerade das konsequente fachliche Training herkömmlicher, modellhinterlegender Wissenschaft züchtet rein intellektuelle Kräfte. Wird dann an irgendeinem Zipfel gegen Ende bei den komplizierten Modellen die Aspekthaftigkeit des ganzen Unternehmens herausgestellt, bleibt das nur intellektuelle Rückversicherung. Es schmälert bloß den 'Erfolg', aber führt nicht zum Erschließen neuer Betrachtungsebenen und Betrachtungsfähigkeiten im Menschen selbst. Diese sind ja jahrelang *aberzogen worden*. Die vielbeschworene Verantwortung des Naturwissenschaftlers ist gerade nicht durch rein quantitative Naturwissenschaft zu erziehen, weil letztere ja Kräfte der wertenden Selbstbesinnung von der Sache und damit von der so hergerichteten 'Wirklichkeit' abschneidet und austrocknet. Die definitorische Wesenlosigkeit des sog. exakten Begriffes schließt eben Wertung und Verantwortung aus. Man trainiert sie ab, wenn nur in dieser Einseitigkeit gelehrt, d. h. nur die intellektuelle Seelenfähigkeit geschult wird. Insofern bauen die heute in der Schule sehr weit getriebenen Modellvorstellungen, deren fachwissenschaftlicher Wert innerhalb ihres Aspektes auf einem ganz anderen Blatt steht, die pflegebedürftigen Reste menschlicher Weltverbindung noch schneller, noch radikaler ab. Denn das Modell interpretiert den ohnehin schon sektoriellen gegenständlichen (quantitativen) Weltaspekt noch einmal distanziert gegenständlich. Die Modelle lähmen das Einleben besonders stark, weil sie Unwahrnehmbares aufstellen – das nur noch vorgestellte Atom in der ohnehin schon gegenständlich verarmten Welt. Diesen Verlust ersetzen sie durch großartige, man müßte fast sagen großspurige Verallgemeinerungen, als könnten sie Mensch, Welt, Kosmos universal 'erklären'. So findet sich der Ungeschulte noch schwerer zu einfachen, alltäglichen Wahrnehmungszusammenhängen zurück.[35]

[34] Karl Knoll: Didaktik des Physikunterrichts. Ehrenwirth-Verlag, München 1971, S. 24.

[35] Vgl. Peter Buck, M. v. Mackensen: In Naturphänomenen leben. Verlag Bildungswerk, Kassel, Brabanter Str. 43; 1989.

Wer an Modellen geschult ist, *muß* zunächst Anhänger materialistisch-verstandesmäßiger Weltbilder werden, wenn er sich (was im Modellerkennen nicht liegt) zu selbständiger, denkerischer Weltbetrachtung erheben will. Denn andere geistige Betätigungsmöglichkeiten als die distanziert-intellektuellen hat er nicht mehr zur Verfügung. So ist der Erfolg jener aggressiven Evolutionstheorien bis hin zum Leninismus zu verstehen, ja der Erfolg der ganzen materialistischen Biologie, obwohl sie mit kaum verhüllter Brutalität ihre Experimente (Gentechnologien), von der Mißhandlung von Tieren ausgehend, auf Menschen auszudehnen ansetzt. Eine Kritik solcher Entwicklungen vom philosophischen Standpunkt, wie man sie heute immer wieder publiziert findet, bleibt einflußlos, solange man bei der naiven Lebenswirklichkeit des Menschen als alleinigem Gegenstück zur selbstläufigen Wissenschaft stehenbleibt. Diese „höchstgeordnete und sinnvolle Wirklichkeit von Qualitäten" kann zwar *trotz* Wissenschaft Verantwortung begründen und Schlimmstes verhüten, aber sie gibt dem ebenfalls uns aufgegebenen Vorstoß zum eigenen auch wissenschaftlichen Denken noch keine menschengemäße neue Richtung. Wie soll der beschworene „neue Naturbegriff"[36] ohne neue, übende Naturbetrachtung aufgebaut werden?

Hier setzt die Goethische Erkenntnisart an. – Zur Verdeutlichung des mit dem Linsenbeispiel Gemeinten stellen wir die zwei konträren Gedankenwege noch einmal gegenüber.

Eine Naturerscheinung tauche auf. Was heißt, sie erklären?

A. Kantsche Erklärungsart, fußend auf Descartes.
Zunächst bestimmt man das gegenständlich Vorhandene. Man sieht von Sinnesqualitäten und Erlebnissen ab. Die Größen in Raum und Zeit allein werden als das Phänomen akzeptiert, Sinnesqualitäten nur als deren Erkennungsmarken. Nun durchmustert man das aus der Vergangenheit überlieferte Begriffsarsenal nach Anwendbarem. Die im physikalischen Forschen überlieferten Vorgänge einer äußeren Materienwelt werden herangeholt. Gelingt es nicht, die Erscheinungen gedanklich mit ihnen zu rekonstruieren, so werden neue derartige Vorgänge erfunden und neue Inventarstücke der Raum-Zeit-Welt definiert. Diese sind im Grunde begriffliche Setzungen, an die man sich mehr oder weniger gewöhnt hat. So z. B. das Elektron, die Schallwellen, die Wärmemengen. Hierzu gehören Modelle wie Gesetze. Erklären heißt hier, mit den Begriffen, an die man sich schon gewöhnt hat, möglichst auszukommen.

[36] Reinhard Löw: Ethische Ziele und naturwissenschaftliche Entwicklung. In: Chemie in unserer Zeit, 14 (5), 168 (1980).

B. Goethische Erklärungsart, weiter ausgearbeitet von R. Steiner.
Hier geht es ebenfalls darum, zur vereinzelten Wahrnehmung den zugehörigen Gedankeninhalt zu erschließen. Die eigene Gedankenwelt soll so erweitert werden, daß die neue Erscheinung aus ihr denkbar wird. Die Steinersche Erklärungsart wendet sich jedoch nicht an die aus der Vergangenheit schon vorhandenen Gesetze und Modelle, auch nicht an die allgemeine Gewohnheit des Denkens zu dieser Sache, sondern leitet zunächst dazu hin, sich selbst in allen Sinnes- und Erlebnisqualitäten der Erscheinung bewußt zu bewegen. Man kommt dazu, Abwandlungen der Erscheinung zu verfolgen. Dabei zeigen sich vervielfältigt neuartige Beziehungen ideeller Art zu anderen Naturerscheinungen. Begriffe sprechen Bedingungen aus. Man faßt eine Idee, durch die sich dann aber auch alles anderweitig Gewußte neu beleuchtet. Man erlangt dadurch ein ständig verändertes Konzept der Grundbegriffe, nimmt neue Zusammenhänge in sie auf, ohne daß diese damit einen endgültigen Charakter erhielten.

In unserem Beispiel des Bildes hinter einer Linse erfährt man durch die entfalteten gedanklichen Beziehungen (unsere Erklärung mit Prisma und Trog) die Bedeutung des Einblickes in das Wasser überhaupt. Man versetze sich einmal in ein solches Erlebnis. Man steht in der hellen, lufterfüllten Welt und schaut in die tiefen Räume unter Wasser. Sie erscheinen aber ganz flach. Alles Untermeerische ist hochgehoben, nach oben zusammengeschoben. In die Tiefe der Räume unter Wasser kann man vom Land nicht hineinschauen, denn was man sieht, hat die Tiefe verloren. Solches Verziehen der Ansicht setzt sich bis in das Bild in der Linse und schließlich bis in den Verschwimmpunkt fort; verselbständigt sich sogar zum freien Bild. So wird das Verhältnis zum Einblick in Wasserbecken von der Linse her verändert. Der Begriff der optischen Hebung am Becken bekommt reicheren Inhalt. Das Sehen in der Luft grenzt sich gegen diese Erlebnisse an Becken und Linsen ab. Der Standpunkt des Beobachters in der normalen Sehwelt, wo Tastraum und Sehraum zusammenstimmen, wird leise verändert ...

Dreierlei ist also bei den zwei Betrachtungsweisen verschieden:
- das Verhältnis zur Sinnesqualität,
- der Einsatz der eigenen Tätigkeit,
- das Verhältnis zur Vergangenheit.

Die Gedanken werden bei Steiner nicht nur auf Vergangenes zurückgeführt, das feststeht, sondern die ganze gegenwärtige Gedankenwelt wird erweitert; und sie bleibt für die Zukunft weiter offen. Solche Erkenntnisart ist biographisch fruchtbar.

6. *Ausblick*

Der Griff zu phänomenologischer Naturwissenschaft, zu dem eine Besinnung sowohl des inneren Ganges wie der äußeren Wirkungen rein quantitativer, materiell-kausaler Naturbetrachtung treibt und dem dieser Beitrag gewidmet war, rückt Naturwissenschaft wieder in die Nähe produktiver Erlebnisgestaltungen der Kunst, ohne daß deren heutige Beliebigkeit einbricht. Das sei abschließend mit einem Goethewort beleuchtet, das besonders die pädagogische Kraft solcher Bestrebungen anfachen kann, indem es umfassendere, geistige Fähigkeiten, die denen des Künstlers gleichkommen, zur Tätigkeit aufruft: „Um aber einer solchen Forderung sich zu nähern, so müßte man keine der menschlichen Kräfte bei wissenschaftlicher Tätigkeit ausschließen. Die Abgründe der Ahndung, ein sicheres Anschauen der Gegenwart, mathematische Tiefe, physische Genauigkeit, Höhe der Vernunft, Schärfe des Verstandes, bewegliche sehnsuchtsvolle Phantasie, liebevolle Freude am Sinnlichen, nichts kann entbehrt werden zum lebhaften fruchtbaren Ergreifen des Augenblicks, wodurch ganz allein ein Kunstwerk, von welchem Gehalt es auch sei, erstehen kann.“[37]

[37] J. W. v. Goethe (1810): Materialien zur Geschichte der Farbenlehre, Kapitel: Betrachtungen über Farbenlehre und Farbenbehandlung der Alten. Enthalten z. B. in: Goethes Naturwissenschaftliche Schriften, herausgegeben von Rudolf Steiner. Vierter Band, Erste Abteilung. Stuttgart, Berlin, Leipzig, S. 96 (Reprint: Dornach 1975).

IV. DER AUFBAU DES MATHEMATIKUNTERRICHTS IN DER WALDORFSCHULE

Ernst Schuberth

„Sie werden ja die Unterrichtsgegenstände nicht so zu verwenden haben, wie sie bisher verwendet worden sind. Sie werden sie gewissermaßen als Mittel zu verwenden haben, um die Seelen- und Körperkräfte des Menschen in der rechten Weise zur Entwickelung zu bringen. Daher wird es sich für Sie nicht handeln um die Überlieferung eines Wissensstoffes als solchen, sondern um die Handhabung dieses Wissensstoffes zur Entwickelung der menschlichen Fähigkeiten."

Mit diesen Sätzen umriß Rudolf Steiner 1919 die Aufgaben der künftigen Lehrer an der ersten Waldorfschule im Hinblick auf die methodisch-didaktische Gestaltung des Unterrichts.[1] Der Stoff soll *Werkzeug* zur Entwicklung des Kindes werden, und deshalb fragt der Waldorflehrer – wie manche modernen Didaktiker – nach den physiologischen, psychologischen und kulturell-spirituellen Gesichtspunkten eines Stoffgebietes, nach einer mit der Entwicklung des Kindes im Einklang stehenden Lehrplan- und Unterrichtsgestaltung.

Die Inhalte der Mathematik zeichnen sich durch ihre logische Strukturierbarkeit aus. In den verschiedenen Axiomensystemen ist beschrieben, welche Aussagen zur Grundlage von Beweisen gemacht werden. Nicht Gegenstand der Mathematik ist es, zu begründen, wie die psychologischen Prozesse mathematischer Begriffsbildungen und Entdeckungen verlaufen – auch wenn gerade darüber schöpferische Mathematiker gerne nachdenken und eine umfangreiche Literatur dazu vorliegt. Die logische Struktur setzt aber *Inhalte* voraus, deren Zusammenhang sie beschreibt. Gerade die *Entwicklung* der Fähigkeiten, mathematische Begriffe zu bilden und ihre logischen Beziehungen zu erfassen, muß den Pädagogen beschäftigen.

Die Frage nach dem Verhältnis des mathematischen Inhalts und seiner Logik, nach inhaltlichem und formalem Denken in der Mathematik hat immer wieder Mathematiker aus dem Umkreis der Waldorfschulen beschäftigt (Unger, Locher-Ernst, Schuberth). Dabei wurde vor allem herausgearbeitet, wie Mathematik sich nicht in formalen Strukturen erschöpft,

[1] GA 294, 21. 8. 1919.

sondern diese Strukturen in inhaltlichem Denken zunächst gefunden werden. Gegenüber einer nominalistischen Grundlagenauffassung wurde ein begriffsrealistisches Denken im Sinne der erkenntnistheoretischen Schriften Steiners[2] auch für die Mathematik vertreten.

1. Menschenkundliche Grundlagen mathematischer Begriffe

Mathematische Begriffe werden häufig als 'abstrakt' bezeichnet. Damit ist wenig ausgesagt, wenn nicht genauer charakterisiert wird, *wovon* abstrahiert wird. Zur Beantwortung dieser Frage kann der Blick auf ein spezielles Organ, das Auge, geworfen werden. Mit ihm führt der Mensch eine mindestens zweifache Sinnestätigkeit aus: Zum einen ist es der Träger des Farb- und Helligkeitswahrnehmens, zum anderen ist es ein Bewegungsorgan, dessen Tätigkeit vom Eigenbewegungssinn (kinästhetischer Sinn) wahrgenommen wird. Als Organ des Farbsinnes bietet es uns Farb- und Helligkeitsunterschiede. Erfassen wir eine *Form,* so *bewegen* wir uns an der Grenze zweier Farbflächen entlang. Diese Eigentätigkeit kommt in der Regel gegenüber dem Objekt nicht zum Bewußtsein, muß aber von uns aktiv vollzogen und koordiniert werden. Es handelt sich dabei um polare Sinnestätigkeiten: Dem Farbsinn erscheint die Oberfläche der Dinge in der Außenwelt, der Eigenbewegungssinn richtet sich auf die Bewegungen des eigenen Organismus relativ zu sich selbst.

Auge als Träger des
↙ ↘
Eigene Organisation ← Eigenbewegungssinnes   Farbensinnes → Außenwelt

In der im Urteil vollzogenen Verbindung beider Sinnesbereiche entsteht die Vorstellung des geformten und farbigen Dinges.[3]

Daß Formen nicht 'gesehen' werden, wird deutlich durch das Formerfassen von Blinden belegt. In diesem Fall muß der Farbeindruck durch Tasteindrücke ersetzt werden, oder es sind unmittelbar Leibesbewegungen (Führen der Hand und ähnliches) durchzuführen. Farb- bzw. Tastsinn scheinen hier als 'vorgespannte' Sinne, die für den körperorientierten Eigenbewegungssinn die Brücke zur Umwelt schlagen.

Die Geometrie hat es nun in ihren inhaltlichen Vorstellungen mit der *Bewegungskomponente* im Wahrnehmungsakt zu tun. Kinder mit starker

[2] GA 2 und GA 4.

[3] Vgl. R. Steiner: GA 295. 1. Vortrag; GA 293. 8. Vortrag.

Farborientierung haben es daher häufig schwer, das Wesentliche der Form von der Farbvorstellung zu lösen.

Die zur mathematischen Begriffsbildung notwendige 'Abstraktion' ist also zunächst auf das Abtrennen spezieller Sinnesqualitäten aus den komplexen Vorstellungsinhalten gerichtet, die der Bewegung des eigenen Organismus zu verdanken sind. (Entsprechend kann der Maler Farbqualitäten von Formelementen durch seelische Aktivität ablösen.) Da der Bewegungsvollzug unabhängig von der sonstigen inhaltlichen Bestimmung der Dinge ist (Kreisform an Tassenrand, Rad, Vollmondscheibe usw.), gehen deren übrige Eigenschaften nicht in die Begriffsbildung ein.

Ähnlich liegt es beim Erfassen von Anzahlen. Dazu muß eine Menge von Objekten unter dem gleichen (evtl. sehr allgemeinen) Begriff erfaßt sein. Stehen beispielsweise auf einem Tisch fünf Tassen, so fassen wir sie zunächst willentlich durch unsere *Aufmerksamkeit* zusammen. Indem wir den Blick von einem Objekt auf das andere bewegen, erscheint die Gesamtheit als fünfmalige Wiederholung des Urteils: Dies ist eine Tasse. Dabei kommt es aber nicht auf die Begriffsbestimmung der Tasse, sondern auf den Vollzug des Urteils und die damit verbundene Bewegung an. Folglich tritt das Zeitelement notwendig hinzu. (Das sogenannte 'simultane Zahlerfassen' beruht wesentlich auf einem innerlichen Betätigen des Bewegungssinnes oder auf dem Wiedererkennen bekannter geometrischer Anordnungen.) Die im Urteil innerlich erlebte Bewegung kann auf elementarer Stufe als *rhythmische Bewegung* erfaßt werden, in der sich gleiche oder ähnliche Abläufe wiederholen.

Im Gegensatz zum Formerfassen tritt bei der Zahlbestimmung der Urteilsprozeß, in dem ein Begriff auf eine Wahrnehmung hin individualisiert wird, in vielen Fällen deutlicher hinzu. Der Zahlbegriff selbst hat in bezug auf die Objekte jedoch zunächst nur formalen Charakter, da er den Handlungsverlauf des Auffassens, nicht den Inhalt des Objektes beschreibt.

Ein Gedankenexperiment kann das Gemeinte noch verdeutlichen: Nehmen wir an, wir stehen neben einem Fernrohr, durch welches ein anderer eine uns nicht sichtbare Anzahl von ihm getrennt erscheinenden Objekten anvisiert. Über den Inhalt seiner Wahrnehmungen können wir nichts sagen, wohl aber können wir aus den Bewegungen des Rohres auf die Anzahl der Objekte schließen. Sie ist ganz unabhängig von ihrem Inhalt. Zahlen werden also nicht aus Dingmengen 'abstrahiert', sondern werden dem Bewußtsein zugänglich, wenn das Denken sich auf die Eigentätigkeit im Erfassen der Objekte richtet.

Im Erfassen von Form und Zahl leben wir primär nicht die Außenwelt, sondern die eigenen Tätigkeiten mit.

In der Entwicklung des Kindes gehen dieser Fähigkeit eine Reihe von

Stufen voraus. Das Kind wird mit sehr unterschiedlich ausgebildeten Sinnesfähigkeiten geboren. Insbesondere der Gleichgewichts- und der Eigenbewegungssinn sind nicht so weit durchdifferenziert, daß es sich mit ausreichend koordinierten Bewegungen aus den Schwerewirkungen erheben könnte. In den für das Laienauge unbeholfenen Anstrengungen des Säuglings, das Fäustchen in den Mund zu stecken, die Händchen zusammenzuführen, zu krabbeln und schließlich stehen, gehen und sprechen zu können, liegt eine der bedeutendsten menschlichen Leistungen, die bis in die Gehirnbildung hinein die Konstitution als Grundlage des leiblichen, seelischen und geistigen Lebens bestimmt. Bis in das Sprechen und die Mimik hinein ergreift die Individualität im sozialen Kontakt zu den es umgebenden Menschen seinen Leib mit der Ausdifferenzierung des Gleichgewichts- und Eigenbewegungssinnes. Mangelnde Körperorientierung führt, wie Luria fand,[4] zu mathematischen Unfähigkeiten.

Um das dritte Lebensjahr beginnt das Kind, deutlicher Geschicklichkeiten im Umgang mit der Außenwelt zu entwickeln. In Reigenspielen und ähnlichem (Kindereurythmie) werden Bewegungsabläufe seelisch durchdrungen und so eine wichtige Voraussetzung für einen lebendigen Umgang mit Bewegungsvorstellungen geschaffen. Mit fünf bis sechs Jahren tritt ein erstes anschauungsbezogenes Reflektieren auf (Fragealter), das auch einfache Zahlbeziehungen gedanklich faßt. So hatte A. mit fünf Jahren irgendwoher gelernt: 2 und 2 ist 4. Sie lief stolz herum und erklärte: „Rechnen ist ganz einfach: 2 und 2 ist 4. Man braucht einfach zu sagen: 2 und 2 ist 4." Wenig später blieb sie eines Tages vor den Eltern stehen und hielt an jeder Hand Daumen und Zeigefinger hoch: „Schaut, es stimmt: 2 und 2 ist 4!" Nun trat ein zwar noch anschauungsgebundenes, aber doch deutlich Beziehungen erkennendes Denken hinzu, das innere Überzeugung gab.

Kranich[5] hat wesentliche Aspekte für die Entwicklung mathematischer Fähigkeiten in der frühen Kindheit ausgearbeitet. *Mathematische Erziehung im Vorschulalter bedeutet in erster Linie Differenzierung des Gleichgewichts- und Bewegungssinnes, Ausbildung der Fein- und Grobmotorik, der Bewegungskoordination und Körpergeographie.*

[4] A. R. Luria: The Working Brain. London 1973.

[5] Ernst-Michael Kranich: Pädagogische Projekte und ihre Folgen. Stuttgart 1969. Mathematische Früherziehung im Vorschulalter als psychologisch-pädagogisches Problem. In: Der schweizerische Kindergarten, 3/1970. Mathematik im Vorschulalter. In: Erziehungskunst 2/1975.

2. *Die Schulreife*

Piaget beschreibt die Entwicklung des Kindes um die Zeit der Schulreife als die Zeit, in der es fähig wird, Handlungen zu 'verinnerlichen'. Lindenberg stellt die Beziehungen zur anthroposophischen Menschenkunde dar.[6] Hier ist vor allem darauf aufmerksam zu machen, wie Sinnesvorstellungen nicht nur in Kontakt mit Wahrnehmungen oder sprachlichen Darstellungen gebildet werden, sondern das Kind nun aktiv in die Vorstellungswelt eingreift und damit Sinnestätigkeiten seelisch in dem Gedächtnis- und Vorstellungstableau auszuüben lernt. Die einsetzende 'Abstraktionsfähigkeit' ist also ein allmähliches Ablösen von unmittelbaren Sinneseindrücken, die aus dem Leib oder der Umwelt aufgenommen werden. Dem 'Verinnerlichen' von Tätigkeiten liegt menschenkundlich das Freiwerden der Bildekräfte (vgl. S. 71) im Kopfbereich zugrunde. Die vorher im organischen Aufbau gebundenen Bildekräfte lösen sich allmählich ab und werden dem bewußteren seelischen Leben zugänglich. Damit können auch Bewegungs- und Quantitätsvorstellungen, die vorher an ein körperliches, sinnliches Erleben geknüpft waren, innerlich angeschaut, und es kann mit ihnen umgegangen werden. Das Kind wird reif für eine neue Stufe mathematischer Erziehung.

3. *Der Unterricht in den ersten drei Schuljahren*

Vorbemerkung: In den Klassen 1 bis 8 liegt der Mathematikunterricht als Hauptunterrichtsfach ganz in der Hand des Klassenlehrers.

Während der Geometrieunterricht in den ersten Jahren noch weitgehend im künstlerisch gestalteten Formenzeichnen aufgehoben ist und darin der Bewegungssinn verfeinert und die Augen-Hand-Koordination geschult werden, wird das Kind bald an die Zahlen und Rechenoperationen herangeführt. Dabei sind die skizzierten logischen und Sinnesaspekte leitend.

Zunächst wird das Kind auf die *Einheit* hingewiesen, die ihm an möglichst lebensnahen Beispielen (eigene Person usw.) deutlich gemacht wird.[7] Dieser Begriff entspricht etwa dem Cantorschen Mengenbegriff: „Eine Menge ist die Zusammenfassung von Dingen der Anschauung oder des Denkens zu einem Ganzen, wobei festzustehen hat, welche Dinge zu ihr gehören und welche nicht." Durch Differenzierung („Du hast zwei Hände") oder Teilung werden die verschiedenen Zahlen als Teile der Einheit

[6] Christoph Lindenberg: Die Lebensbedingungen des Erziehens. Reinbek 1981.

[7] R. Steiner: GA 311. Vgl. E. Schuberth: Die erste Rechenstunde. In: Erziehungskunst 4/1976.

entwickelt. Der Übergang zu äußerlich zusammengefaßten Dingen (Kastanien auf einem Haufen u. ä.) löst die Zahlbegriffe von Differenzierungen ab, die durch Lebensprozesse in einem Organismus hervorgerufen wurden.

In dieser durch Aufgliederung (Analyse) vorgenommenen Einführung der Zahlen werden *analytische* Denkformen in elementarer, aber grundlegender Weise geübt: Das Teil wird im Zusammenhang des Ganzen bestimmt. Das Gegenteil ist die *Synthese* des Ganzen aus Einzelteilen. Auf die weitreichenden Folgen für das spätere wissenschaftliche Denken und soziale Empfinden kann hier nur hingewiesen werden.[8]

In der Einführung der Rechenoperationen wird die Polarität von analytischem und synthetischem Denken weiter behandelt.

Neben der stärker begrifflich orientierten Einführung der Zahlbegriffe werden mit Zahlen verbundene rhythmische Übungen gepflegt. Indem das Kind Zahlenrhythmen stampft, klatscht oder sonstige Bewegungen mit ihnen (und dem Sprechen) ausführt, verbindet es sich in seinem Willen mit den Zahlen.

Damit wird auf die menschenkundliche Situation dieses Alters eingegangen: Die handlungs- und sinnesbezogene Entwicklungsstufe des ersten Jahrsiebents geht in ein selbständiges seelisches Innenleben über, das sich von Leibesprozessen allmählich unabhängig macht. Dementsprechend werden Übungsreihen aufgebaut. Beginnend mit Stampfen, Hüpfen u. ä. werden die Bewegungen immer mehr beruhigt, bis eventuell eine ganze Klasse fast unbeweglich Zahlen als Zeitgliederungen (Rhythmen) 'vollzieht'.

Es hat dann ein weiteres hinzuzutreten: Willensbetätigungen sind zu weiten Teilen wenig von Bewußtsein durchdrungen. Ein bloßes Stampfen oder rhythmisches Sprechen würde die Zahlen nicht genug in das Bewußtsein heben. Das aber ist eine der Aufgaben in diesem Lebensalter. Durch Rhythmenwechsel 1 2 $\underline{3}$, 1 $\underline{2}$, 1 2 $\underline{3}$, . . ., Abwechseln von Einzelkindern mit Gruppen, bis zu willkürlich aufgerufenen Zahlen, die das Kind zu gehen hat,[9] wird die Einzelzahl bewußter ergriffen, ohne daß schon eine völlige Ablösung von der Leibeserfahrung eintritt.

Kleine phantasievolle Rechengeschichten, in denen Bewegungsvorstellungen angeregt werden[10] verinnerlichen die leiblichen Tätigkeiten und geben eine Grundlage für die schönsten elementaren zahlentheoretischen Betrachtungen schon im dritten Schuljahr (kleinstes gemeinschaftliches Vielfaches als Zusammenklang von Zahlenrhythmen, Primzahlen usw.).

[8] R. Steiner: GA 305. 5. Vortrag; GA 310. 8. Vortrag.

[9] Ders.: GA 295. 8. Bespr.

[10] E. Schuberth: Eine Rechengeschichte. In: Erziehungskunst 10/1981.

Diese und andere methodische Gestaltungen des Rechenunterrichts können im ersten Drittel der Klassenlehrerzeit (7. bis 9. Lebensjahr, 1. bis 3. Klasse) noch die Funktion einer *Konstitutionstherapie* haben. Einerseits wird den bewegungsmäßig nicht genügend durchgebildeten Kindern ein differenzierteres Ergreifen ihres Leibes (Feinmotorik, Körpergeographie usw.) ermöglicht, andererseits können früh intellektualisierte Kinder ihre u. U. anerzogene Abstraktionsneigung mit eigener Willens- und Gefühlstätigkeit seelisch durchdringen. Die oft – ähnlich wie in der Musik – sehr deutlichen Begabungsunterschiede für das Mathematische werden so in gemeinsamen Tätigkeiten füreinander fruchtbar. Leicht lassen sich fähigere Kinder als Hilfe für schwächere einsetzen, ohne das es nicht genügend viele Differenzierungsmöglichkeiten gäbe, das begabtere Kind zu fordern.

Aus der rhythmischen Arbeit werden die 1×1-Reihen entwickelt. In dem Erlernen dieser Reihen liegt eine wesentliche pädagogische Aufgabe für dieses Alter. Das seelisch verfügbar gewordene Gedächtnistableau ('Geburt des Ätherleibes') muß vom Kind ergriffen werden, wenn sich nicht nur ein assoziierendes Vorstellungsleben bilden soll. Dabei ist darauf zu achten, daß die einfachen 1+1- und 1×1-Reihen nicht nur dem 'rhythmischen Gedächtnis', sondern auch wirklich dem 'Zeitgedächtnis' verfügbar sind. Wenn ein Kind z. B. nur aus dem Aufsagen der ganzen 6er-Reihe die Aufgabe: Wieviel ist 7 × 6? beantworten kann, ist die erforderliche Arbeit noch nicht geleistet. Wie es bereits beschrieben wurde, hilft hier ein sorgfältiger Übergang vom nur halb- oder unbewußten rhythmischen Sprechen zur willkürlich bestimmten Einzelfrage und weckt die gewünschte Rechenfähigkeit. Erfahrungen in der Förderarbeit mit rechenschwachen Kindern bestätigen den menschenkundlichen Ansatz, wonach das Rechnen ein verinnerlichtes Betätigen des Bewegungssinnes ist. Liegen nicht besondere psychologische Barrieren vor, so wird der Förderunterricht gerade diesen Teil des methodischen Aufbaus, der sich auf die Ausdifferenzierung des Bewegungssinnes und seine Verinnerlichung richtet, verstärken.

Achtet man auf die Verbindung des ersten Rechenunterrichts mit dem Bewegungssinn, wird einem bewußt, welche konstitutionelle Hilfestellung andere Fächer wie der Eurythmie-, Musik- und Handarbeitsunterricht dem Rechnen geben. Das Erlernen von Häkeln und Stricken, des Blockflötenspiels, der Rhythmen in der Eurythmie und anderes mehr bereiten viel stärker die leiblichen Voraussetzungen für die Mathematik vor, als es der Rechenunterricht selber leisten kann. Das Bewußtsein von diesen menschenkundlichen Beziehungen zwischen den Unterrichtsfächern wirkt sich für das soziale Verhältnis innerhalb eines Waldorfkollegiums stärker und tiefgehender aus als ein nur freundschaftlich-gemüthaftes Wohlwollen untereinander.

Ein Aspekt soll noch ergänzend genannt werden: Wie oben gesagt wurde, ist der leiborientierte Eigenbewegungssinn vielfach durch einen 'vorgespannten' Außen-Sinn zu stimulieren. Läßt man die Klasse an vielfältigen Sinneseindrücken (auditiv, optisch, taktil usw.) Anzahlen bestimmen, kann der unterschiedlichen schwerpunktmäßigen Orientierung der Kinder an verschiedenen Sinnen Rechnung getragen werden.

4. Die Einführung der Rechenoperationen

Im Unterricht der Waldorfschule werden die sogenannten vier Grundrechenarten nach Möglichkeit fast parallel bereits im ersten Schuljahr eingeführt: Dabei ist zunächst weniger auf eine formale Behandlung, die in den algebraischen Schreibweisen ihren Niederschlag findet, Wert gelegt, als auf eine Variation der Fragestellungen im Umgang mit den Zahlen. Während der Schreib-Lese-Unterricht wesentlich auf Kulturkonventionen ausgerichtet ist, deren Erlernen durch das Formenzeichnen und die bildhafte Einführung der Buchstaben (vgl. in Teil B die Kapitel I und VII) belebt werden kann, vollzieht sich der Umgang mit den Zahlen in einer inneren Gesetzlichkeit, die wohl in den konventionellen Zeichen eine Beziehung zum Schreiben hat, darin aber nicht das Wesentliche besitzt. So steht das Rechnen zwischen dem auf Konventionelles ausgerichteten Schreib-Lese-Unterricht und dem ganz auf das hier und jetzt Gegebene der Sinneswahrnehmung gerichteten künstlerischen Unterricht.[11] Bedenkt man, wie das Rechnen aus der inneren Betätigung des Bewegungssinnes hervorgeht, wird diese zunächst überraschende Stellung der oft als 'abstrakt' angesehenen Mathematik verständlich.

Die Einführung der Rechenoperationen greift logisch und methodisch das Vorgehen bei der Einführung der Zahlen auf: Ausgehend von der als Einheit (Menge) gefaßten Vielzahl von Dingen werden *analytische* Gliederungen der Einheit vorgenommen. Aus der Variation dieser Grundfigur gehen die einzelnen Rechenarten hervor, wobei es leichtfällt, die Fragen durch differenzierte seelische Nuancen zu tingieren (Temperamentrechnen).

Addieren: Anhand einer kleinen Darstellung oder Situationsschilderung zeigt der Lehrer das (additive) Aufgliedern einer Zahl. Ist die Zahl gut überschaubar, können die Kinder selbst rasch solche Zerlegungen angeben und

[11] Vgl. R. Steiner: GA 295. 1. Vortrag.

eventuell mit Materialien oder den Fingern (Fingerschema!) darstellen: 5 = 2 + 3 oder 5 = 1 + 4 oder 5 = 2 + 1 + 2 usw.

Im Gegensatz zur synthetischen Fragestellung: Wieviel ist 2 + 3? handelt es sich dabei um *offene* Fragestellungen, die viele Antworten zulassen, ohne daß richtig oder falsch unentscheidbar würden. Scheinbar ganz unpräzise Fragestellungen können oft zu den anregendsten Gesprächen führen; z. B.: Was ist die schönste Zerlegung von 12? Antworten wie 12 = 6 + 6, 12 = 3 + 4 + 5, 12 = 2 + 4 + 6, 12 = 1 + 2 + 3 + 3 + 2 + 1 enthalten immer wieder Überraschungen für Mitschüler und Lehrer. Daß eine Frage viele richtige Antworten unter verschiedenen Gesichtspunkten zuläßt, ohne daß richtig und falsch nicht mehr beurteilbar würden, macht das Verfahren nicht gerade für die Multiple-choice-Methode praktikabel, ist aber für spätere Urteilsgewohnheiten von größter Bedeutung. Wird nicht ein Urteil über einen Sachverhalt im Leben um so sachgerechter werden, von je mehr Gesichtspunkten aus er beurteilt wird? Die freie Einnahme eines Aspektes und dessen bewußte Veränderung, ohne in willkürliche und unkontrollierte Meinungsäußerungen zu kommen, soll so in einfachster Form erübt werden. Dieser Freiraum belebt das Kind und hat seine Auswirkungen bis in seine moralischen und sozialen Empfindungen hinein. Darauf, daß dieses Gliedern einer Einheit eine besondere Beziehung zum phlegmatischen Temperament hat, kann hier nur hingewiesen werden. Indem die analytische Aufgliederung einer Zahl rückwärts wieder zusammengefügt wird: 2 + 4 + 6 = 12, kommt nun auch das synthetische Addieren zur Behandlung, wobei ein cholerischer Willensimpuls in dem aktiven Zusammenfügen wirksam ist.

Subtrahieren: Beim Subtrahieren wird die Fragestellung z. B. in folgender Form variiert: Du hattest 12 Ringe, geblieben sind dir 5. Wie viele gingen verloren? Der Kern der Rechenbewegung ist: Es war ein Ganzes. Durch einen Verlust blieb ein Rest. Was ging verloren? (Melancholische Seelenstimmung.) Vom Ganzen und dem Rest wird auf den Subtrahenten geschlossen. Wieder wird im Anschluß daran die aktive Subtraktion (12 – 5 =?) behandelt (Sanguiniker). Im logischen Aufbau der Rechenarten erscheinen diese Unterschiede als aktive und passive Umkehrungen der Addition.[12]

Multiplizieren: Unter der Zerlegung mancher Zahlen (der teilbaren) treten solche auf, bei denen alle Glieder identisch und ≠ 1 sind. Damit tritt deutlicher eine neue Zahl hervor, die die gleichen Summanden zählt: 12 = 2 + 2 + 2 + 2 + 2 + 2 = $\underline{6}$ × 2. Während die 2 die Größe eines Teiles vom Gan-

[12] Vgl. Louis Locher-Ernst: Arithmetik und Algebra. Kreuzlingen u. Zürich 1945.

zen bestimmt, zählt der Multiplikator, die 6, die gliedernden Akte selbst. Die Zahlbildung ist auf eine höhere Stufe gehoben.

Dem Kind wird also eine Anzahl von Dingen vorgelegt und eine passende Anzahl abgegliedert. Die Frage ist: Wie viele solche Gruppen lassen sich bilden, oder: Wie oft ist die kleine Gruppe in der großen enthalten? (Sanguiniker.)

Die Vertauschung von Multiplikator und Multiplikand verlangt beim inhaltlich vorstellenden Kind eine Umstrukturierung, die noch nicht durch eine formale Anwendung des Kommutativgesetzes ersetzt wird (Melancholiker).

Gewöhnlich würde diese Operation als Division bezeichnet werden. In der inneren Rechenbewegung des Kindes liegt jedoch in dem 'Messen'[13] ein multiplikatives Aufbauen mit darinnen.

Dividieren: Die Frage: In welcher Zahl ist die 3 sechsmal enthalten? fragt nach dem Ganzen, dessen Gliederung gegeben ist. Die dabei vollzogene innere Bewegungsgeste ist nicht dieselbe wie bei der Frage: Wieviel ist 6×3? Die Betonung liegt hier auf dem vorangehenden Griff auf das Ganze, von dem aber nur die Gliederung gegeben ist (Choleriker). Angeschlossen wird daran die gewöhnliche Division, das Teilen (Phlegmatiker).

Materialien: Für einen Beobachter könnte der Mathematikunterricht der ersten Schuljahre unanschaulich und arm an Rechenmaterialien erscheinen. Die Ausdifferenzierung und das seelische Verfügbarmachen der leiborientierten Sinne bieten jedoch ein weites Feld aktiver Handlungen, denen gegenüber der Umgang mit Rechenstäbchen oder ähnlichem keinen Fortschritt bedeuten würde. Die starke äußere Veranschaulichung von Zahlverhältnissen und Operationen berücksichtigt häufig zu wenig die menschenkundlichen Grundlagen und Aufgaben des Unterrichts.

Der Einfluß verschiedener Grundlagenauffassungen in der Mathematik führt zu Weichenstellungen, die in sehr unterschiedliche Richtungen führen. Wird etwa die Rechenfähigkeit als Beherrschung von Operationsmustern verstanden, so erscheint es weitgehend gleichgültig, an welchem 'Modell' ein solches Muster eingeübt wird. Ähnlich wirken auch Grundlagenauffassungen, die die Zahlen als Abstraktionen aus Objektmengen verstehen. Sie führen in der Praxis häufig zu einer starken Visualisierung des Rechnens, ohne die eigentlichen physiologischen und psychologischen Grundlagen der Mathematik zu berücksichtigen. Die Grundlagenauffassung der Mathematik ist von seiten der Waldorfpädagogik durch menschenkundliche Gesichtspunkte (Sinneslehre, Entwicklung des Kindes) und eine realistische Anschauung des Denkens geprägt. Begriffe sind weder

[13] Ebd.

bloße Namen oder Zeichen (Nominalismus) noch Abstraktionen aus der Sinneswelt. Sie werden vom Denken intuitiv erfaßt und sprechen das Wesen der Erscheinungen aus (Begriffsrealismus).

5. Weitere Stufen im Aufbau des Mathematikunterrichts

Auf den Beginn des Mathematikunterrichts im zwölfklassigen Aufbau der Waldorfschule wurde relativ ausführlich eingegangen, weil sich an ihm der menschenkundliche und methodische Ansatz deutlich zeigen läßt. Der weitere Aufbau folgt in der Zeit zwischen beginnendem Zahnwechsel und Jugendalter (Klassenlehrerzeit, Klasse 1–8) den drei Hauptentwicklungsschritten, wobei der erste Abschnitt etwa die Klassen 1–3, der zweite die Klassen 4, 5 und der dritte die Klassen 6–8 umfaßt.

In den Klassen 1–3 wird nach Einführung der Zahlen und Grundrechenarten bis zum dritten Schuljahr in die üblichen schriftlichen Rechenverfahren und das Sachrechnen eingeführt. Die Acker- und Hausbau-Epochen im dritten Schuljahr können in einfacher Weise mit Sachaufgaben verbunden werden, die in realistischer Art das Gelernte mit der Umwelt verbinden. Die Fortsetzung der Beschäftigung mit den Zahlen als Rhythmen bringt einfachste zahlentheoretische Beziehungen zum Bewußtsein, die z. B. im Bruchrechnen (ggT, kgV) Anwendung finden.

a) Die Klassen 4 und 5

Im zehnten Lebensjahr findet in der Entwicklung des Kindes ein tiefgreifender Wandel statt, der vor allem zu einer seelischen Ablösung von der natürlichen und sozialen Umwelt führt. Damit ist ein verstärktes Selbstbewußtsein verbunden. Durch den Lehrplan wird in allen Fächern auf diesen Einschnitt Rücksicht genommen. So löst ein naturkundlicher Unterricht im vierten Schuljahr die bis dahin mehr in Form von Naturerzählungen gepflegte Naturbetrachtung ab. Im Mathematikunterricht führt die Bruchrechnung zu neuen Begriffsbildungen.

Die Einführung der Brüche im vierten Schuljahr kann in enger Parallele zur Einführung der Zahlen im ersten Schuljahr gestaltet werden. Wieder wird ein Ganzes aufgeteilt. Jetzt wird aber das Bewußtsein nicht auf die entstehende Anzahl von Teilen, sondern auf das Verhältnis des Einzelteiles zur ursprünglichen Einheit gelenkt.

Auf höherer Stufe wird also unter neuen Gesichtspunkten Ähnliches vollzogen wie im ersten Schuljahr. Damit wird in der inneren Bewegung eine Gedankenform aufgegriffen, die dem Selbsterlebnis des Kindes innerhalb seiner Umgebung entspricht. Geht es vorher mehr in einem seelischen Mitleben in der Umwelt auf, so fühlt es sich jetzt selbständiger und bezieht seine Erlebnisse auf sich als der ganzen übrigen Welt gegenüberstehend. Bis in die Lehrplangestaltung versucht so in der angedeuteten Weise die Waldorfpädagogik der Entwicklung des Kindes gerecht zu werden. Dabei kommt es nicht auf eine oberflächliche Festsetzung des Stoffes: Bruchrechnen im vierten und fünften Schuljahr an, sondern wiederum auf die differenzierte methodische Aufarbeitung der Möglichkeiten, die in einem Stoffgebiet liegen. Es kann also nicht ein beliebiges 'Modell' der (nicht negativen) rationalen Zahlen herangezogen werden, sondern es wird der ursprüngliche Sinn der Begriffsbildungen, der vor aller Formalisierung entstand und keine eindeutige axiomatische Charakterisierung gestattet, aufzudecken sein. Darauf wird im Zusammenhang mit den negativen Zahlen nochmals eingegangen.

In der Behandlung der Rechenoperationen können die beiden Formen der Division (Messen und Teilen, Einteilen und Verteilen) herangezogen werden: Addieren und Subtrahieren von Brüchen schließen sich enger an den Bruch als Größe an, der durch Teilung entsteht, Dividieren und Multiplizieren an den Bruch als Verhältnis.

Die rhythmische Arbeit mit den Zahlen wird bei der Behandlung der Rechenoperationen mit Brüchen in jetzt mehr gedanklicher Form nochmals aufzugreifen sein.

Die Dezimalbrüche werden vor allem als *praktische Konvention* behandelt, die beim Größenvergleich und der Anwendung der üblichen Rechenalgorithmen (schriftliches Addieren usw.) wesentliche Erleichterung bringt. Neben der Behandlung der Brüche werden die vorher durchgenommenen Gebiete ausgebaut und gefestigt.

b) Die Klassen 6 bis 8

Im zwölften Lebensjahr beginnt ein dritter Entwicklungsabschnitt des Kindes, der ein bewußteres Gedankenleben mit einer verstärkten Fähigkeit zur logischen Argumentation, zu Kausaldenken und anderem ermöglicht. Wieder wird versucht, in der ganzen Breite des Lehrplans auf die veränderten physischen und psychischen Bedingungen Rücksicht zu nehmen. Im Mathematikunterricht greift die Einführung der Algebra die neuen Fähigkeiten zu einem bewußteren Umgang mit Gedanken auf. An der Zinsrechnung wird im sechsten Schuljahr der Übergang von der Lösung von Einzelaufgaben zur Formulierung und Anwendung allgemeiner Gesetze vollzogen. Im siebten und achten Schuljahr wird dies in der erneuten Besprechung des Aufbaues der Rechenoperationen bis zu den höheren Rechenarten (Potenzieren, Radizieren und evtl. erstes Logarithmieren) fortgeführt. In den Darstellungen von E. Locher-Ernst[14] ist auf die Beziehungen dieser Operationen zum Menschen hingewiesen worden. Das Aufsteigen zu höheren Gebieten bedeutet unter solchen Gesichtspunkten nicht Abstraktion, sondern ein immer bewußteres Ergreifen des Wesenhaften, das sich in diesen verinnerlichten Betätigungen des Bewegungsmenschen ausspricht.

Die reine Algebra hat zum Gegenstand nicht mehr die Einzelzahlen und ihre Beziehungen, sondern die Operationen und deren Gesetze. Damit werden wiederum auf einer höheren Stufe die Rechenarten behandelt. Nun werden sie aber 'rein', als innere Tätigkeiten betrachtet. Dies findet bis in die Behandlung der negativen Zahlen im siebten Schuljahr seinen Ausdruck. Es ist an vielen, zum Teil sehr handgreiflichen Modellen möglich, das Operationsschema der negativen Zahlen schon frühzeitig einzuführen. Da es aber hier nicht auf die Konditionierung für ein solches Schema nach behavioristischer Auffassung ankommt, wird auf eine frühere Einführung verzichtet und gewartet, bis die Entwicklung des Kindes die Gedankenprozesse inhaltlich erfassen läßt.

Es wird – wie sonst im arithmetischen und algebraischen Unterricht – Wert darauf gelegt, die neuen Begriffsbildungen nicht an einem geometrischen Modell, sondern aus den Rechenoperationen selbst zu entwickeln. So wird versucht, die negativen Zahlen als 'überschießende' Subtraktion darzustellen: Es soll mehr weggenommen werden, als vorhanden ist. Dies ist zunächst nur in sozialen Prozessen (Schuldenmachen) real möglich, wobei ein Vertrauensverhältnis (Kreditwürdigkeit) Voraussetzung ist. Eine negative Zahl bestimmt ein 'aktives Nichts', ein 'Weniger-als-Nichts'. Wie auch sonst üblich, kommt dabei der Unterschied von Vorzeichen und Operationssymbol deutlich zum Ausdruck. Die so gebildeten Begriffe werden dann auf die verschiedensten Situationen angewandt.

Der Rechenunterricht der Klassenlehrerzeit endet in der Regel mit der Behandlung der höheren Rechenarten und der Gleichungslehre. Dabei wird z. B. bei der Behandlung des Radizierens trotz der geringen praktischen Bedeutung Wert auf den klassischen Wurzelalgorithmus gelegt. Im genauen Verständnis eines solchen Algorithmus liegt durch die vollzogenen Umformungen der Operationenfolgen für das Denken etwas tief Bildendes, das auch im Hinblick auf den späteren Umgang mit Rechenanlagen von praktischem Wert ist.

[14] Mathematik als Vorschule zur Geisterkenntnis. Dornach 1973.

6. *Die Oberstufe*

Mit dem Übergang in die neunte Klasse gelangt der Waldorfschüler in die Oberstufe, wo auch der Epochenunterricht von Fachlehrern übernommen wird. Naturgemäß ergeben sich vor dem Hintergrund eines Fachstudiums für den Lehrer vielfältige Möglichkeiten der individuellen Ausprägung des Unterrichts. Man wird daher einen sehr unterschiedlichen Unterrichtsaufbau schon bei Fachkollegen derselben Schule finden. Dies entspricht den Freiheiten und Verantwortungen, die ein Waldorflehrer besitzt. Dabei beeinflussen allerdings in den letzten Schuljahren auch die jeweils geltenden, von außen vorgegebenen Abiturbedingungen die Stoffauswahl.

Der Lehrplan versteht sich in diesem Sinne als Anregung für die Stoffauswahl und methodische Gestaltung, wie es in vieler Hinsicht auch in der Klassenlehrerzeit schon der Fall ist.

Es wurde oben darauf hingewiesen, daß mit etwa 12 Jahren eine neue Urteilsfähigkeit erwacht. Sie reift aber erst in der Pubertät in intellektueller Hinsicht aus. Dabei liegt gerade in der beginnenden Oberstufe ein starkes Bedürfnis nach Realitätsbezug vor. Einige Beispiele seien herausgegriffen:

Fehlerrechnungen (Näherungsrechnungen) im neunten Schuljahr: Durch Messen können grundsätzlich keine mathematisch genauen Maßzahlen gewonnen werden. Jedes Meßergebnis kann nur als zwischen gewissen Grenzen liegend bestimmt werden, die vom Objekt, dem Meßgerät und dem Messenden abhängen. Für die allgemeinen Urteilsgewohnheiten des Jugendlichen und späteren Erwachsenen ist es gerade in der Zeit der Entwicklung einer selbständigen Urteilsfähigkeit von Bedeutung, daß 'eingrenzende Urteile', Charakterisierungen im Gegensatz zu Urteilen mit definitorischem Charakter in der Realität die wichtigere Rolle spielen.

Geländeaufnahmen in der Feldmeßepoche (meist zehnte Klasse): Die Trigonometrie wird über die kartographische Erfassung eines Geländes (Talsperre, Anwesen eines Bauernhofes o. ä.) mit der Außenwelt verbunden. Hier sind die Korrektur durch die Erfahrung, die notwendige Sorgfalt in der Handhabung der Geräte und die Zusammenarbeit innerhalb einer relativ selbständig arbeitenden Gruppe und mit anderen Gruppen Erfahrungen, die den Lebensbedürfnissen dieses Alters entsprechen.

Algebra und Geometrie: Das starke Gewicht, das bis heute die Geometrie in den Waldorfschulen besitzt, hat gelegentlich zur Auffassung geführt, die Geometrie sei das dominierende Element in ihrem Mathematikunterricht, und es werde möglichst alles 'geometrisiert', so wie sonst heute in der Regel die algebraischen Methoden vorherrschen. Dies entspricht nicht der Realität. Im vorangehenden wurde bereits darauf hingewiesen, daß arithmetische und algebraische Begriffe und ihre Beziehungen gerade *nicht* geometrisch eingeführt werden, da in den geometrischen Veranschaulichungen die höhere (allgemeinere) Natur der Algebra verdeckt und ihrem Wesen nicht entsprechend verkürzt würde. Die Geometrie wird ihrerseits möglichst synthetisch gepflegt.

Wenn dann in der analytischen Geometrie über das Koordinatensystem algebraische Ausdrücke und Kurven bzw. Flächen verbunden werden, wird nach Möglichkeit versucht, logisch unhaltbare Identifikationen von geometrischem Gebilde und geometrischer Funktion zu vermeiden. Ein Ziel ist es, daß der Schüler einerseits einem algebraischen Ausdruck 'ansieht', wie in einem (z. B. rechtwinklig kartesischen) Koordinatensystem die zugehörige Kurve oder Fläche aussieht, andererseits zu einer vorgegebenen Kurve oder Fläche wenigstens näherungsweise eine Funktion angeben kann.

Dieses sorgfältige Trennen und In-Beziehung-Setzen von Geometrie und Algebra widerspricht manchen Auffassungen, wie sie z. B. vom Senior der Mathematikdidaktik, Hans Freudenthal, vorgebracht wurden. Genaueres Durchdenken wird aber in diesem Ansatz seine Berechtigung finden.

V. GESCHICHTSUNTERRICHT IN DER WALDORFSCHULE

CHRISTOPH LINDENBERG

1. Die begrenzten Möglichkeiten des Geschichtsunterrichts – Die Rolle anderer Unterrichtsfächer

In den Lernzieldebatten der vergangenen Jahrzehnte war es üblich, dem Geschichtsunterricht hohe Ziele vorzugeben. Der historisch-politische Unterricht sollte den künftigen demokratischen Bürger zur Mündigkeit, zur Kritikfähigkeit, zum Durchschauen von Zusammenhängen, zum sozialen Engagement und zum Verantwortungsbewußtsein erziehen. Überdies sollte er einen Beitrag zur Bewältigung der deutschen Vergangenheit liefern. – Diese Debatte übersah zunächst die Tatsache, daß politisch-historischer Gegenwartsunterricht in erster Linie durch die politisch handelnden Instanzen in Staat und Gesellschaft erteilt wird. Politiker, Gewerkschaftler, die Vertreter der Interessenverbände zeigen interessierten Schülern Tag für Tag, 'wie es wirklich gemacht wird'. Der historisch-politische Unterricht hinkt mit seinen Kommentaren und Erläuterungen hinterher. Die im Unterricht proklamierten politischen Verhaltensnormen werden durch Parteikämpfe ebenso wie durch das Verhalten großer Mächte widerlegt. Der Geschichtsunterricht wird überfordert, wenn man ihm die ganze Last der historisch-politischen Sozialisation aufbürden will. Diese Aufgabe kann nicht primär durch theoretische Orientierung gelöst werden. Ja die Vermittlung von Werten und Normen erscheint in zweierlei Hinsicht sogar als problematisch. Zum einen, weil sie durch den Anschauungsunterricht der Realitäten leicht widerlegt werden. Sie werden so unglaubwürdig und führen zur Resignation. Zum anderen ist die Vermittlung von Normen dann fragwürdig, wenn Werte wie Freiheit, Brüderlichkeit, Gerechtigkeit und Demokratie dem Schüler beigebracht werden sollen, denn es widerspricht diesen Ideen, Gegenstand einer Indoktrination zu sein. Überall, wo solche Versuche unternommen werden, schlagen sie leicht in Autoritätsfixierung, Kritiklosigkeit und Apathie um, weil sie nicht auf persönlicher Erfahrung beruhen und persönlich erworben worden sind.

Die Waldorfschulpädagogik geht von der Einsicht aus, daß Haltungen und Fähigkeiten, zu denen auch Mündigkeit, Kritikfähigkeit und Verantwortungsbewußtsein zählen, nicht allein durch Information und Beanspruchung kognitiver Fähigkeiten gebildet oder vermittelt werden können. Überall, wo aktive und konstruktive Verhaltensweisen gefördert werden sollen, muß die Schule selber nicht nur aktive Übungsfelder anbieten, sondern sie auch in den Kanon der selbstverständlichen Schulfächer aufnehmen. Jedes Schulorchester übt soziales Verhalten: Die Spieler bringen ihre Fähigkeiten, die regelmäßiges Üben des einzelnen verlangen, in ein Ganzes ein. Wer mitspielt, achtet nicht nur auf den Dirigenten, auf den Takt, er hört auch auf die anderen Instrumente. Die gemeinsame Aufführung eines Werkes ist nicht nur eine positive Gemeinschaftsleistung, sie macht auch Spaß. Ähnliches gilt für ein von einer Klasse aufgeführtes Theaterstück. Hier übt der Schüler gestaltetes Darstellen, Zusammenspiel mit anderen und gegebenenfalls das Erfassen und Durchdringen einer Rolle, die ihm von Natur aus fremd ist. Derartige Gemeinschaftsleistungen erfordern aber auch viele Nebenarbeiten, die zum Gelingen des Ganzen beitragen: Kostüme müssen gefertigt werden, Kulissen sind zu malen, der Szenenwechsel muß klappen, so wird Kooperation und Verantwortung geübt. In diesem Sinne gibt das Leben in einer Waldorfschule vielfache Möglichkeiten, soziales Handeln zu üben.

Ein weiteres Element, das soziales Verhalten fördert, ist die Arbeit, weil man durch eigene Erfahrung ein Verständnis für die Leistungen gewinnt, die das soziale Leben tragen. In der Waldorfschule beginnt das in den ersten Klassen durch Handarbeit und Handwerk, es findet seine Fortsetzung im Gartenbau und in den Forst-, Industrie-, Landwirtschafts- und Sozialpraktika der Oberstufe. Für das Fach Geschichte bedeutet die praktische Kenntnis von Produktionstechniken und von landwirtschaftlicher Arbeit noch mehr: sie vermittelt dem Schüler Kenntnisse, die es ihm ermöglichen, auch vergangene Produktionstechniken und Arbeitsweisen vorzustellen. Diese kurzen Hinweise müssen genügen, um die andere Gewichtung und Funktion der Fächer im Waldorflehrplan anzudeuten.

Darüber hinaus ist es für den Geschichtslehrer notwendig, mit anderen Fächern zu kooperieren und sich klarzumachen, welche Beiträge andere Fächer für den Geschichtsunterricht leisten. Jeder Geschichtsunterricht, der sich nicht allein auf die politischen Haupt- und Staatsaktionen und konfessionellen Händel beschränkt, der sich also ernsthaft als Kulturgeschichte versteht, ist auf Sachkenntnis angewiesen. Ohne einen entsprechenden kooperierenden Unterricht in Physik und Astronomie kann zum Beispiel die Neuzeit, können Kopernikus, Kepler, Galilei und Newton nicht verstanden werden. Ohne den an den Waldorfschulen üblichen Unterricht in Technologie (Dampfmaschine, Telephon, Textiltechnik, chemische Technologie) ist der Geschichtslehrer, der die Industrielle Revolution behandelt, in der Gefahr, entweder wichtige, ja grundlegende Sachelemente auszulassen oder sie aufgrund der eigenen Kenntnisse nur kursorisch anzudeuten. Die Zeit reicht nicht aus. Die ökologische Problematik der Gegenwart bedarf zu einer vernünftigen Behandlung der Sachkenntnisse der Biologen, Geographen, Chemiker und Physiker und nicht nur der schnell erworbenen Kenntnisse des allzuständigen Politologen und Historikers. Mehr als jedes andere geisteswissenschaftliche Fach ist Geschichte deshalb auf die Kooperation mit naturwissenschaftlichen Fächern angewiesen. Umgekehrt kann sich aber auch für Physik, Chemie und Technologie ein historisches Vorgehen empfehlen, weil in vielen Fällen die historische Perspektive die Genese heutiger hochkomplexer Theorien und Mechanismen aus elementaren Anfängen sichtbar macht. Dadurch werden manche Probleme für den Schüler besser durchschaubar.

Ein Unterrichtsfach der Waldorfschule, das besonders stark mit der Geschichte korrespondiert, ist schließlich der Kunstunterricht, der oft in Gestalt der Kunstgeschichte erteilt wird. In der Waldorfschule wird in der 9. Klasse in zwei Epochen die Geschichte der bildenden Künste im Überblick behandelt; die Thematik des Kunstunterrichts in der 11. Klasse eröffnet die Möglichkeit, auf die Geschichte der Musik einzugehen, die 12. Klasse behandelt die Geschichte der Architektur einschließlich der Fragen des modernen Städtebaus. Durch Skizzen und Kopien, die er für sein Epochenheft anfertigt, kann der Schüler versuchen, die verschiedenen Zeitstile aktiv zu erfassen, an einer Künstlerbiographie, etwa der Dürers, lernt er im Einzelschicksal Sozialverhältnisse der frühen Neuzeit kennen, an Rubens und Rembrandt die verschiedenen Ausprägungen fürstlichen und bürgerlichen Barocks, an der Geschichte des Impressionismus die sozialkritische Rolle der Kunst und den Kampf verschiedener Kunstauffassungen. Daß auch Deutsch zu den Fächern gehört, die mit Geschichte kooperieren, ist so selbstverständlich, daß man nicht eigens darauf eingehen muß.

Insgesamt ist es also vom Gesichtspunkt der Waldorfschule von allergrößter Bedeutung, daß einem betrachtenden und den Schüler kognitiv und rezeptiv beanspruchenden Unterrichtsfach, wie es das Fach Geschichte naturgemäß ist, andere gegenüberstehen, in denen der Schüler praktisch mit der Hand arbeitet, in denen er gestaltend künstlerisch tätig ist oder darstellend agieren kann, denn von aller bloßen Betrachtung gehen Tendenzen der Erstarrung und der Lähmung der Eigentätigkeit aus. Diese Tendenzen verstärken sich für die Schüler in der Betrachtung der vielfach bedrückenden Zeitgeschichte, verstärken sich weiter in der Betrachtung der Gegenwartsprobleme und der Zukunftsaussichten. Aus diesem Grunde bedarf besonders der Geschichtsunterricht starker Gegengewichte im künstlerischen und handwerklichen Tun, damit seine Einseitigkeit wieder aufgehoben wird.

2. *Aufgabe und Sinn des Geschichtsunterrichts*

Aus dem Vorangegangenen folgt, daß im Rahmen der Waldorfschulpädagogik die Aufgabe des Geschichtsunterrichts im Vergleich zu den weitreichenden Zielen, die heute sonst gern dem Geschichtsunterricht vorgegeben werden, bescheidener und begrenzter gesehen wird. Als die zwei spezifischen Aufgaben des Geschichtsunterrichts könnte man formulieren:

- Der Geschichtsunterricht hat die Aufgabe, einen Beitrag zum Verständnis der Gegenwart zu leisten, und
- der Geschichtsunterricht hat die Aufgabe, den Menschen als historisches Wesen zu beschreiben, indem er die verschiedenen historisch überlieferten Weisen des Menschseins und ihre Bedeutung für die Gegenwart darstellt.

Die erste Aufgabe könnte man so angehen, daß man die Gegenwart selber fortwährend zum Gegenstand des Unterrichts macht und die Geschichte nur insoweit hinzuzieht, als sie für einzelne Situationen oder Probleme Ursachen oder Analogien liefert. Man kann aber auch den anderen Weg gehen, daß man Themen aus der Geschichte so auswählt, daß sie durch sich selbst die Gegenwart beleuchten und verständlich machen. Der zweite Weg hat den Vorteil, daß bei einer wohlüberlegten Auswahl der Themen diese Bilder, Zusammenhänge und Entwicklungen durch sich selbst nicht nur die unmittelbare Gegenwart, sondern auch die zukünftige Gegenwart, in die die jetzigen Schüler, die künftigen Bürger, einmal hineinwachsen, beleuchten können. Eine allzu aktuelle Auswahl, die sich einseitig an modischen Themen orientiert, kann dieses wichtige Ziel verfehlen. Es ist dabei ja stets zu bedenken, daß der Geschichtsunterricht sich in erster Linie an jene große Mehrzahl der Schüler wendet und sie mit Kenntnissen ausstattet, die im späteren Leben nicht Geschichte studieren wird. Das durch den Geschichtsunterricht Vermittelte soll also nicht der Aktualität allein dienen, sondern wo irgend möglich auch in der Zukunft einen gewissen Wert behalten, der darin besteht, daß die Schüler ihre Gegenwart im Licht der allgemeinen Menschheitsentwicklung sehen lernen.

Das Besondere unserer Gegenwart, die Bedingtheit unserer Existenz, wird durch den *Vergleich* mit anderen Lebensformen, Gesellschaftsformen und Denkweisen sichtbar. Unter diesem Gesichtspunkt erscheint es als sinnvoll, bäuerliche oder feudale Gesellschaften, theokratische Herrschaft, den Staat der römischen Republik zu behandeln. Da unsere eigene Gegenwart kein statisches Gebilde ist, kann das Studium von historischen *Entwicklungen* einen weiteren Beitrag zum Verständnis der Gegenwart liefern. Ein Beispiel für eine Entwicklung, die unsere Situation erhellen kann, ist die Entstehung der modernen Technik: wie sich aus der neuen Naturwissenschaft die Idee des Experiments entwickelt, wie geglückte Experimente zum Bau von Maschinen führen und wie diese durch die Fabriken und Verkehrstechniken die Gesellschaft verändern, zeigt in charakteristischer Weise den Weg einer Entwicklung von einer Denkweise bis hin zur sozialen Gestaltung. Auf diese Weise werden für den Schüler Fragen angeregt. Fragen, die seinen Blick in die Zukunft richten – etwa die Frage nach den sozialen Auswirkungen heutiger Neuerungen. Eine dritte Möglichkeit, zum Verständnis der Gegenwart und ihrer Eigenheit beizutragen, ergibt sich aus der Einsicht in Bedeutung und Sinn älterer Wertvorstellungen, Verhaltensweisen und Ideen. Wenn es gelingt, diese geistigen Welten in ihrem Lebenszusammenhang zu beschreiben und sie nicht als veraltete und überwundene Vorstellungen abzuqualifizieren, dann hebt sich unser Denken in seiner Bedingtheit von den Auffassungen der Vergangenheit ab und wird seiner Selbstverständlichkeit entkleidet.

Die zweite Aufgabe des Geschichtsunterrichts resultiert aus der Auffassung, daß der Mensch ein geschichtliches Wesen ist. Durch das freie Erinnerungsvermögen unterscheidet er sich von den anderen Geschöpfen dieser Welt, die zwar ein Gedächtnis haben, die an etwas erinnert werden können, denen aber die Fähigkeit fehlt, ohne äußeren Anlaß, frei über das Lebensnotwendige hinaus sich zu erinnern. Unter diesem Aspekt erscheint Geschichte als der weiteste Horizont menschlicher Erfahrung, und der Geschichtsunterricht hat die Aufgabe, den einzelnen in die Lage zu versetzen, Teile dieser Erfahrung für sich und seine Zeit einzuholen. Geschichte, die die Weisen des Menschseins, seine Taten, seine Leiden, seine Gestaltungen erinnert, wird zur *historischen Anthropologie.*

Eine historische Anthropologie zeigt – anders als die Völkerkunde – das *Werden* der Lebensformen der Menschen, die Art, wie Menschen auf bestimmte Herausforderungen der Natur antworteten, wie sich Menschen ändern, wenn sie seßhaft werden, was es für Menschen bedeutet, wenn sie Staaten gründen, welche Anforderungen eine Demokratie an sie stellt, in der, wie in Athen, alle Bürger an wichtigen Entscheidungen beteiligt sind. Die Bedeutung der *inneren Motive,* die Menschen bewegen, wird in den Weltreligionen und Philosophien erkennbar. Karl Jaspers hat auf die Achsenzeit aufmerksam gemacht, in der diese innere Bestimmung des Menschen in verschiedenen Formen historisch deutlich greifbar auftritt: Menschen stellen sich der Welt, dem Schicksal, der Gesellschaft gegenüber und fragen nach ihrer Bestimmung, nach ihren Zielen und ihrem Lebensweg. Seit der Antike ist diese Haltung nicht mehr geschwunden. In dieser Zeit tritt auch – zunächst im Judentum, dann im Christentum – die *Idee der Weltgeschichte* auf, die Anfang und Ziel hat. Aus dieser Idee erhalten die Geschichtstatsachen einen Sinn, und den Ideen Augustinus' folgend, verstehen sich die Reiche des Mittelalters; ihre leitende Idee ist die Civitas Dei. Durch diesen Begriff von Geschichte und Zukunft tritt die menschliche Existenz aus der bloßen Gegenwart und aus der Tradition heraus und bezieht sich auf eine historische Transzendenz.

Wenngleich diese Auffassung von Geschichte in der Neuzeit säkularisiert wird, indem sie als innerweltliche zukünftige Realutopie vorgestellt wird, als Reich der Freiheit oder als klassenlose Gesellschaft, so bleibt sie doch erhalten. Sie gewinnt sogar in den neuzeitlichen Revolutionen eine praktische Bedeutung. In der Französischen Revolution wird der bewußte Versuch gemacht, die Gesellschaft nach Ideen zu gestalten. Die Akteure der Russischen und Chinesischen Revolution, die die Erfahrungen der früheren Revolutionen bedacht haben, unternehmen es, die Geschichte, den revolutionären Prozeß selber zu steuern: es tritt die Idee der bewußt geplanten Geschichte auf. Die bedrängenden Probleme der Gegenwart zeigen, daß in der Tat Geschichte vom Geschehen und vom bloßen Schicksal zu einem Akt menschheitlicher Selbstbestimmung, zu einem von Menschen bedachten und gelenkten Prozeß werden muß, wenn sie nicht in Katastrophen enden soll. Die Menschheit, die sich mit der modernen Technik von den natürlichen Voraussetzungen ihrer Existenz zu befreien gedachte, ist heute in einer Situation, die fordert, von der Freiheit und von Vernunft Gebrauch zu machen, wenn man nicht die natürlichen und die gesellschaftlichen Grundlagen des Menschseins vernichten will. Mit derartigen Gedanken mündet die historische Anthropologie in eine Analyse der Gegenwart, die das Doppelantlitz der Freiheit, die heutige Existenzweise der Menschheit aufzeigt. So trägt auch die historische Anthropologie zum Verständnis der Gegenwart bei, sie bringt den inneren Aspekt der Geschichte zur Erscheinung, während die Beschreibung von Gesellschaften, Ereignissen, Entwicklungen und Denkweisen die Elemente liefert, die durch Vergleich und Analogie die Folie bilden, vor deren Hintergrund sich die Gegenwart abhebt.

3. Altersgemäßer Geschichtsunterricht

Mit der Vorstellung eines altersgemäßen Geschichtsunterrichts können sich leicht Mißverständnisse verbinden. Es geht – das sei deutlich gesagt – nicht darum, die Geschichte für das Kind oder den Schüler zurechtzustutzen oder sie durch gewollte Aktualisierungen zu banalisieren. Es geht zunächst darum, daß der Lehrer sich eine Vorstellung von den Verständnismöglichkeiten, Fragen und Interessen des Schülers bildet. Es ist zum Beispiel bekannt, daß Kinder vor dem 6. Lebensjahr großen Wert darauf legen, daß eine Geschichte wortwörtlich immer wieder in derselben Weise erzählt wird: das kindliche Interesse richtet sich noch nicht auf Neuigkeiten, es arbeitet – ohne es zu wissen – daran, sein Weltbild und seine Sprache zu orientieren und zu stabilisieren. Ein Interesse für neue Geschichten, die Fähigkeit, längere Handlungsabläufe zu überschauen und nachzuerzählen, erwacht erst um das 7. Lebensjahr. Ähnlich ist es mit der Zeitvorstellung. Eine geordnete Zeitvorstellung, die sich zunächst am eigenen Lebensalter und dem der Geschwister und Freunde (noch nicht an dem der Eltern) orientiert, beginnt auch erst mit dem 7. Lebensjahr. Erst im 10. Lebensjahr wendet sich das Interesse des Kindes unpersönlichen Zeitverhältnissen zu, das an sichtbaren Gegenständen (Gebäuden, Bäumen, Briefmarken u. a.) orientiert wird. Dies ist der Augenblick, in dem eine historische Heimatkunde erste, lokal beschränkte, historische Zeitvorstellungen bilden kann. Jetzt kann davon gesprochen werden, daß vor langer Zeit der Fluß, der an der Heimatstadt vorbeifließt, ein anderes Bett gehabt hat, daß es in seiner Umgebung sumpfig war, daß nur an einer Stelle eine Furt bestanden habe, die den Anlaß zur Gründung einer Stadt gegeben habe etc. Nach dem 10. Lebensjahr beginnt der Schüler, auch andere Personen, ihre Eigenschaften und Handlungsweisen deutlicher wahrzunehmen, er fragt nach dem, was andere Menschen bewegt. Damit ist die erste Chance für Geschichten aus der Geschichte gegeben. Aufgrund seiner Distanzierung von anderen Personen ist der Schüler in der Lage zu sehen, daß andere Menschen anders sind, anders denken und handeln. Der Waldorfschullehrplan nutzt dieses, um von den alten und ältesten Kulturen zu erzählen. Das Gilgamesch-Epos beispielsweise berichtet von Menschen, die sich als Städter verstanden und die in Enkidu einem Menschen begegneten, der noch ganz in der Natur lebte. Mit Odysseus tritt ein Mensch auf, der in besonderer Weise seinen Verstand benutzt, um Menschen, die noch in anderen Vorstellungsarten leben, zu überlisten; das Motiv wiederholt sich in den Perserkriegen, in denen zwei Welten miteinander kämpften. Diese Geschichten können aber so erzählt werden, daß durch sie vorwiegend Kulturgeschichtliches sichtbar wird. Dabei ist es wichtig, daß die Andersartigkeit der alten Kulturen von den Schülern empfunden wird. Es soll nicht der Eindruck entstehen, als seien die Menschen der alten Hochkulturen oder die Griechen und Römer nichts anderes als moderne Menschen in alten Kostümen. Das hat auch seine soziale Bedeutung für die Gegenwart, weil die Schüler früher oder später Menschen aus anderen Kulturkreisen begegnen werden, Indern, Türken, Arabern oder Japanern, die in vielem anders denken und empfinden als wir Mitteleuropäer. Der Stil des Unterrichts, der Geschichten aus der Geschichte erzählt und sie oft an Personen entwickelt, ist im Sinne der Waldorfschulpädagogik für die 5. und 6. Klasse geeignet, deren Thema die Kulturen der ältesten Völker, der Antike und des Mittelalters ist.

Steiner hat in seinen Vorträgen zur Schulung der Waldorfschullehrerschaft bereits 1919 darauf hingewiesen, daß der eigentliche Geschichtsunterricht erst dann möglich ist, wenn das Verständnis für Kausalzusammenhänge entfaltet ist. Das ist nach Steiner im 12. Lebensjahr der Fall. Die Forschungen Jean Piagets haben diese Aussage Steiners bestätigt. Der Lehrplan der 7. und 8. Klasse stellt dementsprechend Aufgaben, die auf das Erfassen größerer historischer Zusammenhänge zielen. Es ist nun möglich, die Geschichte der Entdeckungen nicht als schieres Abenteuer zu erzählen: es ist von Anlässen, Voraussetzungen und Folgen zu sprechen. Das gleiche gilt von der Erfindung der Druckkunst, und auch die Kämpfe Spaniens gegen die Niederlande und England können in ihrem Ausgang, ihrer Notwendigkeit nicht nur dargestellt, sondern auch begriffen werden. Das Thema der 8. Klasse ist die Industrielle Revolution, ihre Voraussetzungen und Folgen. Gerade auf diesem Felde können die Folgen der Erfindungen und der Industrialisierung im sozialen Leben deutlich aufgewiesen werden. Diese Thematik, die auch an das technische Interesse der Schüler anknüpft, läßt also scharfe begriffliche Analysen und Aussagen zu. Die Waldorfschule erlaubt sich den Luxus, in der 8. Klasse die politische und geistesgeschichtliche Entwicklung weitgehend unberücksichtigt zu lassen, damit die Schüler an einem geeigneten Objekt ein präzises, an Fakten orientiertes Denken entwickeln können.

Erst in der 9. Klasse, die die neuere Geschichte nun nochmals behandelt, wird der geistige und politische Aspekt zum Thema des Unterrichts gemacht. Die Idee, die dieses Vorgehen leitet, ist die folgende: in der Pubertät erwachen in dem jungen Menschen ideelle Forderungen, es erwacht das eigentlich kritische Vermögen. Er bemüht sich nun, selbständige Urteile zu bilden. In der 8. Klasse sind die äußeren Verhältnisse zur Kenntnis genommen worden, auf die sich derartige Urteile beziehen können. Nun geht es in der politischen Geschichte, in der Geschichte der Aufklärung, in den revolutionären Kämpfen, die mit der amerikanischen Unabhängigkeitserklärung beginnen, darum, daß Ideen und politische Zielvorstellungen vorhanden sind, nach denen versucht wird, die jeweiligen Verhältnisse zu ändern. Will man nun die Urteilskraft ausbilden, so ist es wichtig, die möglichen und wirklichen Auswirkungen von Ideen abschätzen zu lernen, weil ein Urteil über den Wert einer Idee oder einer Maßnahme erst vor dem Hintergrund der Auswirkungen derselben möglich ist. Dazu bedarf es einer vorgängigen Kenntnis der realen Verhältnisse. Darüber hinaus müssen auch alternative Wege und Methoden durchdacht werden. Das Material zur Übung und Ausbildung der Urteilskraft ist deshalb überall dort zu finden, wo man vor dem Hintergrund von Alternativen studieren kann, wie Ideen und Ziele in der Geschichte realisiert wurden. Auf diese Weise orientiert sich die Urteilskraft nicht einseitig an Ideen oder Wünschen, sondern an dem Verhältnis von Idee und Realität. Das muß im Pubertätszeitalter gelernt werden, damit die Schüler zu einer Einsicht in politische Verhältnisse gelangen, damit sie lernen, die Gegenwart zu verstehen.

Der Akzent der Themen des Geschichtsunterrichts von der 5. bis zur 9. Klasse liegt stärker auf den Elementen, die durch Vergleich und Entstehungsgeschichte einen Beitrag zum Verständnis der Gegenwart liefern sollen. Die Themen der 10., 11. und 12. Klasse verlagern den Akzent zur historischen Anthropologie hin. Der 10. Klasse ist im Lehrplan der Waldorfschule die Aufgabe gestellt, am Beispiel der Auseinandersetzungen der Menschen mit geographischen und klimatischen Bedingungen die äußeren Existenzbedingungen des Menschen in bestimmten Kulturen zu vergegenwärtigen. Von der Seßhaftwerdung über die Städtegründungen und Staatsbildungen der frühen Hochkulturen bis hin zur Bildung der Demokratie in der griechischen Polis erscheinen Menschen und Völker als die Schöpfer von Kulturen, die ein Gehäuse des Menschlichen bilden. Alle diese Kulturen entstehen in direkter Auseinandersetzung mit den geographischen Verhältnissen. Mit dem Ackerbau entstehen Haus und Eigentum, mit der Städtegründung die Arbeitsteilung, die Handwerke, die Schrift und die Verwaltung. In Griechenland wandelt der Handel den Charakter der Stadt dergestalt, daß die Ideen der Isonomie, der Demokratie und der Freiheit entstehen. Überall kann gezeigt werden, daß geographische Verhältnisse die Grundlage dieser Entwicklungen bilden. In Ägypten wird die Staatsbildung durch den Nil herausgefordert, in Griechenland sorgt die Gliederung des Landes in kleine Landschaften für das Entstehen kleiner, überschaubarer Städte, die Kargheit des Bodens nötigt die Bewohner zu handwerklicher Spezialisierung und Höchstleistung, auf Grund deren der Handel einträglich wird. Der Handel ist aber auch auf die freie Beweglichkeit der Bürger angewiesen; die freie Beweglichkeit, die durch den Handel erworbene Weltkenntnis sind dann eine Grundlage der Demokratie. Durch derartige Betrachtungen wird ersichtlich, wie sich menschliche Lebensform als Antwort auf die Herausforderungen der Natur entfaltet, in ihr geborgen ist und von ihr auch zunächst begrenzt wird.

Die 11. Klasse geht dann auf die inneren Zielsetzungen der Menschen ein, die in Philosophie, Religion und Geschichtsauffassung greifbar werden. Die Geschichte des Mittelalters zeigt in diesem Zusammenhang, wie unter ganz anderen geographisch-klimatischen Bedingungen aus einer geistigen Überlieferung heraus eine Kultur entfaltet wird, die sich unter Bezug auf die Antike als renovatio, als Reform und Reformatio, als Renaissance versteht. Zugleich blickt diese neue Kultur auf das Jüngste Gericht, auf die Wiederkunft Christi und auf das himmlische Jerusalem als auf das Ziel der

Geschichte, das man in den Bauten der Dome und Klöster bereits in die Gegenwart einholt. Während also die 10. Klasse das Verhältnis der Menschen zu Raum und Erde an einfachen Beispielen behandelt, thematisiert die 11. Klasse den Menschen in seiner Geschichte, also die Zeitdimension seiner Existenz.

Die 12. Klasse versucht dann, sich einen Überblick über die ganze Geschichte zu schaffen, wobei sie freilich das Gewicht auf die Neuzeit und die Gegenwart legt. Man könnte formulieren, daß nun das Verhalten der Menschen zu sich selbst, die Selbstgestaltung der Geschichte zum Thema wird. Diese Selbstgestaltung wird erst seit zwei Jahrhunderten in der Geschichte deutlich erkennbar. Sie hat aber ihre Wurzeln in jener Form des Wissens, die auf Anwendung und nicht auf Wesensschau zielt. Seit den modernen Revolutionen verbindet sich dieses Wissen mit der Selbstbestimmung des Menschen, die in den Menschenrechten formuliert wird und die in Rechtstechniken und Verfassungstechniken (Habeas-corpus-Akte, Gewaltenteilung) durchgesetzt wird. Seitdem die Französische Revolution das Selbstverständnis der Gesellschaft und des Menschen fragwürdig werden ließ, ist die Diskussion um die Veränderung der Gesellschaft und die Erziehung der Menschen nicht verstummt. Sie ist heute an den Punkt gekommen, an dem von der Gen-Manipulation bis zur Sozialtechnologie der Mensch mit sich und der Gesellschaft experimentiert. Der Geschichtsunterricht hat die Aufgabe, diese Situation und die damit erreichte Etappe der Geschichte deutlich zu machen.

4. Methode des Unterrichts

Daß die wesentliche Methode des Geschichtsunterrichts an Waldorfschulen auf der Geschichtserzählung und Darstellung aufbaut, kann heutzutage, da an den staatlichen Schulen die Methode des Arbeitsunterrichts in der Regel vorherrscht, befremden. Aus diesem Grunde bedarf das, was als das Natürliche und Ursprüngliche erscheint, daß nämlich Geschichte erzählt wird, einer Begründung. Zunächst ist deshalb darauf hinzuweisen, daß sich das naive Interesse der Menschen auf die erzählte oder sonstwie berichtete Geschichte richtet. Die elementare Reaktion auf dieses Interesse ist seit alten Zeiten Erzählung und Darstellung. Auch die wissenschaftliche Erforschung der griechischen und römischen Geschichte ging von den Erzählungen Homers, Thukydides', Livius' und anderer aus. Erst im Lichte dieser Berichte gewann die wissenschaftliche Erforschung ihre Impulse, die zu Ausgrabungen, zur kritischen Sichtung der Überlieferung, zur Diskussion der Dokumente und Monumente führte. Für den Schüler ist die erzählte Geschichte die Darstellung des Zusammenhangs. Dieser Zusammenhang, der Blick auf das Ganze, bewirkt, daß die Einzelheiten nicht nur sinnvoll, sondern auch erinnerbar sind. Wer selber wissenschaftlich mit Quellen gearbeitet hat, wird darüber hinaus wissen, daß der Umgang mit Quellen, daß Fragestellung und Interpretation immer bereits ein beachtliches Wissen voraussetzen. Für den Schüler muß es also zunächst darum gehen, das Wissen zu erwerben, in dessen Licht Dokumente erst einen Sinn gewinnen. Darüber hinaus ist es nicht die Aufgabe des Geschichtsunterrichts, künftige Historiker in ihr Handwerk einzuführen. Das schließt nicht aus, daß da oder dort im Unterricht ein historisches Dokument und der fachgerechte Umgang mit ihm exemplarisch vorgeführt wird.

Wer die Bedürfnisse der Schüler, namentlich der Oberstufe, studiert, kann beobachten, daß die Schüler von sich aus an Geschichte, und zwar an Zusammenhängen, interessiert sind. Die Tatsache der Judenvernichtung unter dem Nazi-Regime wirft ganz selbstverständlich die Frage auf, wie so etwas möglich war. Die gründliche Besprechung solcher und anderer Fragen ist Aufgabe des Geschichtsunterrichts; sie verlangt viel Zeit. Das Gespräch, die fragende, kritische Erörterung historisch-sozialer Themen wird also Unterrichtsmethode. Derartige Gespräche führen von historischen Themen zu soziologischen, sozialpsychologischen und philosophischen Fragestellungen. Hier kommt sehr viel darauf an, daß die Erörterungen in einer für den Schüler einsehbaren Weise methodisch bewußt und inhaltreich geführt werden. Das bedarf seitens des Lehrers einer gründlichen Vorbereitung. Auf diese Fragen und Interessen, die schließlich auf eine allgemeine Weltorientierung zielen, einzugehen, erscheint der Waldorfpädagogik wichtiger als die Durchführung eines sehr zeitaufwendigen Quellenstudiums.

Um die Methode des erzählenden Geschichtsunterrichts zu verdeutlichen, ist es wichtig, daran zu erinnern, daß Geschichte zu den Fächern des Hauptunterrichts gehört, der in Epochen erteilt wird. Durch drei oder vier Wochen wird die Klasse in den ersten beiden Unterrichtsstunden, die ohne Pause erteilt werden, in Geschichte unterrichtet. Der Unterricht beginnt in der Regel mit gemeinsamer Rezitation eines Textes, der auch eine Beziehung zum Unterrichtsinhalt haben kann. Daraufhin wird – wovon weiter unten zu sprechen ist – das am vergangenen Schultag Erarbeitete wiederholt und gedanklich durchdrungen. Dann beginnt die Darstellung des neuen Stoffes. Hier liegt nun eine Besonderheit vor, die man vielleicht erwähnen sollte: Die Erzählung der historischen Ereignisse, die Schilderung der sozialen Verhältnisse soll so angelegt sein, daß der Lehrer sich mit seinen Urteilen zurückhält. Alle Urteile von „sehr schön“ über „sehr gut“ bis hin zu „sehr groß“, „sehr klug“ sollen völlig vermieden werden. Menschen sollen durch ihr wirkliches, genau zu schilderndes Verhalten charakterisiert werden, soziale Verhältnisse sollen faktisch dargestellt und Ereignisse in voller Größe in Raum und Zeit dargestellt werden. Man kann als Lehrer hier beobachten, daß eine lebhafte und präzise Schilderung, die Symptomatisches ins Bild bringt, in der Regel gut aufgenommen wird. Der Schüler lernt so etwas sehr Wichtiges: zuhören! Er nimmt die Schilderungen aktiv auf, er verwandelt Worte in Bilder. Gegen Ende der Stunde blickt man gemeinsam mit der Klasse auf das Dargestellte zurück, indem man die Menschen und Ereignisse charakterisiert. Das festigt das Gedächtnis, erleichtert das Erinnern. Am folgenden Schultag wird man bemerken, daß die Schüler die Bilder sehr wohl aufgenommen haben. Sie tragen sie wie Photographien in ihrem Gedächtnis. Diese Kenntnisse werden nun in Zusammenhänge gestellt, Vergleiche werden vorgenommen, Urteile gefällt, allgemeinere Erkenntnisse formuliert. Es ist für die Methodik der Waldorfschule wichtig, daß diese gedankliche Verarbeitung des Stoffes erst nach einem gewissen Abstand von der ersten Kenntnisnahme erfolgt: Urteile sollten nicht sofort gefällt, Gedanken nicht sofort formuliert werden. Das entspricht dem Wesen der geschichtlichen Erfahrung: Über eine Ereignisreihe kann erst dann ein einigermaßen gültiges Urteil abgegeben werden, wenn die Tatsachen selber gezeigt haben, wohin eine Politik, wohin eine Denkart führt.

Der letzte Teil der Arbeit ist dann dem Schüler aufgegeben, der in seinem Epochenheft, einer Art selbstverfertigtem Lehrbuch, zusammenfaßt, was er aufgenommen hat. Hier kann auch eine Quelle, ein Dokument der Darstellung zugrunde gelegt und kommentiert werden, ferner wird das Epochenheft durch Karten, Schemata oder Bilder illustriert. Diese Arbeit am Epochenheft sorgt dafür, daß für den Schüler am Ende der Arbeit ein selbstgestaltetes Bild des Ganzen entsteht. Die Erfahrung zeigt, daß die Schüler hier oft großen Fleiß investieren und Wert darauf legen, daß der Lehrer diese Arbeiten durchliest und beurteilt.

VI. FREMDSPRACHENUNTERRICHT

Brigitte Morgenstern

Gewöhnlich machen wir uns von dem Fortgang des Erlernens einer Fremdsprache leicht die Vorstellung einer gleichmäßig aufsteigenden Linie; die Leistungen beginnen demnach bei Null und führen dann mit der Zeit bis zu einem bestimmten Niveau. Aus der Praxis des zwölfjährigen Sprachunterrichts an einer Waldorfschule kann man erfahrungsgemäß sagen: Es beginnt in der ersten Klasse – wo der Fremdsprachenunterricht in zwei modernen Sprachen einsetzt (Englisch/Französisch oder Englisch/Russisch) – bereits mit einem Höhepunkt, später geht er dann durch ein Wellental, um schließlich, gegen Ende der Schulzeit, wiederum einen Höhepunkt zu erreichen.

Die erste Sprachstunde in der ersten Klasse ist eindrucksvoll: Der Lehrer spricht ein Verschen oder singt etwas – von Gesten begleitet –, und die Kinder sprechen oder singen und bewegen sich unmittelbar, spontan mit ihm, als wenn ihnen das Dargebotene schon lange vertraut wäre. Dabei erklingt die Sprache in einer überraschenden phonetischen Reinheit, die zu erreichen später dann sehr schwer ist. Das gilt für alle Sprachen gleichermaßen. Dieses sprachliche 'Wunder' ist eine Frucht der in den ersten Schuljahren noch vorhandenen kindlichen *Nachahmungskräfte*, die mehr noch, als der Name erwarten läßt, dazu führen können, daß Kinder auch nach der ersten Klasse noch ein völlig unbekanntes Lied in der fremden Sprache sofort mitsingen, ohne jeglichen zeitlichen Abstand zum 'Vormachenden'. Das Kind ist völlig hingegeben an die Tätigkeit des Erwachsenen, den es nachahmt – in Bewegung und Sprache. – Im Verlauf der letzten Jahre ist zunehmend ein Nachlassen der Nachahmungskräfte zu beobachten. Ein Geräusch von draußen, ein leichtes körperliches Unbehagen kann schon vom gemeinsamen Tun ablenken. Dann hat das Kind innerlich den Anschluß verloren, den es vielleicht wiederzugewinnen sucht mit der Frage: „Was heißt das auf deutsch?" Solche Fragen wird man nicht immer unbeantwortet lassen können, doch wird es sich immer wieder zeigen, daß jegliches Übersetzen und Erklären in der Muttersprache die gewünschte Klarheit letztlich nicht bringt, da sie die Konzentration der Tätigkeit selbst schwächt. Der Sinn des Sprachunterrichts auf der Unterstufe liegt in erster Linie darin, daß die Kinder in regelmäßigen Abständen (2–3 Stunden pro Woche) möglichst ungestört in das Sprechen und rhythmische Bewegen 'eintauchen'. Die Erfahrung zeigt, daß, von der Klassengemeinschaft gestützt, auch konzentrationsschwache Kinder mit der Zeit in das nachahmende Tun hineinfinden und ihre Lernkräfte dadurch stärken können. Dazu bedarf es intensiver Vorbereitung des Lehrers. Denn es kommt nicht nur darauf an, den passenden Stoff zusammenzustellen, sondern vor allem darauf, wie man Verse, Lieder, Sätzchen in Laut, Ton und Geste *sinnvoll* [1] lebendig zu machen versteht, wie man den Stoff 'in den Prozeß bringt'. Und will es scheinen, daß manche Kinder vom Unterrichtsgeschehen nur wenig Notiz nehmen, indem sie wie träumend dasitzen, so sind häufig gerade diese Kinder erstaunlich sensibel für die Qualität beispielsweise einer Geste. Ist sie durch und durch sinnerfüllt, so ist sie akzeptierbar, d. h. in diesem Falle: nachahmbar. Bleibt sie mehr äußerlich oder wird sie von stark subjektiver Empfindung geprägt, so können die Kinder sich nicht mit ihr verbinden. Ähnlich verhält es sich mit dem Sprechen und Singen des Lehrers.[2] – Es zeigt sich: Die Voraussetzungen zum Sprachunterricht auf der Unterstufe liegen überwiegend auf künstlerischem Gebiet. Sind sie vorhanden, so wird Sprachunterricht gleichzeitig auch *therapeutischen* Charakter haben. Ohne diese Seite des Sprachunterrichts ist heute kaum noch auszukommen.

Die Fähigkeit zur Nachahmung ragt aus der frühen Kindheit in die Schule herein, sie entwickelt sich während der ersten drei Schuljahre noch ganz erheblich weiter, reift nach. Die nachfolgende Zeit wandelt die Kräfte des Kindes, ja die ganze Seelenverfassung. Dem Schritt über den Rubikon (s. mittlere Kindheit) folgt der Fremdsprachenunterricht durch einen neuen Einschlag: Der Beginn der vierten Klasse kann sich wie zu einem kleinen Fest gestalten, wenn der Lehrer mit den ersten Heften kommt und die Kinder schreiben dürfen. Lange schon haben sich die Kinder auf das Schreiben in der fremden Sprache gefreut. Man sollte es jedoch nicht vor Anfang des vierten Schuljahres beginnen.[3] Was wird dabei 'gefeiert'? Es wird nun das, was vorher ein zeitlich verlaufender Prozeß war, der allein über das Hören ging, im Räumlichen wiedergefunden. Dieser Vorgang bildet für das Kind einen ganz wesentlichen Schritt in das irdisch-gegenständliche Bewußtsein

[1] Zum Begriff 'sinnvolle Bewegung' vgl. R. Steiner: GA 293. XIII. Vortrag.

[2] Häufig wird man vorhandene Verse und Geschichten für die speziellen Erfordernisse einer Klasse um- oder neugestalten, kleine Liedchen im Unterricht improvisieren. Es gibt inzwischen eine ganze Sammlung solcher aus der pädagogischen Arbeit entstandenen kleinen Stücke.

[3] Im Russischen werden die neuen Buchstaben in dieser Altersstufe nicht mehr über das Märchenbild eingeführt, wie das beim Schreibenlernen in der Muttersprache der Fall war.

hinein, in die Inkarnation. Das sich im 9. Jahr wandelnde Bewußtsein dokumentiert sich auch darin, daß das Kind im Ansprechen des Lehrers vom 'Du' zur distanzierteren Form des 'Sie'-Sagens übergeht. Bewußtsein erwächst in dem Maße, wie elementare Nachahmungsfähigkeit langsam versiegt. Damit nun wird auch der Grammatikunterricht erst möglich. So kann man das wechselnde Lerntempo und den unterschiedlichen Lerngestus in den verschiedenen Altersstufen unter dem Aspekt des jeweils sehr verschiedenen Ineinandergreifens von Tätigkeit und Bewußtsein betrachten.

Für den Unterricht in der Mittelstufe (Klasse 4–8) kommt nun noch ein weiteres, drittes Grundelement des Sprachunterrichts in Betracht: das *Verstehen.* Es ist für jeden, der mit Kindern umgeht, einsichtig, daß Verstehen nicht nur eine reine Intelligenzleistung darstellt. (Diese Intelligenzanstrengung nämlich bedient sich der Organgrundlage des Nervensystems mit seinen biologischen Abbauvorgängen.) Vielmehr gehört Einfühlung, Einstimmung, Ahnung mit hinzu, ebenso Freude, Vergnügen, um verstehen zu können. Das aber sind Vorgänge, die sich im Gefühlsbereich abspielen und sich damit des rhythmischen Systems bedienen.[4] Vergegenwärtigt man sich die Funktion des Verstehens, so wird es möglich und ist begründbar, auch intellektuell schwachen Kindern in einer 6., 7. oder 8. Klasse die Fremdsprache zu vermitteln. Es ist möglich, ihnen einen Text nahezubringen, indem man ihn in der fremden Sprache vor dem Lesen erzählt. Wieviel dabei verstanden wird, ist in erster Linie davon abhängig, inwieweit es gelingt, die rechte 'Stimmung' durch das Erzählen herzustellen. Nicht die Anzahl der schon bekannten und noch unbekannten Vokabeln ist dabei maßgeblich, sondern das Wie der Darstellung. Das Verstehen kann das Herzstück des fremdsprachlichen Unterrichts genannt werden. Für die Unterstufe ist das Verstehen oder Nichtverstehen noch kaum ein Problem. Nach einer französischen Aufführung eines Lustspiels von Molière befragt, was sie verstanden hätten, antworteten die Schüler einer ersten Klasse bedenkenlos: „Alles“, die einer 13. Klasse dagegen: „Das meiste“! Der Verständnishorizont ist innerhalb der kindlichen Entwicklung sehr verschieden. Je mehr es gelingt, das Erleben und die mittlere Sphäre in den Kindern anzusprechen, desto mehr wird der Unterricht *einsprachig,* d. h. fremdsprachig zu führen sein.

Bei der Auswahl der *Lektüre* spielen gehaltliche und künstlerische Gesichtspunkte eine große Rolle. Ein Beispiel: In einer Gruppe von einigen Schülern einer 8. Klasse mit recht schwachen sprachlichen Grundlagen wirkte eine wortschatzmäßig genau angemessene, aber nicht besonders gehaltvolle Reisebeschreibung kaum impulsierend. – Dagegen war es ›Christ-

[4] R. Steiner: GA 302a. 3. Vortr.

mas Carol‹ (Ch. Dickens), was 'zündete', obgleich es nach Wortschatz und Stil – intellektuell gesehen – diesen Schülern völlig unerreichbar gewesen sein müßte. Ähnliche Erfahrungen sind, gerade auf der Mittelstufe, in allen drei Sprachen immer wieder gemacht worden. Texte, in denen das Wirken des Sprachgenius spürbar wird, können von den Schülern in dem geschilderten Sinn besser 'verstanden' werden. Sie müssen nur der Altersstufe entsprechen.[5]

Wortschatzarbeit muß geleistet werden, ehe man an das betreffende Stück in der Lektüre geht; jedoch nicht in erster Linie dazu, daß die Schüler es 'verstehen', sondern damit sie sich schon Gehörtes einprägen und selbständig gebrauchen lernen. In einer ersten Klasse wurde eine Geschichte von drei Bären auf englisch erzählt. "... The great big bear had a great big chair; the middle-sized bear had a middle-sized chair, and the tiny little wee bear had a tiny little wee chair ..." Diese und alle folgenden Gebrauchsgegenstände wurden durch Gesten angedeutet (obwohl ja Stühle genug dagewesen wären im Klassenzimmer). Einige Zeit später rief der Lehrer ein recht aktives Kind auf: "Bring me your chair!" – Es zögerte, dann strahlte es plötzlich und ergriff seinen Stuhl, um ihn nach vorne zu bringen. Das Kind hatte 'chair' noch ganz erfühlend, imaginativ erlebt; plötzlich bemerkte es, daß es dies ja 'auch' im Alltag gibt. Für uns Erwachsene sind die Wörter so stark an ihren alltäglichen Informationsgehalt gebunden, daß wir das, was wir hier verkürzt als 'Imaginatives' an den Wörtern bezeichneten, meist ignorieren. Ein Wort der einen Sprache sind wir sogleich geneigt, einem entsprechenden Wort der anderen Sprache gleichzusetzen. Die Kinder aber können erfühlen, daß 'tree' nicht gleich 'Baum' ist. Wenn wir nicht zu früh (d. h., man kann versuchen, es bis zum siebenten Schuljahr offenzuhalten), durch zu viel Information in Form von zweisprachig gegebenen Vokabeln, dieses natürliche Vermögen überdecken, dann kann es die ganzen unteren Klassen hindurch für das Fremdsprachenlernen gebraucht werden.

Im siebten Schuljahr, in der Zeit der Vorpubertät, wird nun auch das zweisprachige Lexikon als Arbeitshilfe sinnvoll. Gleichzeitig lernen die Kinder: Wenn ich z. B. für das deutsche Wort 'jeder' im Englischen vier verschiedene Wörter finde, kann nur – aus dem jeweiligen Zusammenhang heraus – durch mich entschieden werden, welches der Wörter in dem betreffenden Fall passend ist. Das verlangt einen neuen, wichtigen Bewußtseinsschritt, der vollzogen werden muß. Welche Wege man zur Erarbeitung eines Wortschatzes auch immer einschlägt, man wird die Wörter stets

[5] Russische Originaltexte von L. Tolstoi z. B. sind – trotz ihrer Schwierigkeit – schon in der unteren Mittelstufe durchaus verwendbar.

mit den Begriffen zu verbinden haben und so zu Anordnungen in Sachgruppen (Wortfeld) kommen, anstatt die Vokabeln in der Reihenfolge ihres Erscheinens im Text lernen zu lassen.

In den Erinnerungen an seine Zeit im Konzentrationslager Buchenwald schildert Jacques Lusseyran (›Das wiedergefundene Licht‹), wie eine Gruppe von ungarischen Gefangenen Kraft schöpfen kann, als ein Mitgefangener Dichtung rezitiert, und zwar in Französisch, was den meisten von ihnen gewiß nicht geläufig war. – Warum kann uns beim Lesen realistischer Schilderungen aus dem Leben Jugendlicher unserer Tage immer wieder ein Gefühl der Trostlosigkeit beschleichen? Ist es der Inhalt allein? Man gewinnt den Eindruck: Hier leben junge Menschen in einem Sprachbereich, der den Menschen abschneidet von dem Wort als seelisch-geistigem Regenerationsquell; 'four-letter words' ... Dieses ist aber nur die Endstufe einer Tendenz, die bereits in der zweiten Hälfte des vorigen Jahrhunderts aufkam und die die Meinung vertritt, Dichtung müsse ganz 'natürlich' sein und vorgetragen werden, sie sollte sich nicht über das Alltagsniveau erheben. Diese Anschauung zeitigt in mancher für den pädagogischen Gebrauch bestimmten Sammlung von Gedichten, Theaterstücken usw. auch heute noch ihre zweifelhaften Früchte. Rhythmus, Lautgestalt, Melodie, Satzgebärde als real wirkende Gestaltungen des dichterischen Wortes, als Mittel auch, sich spirituellen Inhalten zu nähern, werden dort beiseite gelassen. Auf solche Phänomene weist Rudolf Steiner hin, wenn er ausführt, wie das „idealistische Element der Sprache“ [6] von besonderer Wichtigkeit wird für die Entwicklung des jungen Menschen, gerade auch nach der Geschlechtsreife. Die Schädigungen durch Sprachverarmung reichen in die Lebenssphäre jedes Jugendlichen hinab. Im Sprachunterricht der Waldorfschule wird dies vor allem durch das *Rezitieren* zu Beginn jeder Stunde gepflegt. Der Stoff, der hierzu verwendet wird, geht 'über die Köpfe' der Schüler und ihr Verständnis dabei oft noch weit hinaus: Shakespeare-Lieder, Puschkin-Verse schon in Klasse eins! Wordsworth, Blake, Lermontow u. a. in der Mittelstufe! Hieraus dürfte deutlich werden: Das Rezitieren richtet sich vornehmlich an Gefühl und Wille, das Bewußtsein erlangt erst später eine Reife, die das schon Erlebte verstehen läßt. In Gedichten muß nicht wie in Gebrauchstexten jedes Wort 'klar' sein, denn viel wird schon am Lautlichen durch das Kind erlebt. Und bearbeitet man dann in einer neunten Klasse etwa ›Jerusalem‹ von W. Blake oder ein Prosastück wie ›With Malice towards None‹ von A. Lincoln [7], dann ist rasch zu spüren, daß sich der enthu-

[6] R. Steiner: GA 222. I. Vortrag, und Chr. Slezak-Schindler: Künstlerisches Sprechen im Schulalter. Stuttgart 1978.

[7] Abraham Lincoln: 2nd Inaugural Address, 1865.

siastische Gehalt der Wörter dem Seelischen der Schüler unmittelbar mitteilt und von Mal zu Mal beim Üben mehr erschließt, ohne allzuviel interpretierende Worte des Lehrers. Langsam ermächtigt sich aber das Bewußtsein der Schüler: Im zehnten Schuljahr können anspruchsvollste Gedichte der englischen Romantiker davon schon bedeutend stärker ergriffen werden.[8]

Durch beharrliches Arbeiten auf diesem Gebiet[9], oft jeweils nur wenige Minuten lang, kann bemerkbar werden, wie in die seelische Konfiguration auch schwieriger Klassen etwas Aufhellendes hineinkommt, wie sich ein gewisses seelisches Niveau dann dem übrigen Teil der Stunde mitteilen kann. Die Fähigkeiten, die im Unterricht gebraucht werden, sind in jeder Stunde neu zu wecken.[10] Dies ist in starkem Maße Aufgabe des sprachlich-künstlerischen Übens am Stundenbeginn.

Ein *Shakespeare-Drama* im elften Schuljahr durchzunehmen, kann das sinnvoll sein beim vorliegenden sprachlichen Schwierigkeitsgrad? Eine Gruppe von sprachlich schwach begabten Schülern war seit der 10. Klasse gesondert unterrichtet worden und hatte an Gedichten der englischen Romantik gearbeitet. Nun hörten sie von der Entwicklung des englischen Theaters (dies und alles Folgende annähernd einsprachig englisch), von der 'Dumbshow' bis zu den 'Morality Plays', aus denen Teile (Everyman) im Unterricht gelesen wurden. Dann schilderte der Lehrer eine Situation: Ein Tyrann liegt erschlagen, der Attentäter kann das zusammengelaufene Volk überzeugen, daß sein Handeln gerecht war. Aber Freunde des Erschlagenen sind da, die versuchen, das Volk umzustimmen. Wie können sie das tun? Die Schüler gaben Vorschläge: Sie können auf die Verdienste des Toten hinweisen, sie können zeigen, wie grausam ihr Herrscher erschlagen wurde, sie können den Leichnam selbst zeigen . . . Die Schüler erfuhren: Gerade so hat es Shakespeare gemacht in der ersten Rede des Marc Anthony (Julius Caesar), die nun rezitiert wurde. Bis in die Lautgestalt jeder Zeile hinein war die Absicht des Redners zu verfolgen, aber dies wurde mit den Schülern nicht in einer kurzen Interpretationsstunde abgehandelt, sondern über drei Wochen hin jede Stunde in Verbindung mit dem praktisch-künstlerischen Üben. Die Schüler hatten sich nun mit Shakespeare innerlich verbunden, und diese Verbindung half auch über Durststrecken hinweg. Einige Szenen des Dramas wurden in dieser Gruppe nur referiert. Am Schluß hatten jedoch zwei Schüler freiwillig das ganze Drama im Originaltext gelesen.

[8] Gesichtspunkte hierzu: R. Steiner: GA 302a.

[9] Passende gemeinsame Sprachübungen, oft improvisiert, können auf die Arbeit am dichterischen Wort jeweils neu hinführen.

[10] R. Steiner: GA 294. 9. Vortrag.

Mit normal begabten Schülern wird man wohl meist ein ganzes Shakespeare-Drama durchnehmen. Immer wird man nach Wegen suchen, den Stoff nicht nur im Gespräch interpretierend, sondern weitgehend über praktisch-künstlerisches Üben zu erarbeiten. Gelingt dies, kann die Beschäftigung mit Shakespeare in der elften Klasse zu einem der Glanzpunkte der Schulzeit werden. In jedem Fall aber haben sich die Schüler nach der Shakespeare-Lektüre an ein Stück Weltliteratur herangearbeitet und – dies fällt dabei ab – sie haben ihren Wortschatz so weit ausgebaut, daß die Beschäftigung mit modernen Texten in der 12. Klasse vokabelmäßig nun leichtfällt.

In Verbindung mit dem *Grammatikunterricht* erhebt Rudolf Steiner wiederholt die Forderung nach 'Ökonomie', also einem rationellen Vorgehen. Was darunter zu verstehen sei, mag zunächst erstaunlich anmuten: „. . . Gerade bei vierzehn-, fünfzehnjährigen Kindern sorgfältig alles ausscheiden, was eigentlich nur eine Belastung der menschlichen Seelenentwicklung ist und keine Früchte für das *Leben* tragen kann.“ [11] Die Kinder sollten vom Grammatikunterricht so stark innerlich ergriffen werden, daß sie vor Eifer nicht auf ihren Bänken sitzen bleiben könnten, um Beispiele aus dem Leben zu einer bestimmten Regel zu finden, d. h., die Schüler sollen seelisch dauernd die Verbindung schaffen zwischen Abstraktion (Regel) und Wirklichkeit (Beispiele); und das bedeutet stärkste Aktivität. Beginnt man dagegen mit Deklination und Konjugation, ehe diese Beziehung zum Leben geschaffen ist, kann es lähmend auf das Interesse wirken und muß letztlich den Wirklichkeitsbegriff der Schüler beeinträchtigen. Wir müssen uns darüber klarwerden, wie stark wir gerade auf diesem Gebiet von der Didaktik früherer Zeiten, ja von der Denkweise einer früheren Kulturepoche belastet sind. [12]

Die Fälle der Substantive deuten ja hin auf bestimmte Grundbeziehungen zwischen Ich und Welt. [13] Jeder Fall hat eine bestimmte innere Qualität. Im Russischen wird durch die klingenden Endungsvokale ein solches qualitatives Element leicht erlebbar. Ein starkes Gerichtetsein (Frage: wohin?) charakterisiert den Akkusativ, was z. B. in der Femininum-Endung -u (für Adjektiv -uju) nachempfunden werden kann; im Dativ ist ein mehr umfassend Einhüllendes spürbar, so auch in der Endung des männlichen Adjektives -omu usf. Deshalb erscheint es ökonomisch, bei der Behandlung der Fälle im Russischen in der Klasse 6 von bestimmten charakteristischen Akkusativ- oder Genitiv-Situationen auszugehen und dabei alle häufig vorkom-

[11] Ders.: GA 294. 9. Vortrag.

[12] Erika Dühnfort: Der Sprachbau als Kunstwerk. Stuttgart 1980.

[13] Vgl. R. Steiner: GA 294. 4. Vortrag.

menden Endungen des betreffenden Falles (daran anschließend auch die Adjektive) zu üben.[14]

Speakers' Corner im Londoner Hyde Park am Samstagnachmittag: Ein Redner spricht über "Money" als "the most important thing in life" usw., aus dem Publikum kommen viele Einwände: ". . . but the money your children waste on sweets" etc.; zu erarbeiten mit einer 9. Klasse wären die Fragen: Wie spricht der 'Speaker', wie sprechen die Kritiker? Aus den Antworten ergibt sich nicht nur, wann der bestimmte Artikel zu setzen oder auszulassen ist, sondern zugleich auch eine innere Charakterisierung dieser sprachlichen Erscheinung im Englischen.

Eine 'Genitiv-Situation' im Russischunterricht war: ein Geschäft, in dem es gar nichts zu kaufen gab. Ein Kunde nach dem anderen sagte: Geben Sie mir eine Lampe, einen Schrank, ein Buch usw., und der Verkäufer hatte zu antworten: Ich habe nichts der Lampe, des Schrankes etc. (Im Russischen erscheint in der Verneinung der Genitiv.) Grammatik sollte mit Phantasie und Humor durchgenommen werden, besonders in der Zeit der Pubertät.[15] Dabei werden Phantasie und Humor nicht eingesetzt als Zutaten, die dem Schüler das 'Unangenehme' der grammatischen Regeln etwas attraktiver erscheinen lassen könnten. Die erwähnten Beispiele möchten ausdrükken, daß eine lebensvolle Darstellung sich aus geisteswissenschaftlicher Betrachtung der Phänomene ergibt.

In der ersten Klasse kann in Englisch geübt werden: I look – look – look with my eyes. I listen – listen – listen with my ears, I speak with my mouth, wobei die begleitende Geste jedes Mal beim Erklingen des Hauptwortes zur Ruhe kommt. Grammatikunterricht ist das noch nicht, und doch schwingt im Untergrund schon mit: Das Hauptwort ist zur Ruhe gekommene Bewegung. In der Mittelstufe werden Hauptwörter dann als feste Elemente gesammelt, in den Plural gesetzt usw. In einer zehnten Klasse kann man das Gerundium einmal folgendermaßen besprechen:

Peter likes painting all his pictures in blue.

His teacher does not object to him painting all his pictures in blue.

Nachdem die verbale wie die substantivische Komponente in 'painting' genau geklärt ist, werden die Schüler aufgefordert, den substantivischen Anteil immer weiter zu verstärken. Sie finden: His teacher does not object

[14] Es wurde z. B. 'Das große Tor von Kiew' vorgestellt, durch das die Kaufleute zogen. An der Seite stand ein Wächter, der jeden befragte: Wohin willst du? Wer hindurchwollte, mußte den Ort angeben: 'Auf den Tisch', 'hinter den Schrank' usw. Natürlich wollte jeder auf diese Art 'verreisen'. Der russische Akkusativ lebte im Raum.

[15] R. Steiner: Lehrerkonferenz v. 6. 2. 1923, GA 300.

to *his* painting all his pictures in blue – und, eventuell nach weiteren Zwischenstufen, schließlich: Here is the painting. 'Painting' ist jetzt reines Hauptwort, zur Ruhe gekommene Bewegung – in dieser Klassenstufe allerdings nicht durch äußere Aktion, sondern durch innere Denkbewegung erzeugt. Nach solchen und ähnlichen Übungen können die Schüler sich bis zur zwölften Klasse ein immer realeres Verhältnis zu dem Begriff Nominalstil im Englischen erarbeiten. Damit gewinnt Grammatikunterricht einen völkerpsychologischen Aspekt, er wird zu einer Art innerer Landeskunde und erstreckt sich schließlich in eine nicht wertende, aber doch zutiefst moralische Dimension. Sie erscheint allem verbalen Moralisieren gerade entgegengesetzt.

Dies führt zum Ausgangspunkt der Betrachtung zurück: Das Kind in der ersten Klasse ist in der Tätigkeit ganz hingegeben dem Moralischen der Welt,[16] die Intelligenz wird untergründig erfühlt. Der Oberstufenschüler hat sich der Logik der sprachlichen Zusammenhänge zuzuwenden – ein Moralisches kann in der Tiefe erlebbar werden. Hiermit stellt sich der Fremdsprachenunterricht in den Dienst der Gesamterziehung des jungen Menschen: Er möchte helfen, eine 'warme' Intelligenz auszubilden, eine Intelligenz, in die das Wollen und Fühlen des Menschen einbezogen ist.

In dem Maße, wie es möglich wird, im Sprachunterricht dieses allgemeinmenschliche Anliegen zu verwirklichen, werden sich auch die jeweils anfallenden Aufgaben lösen.

So fordert die praktische pädagogische Situation heute, was Rudolf Steiner bei der Gründung der Waldorfschule den Lehrern ans Herz legte: „Das, was wir im Unterricht wollen . . ." ist „. . . in der Tat zusammenhängend mit dem künstlerischen Element".[17]

[16] Vgl. Anm. 2.

[17] R. Steiner: GA 223. 4. Vortrag, ähnlich: ebd. 11. Vortrag.

VII. DIE ÖKOLOGISCHE ERZIEHUNG AN DER WALDORFSCHULE

Reinhard Wallmann

1. Einleitung

Die Bedeutung ökologischer Fragen ist mehr und mehr in das Bewußtsein der Menschen gerückt. Eine nicht abreißende Kette von Katastrophen hat bewirkt, daß Umweltprobleme immer ernster genommen werden und das Vertrauen in Wissenschaft und Technik erschüttert worden ist. Waren früher rauchende Schornsteine ein Symbol des Fortschritts, so wecken sie heute eher die Angst vor Umweltverschmutzung. Die Erkenntnis breitet sich aus, daß wir es heute mit globalen Lebens- und Überlebensfragen zu tun haben. Nicht nur die aussterbenden Tier- und Pflanzenarten zeugen davon. Vor dem Hintergrund steigender Bevölkerungszahlen, begrenzter Rohstoffe und einer maßlosen Zerstörung der Lebenszusammenhänge werden auch die Zukunftsaussichten für den Menschen selber sehr fraglich. Werden wir die Fantasie, die Technik und die aus Verantwortung gespeiste Handlungsbereitschaft haben, einer solchen – selbstverursachten – Herausforderung gewachsen zu sein? Dabei wird die schmerzliche Einsicht immer deutlicher, daß es keine einfachen, überall gültigen oder schnellen Lösungen gibt.

Erdgeschichtlich gesehen ist der Mensch in recht kurzer Zeit aus dem vollkommenen Eingebundensein in die Natur herausgetreten. Von einem Wesen, dem die Natur bedrohlich war, vor der er Angst hatte, hat er sich (jedenfalls in der industrialisierten Welt) entwickelt zu einem Wesen, das Angst um die Natur hat und sie bedroht. Dabei wird immer deutlicher, daß wir selbst mit unserem Denken und der daraus folgenden Technik die Ursache für einen großen Teil der Naturzerstörung sind. Wer mit wachen Sinnen heimatliche und ferne Landschaftsgebiete wahrnimmt, kommt nicht umhin, selbst im entferntesten Winkel der Welt die Auswirkungen menschlicher Tätigkeit zu bemerken. Diese „kulturschaffende Tätigkeit" des Menschen wirkt mehr und mehr destruktiv, wobei das Erschütternde vor allem in dem Ausmaß der Zerstörung liegt. Negative Einwirkungen des Menschen sind schon sehr lange bekannt, man denke nur an die Abholzung eines großen Teiles der Wälder um das Mittelmeer. Trotzdem stellt heute der globale Charakter der Auswirkung menschlicher Technik eine neue Dimension dar, die einer neuen Verantwortlichkeit bedarf. Auch das Ausmaß der Wirkungen neuer Techniken in der Zukunft fordert eine neue Ethik.[1]

Nachdem lange Zeit die negativen Folgen unseres technischen Fortschritts kaum wahrgenommen wurden, hat sich vor allem auch durch ein pausenloses 'Bombardement' mit Negativnachrichten durch die Medien (Rheinkatastrophe, Raubbau in den Regenwäldern, Artensterben usw.) langsam ein Bild vom Menschen als dem großen Zerstörer seiner Lebensgrundlage herausgebildet. Gerade auch die Ökologiebewegung der 70er Jahre hat den Menschen nur noch als destruktiv und grausam gesehen und ihm jede positive Wirkungsmöglichkeit abgesprochen.

Hat man mit Kindern oder Jugendlichen zu tun, so kommt man nicht umhin zu bemerken, wie tief beunruhigt viele über diese zerstörerische Seite des menschlichen Handelns sind. Ein Gefühl der Ohnmacht, der Resignation und der Flucht vor den Problemen ist wahrzunehmen. Das Erlebnis der Hilflosigkeit, der Vereinzelung, des sich als 'Staubkorn-im-Universum-Fühlens' kann bis zu tiefer Angst gesteigert sein. Vor diesem Hintergrund entstehen drängende und oft verzweifelte Fragen bei Schülern:

- Kann der einzelne überhaupt noch etwas verändern?
- Ist es nicht längst zu spät, etwas zu tun?
- Was sollen wir tun?

Die Frage, welche Rolle die Schule in diesem Zusammenhang heute spielen kann, stellt sich immer drängender. Die Erfahrungen aus der Waldorfpädagogik können dazu wohl einige wertvolle Anregungen bieten.

2. *Probleme der Umwelterziehung*

Die meisten Jugendlichen glauben, daß Technik und Chemie die Welt zerstören. Die nicht abreißende Serie von Umweltkatastrophen hat bewirkt, daß viele Jugendliche große Angst vor weiteren Katastrophen haben.[2] Auch bei Kindern ist die Angst schon weit verbreitet. Das geht auch aus den vielen Briefen hervor, die Greenpeace von Kindern erhält (70 pro Tag). Angst kann aber lähmen und ist als Mittel der Erkenntnis ebenso problematisch wie Gleichgültigkeit. So spricht H. Jonas[3] von einer 'Heu-

[1] H. Jonas: Das Prinzip Verantwortung. Frankfurt a. M. 1979, S. 879.

[2] So geben in einer Umfrage des Umweltinstituts Leipzig 64 % der Schüler in der zehnten Klasse an, 'sehr große Angst' vor Katastrophen und Havarien zu haben (1991).

[3] Vgl. Anm. 1.

ristik der Furcht', die wir uns in Kenntnis der vorausgedachten Gefahr aneignen müßten. Viele fühlen sich aber auch aufgerufen, der bedrohten Natur zu helfen und erleben, daß sie hier mit ihrem Einsatz gebraucht werden. Was da in den verschiedenen Arbeitseinsätzen geleistet wird, ist ganz erstaunlich. So werden Pflanzaktionen durchgeführt, Biotope angelegt und Artenschutz bei bedrohten Pflanzen und Tieren betrieben. Solche Aktionen werden von Naturschutzorganisationen, von Schulen, oft auch von Jugendlichen, die sich aus eigener Initiative zusammenfinden, durchgeführt. Bei Schülern, die Handlungserfahrungen haben (Säuberungsaktionen oder Gespräche mit von Umweltproblemen Betroffenen), läßt sich ein signifikant höherer Kenntnisstand nachweisen.[4]

Insgesamt ist eine Zunahme ökologischer Kenntnisse zu beobachten. Diese Kenntnisse sind wohl eine notwendige, aber noch keine hinreichende Bedingung für umweltgerechte Handlungsweisen. Das zeigen Untersuchungen des Instituts für die Pädagogik der Naturwissenschaften.[5] Dabei wurde der Einfluß der Medien (Radio, Presse und Fernsehen), der Schule und des Elternhauses auf drei Ebenen untersucht: 1. die kognitive (dabei geht es um Wissen, nicht nur um Tageskenntnisse); 2. die emotionale und 3. die Ebene der Handlungsbereitschaft. Die Wirkung der Medien über Tageskenntnisse hinaus scheint danach gleich Null zu sein. Die Schule vermittelt gute Kenntnisse über die Umwelt, bleibt aber emotional wirkungslos. Ein gewisser Einfluß auf späteres ökologisches Handeln wird allein dem Elternhaus bescheinigt.

Hier wird etwas deutlich, was sich auch in der Gesellschaft allgemein beobachten läßt: ein Auseinanderklaffen des kognitiven, des emotionalen und des Willensbereichs. So gibt es eine kleine Gruppe gerade auch Jugendlicher, die eine starke Bereitschaft zu radikalen Aktionen *gegen* Industrieeinrichtungen und *für* den Naturschutz zeigen. Hier ist die Gefahr des unbedachten Aktivismus gegeben. Ein großer Teil der Menschen hat ein sehr starkes gefühlsmäßiges Verhältnis zur Natur, wobei der Traum vom Paradies oder von der Natur à la Rousseau Vorbild sein mag. Das zeigt sich auch in der Beliebtheit von Naturfilmen. Hierin liegt die Gefahr, daß das Gefühlsleben sich verselbständigt und keinen Bezug mehr zur vorhandenen Wirklichkeit bekommt. So glauben viele, man müsse die Natur nur sich selbst überlassen, dann würden – ohne den Menschen – alle Lebewesen wieder in Harmonie leben.

[4] A. Braun: Ist die Umwelterziehung auf dem richtigen Weg? In: Geographie im Unterricht 9 (1984), S. 324.

[5] R. Langeheine, J. Lehmann: Die Bedeutung der Erziehung für das Umweltbewußtsein. Institut für die Pädagogik der Naturwissenschaften. Universität Kiel 1986.

Die dritte Einseitigkeit ist durch die Wissenschaft und Technik, auch durch den rein kognitiven Zugang zu ökologischen Problemen gegeben. Trotz großen Fortschritts in der Wissenschaft, der sich in einer unübersehbaren Datenflut ausdrückt, ist die Naturwissenschaft nicht in der Lage, die volle Wirklichkeit zu erfassen. Sonst würde die 'Wirklichkeit' auch nicht immer wieder so völlig anders reagieren, als wir es erwartet hatten.

So konnte die Forschung es auch nicht verhindern, daß in den alten Bundesländern über 50 % der Wirbeltierarten und über 30 % der Blüten- und Farnpflanzen auf der roten Liste der vom Aussterben bedrohten Arten stehen. Dabei werden auch grundsätzliche Mängel der bestehenden reduktionistischen Wissenschaft immer deutlicher und die Forderung, die Auswirkungen der Wissenschaften mit eben dieser Wissenschaft zu beseitigen, oft fraglich. Alle Faktoren eines Ökosystems bis auf die molekulare Ebene zu verfolgen und im Sinne eines mechanischen Ursache-Wirkungs-Prinzips zu berechnen und dann Vorhersagen zu machen scheint prinzipiell unmöglich.

Ein Ökosystem wie z. B. eine Hecke kann bereits viele hundert Pflanzen- und Tierarten umfassen. Dazu kommen andere Gegebenheiten des Klimas, des Bodens usw., die in Wechselwirkung treten. Die Abhängigkeit aller Faktoren in einem so komplexen System wissenschaftlich vollständig darzustellen ist nicht möglich. Dafür ist versucht worden, einzelne Zusammenhänge wie die Räuber-Beute-Beziehung in mathematischen Modellen zu beschreiben, wobei die vielfältigen Faktoren auf wenige reduziert werden. Die Chaosforscher versprechen hier einen prinzipiell neuen Zugang zum Verständnis der Wechselwirkungen in komplexen Systemen. Biologie wird dabei als nichtlineare Wissenschaft betrieben. Ob damit ein anderes, die Wirklichkeit besser erfassendes Naturverständnis möglich ist oder auch hier der reduktionistische Ansatz nur in anderem Gewande erscheint, bleibt abzuwarten.

Diese dritte Vereinseitigung der wissenschaftlichen Weltsicht wird bevorzugt an Schüler weitergegeben. Dabei findet oft eine zweite Reduktion auf vereinfachende Modelle statt. Die eingrenzende Wirkung auf Schüler läßt sich beobachten. So konnte Schäfer[6] belegen, daß das assoziative Umfeld des Begriffes 'Ökosystem' bei älteren Schülern eingeengt ist. Er führt das darauf zurück, daß die Schule, „indem sie sich auf die Vermittlung eines wissenschaftlich präzisen Begriffes von Ökosystem beschränkt, das ursprünglich reichhaltigere assoziative Umfeld der Schüler verarmen läßt".

[6] In: J. Calliep, R. Lob: Praxis der Umwelt- und Friedenserziehung. Düsseldorf 1987, Bd. 2, S. 59.

Diese mehr oder weniger stark zu beobachtenden drei Vereinseitigungen im Verhältnis zur Umwelt betreffen den willensmäßigen Zugriff, das gefühlsmäßige Verbinden und das abstrahierende Denken. Hier liegt nun einer der grundlegenden Ansätze der Waldorfpädagogik, auch und gerade in der ökologischen Frage nicht einseitig Wissen zu vermitteln, sondern Denken, Fühlen und Wollen zu verbinden und die Schüler in allen drei Bereichen zu fördern. Das ist auch mit einer ganzheitlichen Erziehung gemeint, wobei die drei Grundfähigkeiten in den verschiedenen Altersstufen sehr unterschiedlich angesprochen werden müssen. Vor diesem Hintergrund können konkrete Ideen entstehen zur Beantwortung der sich immer dringender stellenden Frage, wie Erziehung geartet sein muß, damit Erkennen zum verantwortlichen Handeln führt.

3. Natur als Kulturaufgabe – eine Standortbestimmung

Ohne Zweifel ist der Mensch heute *der* Zerstörer aller Lebenszusammenhänge. Diese schmerzliche Erkenntnis hat bei vielen Menschen dazu geführt, die Natur notfalls auch mit radikalen Methoden zu schützen, indem man den Menschen ganz auszuschließen sucht. Diese Sicht der Ökologie führt im Unterricht zu einem einseitigen Menschenbild. H. Gropengießer und U. Kattmann[7] konstatieren: „Der Mensch als Kulturwesen ist noch kaum Gegenstand des Biologieunterrichts geworden." Er tritt im Unterricht „häufig nur als Störenfried eines angenommenen biologischen Gleichgewichtes auf". Dieses Negativbild ist verständlich und entspricht den gemachten Erfahrungen, z. B. mit Naturschutzgebieten oder mit dem Tourismus in aller Welt. Auf Schüler wirkt dieses negative Menschenbild allerdings oft destruktiv, und es ergibt sich die Frage, ob es überhaupt eine positive Rolle des Menschen gibt und ob nicht in ihr überhaupt der Ansatz für ein Überleben zu suchen sei. Denn wer nicht die Möglichkeit einer positiven Zukunft zu sehen vermag, hat auch keine. A. Suchantke hat vielfach für die Vergangenheit darauf aufmerksam gemacht, „daß der Mensch keineswegs nur zerstörerisch gewirkt hat. Die Schaffung der traditionellen bäuerlichen Kulturlandschaften in vielen Gegenden der Welt begann zwar stets mit einer Zerstörung oder Zurückdrängung der ursprünglichen Natur, der Wildnis. Die anschließende Schaffung reichgegliederter Mosaike aus Obstwiesen, Hecken, Feldgehölzen, Waldparzellen usw. bedeutete jedoch eine eminente Bereicherung der Lebensräume und dadurch des

[7] H. Gropengießer, U. Kattmann: Biologieunterricht 2000. In: Biologie Heute, April 1991, Nr. 385.

Artenspektrums ..."[8] Diese Vielseitigkeit verschwindet heute vielfach zugunsten riesiger Monokulturen. Was das für die Natur – einschließlich des Menschen – bedeutet, kann exemplarisch besonders deutlich werden in einem waldreichen Land wie Schweden. Dort wurde die Erde nach der Eiszeit nach und nach mit Wald bedeckt. In einer ersten Etappe wurde dann das Land besiedelt, wobei kleine Lichtungen in den riesig großen Waldteppich geschlagen oder gebrannt wurden, um Wiesen für das Heu mit kleineren Ackerarealen zu bekommen. Durch das Mähen der Wiesen zu bestimmten Jahreszeiten konnten sich nicht nur konkurrenzstarke, schnellwachsende Pflanzen ausbreiten, sondern auch solche Arten, die sich sonst nur an ganz besonderen, meist winzig kleinen Standorten ansiedeln konnten. Durch die richtige Behandlung der Wiesen durch den Menschen und die Tätigkeit des Viehs darauf entstanden Refugien mit einer unglaublichen Artenfülle, die auch konkurrenzschwachen Arten die Ansiedlung ermöglichte. Diese kulturschaffende Tätigkeit des Menschen (Kultur, lat. cultura, Urbarmachung, Bebauung und Pflege des Bodens) schuf bis zum Ende des 18. Jahrhunderts eine abwechslungsreiche, offene Landschaft. In einer zweiten Etappe wurden immer größere Flächen als Äcker verwendet, meist indem Wiesen aufgepflügt wurden, und die Waldgebiete bekamen mehr und mehr Forstcharakter. Bald half auch der Kunstdünger, die Ackerbewirtschaftung zu intensivieren.

Eine dritte neuerliche Etappe begann mit der Verwendung vieler Ackerflächen für die Aufzucht von Bäumen, vor allem für die Papierindustrie, da der Getreideanbau immer unrentabler wurde. Mit diesem heutigen Zustand nähert man sich in Schweden wieder der ursprünglichen Ausbreitung der Wälder, nur daß heute ein einziger großer Forst das Land überzieht, ein Forstgebiet, das sich, nur durch Gewässer, Straßen und Städte unterbrochen, von Süd bis Nord erstreckt. Von den ursprünglichen, nicht vom Menschen bewirtschafteten Urwaldgebieten gibt es nur winzig kleine Areale, meist als Naturschutzgebiet. Damit entsteht die Gefahr, daß die offene Landschaft als Qualität für den Menschen und für die Natur verschwindet. Dieses erkennend, hat die schwedische Regierung großzügig Finanzmittel bereitgestellt, um Bauern die Möglichkeit zur Umstellung von Getreideanbau auf andere Alternativen zu geben, die die Landschaft offen halten. Auch gibt es einige Gemeinden, die mit freiwilligen Helfern die letzten gut erhaltenen Wiesen – im ganzen Land gibt es nur noch ca. 1000 ha davon[9] – pflegen, damit seltene Arten (z. B. Orchideen) eine Überlebenschance bekommen.

[8] W. Schad, A. Suchantke. In: F. Bohnsack, E.-M. Kranich: Erziehungswissenschaft und Waldorfpädagogik. Weinheim, Basel 1990, s. S. 274.

[9] U. Ekstam, M. Aronsson, N. Forshed: Ängar. Stockholm 1988, S. 89.

In dem gewählten Beispiel zeigen sich deutlich die positiven Wirkungen der kulturschaffenden Tätigkeit des Menschen auf die Landschaft,[10] auch wenn die Gegenwartssituation dieses verwischt. Natürlich läßt sich dergleichen in vielen Ländern nachweisen, wobei früher die verschiedenen Religionen oft Hilfen im Umgang mit der Natur gaben.[11] Das gilt für die Naturreligionen, aber auch für das Christentum. Die Natur wird anders behandelt, wenn Ehrfurcht und Liebe die Anschauung des Menschen bestimmen oder ein göttliches Wirken in der Schöpfung gesehen wird.[12]

Natürlich kann man im Umgang mit der Natur nicht in kulturferne Zeiten zurückgehen und Wissenschaft und Technik abschaffen. Es geht in dieser Überlegung auch nicht um den tropischen Regenwald. Gezeigt werden sollte nur, daß der Mensch anders handeln kann, als es die Natur tut: Er vermag seine Lebensgrundlage zu zerstören. Das ist besonders wichtig für schulisches Lernen, sind sich doch die meisten Ökologen darin einig, daß ein Umlernen stattfinden muß. Vielen erscheint gerade die Biologie als eine Überlebens-Wissenschaft, wenn sich auch sicher aus ihr heraus die Probleme allein nicht lösen lassen. Den Kulturauftrag des Menschen in seiner Komplexität zu sehen kann wichtige Aufgabe der Schule sein: „So wird die Natur uns Menschen als Wesen *aus* der Natur, als Wesen *in* der Natur und als Wesen *wider* die Natur in dreifacher Weise zum Kulturauftrag."[13] Durch eine neue Ethik, ein neues Verhältnis zur Natur, kann sie uns wieder wertvoll werden. Hans Göpfert macht darauf aufmerksam[14], daß wir den Wert eines Lebenwesens oft nicht würdigen. Das wird auch am Geldwert deutlich: Heute werden für einen Dürer oder Rembrandt Millionen ausgegeben, während die abgebildete Pflanze Pfennige kostet und für ihre Bewahrung vor dem Aussterben kaum Mittel zusammenkommen.

Erst wenn wir den Eigenwert der Natur erkennen und achten, wird ein Leben in Harmonie mit unserer Umwelt möglich sein. So wie die Zerstörung der Umwelt ein Problem unseres Bewußtseins, unseres Denkens

[10] Vgl. dazu auch die Aufsätze von J. Bockemühl: Die Landschaft als Organismus: – Chr. Vahle: Die Idee der Kulturlandschaft: – Th. Marti: Mensch und Landschaft eines alpinen Hochtales. In: Die Drei, Nr. 7/8, 1991.

[11] A. Suchantke schildert das Zusammenspiel von Natur und Kultur zum Beispiel von Südamerika und Ceylon in Die Drei Nr. 5, 1987.

[12] Das Mißverständnis um Gen. 1, 28: „Erfüllt die Erde und macht sie euch untertan" ist wohl aufgeklärt (M. Rock, H. Senft: ›Umwelterziehung im katholischen Religionsunterricht‹. In: J. Calliep, R. E. Lob, Praxis der Umwelt- und Friedenserziehung, Düsseldorf 1987, Bd. 2, S. 301).

[13] H. Markl: Natur als Kulturaufgabe. Stuttgart 1986, S. 10.

[14] H. Göpfert: ›Zur Grundlegung einer naturbezogenen Pädagogik‹, Praxis der Umwelt- und Friedenserziehung, Bd. 2, S. 25.

ist,[15] können wir umgekehrt nur durch ein Umdenken, indem wir mit uns selber in Harmonie kommen, ein ökologisches, harmonisches Verhältnis mit der Natur erreichen.

Daß die äußere und innere Natur des Menschen in Einklang gebracht werden kann, hat Goethe in wunderbarer Weise beschrieben: „Es ist ein angenehmes Geschäft, die Natur zugleich und sich selbst zu erforschen, weder ihr noch seinem Geiste Gewalt anzutun, sondern beide durch gelinden Wechseleinfluß miteinander ins Gleichgewicht zu setzen."[16] Hier geht es nicht um Romantik, sondern um eine Forschungsart, die Naturerkenntnis zur Selbsterkenntnis werden läßt und umgekehrt; Selbsterfahrung – Erfahrung der eigenen Natur und Wesensart – wird Naturerfahrung. Hier deutet sich etwas als Methode an,[17] was einen Zusammenhang Mensch – Natur wiederherstellen kann und damit die Umwelt auf einer höheren Bewußtseinsebene wieder als Mitwelt erscheinen läßt.

Auch R. Steiner sieht diesen Zusammenhang: „Die ganze Welt ist ein Rätsel, das eigentliche Welträtsel; und der Mensch ist selbst die Lösung." Ist der Lehrer bereit, selber ein Lernender zu sein, so ist dies die erste und wichtigste Voraussetzung, damit auch Schüler eine neue, intensive, die Natur achtende Beziehung zum Lebendigen und zu sich selbst bekommen.

4. Beispiele aus der Waldorfpädagogik

Sicher sind die ersten Jahre der Entwicklung bis zur Schulreife besonders wichtig für die Ausbildung vieler Fähigkeiten. Das gilt natürlich auch für solche Erfahrungen, die Kindern ein Verhältnis zur Natur vermitteln können. Die große Nachahmungsfähigkeit gibt Erziehern einen Schlüssel, um Staunen, Ehrfurcht und Liebe zu wecken. Konkrete, differenzierte Sinneserfahrungen sind ein guter Boden, um auch intensive Erlebnisse mit Tieren, Pflanzen, etwa einem Tannenzapfen usw. zu haben. Damit kommt sicher dem Elternhaus[18] und dem Kindergarten eine ganz besondere Rolle zu, außerdem werden wichtige Weichen für den Schuleintritt gestellt.

[15] S. Anm. 7.

[16] J. W. von Goethe, Werke Bd. 12: Schriften zur Kunst, Schriften zur Literatur, Maximen und Reflexionen. München 1973.

[17] Ausführlicher z. B. bei W. Schad: Biologisches Denken. In: W. Schad (Hrsg.): Goetheanistische Naturwissenschaft, Bd. 1: Allgemeine Biologie. Stuttgart 1982, S. 9–25.

[18] Die Bedeutung des Elternhauses wird auch in Untersuchungen bestätigt. So z. B. die vom IPN, s. Anm. 5.

a) Die ersten drei Schuljahre

In den ersten drei Schuljahren der Waldorfschule gibt es keine Trennung von Naturkunde, Geschichte und Erdkunde. Ein einheitlicher Sach-Unterricht läßt die Schüler alle Naturreiche als lebendig zusammenwirkend erleben. Vom Klassenlehrer sind neben Kenntnissen vor allem persönliches Engagement gefordert und die Fähigkeit, den Unterricht lebendig und künstlerisch zu gestalten: „Daher muß man den künstlerischen Sinn in sich haben, wenn man ein Kind in diesem Lebensalter zu erziehen hat, alles wirklich noch zu beleben. Der Lehrer muß beleben; der Lehrer muß die Pflanzen sprechen lassen, die Tiere moralisch handeln lassen; der Lehrer muß in der Lage sein, alles ins Märchen, in die Fabel, in die Legende zu verwandeln.“[19]

Diese Darstellung von R. Steiner trifft genau die altersgemäße Situation der Kinder. Sie erleben die Welt beseelt. Eine Uhr lebt, weil sie ‚geht‘, ein rollender Stein, solange er sich bewegt, ebenso. Das Kind erlebt sich und die Welt als Einheit. Es ist, bildlich gesprochen, noch in einem paradiesischen Zustand, den es mit der Entwicklung des eigenen Ich immer mehr verläßt. Die Umwelt ist noch Mitwelt, das wird durch die amerikanische Entwicklungspsychologin Susan Carey eindrucksvoll bestätigt.[20] Kinder entscheiden meist, was die Dinge der Welt als spezielle Eigenheiten haben durch induktive Projektion. Ausgangspunkt dafür ist das Wissen, daß der Mensch diese Eigenschaften hat. Diese animistische Anschauung der Welt hat auch Piaget[21] beschrieben.

Diese Weltsicht von Kindern will aufgegriffen werden, wenn Kinder nicht nur lernen sollen, sondern einen ihrem Alter gemäßen Kontakt zur Mitwelt bekommen sollen. So kann man auch umgekehrt sagen, daß das abstrakte Vermitteln von Naturgesetzen anhand von Büchern, Bildern, Modellen oder Filmen die Kinder nicht dort anspricht, wo sie in ihrer Entwicklung sind. Damit fehlt das Entscheidende, das Miterlebenkönnen.

Hierin könnte ein Grund dafür liegen, daß die berühmten 7 'Wunderkinder' der Nikitins ihre unglaublichen Talente später nicht so umsetzen konnten, daß sie in ihrer beruflichen oder privaten Situation auch nur annähernd zufrieden wurden. Dabei waren sie als kleine Kinder so außergewöhnlich stark gefördert worden, daß sie mit 3 Jahren lesen konnten, mit 4 Jahren Pläne und Zeichnungen verstanden und mit 5 Jahren einfache

[19] R. Steiner: GA 303, 10. Vortrag.

[20] S. Carey: Conceptual change in childhood. MIT 1985.

[21] J. Piaget: The Child's Conception of the World. London 1929.

Gleichungen lösten. Trotz des ungeheuren Engagements der Eltern fehlte ihnen später die Begeisterungsfähigkeit.[22]

Ein entscheidendes Mittel, um ein lebendiges Wechselspiel zwischen Pflanzen, Tieren, Sonne, Regen und Wind und dem inneren Erleben des Kindes aufzubauen, sind die sogenannten 'sinnigen Geschichten'. R. Steiner bezeichnete damit phantasievolle Erzählungen, die geeignet sind, „den Kindern der ersten Volksschulklassen eine umfassende Weltkunde nahezubringen, sie auf diese besondere Weise mit der sie umgebenden Welt vertraut zu machen“[23].

Erscheinungen und Wesen der Natur werden in Bilder gekleidet und wie Menschen empfindend und handelnd dargestellt. Das entspricht der oben dargestellten Erlebnisfähigkeit des Kindes und baut ein liebevolles, moralisch-sittliches Verhältnis zu den Erscheinungen der Welt auf. Damit wird auf einer vorwissenschaftlichen Bewußtseinsstufe eine gute Grundlage für spätere wissenschaftliche Begriffsbildung gelegt.

Der Lehrer kann mit 'sinnigen Geschichten' die Phantasie und Erlebnisfähigkeit anregen und dadurch eine Naturbeziehung aufbauen. Wenn, wie wir es von der Fabel kennen, Tiere 'moralisch-sittlich' handeln, so geht es nicht so sehr darum, daß sie so sind, sondern daß in dieser Art der Schilderung eine Kraft liegt, die es dem Kind ermöglicht, mehr als einen kenntnismäßigen Zusammenhang zu erleben. Jeder, der solche sinnigen Geschichten einmal erzählt hat, wird bestätigen können, welch ungeheure Zuneigung Kinder dazu entwickeln und mit welcher Freude sie dann den Wind, eine Pflanze, ein Tier oder eine Wiese wahrnehmen. Man kann bemerken, daß sie dadurch seelisch wach werden für die eigene Erlebniswelt und für die Umwelt.

Den Vorwurf einer anthropomorphen Weltsicht, einer Vermenschlichung der Natur als Grundlage für spätere Ausbeutung oder schlicht, wie Lob[24] behauptet, daß ideale Sehweisen der Natur blind machen dafür, was wir ihr im letzten Jahrhundert angetan haben, kann nur der erheben, der nicht die Altersentwicklung berücksichtigt und versucht, sein Verständnis als Erwachsener Kindern überzustülpen.[25] Wer diese Entwicklung und Veränderung nicht sieht, offenbart sich als Präformist. Kinder, die ein großes Veilchen geschildert bekommen, welches Mut entwickelt und das

[22] Nikitin, M. Butenschön: Die Nikitin-Kinder sind erwachsen. Köln 1990.

[23] E. Fucke: Die Bedeutung der Phantasie für Emanzipation und Autonomie des Menschen. Stuttgart 1972, S. 7. Das Buch gibt eine ausführliche Begründung und Beispiele von solchen Geschichten.

[24] Vgl. Anm. 6, Bd. 2, S. 4.

[25] Vgl. Anm. 23, S. 11.

kleine Veilchen beschützt,[26] bauen dadurch eine innere Beziehung zu dem Veilchen auf, die sich aber später, mit 10 Jahren, stark wandelt. Diese Beziehung kann später eher helfen, daß die Natur nicht aus Unkenntnis oder Gleichgültigkeit ausgebeutet und zerstört wird, sondern ermöglicht einen den Eigenwert anerkennenden Umgang mit ihr.

Die hier dargestellte ganzheitliche Sicht auf das Seelenleben des Kindes für die ersten drei Schuljahre und die Naturerscheinungen, aus der heraus später untergliedert und ins Detail gegangen wird, findet sich als Methode natürlich in allen Unterrichten. So ist es auch in der Mathematik: „ausgehend von der als Einheit (Menge) gefaßten Vielzahl von Dingen werden *analytische* Gliederungen der Einheit vorgenommen".[27]

Neben diesen, mehr das innere Seelenleben des Kindes betreffenden Ansätzen ist natürlich eine wirkliche Begegnung mit der Natur nötig, zumal immer weniger Kinder reale Erfahrungen im Wald, auf der Wiese oder an einem Bach machen können. So macht R. Steiner bereits 1919 in methodisch-didaktischen Lehrplanvorträgen aufmerksam auf den Unterschied zwischen Unterricht im Klassenzimmer und der Aufgabe, Kindern Freude an der Natur durch Begegnungen *in der Natur* zu wecken.[28] Kinder kennen Natur oft nur vom Rasenmähen oder als künstlich angelegte Kulisse oder vom Blumengießen. So erstaunt es nicht, daß oft erst Fremdheit oder gar Zerstörungswut überwunden werden müssen, bis Schüler Natur wieder entdecken können. Exemplarisch schildert M. Schmitz ihre Erfahrungen mit einer Klasse.[29]

Ein beeindruckendes Beispiel an der Waldorfschule ist der Vorschlag R. Steiners, in der dritten Klasse eine Feldbauepoche einzurichten. Da wird die Feldbestellung, das Ackern und Düngen kennengelernt, und die Schüler lernen, die vier Getreidearten zu unterscheiden. Auch hier steht nicht das Verstehen, Lernen und Wissen im Vordergrund, sondern die praktische Tätigkeit, die die anderen Fähigkeiten erst gesättigt und nicht abstrakt erscheinen läßt. Wie gerne zieht und führt jedes Kind einmal den Pflug, hilft beim Säen und Ernten und schließlich sogar beim Brotbacken von dem selbstgedroschenen Getreide. So kann vieles durchgenommen werden, was eine erfahrungsgesättigte Anschauung von der Natur und den Kulturtechniken des Menschen vermittelt. Das gilt heute sicher als noch

[26] R. Steiner: Vom kleinen und vom großen Veilchen, in dem Lesebuch der Freien Waldorfschule, hrsg. von C. von Heydebrand. Stuttgart 1928.

[27] E. Schuberth, in diesem Band, S. 211–225.

[28] R. Steiner: Erziehungskunst, Methodisch-Didaktisches. GA 294, 3. Vortrag.

[29] M. Schmitz: Die Naturferne der Stadtkinder. Erziehungskunst, H. 2, 1989, S. 91–96.

wichtiger als 1921, als R. Steiner betonte: „Wir sollten es vermeiden als Lehrer, botanisieren zu gehen und dann mit der Botanisiertrommel in die Klasse zu gehen und die Pflanzen auszubreiten. Wir sollten vielmehr die Kinder hinausführen und womöglich wirklich im realen Zusammenhang mit der Erde und mit den Sonnenstrahlen und mit dem Leben die Kinder zum Verständnis des Pflanzlichen bringen."[30]

Neben den genannten Beispielen gibt es viele weitere geeignete Mittel, die Natur für Kinder aufleben zu lassen, so z. B. das Leben mit dem Jahreslauf und seinen Jahreszeiten und das lebendige, phantasievolle Malen (nicht das farbliche Ausfüllen von vorgedruckten Figuren). Überhaupt ist der künstlerische Zugang ein zentrales Anliegen der Waldorfpädagogik und in der pädagogischen Diskussion noch wenig gewürdigt. So bieten Lieder oder Reime bzw. Gedichte eine kaum auszuschöpfende Quelle für das Wecken einer lebendigen Naturanschauung.

b) 4. bis 6. Klasse

Im Übergang vom 9. zum 10. Lebensjahr vollzieht sich eine deutlich zu bemerkende Abtrennung von der 'Mitwelt', die jetzt mehr und mehr als Umwelt erlebt wird. So spricht R. Steiner davon, in der 4. Klasse die Tiere naturwissenschaftlich in ihrer Beziehung zum Menschen zu betrachten. Die Untersuchung von S. Carey zeigt, daß der Mensch als Prototyp für die Zuschreibung von Tiereigenschaften im 9./10. Lebensjahr dient. Damit beginnt eine 'intuitive Biologie', die die intuitive Psychologie des Kleinkindes ablöst. Durch diese Veränderung im kindlichen Bewußtsein kommt der Naturkunde eine ganz besondere Bedeutung zu.[31] Auch die Ergebnisse S. Careys legen nahe, die Tiere immer im Verhältnis zum Menschen zu schildern. Jede Fähigkeit, jedes Organ, das bei den Tieren verstärkt und vereinseitigt auftritt, gibt es in verhaltener, ausgeglichener Weise beim Menschen. Das läßt sich z. B. bei Tintenfisch, Maus und Pferd von der Gestalt her beschreiben. Der Tintenfisch betont besonders den Kopf, die Maus den Rumpf und das Pferd die Gliedmaßen. Der Mensch hat alle drei Bereiche eher zurückhaltend ausgeprägt.

Durch solche Betrachtungen entsteht ein Bild von der Verwandtschaft und Verflochtenheit aller Lebewesen miteinander. Die Tierwelt stellt sich dar als der auseinandergefächerte Mensch bzw. der Mensch als ein Kom-

[30] R. Steiner, s. Anm. 19.

[31] Für die Waldorfschule ist das zuerst von G. Grohmann erarbeitet worden: ›Zur ersten Tier- und Pflanzenkunde in der Pädagogik R. Steiners‹. Stuttgart 1979.

pendium des gesamten Tierreichs. Der Mensch kann als Natur- und Geistwesen gesehen werden, und der Schüler kann beides in sich entdecken – eine urökologische Betrachtungsweise.

Damit setzt sich die Tierkunde an der Waldorfschule sehr von der Stoffvermittlung an anderen Schulen ab. Das trifft noch mehr zu für die erste speziell thematisierte Pflanzenkunde, die dann in der 5. und 6. Klasse gegeben wird, da es den Schülern erst jetzt voll möglich ist, auch zu den Pflanzen eine intensivere Beziehung aufzubauen.

Die Pflanzen sollen nicht losgelöst von den auf sie Einfluß nehmenden Faktoren geschildert werden, sondern eingebettet in die Umgebung: Boden, Feuchtigkeit, Lichtverhältnisse, Jahreszeiten usw. Dadurch wird die Erde als ein lebendiger Organismus dargestellt und über das wichtige Kennenlernen von Pflanzen hinaus wieder der Grund gelegt, daß Kinder sich nicht nur wissensmäßig, sondern existentiell mit den Pflanzen und der Erde verbunden fühlen. „Und so wirken wir in einem solchen Unterricht nicht nur dahin, daß wir dem Menschen Kenntnisse beibringen über die Pflanzen, sondern wir wirken durch unseren Unterricht auf die Charakterbildung, auf die Bildung des ganzen Menschen [...]“[32]

B. Picht weist darauf hin,[33] welchen Wert R. Steiner auf eine neue Betrachtungsweise legt und welche menschenbildende Bedeutung diese neuen pädagogischen Gesichtspunkte haben. Gerade vor dem Hintergrund des heutigen zerstörten Verhältnisses zur Natur und den immer drängenderen Fragen nach einer naturnahen oder ökologischen Erziehung muß man den Ideen Steiners eine große Bedeutung zumessen. Von Schülern darf man nicht nur Antworten *über* die Natur erwarten, während Erfahrungen unberücksichtigt bleiben.[34] Erst wenn Erlebnisse der Kinder, ihre Freude am Schönen, eine positive Welterfahrung ermöglichen, haben sie etwas schätzen gelernt. Erst dann mag man auch bereit sein, etwas zu schützen. Ehrfurcht, Mitgefühl und Miterleben erhalten hier ihre Berechtigung. Erst das Erleben des Lebendigen kann betroffen machen vor dem Aussterben von Tier- oder Pflanzenarten.

Die Naturkunde muß natürlich weiterhin im Kontext mit den anderen Fächern gesehen werden. So wird z. B. in der Erdkunde die kulturschaffende Tätigkeit des Menschen in ihrem historischen Werdegang dargestellt.

[32] R. Steiner, zitiert nach B. Picht: Die erste Pflanzenkunde in der Waldorfschule, Erziehungskunst, H. 6, 1982.

[33] B. Picht, s. Anm. 32, S. 354.

[34] R. zur Lippe: Natur-Wissen und mimetisches Lernen. In: M. Daxner, J. R. Bloch, B. Schmidt, Andere Ansichten der Natur – Arbeitskreis Naturqualität. Münster 1981, S. 242–259.

Dabei sollen die Beispiele (Obstbau, Weinbau, Kohlegruben usw.) aus der Heimat des Kindes genommen werden. In der 5. Klasse wird dieser nahe Kreis der Heimat dann erweitert, und die Bodenkonfiguration und wirtschaftliche Verhältnisse werden besprochen. Das Gefühl des Verbundenseins mit seinen nächsten Menschen wird auf die Heimat und schließlich auf das brüderliche Verbundensein mit allen Erdgebieten erweitert. Das läßt sich so weit ausdehnen, daß das Interesse des Schülers bis zu einer Himmelskunde ausgerichtet werden kann. So kann einem globalen Bewußtsein die rechte Veranlagung geschaffen und die Erde als Organismus erlebt werden. Dabei geht es nicht um die ‚heile Welt', wie immer wieder vermutet wird, sondern um das Erleben der real bestehenden Zusammenhänge in der Welt. Selbstverständlich bringen Schüler ständig die Schrekkensbotschaften aus den Medien mit in den Unterricht. Erlebbar wird die schreckliche Zerstörung aber erst, wenn das Zusammenwirken aller Lebensbereiche deutlich geworden ist. Bevor das Kind im Übergang zum Jugendalter die Zerstörungstendenz des modernen Menschen in seiner vollen Tragweite erfährt, versteht und beurteilt, sollte eine Grunderfahrung vorhanden sein, daß der Mensch konstruktiv und kooperativ mit der Natur umgehen kann. Ohne diese Basis wird sonst Resignation und Handlungsunfähigkeit die Folge sein.

c) Der Gartenbauunterricht

Das Gärtnern ist eine alte Kulturtechnik, die heute wieder an Bedeutung gewinnt, seitdem die Notwendigkeit ökologischer Denk- und Handlungsweisen stärker in den Vordergrund rückt. Vor etwa 100 Jahren dienten Schulgärten vor allem der Lieferung des botanischen Materials für den damals eingeführten naturbeschreibenden Unterricht. Die Gärten wurden vom Lehrer, Hausmeister oder Gartenamt bearbeitet, und die gezogenen Pflanzen wanderten in die Botanisiertrommeln, um im Unterricht zerpflückt, beschrieben und bestimmt zu werden.[35] Ein weiterer Markstein war die Idee Kerschensteiners, auch mit Handarbeit Gemüt und Verstand bilden zu können. Der Arbeitsschulgedanke führte nach dem Ersten Weltkrieg zur Ausbreitung von Arbeitsschulgärten, in denen Menschenbildung durch Gartenarbeit erreicht werden sollte. Nach der Pervertierung der Gartenarbeit durch Gleichschaltung im Dritten Reich wurde nach dem

[35] Eine geschichtliche Darstellung findet sich z. B. bei G. Winkel: Der Schulgarten – ein altes Thema neu entdeckt. In: J. Calließ: Praxis der Umwelt- und Friedenserziehung. Düsseldorf 1987, Bd. 2, S. 622–635.

Krieg wieder versucht, an die Reformpädagogik anzuknüpfen. Die zunehmende Verwissenschaftlichung des Unterrichts ließ den Schulgarten immer mehr überflüssig werden.

An den Waldorfschulen ist der Gartenbauunterricht in neuer Form aufgegriffen worden, vorwiegend weil, neben dem Menschenbildenden dieses Unterrichts, von R. Steiner sehr deutlich die beginnende ökologische Katastrophe beschrieben wurde. Er hatte auch sehr dezidierte Vorstellungen über Bodenverbesserung in der Landwirtschaft. So hat sich auf Grund seiner Vorträge[36] die biologisch-dynamische Landwirtschaft entwickelt.

Für den Gartenbauunterricht an der Waldorfschule gibt es keinen detaillierten Lehrplan.[37] Was an den einzelnen Schulen gemacht wird, hängt sehr stark von den örtlichen Verhältnissen ab. Größe und Lage des Schulgartens sowie die Qualität des Bodens unterscheiden sich natürlich sehr.

Von der 6. bis zur 8. Klasse wird ein dreijähriger Überblick über die Entwicklung von Pflanzen durch die Jahreszeiten hindurch, vom Säen bis zur Ernte möglich. So können verschiedene Gemüse und Blumen gezogen und dabei Pflanz- und Pflegemethoden erübt werden. Im Winter bietet es sich an, Werkzeug- und Klimakunde zu betreiben und ein tieferes Verständnis für die durchgeführten gärtnerischen Tätigkeiten zu wecken. (Ob der Gartenbauunterricht nicht früher einsetzen kann, ist offen und scheitert wohl eher an organisatorischen und finanziellen Schwierigkeiten.)

In der 9. und 10. Klasse schließt an vielen Waldorfschulen Bodenkunde und Düngelehre an. Pflegerische Arbeiten treten in den Vordergrund: Pflege der Blumen, der Beerensträucher und der Obstbäume. Beim Veredeln von Obstbäumen „wird besonders deutlich, um was es dabei in Wirklichkeit geht: um ein (natürlich nur ansatzweises, bescheidenes) Aufgreifen jener einstmals üblichen *Weiterführung der Natur* durch Züchtung und Veredelung und damit der Herausbildung neuer Tier- und Pflanzenformen und neuer, vom Menschen geschaffener und von ihm getragener Ökosysteme“[38].

Aus welcher Einstellung hier Eingriffe in die Natur auf der einen und Menschenbildung auf der anderen Seite erfolgen können, wurde dem Schweizer Dichter Adolf Muschg nach einigen Schwierigkeiten, sich Goethe anzunähern, deutlich. Er entdeckte schließlich, was Goethe für Gegenwart und Zukunft bedeuten könnte: „Wir brauchen einen Code – eine Konvention – erlaubter Umgangsformen mit der hochempfindlich gewor-

[36] Vor allem der ›Landwirtschaftliche Kurs‹, GA 327, 1924.

[37] R. Krause: Zum Gartenbauunterricht an den Waldorfschulen. Hrsg. von Hibernia-Schule Wanne-Eickel 1984.

[38] S. Anm. 7, S. 251.

denen Natur, eine Stilkunde der Schonung. Einem solchen Vertragswerke ist in deutscher Sprache nirgends weiter vorgearbeitet als bei ihrem größten Schriftsteller in seinen naturwissenschaftlichen Schriften."[39] Ihn fasziniert Goethes geduldiger Umgang mit der Natur, und er verweist unter anderem auf die ›Wahlverwandtschaften‹. Hier werden nicht nur – wie oft angemerkt – menschliche Beziehungen wie alchemistische Kräfte der Anziehung und Abstoßung dargestellt. Die ganze Erzählung von edelsten Menschen und Gefühlen wird durchwoben von der höchsten Kunst der Natur- und Landschaftsgestaltung. So beginnt die Erzählung mit Eduard, der frisch erhaltene Pfropfreiser auf junge Stämme gesetzt hatte. Damit wird das Pfropfen der Bäume als Pflege und höchste Veredelung der Natur dargestellt und schließlich geschildert, wie kleingärtnerische Ideen durch einen Architekten mit künstlerischem Blick in wunderbare Naturgestaltung verwandelt werden.

Da kommt etwas von einem aktiven, vielseitigen und auf die Eigenart der Natur eingehenden Gestaltungswillen zum Ausdruck, der geradezu als Ideal zwischen einem überzogenen Fernhalten des Menschen von der Natur und ihrer rücksichtslosen Ausbeutung erscheint.

Sicher ist es heute auch sehr schwer, Schüler in diesem Sinne zu begeistern, aber die Möglichkeiten der dringend notwendigen Verhaltensänderung sind in Gartenbauunterricht und Biotoppflege sicherlich gegeben.

Horst Rumpf übt Kritik an den Schulen, indem er feststellt: „Das Lernen wird entwirklicht, entkörpert. Erfahrungsverdünnte Übernahme anstelle direkter Wahrnehmungen bestimmen unsere Didaktik."[40] Sinnliche Erfahrungen bedeuten Veranschaulichung; wenn keine direkten Wahrnehmungen da sind, entsteht auch nur schwer Handlungskompetenz. Dafür ist Voraussetzung, vom Betrachten auch ins Tun zu kommen. Selber tätig zu sein ist eine gute Voraussetzung, zu gesättigten Wahrnehmungen zu kommen, sich mit der Welt tätig zu verbinden und Vertrauen in die eigene Handlungskompetenz zu erwerben. Kopf, Herz und Hand sind gefordert (Pestalozzi). So hat Betätigung in und mit der Natur immer auch menschenbildenden Wert und in der Gegenwart geradezu existentielle Bedeutung.

Daß R. Steiner dieses sehr deutlich gesehen hat, zeigt sich u. a. auch daran, daß der Gartenbauunterricht nicht nur als additive Ergänzung zu anderen Unterrichten gedacht war, sondern mit ihnen eine Einheit bilden soll. So wird in den Jahren, in denen Gartenbau stattfindet, nach der ersten Tier- und Pflanzenkunde (von der 7. bis zur 10. Klasse) dieser Bereich ver-

[39] A. Muschg: Goethe als Emigrant. Frankfurt 1986.

[40] H. Rumpf: Die übergangene Sinnlichkeit. München 1981.

lassen und in der Biologie Menschenkunde unterrichtet. Umgekehrt werden nach der 10. Klasse auch wieder Botanik und Zoologie behandelt. Dabei bietet sich natürlich auch eine Zusammenarbeit zwischen Biologie und Gartenbau an, indem z. B. im Unterricht behandelte Pflanzengruppen oder benötigtes Material zum Mikroskopieren auf dem Schulgelände angepflanzt und auch Artenkenntnisse vermittelt werden. Überhaupt könnten sich auf dem Schulgelände vielfältige Begegnungsmöglichkeiten mit verschiedenen Biotopen ergeben, auch wenn das meist nur sehr begrenzt möglich ist; schließlich verbringen Schüler einen nicht unerheblichen Teil ihrer Schulzeit auf dem Schulhof.[41]

d) Praktika in Land- und Forstwirtschaft

Die im vorhergehenden Kapitel für den Gartenbau dargestellten Motive sollten zeigen, wie man von Kenntnissen über die Natur durch das Tätigsein dazu kommen kann, auch komplexere Zusammenhänge im wahrsten Sinne des Wortes zu *be*greifen. Vor diesem Hintergrund gewinnen mehrwöchige Praktika ganz besondere Bedeutung. Allein durch die Länge der Zeit (2 bis 3 Wochen) ist ein viel intensiveres Eintauchen in land- und forstwirtschaftliche Tätigkeiten möglich. Der Schüler ist außerdem aus allen anderen Gewohnheiten herausgenommen – eine gute Möglichkeit, nicht nur andere Tätigkeiten wahrzunehmen, sondern selber eine Verhaltensänderung vorzunehmen.

An den Schülern läßt sich dieser Erfolg sehr leicht ablesen. Wird vor der Fahrt oft noch gefragt, was das soll, freiwillig den ganzen Tag zu arbeiten und keinen Stundenlohn zu bekommen, so hat sich normalerweise dieses Problem schon bei der Ankunft erledigt, und mancher Schüler fragt am Ende des Praktikums, ob er nicht in den Ferien dort arbeiten dürfe. So gibt es – trotz des relativ großen Aufwands – für eine solche Unternehmung reichhaltige positive Erfahrungen.

Viele Waldorfschulen führen ein solches Praktikum in der Oberstufe (9. bis 12. Klasse) durch, wenige haben die Möglichkeit, auch früher schon – unter anderen pädagogischen Gesichtspunkten – auf einem Bauernhof mit Klassen zu sein. Oft steht die Landwirtschaft im Vordergrund, manchmal auch Forstwirtschaft oder auch eine Kombination von beidem. Wenige

[41] Anregungen z. B. von W. Schad: Bepflanzung. In: M. Rauch: Schulhofhandbuch. Planung und Veränderung von Freiräumen an Schulen. Langenau-Albeck 1981, S. 184–189. Ferner: U. Kemme, A. Graf, R. Krause: Beiträge zum Gartenbau-Unterricht an den Waldorfschulen. Hrsg. von Hibernia-Schule Wanne-Eickel 1988.

Schulen haben auch Fahrten durchgeführt, die andere Möglichkeiten der Naturbegegnung und Naturpflege zum Inhalt haben.

Die guten Erfahrungen mit solchen Praktika beziehen sich nicht nur auf das praxisbezogene ‚Lernen an der Natur', sondern auch auf die positiven Einwirkungen auf den sozialen Kontakt der Schüler untereinander wie auch zwischen Lehrer und Schüler. Die Möglichkeit, dadurch Weltinteresse zu wecken,[42] wirkt oft gerade bei ‚schulmüden' Schülern und zeigt sich hinterher oft in einer stärkeren Lernmotivation.

Auf Unverständnis stößt es manchmal, warum die Praktika meist auf biologisch-dynamisch bewirtschafteten Bauernhöfen stattfinden, machen sie doch nur 85000 Hektar Land bzw. 0,7% der landwirtschaftlichen Betriebe in Westdeutschland aus. Gerade auf einem konventionell geführten Hof könne man doch besonders gut die harte Wirklichkeit eines Betriebes kennenlernen, im Gegensatz zu dem relativ harmonischen Demeter-Betrieb. Auch die naturzerstörende Wirkung der einseitigen Landwirtschaft sollten Schüler doch kennenlernen. Dem ist nicht zu widersprechen. Schüler sollen sicherlich auch die heute üblichen, hochproduktiven Verfahren der Landwirtschaft kennenlernen. Da es bei dem geschilderten Anliegen aber weniger um Berufsaus- oder -vorbildung oder um Kenntnisse allein geht, sondern um pädagogisch-ökologische Ziele, bietet sich natürlich die von Grund auf ökologisch arbeitende Landwirtschaft in allererster Linie an.

Das Ökologische der biologisch-dynamischen Landwirtschaft basiert einmal darauf, daß auf Gifte und Kunstdünger verzichtet wird. Auf der anderen Seite soll jeder Hof, soweit das geht, eine in sich funktionierende organische Einheit bilden. Der Organismusbegriff soll deutlich machen, daß auf einem Hof mit allem, was dazugehört, die Prozesse – wie in einem Organismus – in einem (labilen) Gleichgewicht stehen. Schaut man auf die Zellen eines Organs, so ist das Verhältnis von Zellteilung (Vermehrung der Anzahl der Zellen) und Zelltod (Verminderung der Anzahl der Zellen) im gesunden Organ ausgewogen, den Bedürfnissen angepaßt und in angemessenem Verhältnis zu anderen Organen. Spezialisiert sich eine Zelle auf *eine* ihrer Fähigkeiten, z. B. das Teilungsvermögen, so verschwindet die Verständigung der Zellen untereinander und es entsteht Krebs – ein ungezügeltes Wachstum.

R. Steiner verwendet in diesem Zusammenhang auch den Begriff der landwirtschaftlichen Individualität und macht damit deutlich, daß jeder Betriebsorganismus je nach Beschaffenheit von Böden und Klima, nach

[42] M. von Mackensen: Das Landbaupraktikum in der 12. Klasse. Erziehungskunst H. 3, 1987, S. 169–181.

dem Verhältnis von Wiese, Acker und Wald wie auch in bezug auf die dort arbeitenden Menschen einen unverwechselbaren Charakter bekommt: „Eine Landwirtschaft erfüllt eigentlich ihr Wesen im besten Sinne des Wortes, wenn sie aufgefaßt werden kann als eine Art Individualität. Und jede Landwirtschaft müßte eigentlich sich nähern – ganz kann das nicht erreicht werden, aber sie müßte sich nähern – diesem Zustand, eine in sich geschlossene Individualität zu sein. Das heißt, es sollte die Möglichkeit herbeigeführt werden, alles dasjenige, was man braucht zur Hervorbringung, innerhalb der Landwirtschaft selbst zu haben, wobei zur Landwirtschaft der entsprechende Viehbestand selbstverständlich hinzugerechnet werden muß."[43]

Eine solche 'abgeschlossene Individualität' basiert auf einer ganz bestimmten Naturgrundlage, die nur eine ganz bestimmte Anzahl von Tieren und Kulturen verträgt. Die Erzeugung von Futter, Gemüse und Getreide soll mit der Anzahl der Tiere und damit der Menge des anfallenden Mists harmonieren. So wird vermieden, daß durch einseitige Spezialisierung die Natur nur ausgebeutet, durch große Viehhaltung der Boden überdüngt oder durch einseitigen Anbau zerstört wird.

Dadurch gibt es für die Schüler die Möglichkeit, eine ökologische Arbeit kennenzulernen und über längere Zeit auch in komplexere Zusammenhänge einzudringen. Die Frage der Tierhaltung, des Ackerbaus und des Vertriebs landwirtschaftlicher Produkte läßt sich an Ort und Stelle besprechen. Besonders wichtig kann auch die Begegnung mit der Bäuerin und dem Bauern sein. Das Kennenlernen der landwirtschaftlichen Fragen durch Menschen, die in der Tätigkeit und Verantwortung stehen, hinterläßt oft einen tiefen Eindruck.

Wie in der Landwirtschaft sind auch in der Forstwirtschaft viele pflegerische Tätigkeiten möglich, und ökologische Zusammenhänge lassen sich im Wald schnell sichtbar machen. Außerdem kann hier für Schüler ein Zukunftsaspekt erlebbar werden, wenn Bäume angepflanzt werden, die vielleicht erst von der nachfolgenden Generation gebraucht werden können.

Die beschriebenen Praktika sind geeignet, daß Schüler Vertrauen in die eigene Handlungsfähigkeit bekommen. Sie zeigen vor allem auch, daß es neben allen Wegen, *gegen* die Natur zu leben, auch funktionierende Beispiele gibt, *mit* ihr zu leben. Sie können tiefe Einschnitte in die Biographie der Schüler bewirken.

[43] R. Steiner: GA 327, 2. Vortrag, 10. 6. 1924.

e) Die 11. und 12. Klasse

Heute geht es in den meisten Lernzusammenhängen immer stärker um die Operationalisierbarkeit kognitiver Lernziele, weil nur so die Lernzielkontrolle objektivierbar sei. Offen bleibt dabei, wie der affektive Bereich im Menschen angeregt werden kann und wodurch Kenntnisse zu sachgerechten Handlungen motivieren. Darum sind bisher Beispiele genannt worden, die alle Bereiche anregen und verbinden können. Diese Verbindung von Denken, Fühlen und Tun[44] wird für den Schüler nur Realität, wenn die einzelnen Fähigkeiten so an ihn herangebracht werden, daß Arbeiten nicht Aktionismus wird, also das Denken ausschließt, oder daß kognitive Prozesse nicht so abstrakt werden, daß man zwar Zusammenhänge durchschaut, es einem aber gleichgültig ist, was man da erkannt hat. So ist eine pädagogische Hauptfrage – die natürlich nicht nur für die Ökologie wichtig ist –: Wie muß das Denken beschaffen sein, damit es zum Handeln führen kann?

Viele klarblickende Menschen sind sich einig, daß ein Umdenken dringend stattfinden muß, wenn wir nicht die Erde und damit unsere Lebensgrundlage zerstören wollen. Wie ich mit meiner Umwelt umgehe, ist doch beim Menschen weniger eine Instinktfrage als vielmehr eine Frage der Einstellung und damit des Denkens.[45]

So kommt gerade auch dem wissenschaftlichen Unterricht eine ganz besondere Bedeutung zu. Fragen der interdisziplinären Zusammenarbeit und Fragen an die wissenschaftliche Arbeitsweise werden immer lauter gestellt. Friedrich Schiller hat bereits 1793 eine Methode angedeutet, die eine andere Erkenntnisgewinnung ermöglicht. Er beschreibt drei verschiedene Stadien der Erkenntnis:

„Erstens:	Der Gegenstand steht ganz vor uns, aber verworren und ineinanderfließend.
Zweitens:	Wir trennen einzelne Merkmale und unterscheiden. Unsere Erkenntnis ist deutlich, aber vereinzelt und borniert.
Drittens:	Wir verbinden das Getrennte, und das Ganze steht abermals vor uns, aber jetzt nicht mehr verworren, sondern von allen Seiten beleuchtet."[46]

[44] Vgl. S. 5.

[45] A. Suchantke: Erziehung zur Zusammenarbeit mit der Natur. Umweltpädagogik in der Waldorfschule I und II: Erziehungskunst, H. 6, S. 416–422; H. 7/8, S. 491–499. 1987.

[46] F. Schiller: ›Schriften zur Philosophie und Kunst‹. München 1959, Zitat nach G. Michelsen, H. Siebert: ›Ökologie lernen‹, Frankfurt a. M. 1985.

Das erste ist das mythische Bewußtsein, dann folgt die reduktionistische, wissenschaftliche Erkenntnis. Schiller sah aber auch als dritten Schritt den Weg, vom Trennen wieder zum Ganzen zu kommen.

Wie könnte das nun als Erkenntnis auch im Unterricht methodisch umgesetzt werden? In der Waldorfschule wird die Zellenlehre in der 11. Klasse so eingeführt, daß man, von der Frage des Lebens oder der Lebenserscheinungen (also vom Ganzen) ausgehend, immer weiter zergliedert. So kommt man beim Mikroskopieren in immer kleinere Bereiche hinein. Schüler mikroskopieren sehr gerne, bemerken aber auch bald, daß der gewohnte Erkenntnisweg immer schwieriger wird, kann man doch in der Dimension ‚Zellkern' nicht mehr riechen, schmecken oder tasten. Nur das Auge vermittelt uns hierbei Erkenntnisse. Der Zusammenhang ist zerstört (Schiller: die Erkenntnis ist 'borniert').

Normalerweise können wir zu jeder Wahrnehmung einen Begriff finden. Durch das Mikroskopieren wird der Wahrnehmungsbereich stark erweitert. An kleinen Strukturen kann ich nicht ohne weiteres sehen, ob ich einen riesigen Mondkrater verkleinert oder ein kleines Bakterium vergrößert habe. Die Wahrnehmung vermittelt nur Gespenster (Wahrnehmung ohne Begriffe), wenn ich nicht bewußt den Zusammenhang wieder herstelle.

R. Steiner gibt als methodischen Hinweis, die Zellenlehre an den Kosmos anzubinden. So kann – nachdem Kenntnisse im mikroskopischen Bereich vorhanden sind – die Zelle als Ganzes, die 'Verständigung' der Zellen untereinander, das Ganze eines Lebewesens, das Lebewesen in seinem Biotop, das Biotop im Verhältnis zu anderen Lebensbereichen auf der Erde und schließlich der Zusammenhang der Erde mit dem Kosmos (Sonne, Mond usw.) untersucht werden. Hier eröffnen sich viele ökologische Betrachtungsweisen, wobei die Gefahr des Reduktionismus eingegrenzt werden kann, indem Wechselursachenverhältnisse dargestellt werden.

Goethe hat diesen wissenschaftlichen Weg künstlerisch in Wilhelm Meisters Lehr- und Wanderjahren dargestellt. Wilhelm Meister kommt in Makariens Reich und schaut zum ersten Mal in ein Fernrohr. Er sieht die Venus plötzlich zum Greifen nah und ist begeistert. Hinterher bemerkt er traurig, daß aber der Zusammenhang zu den anderen Gestirnen dadurch zerstört wurde. Im Traum läßt Goethe W. Meister die Venus als Stern unter Sternen erleben, so daß der Zusammenhang wiederhergestellt ist.

Vor diesem Hintergrund, der Kenntnisse vermittelt, aber auch ökologische Zusammenhänge ständig deutlich macht, kann Pflanzenkunde so betrieben werden, daß jede Pflanze in ihrem Verwobensein mit der Umwelt (Biotop) untersucht wird. Negativ zeigt sich der Zusammenhang aller biotischen und abiotischen Faktoren, wenn ich versuche, eine Pflanzenart zu schützen. Das geht nicht, ohne das Biotop dieser Pflanze zu retten. Dieses ist aber nur möglich, wenn Klima oder z. B. der Eintrag von Umweltgiften es ermöglicht. Hier zeigt sich, wie vernetzt Detailkenntnisse, sogar im mikroskopischen Bereich, mit Kenntnissen im lokalen und globalen Bereich sind.

Vor diesem Hintergrund lassen sich viele Umweltprobleme erarbeiten, wenn damit nicht 'Betroffenheitspädagogik' betrieben wird, sondern immer wieder Möglichkeiten und Wege aufgezeigt werden, etwas Sinnvolles zu tun.[47]

Botanik wird dabei von den niederen Pflanzen bis zu den Blütenpflanzen (12. Klasse) aufsteigend behandelt. Ähnlich schließt sich in der 12. Klasse die Zoologie an. Damit wird die Evolution einbezogen, mit der Möglichkeit, auch koevolutive Themen zu bearbeiten. Schließlich läßt sich als ein Höhepunkt die Stellung des Menschen als Natur- und Geistwesen darstellen, das einen Kulturauftrag auch der Natur gegenüber hat.[48]

Der Biologie-Unterricht der 11. und 12. Klasse bietet viele Möglichkeiten, das Denken in Zusammenhängen zu üben und die Erde als ein Lebewesen zu begreifen.

5. Ausblick

Frühere Kulturen hatten ein völlig anderes Verhältnis zur Natur, als wir es heute haben. So wird z. B. berichtet, daß die Ituri-Pygmäen für den Urwald gesungen haben, wenn sie von Katastrophen heimgesucht wurden, damit er wieder aufwache und sie beschütze. Die Griechen sahen das Wirken der Götter in allen Naturerscheinungen. Dieses mystische Bewußtsein finden wir heute bei Kindern. Der Erwachsene erlebt sich nicht in Einklang mit seiner Umgebung, sondern getrennt von ihr. Obwohl selber Natur, erleben wir uns abgeschlossen von ihr, als Gegenüber und Beobachter. Dem Menschen als die ihrer selbst bewußt gewordenen Natur ist sie Um-welt, nicht Mit-welt.

Wissenschaft befestigt diese Trennung heute noch: „Die Menschheit ist heute in Gefahr, durch ihre Wissenschaft von der Natur den Bereich der Natur, in dem sie lebt und ihrem Zugriff ausgesetzt ist, zu zerstören. Eine Erkenntnis, die sich dadurch bezeugt, daß sie das, was erkannt werden soll, vernichtet, kann nicht wahr sein. Deswegen sind wir heute gezwun-

[47] K. Daschke: Gegenständliches Denken und komplementäre Erkenntnisse. In: Die Drei [10]1986. Vgl. S. 7, Natur als Kulturaufgabe.

[48] Vgl. Einleitung.

gen, die Wahrheit unserer Naturerkenntnis in Frage zu stellen."[49] So beginnt Georg Picht eine Vorlesung zur Entwicklung des Naturbegriffs.

Für eine neue Naturerkenntnis ist es notwendig, die Trennung von Natur und Mensch wieder zu überwinden; schließlich haben wir nicht nur eine gemeinsame Vergangenheit (Evolution), sondern auch in Zukunft wird ihr Schicksal untrennbar miteinander verbunden sein. Von Francis Bacon: „Die Natur läßt sich nur durch Gehorsam bänden"[50] gilt es, zu einer Kooperation[51], zu einem Miteinander zu kommen, wenn wir unseren Planeten Erde schützen wollen. Kulturpessimismus hilft dabei genausowenig wie Naturmystizismus. Um aber vom Erkennen ökologischer Zusammenhänge zum verantwortlichen Handeln zu kommen, bedarf es mehr als Kenntnisse und Wissen.

Hier sind einige Motive aus der Waldorfpädagogik dargestellt worden, die geeignet sein können, Schülern solche Erfahrungen zu vermitteln, die zur Kooperation mit der Natur führen können.

Dabei liegt es in der Natur der beschriebenen Methoden, daß der Lehrer vor allem selber bereit sein muß, zu einem anderen Denken zu kommen. Denn die Umweltproblematik ist ja kein Problem der Umwelt, sondern eines unserer Innenwelt. Engagement des Lehrers, die Bereitschaft, Verantwortung zu übernehmen, wird dann auch auf Schüler überspringen. Der häufig geäußerten Sorge von Schülern, ob der einzelne überhaupt etwas tun kann und ob es nicht längst zu spät sei, läßt sich in allen Unterrichten begegnen.

Biographien, die zeigen, was einzelne Menschen durch Kenntnis und Engagement bewirkt haben, können Mut machen und Interesse wecken:

- So hat der Schweizer Ökologe René Heller in einer von einem Zementwerk verödeten Landschaft Kenias mit Mut, Phantasie und Ausdauer einen 'Garten Eden' anlegen können, in dem man heute über federnden Waldboden geht und einem Reichtum an Tieren und Pflanzen begegnen kann. Solche Kulturinseln strahlen aus in die Umgebung.
- Das Engagement des Franzosen René Dubos an der Jamaica Bay von New York bewirkte, daß riesige Kläranlagen gebaut wurden und anstatt einer riesigen Mülldeponie direkt am Wasser heute die Hälfte der Küste Landschaftsparks mit mehr als 250 Vogelarten ausmachen.
- Die früher dichtbewaldeten Sauerländer Berge waren in manchen Ge-

[49] G. Picht: Der Begriff der Natur und seine Geschichte. Stuttgart 1989, S. 80.

[50] Francis Bacon, 1620 im ›Novum Organum‹.

[51] A. Suchantke: Erziehung zur Kooperation mit der Natur – Das umweltpädagogische Konzept der Waldorfschulen. In: Humanökologie als Aufgabe für Natur- und Geisteswissenschaften. Stuttgart 1989, S. 131–141.

genden kahl durch Raubbau und intensive Beweidung durch Schweine und Schafe. Pastor Grothof hat in der ersten Hälfte des 19. Jahrhunderts in jahrelanger Überzeugungsarbeit erreicht, daß die Bauern neue Bäume pflanzten und durch geeignete Maßnahmen wieder abwechslungsreiche Waldgebiete entstanden.

Die konkretesten Erfahrungen für Schüler an der Waldorfschule sind natürlich die geschilderten Land- und Forstwirtschaftspraktika. Oft läßt sich beobachten, wie bei der Schilderung solcher Beispiele, die zeigen, daß Menschen mit der Natur zusammenarbeiten können, Begeisterung und Einsatzbereitschaft manchmal auch bei initiativlosen Schülern geweckt werden.

Ein solches Aufzeigen an Möglichkeiten von einzelnen oder Gruppen ist natürlich nicht auf den Biologieunterricht beschränkt. Die meisten ökologischen Themen werden sonst noch in der Geographie, manchmal in der Chemie oder dem Sozialkundeunterricht behandelt.

An der Waldorfschule wird der umgekehrte Weg versucht: Die ökologische Erziehung ist ein Grundanliegen der Pädagogik und durchzieht den ganzen Lehrplan. Ein eigenständiges Fach Ökologie kann dann entfallen, wenn sich in allen Unterrichten dieses Grundanliegen spiegelt. Erst ein neues, ökologisch geprägtes Menschenbild kann Schülern Mut machen, sich in den bestehenden Verhältnissen auf der Erde auch engagieren zu wollen.

TEIL C:

ZU SPEZIELLEN PÄDAGOGISCHEN FRAGEN UND ZUR SCHULORGANISATION

I. INDIVIDUELLES LERNEN

CHRISTOPH LINDENBERG

Im Lernen wird Individuelles und Allgemeines in einer eigentümlichen Weise verschränkt. Vordergründig zielt alles Lernen darauf, das Individuum in ein allgemein Gültiges einzuführen. Das wird in den naturwissenschaftlichen Fächern und in der Mathematik besonders deutlich, gilt aber für Fächer wie Deutsch und Geschichte nicht minder, wenn auch der allgemeine Geltungsanspruch in diesen Fächern zeitlichen, nationalen und politischen Einschränkungen unterliegt.

Das Lernen vollzieht sich darüber hinaus in allgemeinen Kommunikationsformen, namentlich durch die Sprache, deren allgemeiner Charakter in Ausdruck, Rechtschreibung und lesbarer Schrift im Unterricht besonders gepflegt wird. Schließlich werden Schüler in Fachsprachen, in spezifische Symbole und Ausdrucksformen eingeführt, die sie gegen Ende ihrer Schulzeit in einem je bestimmten Grade beherrschen sollen.

Diese nicht zu übersehende Bedeutung des Allgemeinen hat dazu geführt, die Rolle des Lehrers und des Unterrichts vorrangig unter dem Gesichtspunkt des Lehrens zu sehen. Die Unterrichtsmethodik orientiert sich in erster Linie an vorgegebenen Zielen und Lerninhalten, die in geschickter Weise dem Kinde 'beigebracht' werden. In vielen Fällen beschränkt sich Unterrichtsmethodik und Unterrichtspsychologie darauf, nach Ansätzen im Interessenbereich und Erfahrungsfeld der Schüler zu suchen, von dem ausgehend man in geplanten kleinen Schritten zum vorgegebenen allgemeinen Inhalt hinfindet. In der Praxis unterbleiben sogar derartige Versuche nicht selten: der beizubringende Inhalt beherrscht den Unterricht.

Es liegt nahe zu vermuten, daß die einseitige Ausrichtung des Unterrichts an allgemeinen Inhalten und Zielen nicht ohne Folgen bleibt. Im Unterricht selber ist es für den Schüler oft schwer, ein persönliches Interesse am Stoff zu gewinnen. Er muß vielfach durch extrinsische Mittel (Notengebung u. ä.) motiviert werden. Der gelernte Stoff wird als etwas erfahren, das einen nur wenig angeht. Er wird vielfach 'durchgenommen', um auch wieder vergessen zu werden. Die Bildungsgüter werden nicht zu einem individuell befriedigenden Lebensinhalt. Weitere Folgen sind möglicherweise die mangelnden Kenntnisse, die heute bei Studenten zum Zeitpunkt des Studienanfangs recht häufig beklagt werden, und das allgemeine Desinteresse gegenüber kulturellen Inhalten, das z. B. bei Studenten an pädagogischen Hochschulen zu beobachten ist.

Die Oberstufenreform des vergangenen Jahrzehnts war bemüht, eine Möglichkeit für individualisiertes Lernen dadurch zu schaffen, daß sie den Schülern die Möglichkeit gab, ihre eigenen Interessen durch die Wahl von zwei Leistungsfächern und die Abwahl ungeliebter Fächer zu profilieren. Wie sich heute zeigt, hat dieses Verfahren das Problem nicht gelöst, unter anderem deshalb, weil die von den Schülern vorgenommene Selektion der Fächer unter Gesichtspunkten vorgenommen wurde (Punkteerwerb), die in sich fragwürdig sind. An den Gesamtschulen wurde der Versuch unternommen, der individuellen Leistungsmöglichkeit dadurch gerecht zu werden, daß man Schüler in bestimmten Fächern in Leistungsgruppen zusammenfaßte. Freilich steht bei diesem Verfahren der Förderung der Besten in den A-Gruppen ein entsprechendes Zurückbleiben und eine stille Resignation in den B- und C-Gruppen gegenüber, das von den Schülern intensiv erlebt wird, weil man doch zur selben Schule gehört.

Nach Auffassung der Waldorfschule ist das Problem des individuellen Lernens nicht von einer Auffassung her zu lösen, die Lernen in erster Linie von Lernzielen und Lerninhalten her definiert und die den kindlichen Lernvorgang ungenügend berücksichtigt. Das ursprüngliche kindliche Lernen muß beobachtet und verstanden werden. Das beste Beobachtungsfeld zum Verständnis kindlichen Lernens ist jener Zeitraum, in dem sich dieses Lernen noch unverstellt von allzu vielen pädagogischen Eingriffen abspielt: die Zeit von der Geburt bis zum ersten Schulbesuch.

1. Die Methode

Die Beschreibung dieses Lernens kann kurz folgendermaßen zusammengefaßt werden: Die wichtigste Beobachtung ist, daß das Kind von sich aus lernt. Zunächst ergreift das Kind durch Wahrnehmen und Bewegung seine Umwelt. Aktiv lernt es sich zu bewegen, sich aufzurichten, zu krabbeln und zu stehen, von sich aus lernt es zu gehen. Ebenso lernt es von sich aus den Gebrauch der Sprachorgane, schrittweise ergreift es, vom Schreien zum Gurren und Lallen übergehend, Artikulationsmöglichkeiten, bis es beginnt, sprachähnliche Laute hervorzubringen. Alle Bemühungen, diese Lernvorgänge direkt zu beeinflussen (sag mal: Tante!), scheitern. Aber etwa vom Ende des zweiten Lebensjahres an beginnt das Kind selber immer mehr Freude an Wörtern zu zeigen: Wichtige oder interessante Wörter werden durch häufiges Nachsprechen assimiliert, die Gegenstände der Umwelt werden zunehmend sprachlich erobert, indem sie benannt werden. Das Kind entwickelt von sich aus seinen eigenen Satzbau: Auto hole will ich! Nich Schuh anziehe ich! Zu einem späteren Zeitpunkt beginnt es gar zu fragen: Hum? (was etwa soviel bedeutet wie: warum? was? wieso? wozu? u. ä. m.) und vielleicht auch: is das? (was ist das?). Alle diese Tätigkeiten des Sprechens, Nachsprechens, Bezeichnens, Fragens führen schließlich zu einem immer vollkommeneren Spracherwerb und zu einer Orientierung in der Umwelt. Sie können nicht direkt von außen beeinflußt oder gesteuert werden.

Aber dieses kindliche Lernen ruht auf Voraussetzungen, von denen zwei hier besonders betont werden sollen: Die erste und wichtigste Voraussetzung ist die persönliche Bindung an die Mutter oder eine entsprechende Person, die das Kind dauernd versorgt. Bowlby, Spitz, Ainsworth und andere haben umfangreiches Material zusammengetragen, das die drastischen Folgen der Trennung von Mutter und Kind illustriert. Der Schlaf der Kinder ist oft gestört, das Verhalten signalisiert Schmerz, sie verlangen dauernde Zuwendung, das Vertrauen. Die Lernvorgänge sind unterbrochen, oft machen Kinder – besonders wenn die Trennung zwischen dem 15. und 30. Lebensmonat eintritt – Rückschritte im Spracherwerb. Das Lernen insgesamt ist ein persönlicher Vorgang, und er beruht auf der persönlichen vertrauensvollen Bindung an die Mutter oder eine entsprechende Person. Ferner hängt das Lernen in diesem Zusammenhang mit dem gesundheitlichen Allgemeinbefinden zusammen, das in erster Linie an die persönliche Bindung zur Mutter geknüpft ist. Schädigungen, die die Mutter betreffen, werden vom Kinde miterlebt. Streitigkeiten – etwa zwischen Vater und Mutter, die das Kind scheinbar nichts angehen – werden von ihm mit Weinen quittiert. So ist das Lernen in einen umfassenden persönlichen Lebenszusammenhang eingebettet.

Zweitens ist durch experimentelle Untersuchungen in der Sowjetunion nachgewiesen worden, daß der höhere Lernvorgang des Sprechens in einem Zusammenhang mit der Bewegungsentwicklung steht. Kinder, die sich frei bewegen können und ihre Umwelt (Gegenstände im Zimmer, Spielzeug etc.) frei ergreifen und damit hantieren können, lernen artikulierter und schneller sprechen als Kinder, die im Bett und Ställchen isoliert sind. Noch stärker kann das Sprechenlernen durch Spielzeug oder Gegenstände gefördert werden, die besonders das Geschick und die Aktivität der Feinmotorik der Hände herausfordern, Spielzeug, das in sich mehrfach beweglich ist. Das ist zunächst schon dadurch verständlich, weil artikuliertes Sprechen ein Spezialfall von Bewegung ist. Ferner hängt aber auch die Ausbildung des Sprachzentrums im Gehirn mit der Bewegung dadurch zusammen, daß sich dieses Zentrum lateral an der Bewegung orientiert: bei Rechtshändern findet sich dieses Zentrum links und umgekehrt. Die Ausbildung des Gehirns überhaupt vollzieht sich in der frühen Kindheit auf Grund der kindlichen Bewegungs- und Sinnestätigkeit. Durch die auf die Sinneswelt bezogenen nachahmenden, assimilierenden Bewegungen, die das Kind von sich aus ausführt, erhält das Gehirn seine Gestalt: die sensomotorische Aktivität prägt das Gehirn.

Zusammenfassend läßt sich also sagen, daß das frühkindliche Lernen eine vom Kinde selbst ausgehende Tätigkeit ist, durch die es sich in der Welt orientiert und die Welt ergreift. Dieses sinnvolle Ergreifen der Welt beruht auf dem ungestörten Vertrauen zur Welt, die durch die Mutter repräsentiert ist. Durch das aktive Lernen des Kindes wird der Bewegungsapparat ergriffen, die Wahrnehmung differenziert. Diese Tätigkeiten wirken prägend auf die Leiblichkeit des Kindes.

Mit dem dritten Lebensjahr – häufig schon früher – kann der Erwachsene beobachten, daß das Kleinkind ständig Fragen stellt: warum? Das Kind fragt so nach Zweck und Grund gleichermaßen. Es will nun nicht nur wissen, wie die Dinge heißen, es will in einer ersten Form die Welt in intuitiven Gedanken fassen. Auch dieses Fragen wird den Kindern nicht beigebracht, sie fragen von sich aus, wenn sie in einer Umwelt leben, die bereit ist, Antwort zu geben. Oftmals beantworten die Kinder die Fragen, die sie stellen, selber und zeigen dabei eine dem Erwachsenen fremd gewordene intuitive Logik. Gleichzeitig beginnt das Kind etwa in derselben Zeit bewußt nachahmend zu spielen: es versetzt sich in andere Menschen und Dinge und stellt sie dar; es spielt Schlafen, es spielt Arzt, Hund und Tiger. Mit aktiver, sinnlicher Phantasie ergreift es die Rollen, die es spielt, und verleiht dem Spielmaterial immer neue Bedeutungen.

Für unseren Zusammenhang ist wichtig, daß auch in diesem zweiten Lebensabschnitt – nach dem dritten Jahr – das Lernen vom Kind ausgeht und daß das Fragen und Spielen darauf zielt, in die Welt hineinzufinden, sie zu ergreifen. Die gesamte Entwicklung vor dem dritten Lebensjahr ist Grundlage und Voraussetzung des späteren Verhaltens, das dann wiederum die Grundlage weiterer Entwicklungen ist. Man kann aber schon auf Grund der Beobachtung der ersten sechs Lebensjahre sagen, daß die Entwicklung des Kindes intentional, d. h. zielgerichtet verläuft. Das Ziel, das sich im Fragen zeigt, ist der Wille, die Welt zu verstehen. Die Frage setzt voraus, daß die Welt verständlich, interessant, wissenswert ist. Im Spiel wird die erkundete Welt tätig angeeignet. Das setzt wiederum voraus, daß die Welt sinnvoll ist. Alles ist schließlich von dem Vertrauen des Kindes zur Welt der Erwachsenen, namentlich vom Vertrauen zu Mutter und Vater getragen. Das erste Lernen des Kindes ist also ein aktives, fragendes Lernen voll Vertrauen auf die Güte, den Sinn und die Verständlichkeit der Welt. Natürlich kann das Kind in mehrfacher Hinsicht enttäuscht und durch Enttäuschung geschädigt werden. Entscheidend ist jedoch, daß die geistigen und körperlichen Aktivitäten auf das Lernen gerichtet sind.

Dieses individuelle, im wesentlichen von innen gesteuerte Lernen im ersten Lebensabschnitt kann dem Pädagogen wichtige Hinweise für das schulische Lernen geben. Gewiß unterscheidet sich das Lernen in der Schule tiefgreifend vom kindlichen Lernen in der Vorschulzeit. Das Lernen wird nun zu einer bewußten, pädagogischen Veranstaltung. Aber der Pädagoge wird sich sagen müssen, daß auch schulisches Lernen nur auf ähnlichen Voraussetzungen gründen kann wie das kindliche Lernen allgemein. Wer Kinder kurz vor dem Eintritt in die Schule beobachtet, wird sehen, daß die Kinder sich auf die Schule freuen, sie leben mit großen Erwartungen der Schule entgegen, sie wollen etwas lernen. In den ersten Monaten der Schulzeit wird man dann bemerken, daß die Kinder von sich aus überall, wo es Lesbares gibt, zu lesen beginnen: Aufschriften an Lastkraftwagen, Leuchtschriften über Geschäften werden buchstabiert. Umgekehrt kann der Lehrer feststellen, daß er dort, wo diese Voraussetzung des kindlichen Lernens fehlt, nur wenig ausrichten kann: Wenn ein Kind nicht in der Lage ist, Buchstabenformen zu erkennen, sie zu behalten, sie von der Tafel abzuzeichnen und so ins Heft zu 'transportieren', wenn das Kind sich die Reihenfolge der Buchstaben nicht merken kann, wenn es mit den optischen Symbolen keine Lautbedeutung zu verbinden in der Lage ist – und derartige Fälle gibt es –, so können in schweren Fällen pädagogische Bemühungen monate- und jahrelang am Kind abgleiten und erfolglos bleiben. Dieser letztere Tatbestand macht den Lehrer darauf aufmerksam, daß nicht er es ist, der dem Kinde etwas 'beibringt', daß vielmehr der Unterricht dem Kinde Anlaß gibt, von sich aus zu lernen.

Dem Lehrer werden im Umgang mit seinen Schülern nicht nur die unterschiedlichen 'Begabungen', sozialen Hintergründe, Temperamente, sondern auch die verschiedenen individuellen Interessen und Lernstile seiner Schüler auffallen. Hier steht er in der Gefahr, sich an einzelnen oder Gruppen – seien es die Besten oder Unruhigsten oder der 'Durchschnitt' – zu orientieren und sein Verhalten an ihnen auszurichten. Er steht aber vor der Aufgabe, möglichst allen lernfähigen Kindern gerecht zu werden und jedem Kinde sein individuelles Lernen zu ermöglichen. Damit stellt sich dem Lehrer die erste entscheidende Frage: Ist es möglich, den Unterricht so zu gestalten und zu organisieren, daß innerhalb des allgemeinen Unterrichts der Klasse ein individuelles Lernen möglich ist?

Offensichtlich ist es nicht möglich, sich während des Unterrichts prinzipiell und dauernd mit einzelnen Schülern zu beschäftigen, jedem sein eigenes individuelles Häppchen und seine individuelle Diät zu verabreichen. Der Unterricht würde so atomisiert, unsoziales Verhalten würde eingeübt.

Darüber hinaus wäre aber auch der Lehrer im Erstellen ständiger Diagnosen und im Ersinnen neuer pädagogischer Maßnahmen überfordert. Aus Fehldiagnosen würden sich allzuleicht falsche Behandlungsweisen ergeben. Geht man von dem oben skizzierten Begriff des individuellen Lernens vom Kinde her aus, so erübrigt sich auch ein solches Vorgehen. Es kommt dann vielmehr darauf an, den Unterricht auf eine Weise zu gestalten, daß der Unterricht in sich ein sehr breites Spektrum von Lernangeboten enthält, dergestalt, daß verschiedene Lernwege möglich sind, daß verschiedene Interessen berücksichtigt werden, daß verschiedene Fähigkeiten herausgefordert werden.

Bevor diese Unterrichtsform in ihren Grundzügen skizziert werden soll, soll an die beiden anderen Voraussetzungen des Lernens erinnert werden, die für das Lernen des Kleinkindes gelten. Die erste Voraussetzung bestand in der persönlichen Bindung an die Mutter: Lernen vollzieht sich in einem persönlichen Rahmen und im Klima des Vertrauens und der Liebe. Diese Aussage darf nicht sentimental mißverstanden werden. Die Waldorfschulpädagogik beantwortet diese Forderung durch die Einrichtung eines Klassenlehrers, der die Schüler vom 1. bis zum 8. Schuljahr betreut und im Hauptunterricht (vgl. 'Epochenunterricht') unterrichtet. Das bedeutet in der Praxis, daß dieser Lehrer den größten Teil seiner Arbeitszeit (etwa zwei Drittel) einer Klasse widmet. Er hat also Zeit, sich eingehend mit seinen Schülern zu beschäftigen. Durch häufige Hausbesuche lernt er nicht nur die Eltern, sondern auch die Lebensbedingungen, unter denen das Kind aufwächst, kennen. So wird die Möglichkeit für eine dauernde persönliche Beziehung zwischen Kind und Lehrer geschaffen. Das Kind empfindet: Das ist mein Lehrer, er ist für mich da. Der Lehrer lernt das Kind wirklich kennen, indem er seine Entwicklung über Jahre verfolgt.

Die zweite Voraussetzung des Lernens im Vorschulalter und in der frühen Kindheit ist die Eigentätigkeit, das Lernen durch Spiel und Bewegung. Nun ist das übliche schulische Lernen in aller Regel sehr bewegungsarm. Stillsitzen, Aufpassen, Fragen beantworten, Inhalte aufnehmen verdrängen – namentlich in höheren Klassenstufen – fast ganz spielendes und arbeitendes Tun. Nun ist einzuräumen, daß entwicklungspsychologisch gesehen mit der Schulzeit die Möglichkeit einer verinnerlichten Tätigkeit (Piaget: konkrete Operationen) beginnt. Das Kind kann sich Handlungen vorstellen, es kann seine Phantasie aktiv betätigen. Allerdings ist es dabei auf bildhafte Vorstellungen angewiesen, die sinnvolle Tätigkeiten erfassen. Wo der Unterricht so verfährt, daß er diese aktive und bildhafte Phantasie beansprucht und nicht nur Fakten und fertige Anschauungen zum Gegenstand hat, kann das Kind befriedigt werden. Dennoch bedarf das Kind – und dies gilt besonders für unsere Zeit, die dem Kind wenig sinnvolle Spielmöglichkeiten anbietet – aktiver Lernweisen: Lernen durch Arbeit, Spiel, Bewegung und künstlerisches Tun. Wenn die Waldorfschule derartige praktische Tätigkeiten in ihren regulären Lehrplan aufnimmt, so nicht nur aus hygienischen und physiologischen Gründen, sondern auch deshalb, weil für viele Schüler der praktische und künstlerische Zugang, die tätige Aneignung von Inhalten ein wichtiger Lernweg ist, auf dem sie Erfahrungen individualisiert für sich gewinnen können.

Aus dem Vorangegangenen ergibt sich bereits der entscheidende Hinweis auf eine Unterrichtsgestaltung, die den Schülern individuelles Lernen ermöglicht. Die lineare, rein kognitive Behandlung eines Unterrichtsthemas, die, in strengen Lernschritten aufgebaut, Stunde für Stunde ein genau bezeichnetes Lernziel erreicht, gibt dem einzelnen Schüler keinen Raum, seine Fragen und Interessen einzubringen, verhindert u. U. überhaupt, daß der Schüler 'einsteigen' und für seine Art des Lernens einen Ansatzpunkt finden kann. Faßt man aber ein Thema so weit, daß zum Beispiel bei einem geographischen Thema auch biologische, soziale, ökonomische und vielleicht auch technische Gesichtspunkte Berücksichtigung finden, daß ein mathematisches Thema auch geometrisch und in der praktischen Anwendung gefaßt wird, so ist ein erster Schritt getan. Der allgemeine Inhalt muß von den verschiedensten Erfahrungsweisen und Blickpunkten faßbar und zugänglich werden. Eine besondere Hilfe ist es in diesem Zusammenhang, wenn man auf Fragen, die die Schüler wirklich interessieren, einzugehen lernt, namentlich auch auf latente Fragen, die nicht voll von den Schülern ausformuliert werden. Dabei kann man sich als Lehrer sagen, daß die Schülerfrage im Gegensatz zur Frage des Lehrers eine produktive und weiterführende Frage ist. Ein zweites Element muß aber dieses erste, das den Unterrichtsinhalt betrifft, ergänzen. Unterrichtsthemen sollten nicht nur verbal und als Wissen erarbeitet werden. Wo irgend möglich soll das Wissen durch das Tun der Schüler begründet und in Darstellung übergeführt werden. Die Darstellung beginnt in der selbständigen Führung der Epochenhefte und in der Illustration derselben und kann zu szenischen Darstellungen, Plastiken, Modellen, Bildern etc. führen. Manche Themen eröffnen die Möglichkeit für praktische Arbeit oder Experimente. Die im Waldorflehrplan vorgesehenen Fächer Handarbeit, Handwerk, Gartenbau u. a. üben und fördern aber auch intelligente Planung und sachliche Kenntnisse. Sie eröffnen damit Lernwege, die vom Tun zum Verstehen führen. Schließlich geben die eigentlich künstlerischen Fächer (Eurythmie, Musik, Malen, Plastizieren) Raum für Gestaltung und Äußerung. Aufführungen, Feste, Feiern in der Schule geben Gelegenheit, diese Leistungen zu zeigen. In der Oberstufe treten dann noch Praktika im Feldmessen, in Land- und Forstwirtschaft oder in der Industrie hinzu.

Die Schule, die auf diese Weise das Leben in der Schule nicht auf rezeptive und kognitive Tätigkeit beschränkt, regt den ganzen Menschen an. Die Erfahrung zeigt dann, daß praktische Arbeit und künstlerische Tätigkeit auf die Dauer auch Phantasie und intellektuelle Operationen fördern. Für praktisch begabte Schüler wird manches Problem erst in der praktischen Anwendung deutlich. Umgekehrt bedeutet für den intellektuell begabten Schüler künstlerische und praktische Tätigkeit eine Verlebendigung seines Wissens durch persönliche Erfahrung. Erfahrung in jeder Form läßt das Wissen, das zunächst notwendig allgemein ist, nicht nur konkret werden, die Erfahrung verbindet auch das Wissen mit der Person, die die Erfahrung macht. Für Schüler – namentlich für jüngere Schüler – ist es aber schwer, im rein intellektuellen Bereich Erfahrungen zu machen, selbst dann, wenn der Unterricht als Arbeitsunterricht organisiert ist. Die Erfahrung durch körperliche Eigentätigkeit – etwa im Handwerk, beim Tischlern, Schmieden oder in der Gartenarbeit, die künstlerische Darstellung im Plastizieren, Instrumentalspiel oder im Schauspiel – sind für den Schüler reichere Formen des Erlebens, in denen er mit dem Stoff ringt und sich selber erprobt: diese Erfahrungen sind immer individuell und erschließen gleichzeitig einen allgemeinen Inhalt.

2. *Die Klasse*

Man sagt für gewöhnlich, die Waldorfschule führe als Jahrgangsklasse vom 1. bis zum 12. Schuljahr. Schaut man sich aber die Geburtsdaten genau an, so sieht man, daß sich die Schüler über etwa zwei Jahrgänge verteilen, denn die Schüler werden nicht schematisch nach dem Geburtsdatum, sondern nach ihrer Schulreife eingeschult. Auch verlassen im Laufe der Zeit einige Schüler die Klasse, und neue Schüler kommen hinzu; im Prinzip aber bleibt die Klasse als Ganzes 12 Jahre lang zusammen. In einer derartigen Gruppe lernen sich die Schüler besonders gut kennen. Jeder Schüler gewinnt seine spezifische Identität in der Klasse, und es ist eine Aufgabe des Lehrers, dafür zu sorgen, daß die besonderen Qualitäten jedes Schülers auch in der Klasse zur Erscheinung kommen. Für den einzelnen Schüler bedeutet eine solche Gruppe, daß er in ihr und durch sie gekannt und getragen wird. Es bilden sich schnell kleinere Gemeinschaften, die sich gegenseitig helfen. Der Lehrer, der nicht in erster Linie an einer individuellen Leistungskontrolle zu Zwecken der Versetzung interessiert ist, wird Lerngemeinschaften, wird Hilfe im Unterricht fördern, weil durch die wechselseitige Hilfe der Schüler untereinander nicht nur die schwächeren Schüler gefördert werden, sondern auch deshalb, weil das Helfen auch dem Helfenden weiterhilft. So kann ein Schüler, der sicher und schnell arbeitet, gegen

Ende des Hauptunterrichts vielleicht dem neben ihm sitzenden Schüler noch einige Hinweise geben oder nachschauen, ob jener alles verstanden und richtig aufgezeichnet hat. In extremen Fällen zeigt es sich, daß es in der Klasse soziale Talente gibt, die sich besonders schwacher Schüler annehmen und zu Hause mit ihnen lernen. Auf diese Weise entsteht bei den Schülern ein Bewußtsein für individuelle Leistungen und für individuelle Gerechtigkeit. Auf dieser Basis des Mit-Verstehens durch die Schüler ist dann auch eine individuelle Beurteilung von Leistungen möglich.

Der fehlende Konkurrenzdruck läßt die Klasse im Laufe der Zeit zu einer Arbeitsgemeinschaft werden, in der jeder Schüler besondere Aufgaben übernehmen kann. Dadurch hat jeder Schüler in einer Klasse einen unverwechselbaren Wert, und zugleich entsteht ein Kommunikationsnetz in der Klasse, das sehr fein reagiert. So gehen Schüler durch Krisen, oder sie haben einen besonderen Kummer. Das wird von der Klasse bemerkt, ja, oft bemerkt die Klasse eine derartige Situation, bevor der Lehrer sie wahrgenommen hat. Dann kann die Klasse als Ganzes den einzelnen Schüler schützen, oft macht ein Schüler den Lehrer auf diskrete Art auf die Situation aufmerksam. Klasse und Lehrer gemeinsam helfen dem einzelnen, die Situation zu überbrücken oder die Schwierigkeit zu überwinden. Besonders deutlich wird diese Kooperation gegen Ende der Schulzeit, wenn die Schüler die staatlichen Prüfungen anstreben. Die Klasse wird dann zum sozialen Netz, das den einzelnen trägt.

Damit ist das Klima des Vertrauens geschaffen, in dem der Schüler lernen kann. Oft wird an die Waldorfpädagogik die Frage gestellt, ob nicht ein gewisser Leistungsdruck, eine bestimmte Härte in der Erziehung notwendig sei. Nun wäre die Waldorfschule gewiß mißverstanden, wenn man meinen würde, die schulische Arbeit würde sich nach dem Motto vollziehen, es gelte, spielend zu lernen, alles sei dem Schüler leicht und angenehm zu machen. Gegen dieses Mißverständnis hat sich schon Steiner gewehrt. Es handelt sich vielmehr darum, daß die Schüler nicht durch extrinsischen Druck (Noten, Versetzungsdruck, Konkurrenz, Ehrgeiz) zum Lernen veranlaßt werden sollen. Man geht vielmehr von der auch empirisch gesicherten Erkenntnis aus, daß ein intrinsisches Interesse (Interesse an der Sache) die beste Lernmotivation ist. Ebenso ist nachgewiesen, daß das Lernen unter Druck eher zu Lernblockaden als zum Erfolg führt. Eine besondere Form des Drucks ist die Angst vor der sozialen Blamage oder die soziale Unsicherheit. Wo diese Angst soweit als irgend möglich abgebaut wird, wo in einer Klasse durch das gegenseitige Sich-Kennen individuelle Leistungen und Irrtümer möglich sind, ist das Klima geschaffen, in welchem statt normierter Leistung individuelles Lernen möglich ist.

3. Der Blick auf das einzelne Kind

Man könnte nun meinen, daß das System des Klassenlehrers, der über acht Jahre hin eine Klasse betreut, daß der starke Akzent, der durch eine Persönlichkeit gesetzt wird, daß die besondere Wertschätzung des Individuellen nicht ohne Gefahren sei. Das ist einzuräumen. Deshalb aber ist in der kollegialen Konferenzarbeit in der Waldorfschule ein Gegengewicht geschaffen. Alle Lehrer, die in einer Klasse unterrichten, treffen sich regelmäßig zu Klassenbesprechungen, jede Klasse wird überdies von Zeit zu Zeit in der Gesamtkonferenz besprochen. Hierbei werden die einzelnen Schüler geschildert; alle Lehrer, die in einer Klasse unterrichten, tragen zu dem Bild eines Kindes bei. Dabei ergeben sich unterschiedliche Aspekte. Der Handwerkslehrer beobachtet naturgemäß anderes als der Lehrer, der eine Fremdsprache unterrichtet. Zu den Beschreibungen der Lehrer tritt ergänzend die Diagnose des Schularztes, der dem Unterricht einige Tage beigewohnt hat. So können zunächst Einseitigkeiten korrigiert werden, es entsteht ein einigermaßen vollständiges Bild.

Die Beschreibung des einzelnen Schülers beginnt mit dem äußeren Erscheinungsbild; also vielleicht: blond, dünnhäutig, wenig muskulös, er errötet leicht, hat schnell kalte Glieder. Die Bewegung wird u. U. vom Turnlehrer genauer beschrieben. Dann geht man zum Verhalten im Unterricht. Neigt der Schüler dazu zu träumen? Ist er häufig bei der Sache? Ermüdet er leicht? Neigt er dazu, sich trotz guter Kenntnisse bescheiden zurückzuhalten? Wie steht der Schüler in der Klasse? Findet er leicht Kontakt? Hat er gar eine führende Rolle? Auf eine derartige Beschreibung folgt eine Betrachtung seiner Arbeiten: man schaut sich die Hefte an, die er führt, die Bilder, die er gemalt hat. Gerade der Umgang mit Farben verrät viel, ebenso die Komposition eines Bildes. Dann wird der Handwerkslehrer z. B. eine Schale zeigen, die der Betreffende geschnitzt hat, und wird erläutern, welche Schwierigkeiten der Schüler bei der Arbeit hatte. Auf diese Weise trägt jedes Fach zum Bilde des Schülers bei. Dabei werden tunlichst zwei Dinge vermieden: die einseitige Leistungsbeurteilung nach den Kategorien 'begabt'–'unbegabt' oder 'sehr gut', 'befriedigend', 'mangelhaft' – weil derartige Kategorien kaum etwas Individuelles aussagen. Zum anderen wird man auch nicht aus freier Hand in modischer Weise psychologisieren. Der Umgang mit psychologischen Kategorien will gelernt sein, und das dilettantische Psychologisieren nutzt nur wenig, es geht schließlich darum, die Anschauung vom Kinde zu vertiefen, die individuelle Gestalt des Kindes sehen zu lernen.

Ein zweites Thema der Besprechung ist die Frage, ob in diesem Falle eine besondere Förderung, ob besondere Maßnahmen notwendig seien. In der Regel ist bereits die Beschreibung des Kindes so sprechend, daß dem Lehrer aus der intensivierten Beschäftigung mit dem Schüler neue Ideen kommen. In besonders problematischen Fällen wird man aber den Schularzt hinzuziehen, der nach einer Untersuchung und nach einem Gespräch mit Kind und Eltern bestimmte Maßnahmen verordnen kann. Hier kommen in erster Linie heileurythmische oder sprachtherapeutische Übungen in Frage.

Die Tatsache, daß sich die Lehrerschaft intensiv mit den einzelnen Schülern beschäftigt, bewirkt, daß die Schüler insgesamt genauer gesehen werden. Ferner werden die einzelnen Lehrer in ihren subjektiven Ansichten ggf. korrigiert, zum Beispiel wenn sie erfahren, daß ein Schüler, der ihnen als unkonzentriert und wenig aktiv erscheint, in einem anderen Fach geradezu Vorzügliches leistet. Man fragt sich unter solchen Umständen kritisch: Warum finde ich keinen Zugang zu dem Schüler? Entscheidend ist freilich das Interesse an individuellen Schülern, das durch solche Konferenzen geweckt wird.

Ein besonderes Instrument der individuellen Betrachtung und Förderung ist das Jahreszeugnis. Dieses Zeugnis wiederholt in gewisser, schriftlicher Form die Beschreibung des Schülers, die in den Konferenzen geübt wurde. Freilich muß dieses Zeugnis so gefaßt sein, daß der Schüler – zumindest von einem bestimmten Alter an – es auch lesen und teilweise verstehen kann. Das Zeugnis soll eine positive Beschreibung des Verhaltens, der Fähigkeiten, Leistungen und Fortschritte des Schülers sein. Positiv heißt nicht: schönfärberisch –, sondern positiv das feststellen, was sich gezeigt hat. Es kann also in diesem Zeugnis auch einmal stehen, daß ein Schüler Mühe hat, mit der Klasse Schritt zu halten. In den Fremdsprachen wird beispielsweise die Aussprache, die Sicherheit im Satzbau, die Fülle des Wortschatzes etc. beschrieben. Auf diese Weise erfahren Eltern und Schüler ziemlich genau, wie es um den einzelnen Schüler steht. Wichtiger aber ist wiederum die Tatsache, daß sich der Lehrer bei der Formulierung des Zeugnisses intensiv mit dem Schüler beschäftigt. Er wird vielleicht das Zeugnis des Vorjahres zur Hand nehmen und sich fragen: Habe ich den Schüler genügend im Auge gehabt? Haben sich meine Aussagen bestätigt? Was muß ich im kommenden Jahre tun?

Wie man sieht, fordert die Idee des individuellen Lernens einen bestimmten Einsatz vom Lehrer. Er muß sich intensiv mit dem Schüler beschäftigen. Er kann ihn sich nicht durch schlichte Beurteilungen, durch Einordnung in ein vorgegebenes Leistungsraster geistig vom Halse schaffen. Vielmehr ist er in der Lage, ganz persönlich auf den Schüler einzugehen. Das heißt praktisch: er muß sich als Individualität einsetzen. Dieser Einsatz der Individualität, die die Individualität des Schülers erzieht, ist am besten in einer freien Lehrerrepublik möglich, in der jeder Lehrer in erster Linie sich selbst und dem Schüler gegenüber verantwortlich ist. Es fehlen in einer solchen Republik direktoriale Anweisungen und ein ins Detail ausgearbeiteter Lehrplan ebenso wie spezifizierte methodische Vorschriften. Unter diesen Umständen kann der Lehrer das in den Unterricht einbringen, was seine persönlich errungenen Gedanken, Einsichten und Impulse sind. Die Waldorfschule vertraut in diesem Sinne darauf, daß Menschen am besten durch Menschen gebildet werden und daß ein individuelles Lernen durch die Individualität des Lehrers am ehesten gefördert wird.

II. ERFAHRUNGEN MIT DEM EPOCHENUNTERRICHT IN DER WALDORFSCHULE

WILHELM RAUTHE

1. Einrichtung der Epochen

Als Rudolf Steiner 1919 die Freie Waldorfschule in Stuttgart einrichtete, brach er mit der Gewohnheit des auch heute noch weitgehend üblichen Stundenplans, bei dem nach jeweils 45 Minuten der Übergang zu einem anderen Fachgebiet erfolgt, und führte das Unterrichten in *Epochen* ein.

Äußerlich gesehen verläuft der Epochenunterricht so, daß etwa durch vier Wochen hindurch ein und dasselbe Unterrichtsfach jeden Morgen zu Beginn eindreiviertel bis zwei Stunden lang ohne Pause behandelt wird. In dieser Zeit wird ein größeres Stoffgebiet oder der gesamte Stoff des Jahres durchgenommen. Gegenstände dieses 'Hauptunterrichtes' sind Deutsch, Geschichte, Kunstgeschichte, Erdkunde, Mathematik, Physik, Chemie, Biologie; in den unteren Klassen (1. bis 4. Schuljahr) Lesen und Schreiben, Rechnen und Sachkunde. Auf Deutsch und Mathematik kommen in der Oberstufe (9. bis 13. Schuljahr) zwei Epochen, auf die übrigen Fächer je eine Epoche im Jahr. In der Mittelstufe (5. bis 8. Schuljahr) liegen die Verhältnisse ähnlich.

Der Hauptunterricht kann in seiner Bedeutung und Wirkung nur recht gesehen werden, wenn er als Teil der verschiedenen Unterrichtsformen der Waldorfschule in ihrer Gesamtheit betrachtet wird. Diese sind in der folgenden Übersicht zusammengestellt.

An die Hauptunterrichtszeit schließen sich von 10 bis 12 Uhr die Fächer an, welche in Einzelstunden unterrichtet werden, weil eine sich regelmäßig wiederholende Übung nötig ist, vor allem die Sprachen und die künstlerischen Fächer. Da auch die Mathematik laufender Übung bedarf, werden ihre Epochen durch eine regelmäßige Übungsstunde ergänzt. In den Übungsfächern werden die Klassen zumeist geteilt; in den künstlerischen Fächern, weil nur kleinere Gruppen Arbeitsmöglichkeit finden, in den Sprachen, damit der einzelne Schüler häufiger angesprochen werden kann. Dabei erfolgt die Teilung in den neueren Sprachen auf der Oberstufe gelegentlich nach Niveaugruppen, so daß sowohl die mehr als auch die weniger weit vorgeschrittenen Schüler gleich gut gefördert werden können.

Zeit:	Unterrichtsform:	Unterrichtsfolge:	Größe der Gruppen:	Fächer:
8–10	Hauptunterrichts-Epochen	täglich	ganze Klassen	Deutsch, Geschichte, Erdk., Math., Phys., Chemie, Biologie, Sachkunde, Kunstgeschichte
10–12	Übungsunterricht in 1. Einzelstund. oder 2. Blockstunden	unregelmäßig verteilt	1. ganze, halbe 2. drittel Klasse	1. Sprachen, Eurythmie, Turnen, Relig., Musik, Orchester 2. Malen, Zeichnen, Plastizieren (Kl. 6–8)
12–14 15–17	Epochen	2–3mal wöchentlich als Blockstunden	drittel Klassen ganze Klasse	Handarb., Handw., Gartenbau, Praktischer Zug, Technologie, Gesundheitslehre
ganztägig	Voll-Epoche	1–3 Wochen lang	ganze Klassen	Feldmessen (eine Woche), Reisen (zwei bis drei Wochen), Praktika
an Nachmittagen	epochenartig	2–3mal wöchentlich	ganze Klassen	Dramatische Aufführungen, Eurythmie-Aufführungen
verschieden:	Feiern, Verfügungsstd.	frei eingestreut	13 Klassen 5 Oberklass.	Monatsfeiern, Spiele usw., Referat von Gästen

In der Mittagszeit oder am Nachmittag liegt künstlerisch-handwerklicher Unterricht, der für die Oberstufe in anderer Weise in Epochen erteilt wird als der Hauptunterricht. Er findet nicht täglich statt, sondern zwei- bis dreimal wöchentlich als Doppelstunde. Dabei wird für eine Gruppe etwa vier Wochen lang Handwerk (Schnitzen oder Buchbinden usw.) erteilt, dann wechselt das Fach. In diesem Zeitraum ist es für den Schüler möglich, eine Technik anfänglich in den Griff zu bekommen und ein Werkstück zu erstellen.

Da der Übungsunterricht in der Zeit von 10 bis 12 Uhr nicht voll untergebracht werden kann, greift er auch in die Mittagszeit hinein. Dadurch kann plantechnisch eine Differenzierung der Oberstufe durchgeführt werden, die an manchen Waldorfschulen besteht: die Aufgliederung in einen sprachlichen und einen praktischen oder einen kulturkundlichen Zug. Die Schüler des praktischen Zuges nehmen nur an einer Neuen Sprache teil, dafür erhalten sie verstärkten Unterricht in Schreinern, Metallarbeit, Schmieden, Töpfern, Buchbinden usw., die des kulturkundlichen Zuges arbeiten verstärkt in Technologie, Soziologie, Rechtskunde usw. In dieser Zeit werden die Schüler des sprachlichen Zuges in den beiden übrigen Sprachen unterrichtet.

Die Aufeinanderfolge von Hauptunterrichtsepoche, Übungsunterricht in Einzelstunden und handwerklich-praktischer Epoche entspricht den wechselnden Arbeitsmöglichkeiten des Kindes und des jungen Menschen. In den frühen Morgenstunden vermögen sie am leichtesten die größere geistige Konzentration aufzubringen, welche die mehr wissenschaftlichen Fächer insbesondere beim Epochenunterricht fordern.

Nach der großen Pause schließen sich die bewegteren Arbeitsformen der mehr die Empfindung schulenden künstlerischen Fächer an; den gleichen Charakter haben die Sprachen, wenn sie tätig-übend im Sinne der Waldorfpädagogik gelernt werden. Während es in der Mittagszeit wenig Sinn hat, noch stärkere Anforderungen an das Bewußtsein der Schüler zu stellen, können sie in den handwerklichen Fächern die Kräfte des noch nicht verbrauchten Willens unmittelbar voll einsetzen, wobei die Regelmäßigkeit der Beanspruchung, wie sie die praktischen Epochen ermöglichen, gerade diese Kräfte besonders bildet.

So beansprucht und bildet der Wechsel von Hauptunterrichtsepoche, Übungsunterricht und praktischer Epoche intensiv und allseitig das Bewußtsein, die Empfindung und den Willen. Die Reihenfolge, welche sich praktisch bewährt hat, berücksichtigt den rhythmischen Wechsel der Lebensfunktionen im Lauf des Tages. Am besten wäre es, am Mittag mit der zweiten Phase des Unterrichts zu schließen und den Rest auf den Nachmittag zu legen. Das ist aber heute, insbesondere in Großstädten, kaum möglich. Auch die Waldorfschulen haben den früher häufigen Nachmittagsunterricht zum Teil aufgeben und in die ungünstige Zeit zwischen 12 und 14 Uhr legen müssen. Die als Ganztagsschulen arbeitenden Waldorfschulen konnten eine in dieser Hinsicht gesundere Ordnung wieder einführen.

Das Epochenprinzip bestimmt aber noch weitere Unterrichtsformen der Waldorfschule, welche den gewöhnlichen Unterricht ergänzen. Im Rahmen der Technologie sieht der Plan der 10. Klasse eine Feldmeßepoche vor. Diese wird oft in einem geeigneten Gelände außerhalb der Schule ganztägig gegeben, der Vormittag dient der praktischen Vermessung, der Nachmittag der zeichnerischen und rechnerischen Auswertung. Ähnliche Unterbrechungen des Schullebens stellen die zwei- bis dreiwöchigen Reisen dar, von denen jede Klasse im Laufe der Schulzeit drei bis vier unternimmt und bei denen erdkundliche, erdgeschichtliche, völkerkundliche und kunstgeschichtliche Themen bearbeitet werden. Hierhin gehören auch die mehrwöchigen Praktika, die an manchen Waldorfschulen eingerichtet sind, und zwar als Landwirtschafts-, Sozial- und Betriebspraktikum. Allein bei diesen Unternehmungen und den Reisen handhabt die Waldorfschule die Lebensgemeinschaft als Erziehungsprinzip, die bei den Landerziehungsheimen durchgängig bestimmend ist. Sonst benutzt sie Unterrichtsformen, die auch jede öffentliche Schule anwenden könnte.

Auch die dramatischen und eurythmischen Aufführungen verlaufen aus der Natur der Sache in ihrer Vorbereitung epochenartig. Nach einer Reihe von kleineren Spielen in der Unter- und Mittelstufe versucht sich jede Klasse an zwei bis drei größeren Aufführungen, welche neben dem Unterricht zumeist nachmittags zwei- bis dreimal wöchentlich geübt werden. Kurz vor der Aufführung verdichtet sich allerdings die Arbeit so, daß die gesamte Freizeit der Beteiligten beansprucht wird. Diese Spiele, die für die ganze Schule und die Öffentlichkeit gegeben werden, bilden einen Teil der festlichen Unterbrechungen des Schullebens, welche etwa allmonatlich stattfinden und frei in den Unterricht eingestreut werden. Neben den großen Aufführungen stehen die sich regelmäßig wiederholenden Monatsfeiern, bei denen die Klassen im Unterricht Geübtes sich gegenseitig zeigen, Konzerte und die Oberuferer Weihnachtsspiele, welche die Lehrer für die Schüler spielen. – An manchen Waldorfschulen werden von Zeit zu Zeit am Samstagnachmittag für die Oberklassen 'Verfügungsstunden' eingerichtet, in denen Eltern oder Freunde der Schule aus ihren Arbeitsgebieten berichten und den Jugendlichen lebenskundliche Tatsachen vermitteln.

Der Überblick über die sehr differenzierten Unterrichtsformen der Waldorfschulen zeigt, daß diese weitgehend durch den Epochenunterricht in seinen verschiedenen Formen bestimmt sind, daß aber die Epoche aus fachmethodischen und psychologischen Gründen der Ergänzung durch den Übungsunterricht in Einzelstunden bedarf.

2. *Gründe und Wirkungen des Unterrichtens in Epochen*

Wirkliche geistige Arbeit kommt nur zustande bei Vertiefung in ein Sachgebiet, die eine solche Dauer hat, daß die Sache in ihren Einzelheiten auch aufgenommen werden kann, daß ihre geistigen Strukturen erfahren und zum Problem erhoben und daß die Lösungen der von der Sache gestellten Aufgaben gefunden werden können.

Die in den Übungsfächern berechtigten Kurzstunden werden heute auch auf die Sachfächer angewendet; das führt zu dem schnellen Wechsel der Gebiete, der für die heutigen Stundenpläne charakteristisch ist. Es zwingt zu einem Zerlegen des Jahrespensums in zu kleine Einzelheiten, die das geistig Wesentliche des Pensums in den Hintergrund drängen, weil immer wieder Neues mit gleichem Anspruch auftritt. Für die Schüler bringt das kurze vorübergehende Eintauchen in eine Sache, die notwendig oberflächliche Berührung, die Gefahr mit sich, daß sie zu einer Form der geistigen Arbeit erzogen werden, welcher die Tiefe fehlt.

In den Hauptunterrichts-Epochen kann sich der Schüler, ungestört durch andere Sachgebiete, eng mit einem Unterrichtsgegenstand verbinden, ihn in Ruhe von allen Seiten anschauen und in allen Einzelheiten durchdringen. Anstelle eines bloßen Kennens, einer nur verstandesmäßigen Aneignung entwickelt sich leichter wirkliches Interesse; Empfindung und Gefühl sind stärker beteiligt. Während der Stundenplan mit zahlreichen wechselnden Fächern zum enzyklopädischen Vielwissen verführt, erzeugt die Epoche geistiges Engagement.

Die Unverbindlichkeit, die sich bei den Menschen der gebildeten Schichten unserer Zeit vielfach zeigt, wenn es darum geht, Erkenntnisse im Leben anzuwenden, läßt sich sicher zum Teil auf die Wirkung des Stundenplans in ihrer Erziehung zurückführen. Der Epochenunterricht ist wegen der von ihm bewirkten starken Verbindung des Menschen mit der Sache geeignet, die Erkenntnisse aus der Ebene der intellektuellen Unverbindlichkeit in die der ethischen Verpflichtung hinunterzuführen. Das persönliche Interesse ist die Vorstufe dieser Verpflichtung, als deren Träger sich die Persönlichkeit empfinden sollte.

Noch mehr als die verstandesmäßig begabten und beweglichen Schüler brauchen die langsamen und dumpfen, welche die Waldorfschule nicht durch Auslese entfernt, den Epochenunterricht. Sie würden bei dauernd wechselnden Fächern schnell den Anschluß verlieren. In der Epoche aber können sie durch die Sache so stark und so lange angesprochen werden, daß sie an ihr aufwachen. Wie der Epochenunterricht den intellektuell begabten Schüler zur Gründlichkeit erzieht, so weckt er den dumpfen zur Verstandesklarheit.

Der wirklichen Bildung ist das Vermögen wesentlich, das einzelne als Glied des Ganzen zu erfahren, das nur scheinbar Große als nebensächlich, das äußerlich Zurücktretende in seiner oft symptomatischen Bedeutung zu erkennen. Wirkliche Bildung ist organisch strukturiert, ja ist selbst Organ, welches das Ganzheitliche von Welt und Leben wahrnimmt und gestaltet. Sie kann daher auch nur organisch entwickelt werden.

Im Gegensatz zum üblichen Stundenplan, wo im Hinblick auf ein Fachgebiet im Laufe des Jahres die Lektionen wie Bausteine zusammengesetzt werden müssen, selbst wenn in der einzelnen Stunde ein ganzheitliches methodisches Prinzip waltet, fordert die Epoche aus ihrer Eigenart durchgehend organische Handhabung. Schon äußerlich bildet die Epoche ein thematisches Ganzes. So ist z. B. in der 10. Klasse der Waldorfschule ausschließlich die Mechanik das Thema der Physik und das Thema des Deutschen die alt- und mittelhochdeutsche Dichtung in ihrer Entwicklung vom Germanischen zur christlichen Kultur des Mittelalters.

Die Notwendigkeit, in wenigen Wochen den gesamten Stoff des Jahres zu behandeln, zwingt zu einer ausgesprochenen „Ökonomie des Unterrichts", wie es Rudolf Steiner genannt hat. Er meinte damit die sorgfältige Auswahl und Gliederung des Stoffes, eine perspektivische geistige Ordnung, welche Unwesentliches zurücktreten, Wesentliches repräsentativ werden läßt, aber nicht nur in dem Sinne einer sorgfältigen Stoffauswahl, wie sie sich jeder Lehrer angelegen sein läßt, sondern als organische Durchdringung, die jedes einzelne als Glied des Ganzen gestaltet. Goethes Begriff des Urphänomens und der Metamorphose können dem Lehrer dabei eine Hilfe sein: das Urphänomen als jene zentrale Erscheinung eines Sachgebietes, die sich in all seinen Einzelerscheinungen modifiziert und damit alle einschließt, die Metamorphose als jenes organische Wandlungsprinzip, welches die Polaritäten in der Steigerung vereint. In diesem Sinne ist Epochenunterricht nur als exemplarisches Unterrichten möglich.

Goethes Urphänomen ist zugleich Erscheinung und Idee. So wird für das Gelingen einer Epoche als organischer Ganzheit das Finden der fruchtbaren Leitidee entscheidend sein. Ist sie gefunden, so wirkt sie wie ein Schlüssel, der bei allen Einzelheiten den in ihnen verborgenen Bezug zum Ganzen öffnet. Sie erweist sich als die *Zentralmonade* der Epoche. So ist der Epochenunterricht geeignet, in den Schülern Bildung als Organ für das Ganze von Leben und Welt zu veranlagen und zu entwickeln.

3. *'Rhythmischer Unterricht'*

Einer der Haupteinwände gegen den Epochenunterricht ist der, daß die Schüler im Laufe eines halben oder eines ganzen Jahres das Gelernte wieder vergessen würden. Dem widerspricht die Erfahrung. Beim Beginn der neuen Epoche scheint zwar oft nichts von der des Vorjahres mehr vorhanden, nach wenigen Tagen weiterführender Wiederholung aber sind die Inhalte und Fertigkeiten des vergangenen Unterrichtsabschnittes wieder aufgetaucht: und oft beobachtet der Lehrer überrascht, daß sogar Mängel ausgeglichen und Schwierigkeiten überwunden sind, die vielen in der letzten Epoche noch zu schaffen machten.

Diese Beobachtung kann auf die Bedeutung der Pause, des Ruhens in einem Entwicklungsprozeß, aufmerksam machen, die in der Biologie des Samenkorns allmählich gesehen wird, in der Pädagogik aber noch wenig Berücksichtigung findet. Stärker, als wir glauben, wirkt in der Erziehung das Aufklärungsideal des ununterbrochenen Bewußtseins. In erster Linie interessieren die Zeiten des Lernens, die verfügbaren Inhalte des Bewußtseins, die bewußt gehandhabten Fähigkeiten und Fertigkeiten; Vergessen, Schwächung des Bewußtseins, Ermüdung werden als bloß hindernd betrachtet. Die Entwicklung der seelischen Fähigkeiten des Menschen setzt aber die Spannung von Tag und Nacht voraus, von Wachen und Schlafen, Bewußtem und Unbewußtem, Lernen und Vergessen. Und wie tiefes Schlafen ein volles Wachen ermöglicht, so gründliches Vergessen ein frisches Lernen. Gerade die große Pause zwischen den Epochen, in welcher das Erarbeitete ruht, läßt die Schüler mit erneutem Interesse, mit wacherer Aufmerksamkeit, ausgeruht für das Fach, an den neuen Stoff herantreten. Dabei haben sich die in der Vergangenheit erworbenen Fähigkeiten in der Pause sogar gefestigt.

Die methodische Berücksichtigung der Polaritäten von Lernen und Vergessen, von Schlafen und Wachen, von Bewußtsein und Wille bezeichnet die Waldorfpädagogik als *rhythmischen Unterricht*. In diesem Sinne hat nicht die Epoche als konzentrierte Behandlung eines Fachgebietes allein Bedeutung, pädagogisch wesentlich ist die Polarität von Epoche und Epochenpause.

Als wechselweises Beanspruchen der Bewußtseins- und Willenskräfte des Kindes bestimmt das rhythmische Prinzip den methodischen Aufbau des Hauptunterrichts. Würde man den etwa zwei Zeitstunden langen Unterrichtsabschnitt nach den methodischen Grundsätzen der Einzelstunde einrichten, so müßte das, insbesondere in Unter- und Mittelstufe, die Kinder zu lange einseitig und daher zu stark beanspruchen. Den ersten Teil des Hauptunterrichtes nimmt künstlerische Betätigung der gesamten Klasse ein: Rezitation von Dichtung, Instrumental- oder Vokalmusik beanspruchen bis in die Klassen der Oberstufe hinein etwa die ersten zwanzig Minuten. Mindestens spricht jede Klasse zu Beginn den Morgenspruch. Bei diesem Teil werden dem Alter der Schüler entsprechende künstlerische Anforderungen gestellt, so daß er einen intensiv übenden Charakter erhält. Diese gemeinsame Willensbetätigung faßt die Klasse zusammen und schafft die Arbeitsgrundlage für den zweiten Unterrichtsabschnitt, in dem der jeweilige Unterrichtsgegenstand in lebendigem Wechsel von Darstellung und Aufnahme, von Darbietung des Lehrers und Produktion des Schülers weitergeführt wird. Das Hin und Her des Gespräches bestimmt entscheidend diesen Teil des Hauptunterrichtes, der auch Wiederholung, Besprechung der Hausaufgaben und vorbereitete Referate einzelner Schüler umfaßt. Die letzte Viertelstunde etwa nimmt der abschließende Erzähl-Teil ein. In Unter- und Mittelstufe sind die Erzählstoffe sorgfältig dem Alter der Kinder angepaßt und hängen mit dem deutschkundlichen Stoff zusammen. In der Oberstufe wird der Lehrer am Ende des Hauptunterrichtes eine zusammenfassende Darstellung des Bearbeiteten geben.

So führt der Hauptunterricht von der intensiven Betätigung des Willens im geformten, künstlerischen Tun über das lebendige Gespräch, das im Interesse das Gefühl beanspruchen sollte, zur Ruhe der inneren Anschauung, zur Klarheit des Bewußtseins. Jeder Hauptunterricht ist in diesem Sinne ein Weg vom Tun zum Begreifen und fügt die Kräfte des Willens, des Gefühls und der Erkenntnis im Prozeß zur Einheit.

Der Zerfall der Einheit des Menschen in die voneinander isolierten Teile des erkennenden und des wollenden Menschen ohne die Mitte des Gefühls ist eine der Bedrohungen der Gegenwart. Die Schule der Vergangenheit brauchte vorwiegend nur den erkennenden Menschen zu erziehen, sie konnte mit einer gesunden Willens- und Gefühlsgrundlage bei ihren Schülern rechnen, da eine weitgehend intakte Gesellschaft diese durch die sozialen Ordnungen des Standes und der Familie bewirkte. Heute muß die Schule die Aufgabe der Willensbildung und Gefühlspflege selber übernehmen. Das muß zu Wandlungen bis in die Methodik des Unterrichts hinein führen.

Hierhin gehört ein methodischer Hinweis Rudolf Steiners in bezug auf den Epochenunterricht. Die übliche, für sich stehende Unterrichtsstunde muß zu einem Ergebnis führen, etwa zu einem naturwissenschaftlichen Gesetz oder zu einem umrissenen Urteil über einen geschichtlichen Vorgang. Die nächste Stunde beginnt dann mit einem neuen Ansatz. Schon aus dem ganzheitlichen Charakter der Epoche läßt sich die Frage aufwerfen, ob das für den einzelnen Hauptunterricht auch gelte. Steiner regt an, den Vorgang, der sich sonst in einer Unterrichtsstunde abspielt, auf zwei Hauptunterrichte zu verteilen. In einem naturwissenschaftlichen Fach also solle das Experiment den ersten Abschnitt des Unterrichts bilden, die reine Vergegenwärtigung der Versuchsreihe etwa, unabhängig von der Apparatur, den zweiten. Das Gesetz als Ergebnis solle aber erst am nächsten Tag aus der wiederholenden Erinnerung des Versuches abgeleitet werden. Für die Geschichte wird ein ähnlicher Rhythmus von anschaulicher Darstellung, beschreibender Charakterisierung und wertender Beurteilung entwickelt.

Menschenkundlich liegt dem zugrunde, daß bei der Beobachtung des Experiments oder bei der innerlich anschaulich erlebten Geschichtsdarstellung der Wille in der Wahrnehmungsorganisation neben Empfinden und Denken, also der ganze Mensch tätig ist, auf der zweiten Stufe Empfinden und Denken wirken und auf der dritten bei der Formulierung des Gesetzes oder der Beurteilung vorwiegend die Erkenntnis vollzogen wird. Die Nacht aber als 'Pause', als Unterbrechung des bewußten Lebens, liegt vor der entscheidenden dritten Phase. Die Urteilsenthaltung wird gegen vorschnelles Urteilen heilsam sein. Entscheidender aber ist die Beobachtung, die man bei Anwendung dieses methodischen Aufbaues am zweiten Tage macht. Die Reproduktion des Versuches oder des geschichtlichen Vorganges durch den Schüler ist nicht photographisch genau, sicher ungenauer als am Vortage, aber – auch in den Ungenauigkeiten – persönlicher; und das Gesetz, das man ableitet, wird kraftvoller, wesentlicher erfaßt, das wertende Urteil eigenwilliger, mit größerer moralischer Intensität gefällt. Es ist, als ob sich in den Aufbauprozessen der Nacht die Erkenntnisse tiefer in das Wesen des Menschen hineingesetzt hätten, so daß die Urteile zugleich umfassender und persönlicher werden. Wenn man eine wichtige Entscheidung erst einmal 'überschlafen' möchte, empfindet man die Realität dieses Vorganges. Dabei ist es für den Unterricht wichtig, daß der Prozeß am nächsten Tage weitergeht. Wartet man zwei Tage, so scheint die Erinnerung durch die Erlebnisse des Zwischentages getrübt, und es ist schwer, zu einem befriedigenden Ergebnis zu gelangen.

So führt die Epoche, wie sie die Waldorfpädagogik meint, zu neuen methodischen Handhabungen, die geeignet sind, in den Schülern Kräfte zu veranlagen, welche der Gefahr der Persönlichkeitsspaltung entgegenwirken können.

Der Epochenunterricht ist ein wichtiger schulorganisatorischer und zugleich methodischer Begriff im Ganzen der Waldorfpädagogik. Ohne seine Anwendung würden die Waldorfschulen ihre Aufgabe, eine nicht ausgelesene Schülerschaft bis zur 12. Klasse zu führen, nicht lösen können. Denn er ermöglicht es, den jungen Menschen intensiver bildend zu ergreifen als die bisherigen Unterrichtsformen.

III. DIE SOZIALGESTALT DER WALDORFSCHULEN

STEFAN LEBER

1. Bemerkungen zu Staat, Schule und Selbstverwaltung

Im Jahre 1919 – in der Zeit des Umbruchs von der Monarchie und noch vor der Konstitution von Weimar – setzte sich Steiner in zahlreichen Vorträgen, Aufsätzen und in seiner Schrift ›Die Kernpunkte der sozialen Frage in den Lebensnotwendigkeiten der Gegenwart und Zukunft‹ für eine grundlegende gesellschaftliche und soziale Neuordnung ein, indem die herrschenden Machtstrukturen dahingehend ab- und umgebaut werden sollten, daß die Gesellschaft entsprechend ihren drei Hauptfunktionen in drei selbständige Lebensgebiete gegliedert wird. Die Hauptleistungsbereiche sind: Wirtschaft, Politik und Kultur. Sie stellen die „axialen Prinzipien" dar, wie D. Bell es jüngst nannte. Es sind die Achsen, um die sich die Gesellschaft dreht. Die axialen Prinzipien erfassen als „konzeptionelles Schema" deren wichtigste Kraftfelder.[1] Nun ordnet ihnen Steiner – nach der Terminologie Bells – „axiale Strukturen" zu: der *Wirtschaft* die der Assoziationen, durch die Zusammenarbeit, Gegenseitigkeit und Brüderlichkeit bewirkt werden soll; der *Politik* das Prinzip der Gleichheit, der *Kultur* und dem *geistigen Leben* das der Freiheit und Selbstbestimmung wie Selbstverwaltung. Zentraler Ansatz ist dabei, die staatliche Verwaltung zu begrenzen auf das öffentliche Recht, auf alles, was jeden Menschen gleichermaßen angeht. Es ist dies der Gedanke, den Staat zu minimalisieren, wie er in der Gegenwart radikal von Nozick[2] und Burnham[3] vertreten wird. Die nicht mehr vom Staat reglementierten Bereiche, nämlich das gesamte wissenschaftlich-kulturelle, religiöse Leben einerseits und die Gütererzeugung, die Warenverteilung, der Dienstleistungsbereich sowie der Markt andererseits, sollen durch differenzierte Formen der Selbstverwaltung von den Beteiligten und Betroffenen selbst gestaltet werden. Die fachliche – nicht die *rechtliche* – Schulaufsicht gilt als Initiative lähmend; gegen sie zieht Steiner zu Felde:

[1] D. Bell: Die nachindustrielle Gesellschaft. Frankfurt, New York, 1975, S. 27ff.

[2] R. Nozick: Anarchie, Staat, Utopia. München o. J.

[3] J. Burnham: Über Demokratie – Alternativen zum Parlamentarismus. Berlin 1989.

„Ein anderes ist dasjenige, was heute fast für unerläßlich gehalten wird in den weitesten Kreisen, was insbesondere eine große Bedeutung für die unteren Schulstufen hat: Das ist die sogenannte staatliche Schulaufsicht. Es kann nichts Ruinöseres geben für eine wirklich sachgemäße Entwicklung des Geisteslebens als eine solche amtliche oder halbamtliche Schulaufsicht. Dasjenige, was Bedürfnis des Geisteslebens im Schulwesen ist [...], was zu einer wirklich gedeihlichen Fortentwicklung notwendig ist, das erfordert eine Rücksichtnahme auf alle einzelnen Augenblicke, die sich ergeben aus dem lebendigen Unterricht selber. Das kann und darf niemals beurteilt werden durch eine irgend außenstehende Schulaufsicht. Einem Menschen, dem man einmal in der Selbstverwaltung des Geisteslebens durch alle die Vorsichten, die dazu notwendig sind, das Vertrauen geschenkt hat, daß er auf irgendeiner Stelle Menschen erzieht oder unterrichtet, dem darf, solange er auf seinem Posten steht, niemand in seine Methodik oder dergleichen hineinreden. ...“[4]

Was hier nun allein interessiert, ist die Frage: was geschieht, wenn das geistige Leben der Selbstverwaltung durch die darin Tätigen überantwortet wird? Um es zunächst noch ganz allgemein zu sagen: Steiner begriff nicht nur den Universitätsbereich und die Kirchen, sondern das gesamte Schulwesen als einen Bereich, der der Selbstverwaltung unterliegen sollte.[5] Er stellte sich damit – für das Schulwesen – in einen Traditionsstrom, der genauso alt ist wie die tatsächliche Übernahme des Schulwesens durch den Staat aus kirchlicher Beherrschung, umfassend im Allgemeinen Preußischen Landrecht erstmals 1792/94 festgelegt. Eine lange Namensliste von Kritikern an dieser Mediatisierung ist zu nennen: Humboldt, Dörpfeld, Sack bis E. Key, B. Otto, O. Wynecken.[6] Sie alle waren der Überzeugung, daß wirkliche Demokratie nur dann möglich sei, wenn das Selbstverwaltungsprinzip durchgängig praktiziert wird – also auch in der Schule –, denn in der Selbstverwaltung sehen sie jenes Prinzip, das den allein auf Herrschaft ausgerichteten Obrigkeitsstaat überwinden könnte. Selbstverwaltung heißt dementsprechend die Übernahme öffentlicher Aufgaben durch selbstverantwortlich Tätige. Seine Gedanken formuliert Steiner noch vor Gründung der Waldorfschule so: „Innerhalb des Staatsgefüges ist das Geistesleben zur Freiheit herangewachsen; es kann in dieser Freiheit nicht richtig leben, wenn ihm nicht die volle Selbstverwaltung gegeben

[4] R. Steiner: GA 192, Vortrag am 1. 6. 1919.

[5] Vgl. S. Leber: Chancen und Grenzen Freier Waldorfschulen, in: Bildung und Erziehung 4/1991, S. 409ff.

[6] C. Berg (Hrsg.): Staat und Schule oder Staatsschule: Stellungnahme von Pädagogen und Schulkritikern zu einem unerledigten Problem. Königstein 1980.

wird. Das Geistesleben fordert durch das Wesen, das es angenommen hat, daß es ein völlig selbständiges Glied des sozialen Organismus bilde. Das Erziehungs- und Unterrichtswesen, aus dem ja doch alles geistige Leben herauswächst, muß in die Verwaltung derer gestellt werden, die erziehen und unterrichten. In diese Verwaltung soll nichts hineinreden oder hineinregieren, was im Staate oder in der Wirtschaft tätig ist. Jeder Unterrichtende hat für das Unterrichten nur so viel Zeit aufzuwenden, daß er auch noch ein Verwaltender auf seinem Gebiete sein kann. Er wird dadurch die Verwaltung so besorgen, wie er die Erziehung und den Unterricht selbst besorgt. Niemand gibt Vorschriften, der nicht gleichzeitig selbst im lebendigen Unterrichten und Erziehen darinnen steht. Kein Parlament, keine Persönlichkeit, die vielleicht einmal unterrichtet hat, aber dies nicht mehr selbst tut, sprechen mit. Was im Unterricht ganz unmittelbar erfahren wird, das fließt auch in die Verwaltung ein. Es ist naturgemäß, daß innerhalb einer solchen Einrichtung Sachlichkeit und Fachtüchtigkeit in dem höchst möglichen Maße wirken."[7]

Was heißt nun Selbstverwaltung auf die einzelne Schule bezogen? Mit Gründung der Waldorfschule konnte nicht, wie Steiner es eigentlich als notwendig ansah, das gesamte Schulwesen reformiert werden; es konnte lediglich *eine* Schule eröffnet werden. Selbstverwaltung in diesem auf eine einzige Institution begrenzten Sinne heißt material

1. das selbständige Recht der Lehrerberufung und -entlassung,
2. der Schülerauswahl,
3. der Wahl und Ausgestaltung des Lehrplans und die Bestimmung der Unterrichtsfächer (Curricula),
4. die Bestimmung der Lehr- und Lernziele,
5. Selbstgestaltung der Abschlüsse ohne rechtsbestimmende Wirkung auf andere Einrichtungen (keine Berechtigungsvergabe), – ein Feld fortdauernder Kompromisse,
6. ferner – leider oder glücklicherweise – die wirtschaftliche Verantwortung für die Schule und
7. die Verwaltung durch die in der Einrichtung Tätigen selbst.

Es sind dies also alles Aufgaben, die in der BRD Staat und Gemeinden wahrnehmen. Mit der Gründung der Waldorfschule sind zugleich auch Zielsetzungen angestrebt, die sich mit bestehenden Normen nicht nur berühren, sondern sich gelegentlich an ihnen brechen.

[7] R. Steiner: GA 23, S. 9f.

2. Die Konstitution der Waldorfschule

Als Institution benötigt die Waldorfschule einen Rechtsmantel, der ihre Tätigkeit umschließt. Innerhalb dieses rechtlich geschaffenen und anderes, was nicht zur konkreten Schule gehört, als „fremd" ausgrenzenden Raumes kann sich dann die „eigengestaltete" schulische Tätigkeit entfalten. Als Rechtsgestalt wird in der Regel der eingetragene Verein (e. V.), gelegentlich auch die eingetragene Genossenschaft (e. G.) gewählt. Für den eingetragenen Verein schreibt das Vereinsrecht lediglich zwei Organe zwingend vor: einen *Vorstand,* der die Geschäfte führt, und die *Mitgliederversammlung* als legislatives Organ aller bestimmenden Rechtsgenossen. Durch ihre minimalen Vorschriften ist diese Rechtsform des Vereins hervorragend geeignet, den jeweils in einer Gemeinschaft vorhandenen Intentionen angepaßt und gerecht zu werden, weil sie sich dem Willen der Gemeinschaft entsprechend bilden oder umbilden läßt. Es ist gleichsam eine plastische und plastizierbare Form. Mitglieder im juristischen Sinn sind alle Eltern sowie die rechtsmündigen Schüler, die Lehrer und Mitarbeiter sowie Freunde der Schule. In der Regel wird heute versucht, eine mögliche Spaltung zwischen der „eigentlichen Schule" und ihrem „nur" rechtlichen Träger tatsächlich aufzuheben, indem die Schule den Verein bildet. So braucht nicht mehr auf der einen Seite die pädagogische Tätigkeit als etwas Spezifisches gedacht zu werden und auf der anderen der Verein als der Betreiber und Verantwortliche für die Schule. Das heißt also, die Schule wird als Ganzes zum eingetragenen Verein, und die nötige Differenzierung geschieht durch die Bildung entsprechender Organe im Verein.

Damit stellt sich dann aber auch schon die nächste Frage, welche einzelnen Organe notwendigerweise zu bilden seien. Denn die Schule selbst ist ja ein durchaus recht differenzierter Organismus, und jede Schule individualisiert sich auch gegenüber anderen Schulen sogar gleicher pädagogischer Intention.

So hat sich – historisch gesehen – als erstes *Organ für die pädagogischen Anliegen und Aufgaben* die *Lehrerkonferenz* herausgebildet. Die Geschäftsführung sowie die Verantwortung für die wirtschaftlichen Belange obliegen dem *Vorstand,* der dafür wiederum weitere Organe oder Personen beauftragen kann. Der Vorstand ist in aller Regel paritätisch besetzt mit Vertretern aus Eltern- und Lehrerschaft. Zwischen der Mitgliederversammlung einerseits, dem Vorstand und der Lehrerkonferenz andererseits hat sich seit dem Zweiten Weltkrieg zunehmend ein weiteres Organ als notwendig erwiesen, nennen wir es – der Sprachgebrauch ist noch uneinheitlich – die Eltern-Lehrer-Konferenz oder das Schulparlament oder den Schulrat oder Vertrauenskreis. Während sich die zuvor genannten Organe streng funktional von ihren Aufgaben her bestimmen, scheint bei dem keineswegs weniger wichtigen Zwischenorgan der Elternschaft die Bestimmung sich weniger aus den vereinsmäßigen Funktionen als vielmehr aus den Intentionen der an der Schule Beteiligten zu ergeben. Fallweise bilden die Schüler für ihre eigenen Belange zusätzlich ein eigenes Organ, den *Schülerrat* oder die *Schüler-Lehrer-Konferenz*.

3. Die Selbstverwaltung der Pädagogik – die Lehrerkonferenz[8]

Steiner tritt für *Freiheit des pädagogischen Tuns* ein, das heißt, jeder Lehrer hat in der Gestaltung seiner Tätigkeit autonom zu sein. Er bestimmt selbst die Ziele und Inhalte seines Lehrens im Unterricht, desgleichen seine Methoden. Diese Freiheit ist zunächst unverzichtbar, wenn der einzelne sich mit seinen Intentionen voll in die Tätigkeit einbringen soll. Sie war genau als solche individuelle Freiheit für den einzelnen Lehrer von Steiner gewollt. Doch damit tritt ein zweites Problem in den Sichtkreis: die *Einheitlichkeit*, denn Schule ist nicht der einzelne Lehrer, so begabt er auch sein mag; nicht er – auch nicht andere einzelne – macht die Schule und ihre Pädagogik aus, wenn es auch ohne ihn oder sie keine Schule gäbe, sondern alle Lehrer gemeinsam mit ihrer Grundüberzeugung, ihrer jeweils individuellen, aber letztlich doch gemeinsam aufeinander abgestimmten Tätigkeit, die nicht nur einen Schüler, einen Jahrgang, sondern das Gesamt der Schule umgreifen muß, konstituieren Schule zu einem Einheitlichen, zur Ganzheit. Dieses Problem kann zugespitzt als die Frage nach der Einheitlichkeit – bei Freiheit der Individualität – bezeichnet werden, ein Problem, das sich in dieser Form nicht bei Hochschulen als Gesamteinrichtung, sondern allenfalls für die Fachbereiche stellt. Um aber das Einheitliche der Schule, gleichsam den Geist der Schule, als Ganzes herzustellen, müssen die durchaus ganz individuell Tätigen sich zuvörderst gemeinsam beraten, besprechen und durch das Gespräch ihre Tätigkeit und ihre Intentionen aufeinander abstimmen und aus den Einzelanliegen und -fähigkeiten eine Gesamtintention formen, so daß die schulischen Maßnahmen nicht additiv nebeneinanderstehen, sondern einer gemeinsamen Sinngebung entspringen. Unter Freien kann dieser Vorgang nur in *freier Beratung* und Entschlußbildung geschehen. Der Ort, wo dies geschieht, ist die Lehrerkonferenz, die als ein gemeinsames Konzilium aller Lehrenden verstanden wer-

[8] Die Schulgestalt mit ihren Einrichtungen, Absichten, Versuchen, Problemen ist ausführlich beschrieben bei S. Leber: Die Sozialgestalt der Waldorfschule. Stuttgart ^{3}1991, mit ausführlichen Literaturnachweisen.

den kann. Die Lehrerkonferenz – damit sind wir beim Faktischen – tagt als das „Organ der Schulleitung“ während der Schulzeit wöchentlich; als bester Tag dafür hat sich der Donnerstag bewährt, weil sich bis dahin das schulische Leben innerhalb der Woche schon so weit entfaltet hat, daß inhaltsgesättigt über anstehende Probleme beraten werden kann, und weil andererseits das bevorstehende Wochenende noch so weit entfernt ist, daß es nicht seine Schatten ermüdend vorauswirft.

Die Konferenz gliedert sich funktionell nach drei Aufgabengebieten:

1. *Die pädagogische Konferenz:* In ihr werden alle anstehenden pädagogischen Fragen erörtert: Besprechung einzelner Kinder mit ihren Schwierigkeiten, mögliche Hilfestellungen usw., Klassenbesprechungen, ferner Berichte von den Lehrern über ihre Arbeit in der jeweiligen Klasse, daneben aber auch grundsätzliche Fragen zu einzelnen Fächern, zum Lebensalter, zu bestimmten Krankheitsbildern, Entwicklungsphänomenen, dann Fragen der Methodik und der Disziplin, aber auch Beratung über neue Fächer wie Computertechnologie oder Sexualkunde u. a.

2. *Technische oder Verwaltungskonferenz:* Hier werden alle das laufende Schulleben betreffenden Angelegenheiten erörtert, Mitteilungen über Elternabende gemacht, Planungen vorgestellt u. a., so daß sich ein Abbild vom laufenden Schulleben ergibt und sich auch ein Bewußtwerden möglicherweise vorhandener Mängel einstellen kann.

3. *Schulleitungs- oder Geschäftskonferenz:* In ihr fallen Entscheidungen über die Lehrerzuwahl, in ihr finden Abstimmung und Verständigung über die Schulführung, also die Grundsatzentscheidungen statt, aber auch Gespräche über kollegiale Fragen oder persönlichen Dissens. Ihr kommen all die Schulleitungsaufgaben zu, die herkömmlicherweise der Direktion sowie den vorgesetzten Behörden mit ihren Erlassen, Verordnungen und Anweisungen unterliegen.

An der Pädagogischen und Verwaltungskonferenz nehmen alle Lehrer teil, an der Schulleitungs- oder Geschäftskonferenz all jene, die einerseits einen vollen Lehrauftrag ausüben, zum andern die sich nach der Erprobungsphase auf Dauer zur Mitarbeit an der Schule entschieden haben und die bereit sind, die zusätzliche Zeit regelmäßig aufzuwenden (etwa *nach einem Jahr*). Das Organ Lehrerkonferenz regelt alle pädagogischen Angelegenheiten autonom. Auf diese Weise ist pädagogische Selbstbestimmung und damit die Freiheit in die Schule selbst verlegt, und die Tätigen gestalten und verantworten sie. Da allerdings pädagogische Entscheidungen – seien es solche curricularer Art oder solche, die über den Verbleib eines Schülers an der Schule zu treffen sind – niemals ohne Rückwirkung im sozialen Raum bleiben, kann die „freie“ Entscheidung niemals eine willkürliche, bloß libertäre, d. h. zu den Realitäten bezuglose sein, sondern muß stets auch die sozialen Folgen sorgfältig reflektieren. Wird etwa aus pädagogischen Überlegungen heraus im Technologieunterricht der Oberstufe ein neues Fach Computertechnologie eingerichtet, so hat dies neben den pädagogischen Intentionen auch wirtschaftliche Konsequenzen, die als solche nicht unmittelbar aus den pädagogischen Überlegungen selbst folgen. Entsprechendes gilt für die sozialen Folgen einer etwa im Extremfall notwendigen Schülerrelegation, so unerwünscht sie auch sein mag. In beiden Fällen ist es von Bedeutung, daß zum pädagogischen Sachverstand sinnvollerweise noch eine weitere Kompetenz sozialer oder wirtschaftlicher wie juristischer Art hinzutritt, wie sie in aller Regel sehr wohl auf seiten der Elternvertreter im Schulvereinsvorstand vorhanden sein kann. Der Vorstand des Vereins hat durch seine formale Zuständigkeit die Verantwortung für die Haushaltsführung, aber auch die rechtliche Vertretung der Schule. Entweder das eine oder das andere ist in den genannten Beispielen gefordert. So ist die Schule auf das Zusammenwirken verschiedener Organe im Selbstverwaltungsprozeß angelegt.

An den genannten Beispielen wird sichtbar, daß nur durch *gemeinsame Beratung* und Entscheidungsfindung Freiheit inhaltsgesättigt und sachbezogen realisierbar wird. Davon ist eine abstrakte und damit willkürliche Freiheit im Sinne eines nur selbstbezogenen „Freiseins" sehr wohl abzutrennen. Es kann deutlich werden, was mit dieser Form der Selbstverwaltung der Schule gemeint ist: Freiheit *und* Verantwortung für alle unmittelbar an der Schule Beteiligten. Mit dieser Doppelheit mag zusammenhängen, daß im Unterschied zur Theorie, nach der im Grunde jeder mündige Mensch sein Tun selbst bestimmen möchte und sollte, und im Unterschied zu den Teilhabebestrebungen auf allen Gebieten – sei es in der betrieblichen Mitbestimmung, sei es im Bereich der Hochschule – es gerade die viel überschaubarere Schule bisher so schwer hatte, Modelle der Selbstverwaltung auszubilden, weil es nämlich letztlich doch bequemer ist, die mit ihr verbundene Verantwortung an hoheitliche Instanzen abzugeben. Als Steiner seine Gedanken zur Dreigliederung an der Universität Tübingen im Kreise einiger Professoren vortrug und dabei hervorhob, daß die Selbstverwaltung des gesamten geistig-kulturellen Lebens, vor allem aber des Unterrichtswesens und der Hochschule nötig sei und daß dies durch die Bildung eines Kulturrates ganz erheblich gefördert werden könnte, bestand dafür durchaus Verständnis. In der Diskussion wurden dann aber neben Zustimmung auch Bedenken wegen der vorhersehbaren Schwierigkeiten vorgebracht, die eine Selbstverwaltung mit sich bringen würde. „Demgegenüber, was sich da an Neid und Eifersucht unter den Kollegen zeigen würde, glaubten sie [die Professoren], der Verwaltung durch ein übergeordnetes Kultusministerium doch immer den Vorzug" geben zu müssen.[9]

Wir bringen dieses Beispiel, weil sich zwei Probleme daran ablesen lassen: Selbstverwaltung ist einerseits eine Frage der Einstellung und des Wollens, andererseits bringt sie das „Allzu-Menschliche" möglicherweise unverstellt zutage.

1) Schwierigkeiten

Und in der Tat, bequem ist weder die Ermittlung des gemeinsamen Konsens für pädagogische Gestaltungen im einzelnen – selbst bei allgemeiner Übereinstimmung in der Grundrichtung der Konferenz – noch die Gewinnung einmütiger Entscheidungen etwa in grundlegenden Fragen der Zielsetzung oder gelegentlich auch in personellen Fragen. Die Beratung in der Selbstverwaltung ist dazu stets auch zeitaufwendig, und sie hat außerdem noch unter Einbezug verschiedener Organe zu erfolgen, weil sonst sich neuerliche Schwierigkeiten einstellen, wenn der Informationsfluß nicht zureichend war. Schon diese Prozedur der Berücksichtigung verschiedener Kollegialorgane stellt an den reibungslosen Ablauf gelegentlich nicht unerhebliche Anforderungen. Zwar verläuft das Konferenzgeschehen in aller Regel geübt und routiniert, doch gibt es im sozialen wie im individuellen Leben Zeiten, die sich durch geringe Entwicklungsimpulse kennzeichnen lassen, und dann wieder solche, die allzu dynamisch gespannt, ja übersteigert verlaufen. Gerade in solchen Phasen ist zu bemerken, wie etwa persönliche Bequemlichkeit oder auch gesteigerte Empfindlichkeit, Sachgesichtspunkte überformend, in das Konferenzgeschehen verstärkt einwirken können.

Das ist allerdings nicht zu beklagen, denn die Schule als soziale Einrichtung darf durchaus etwas von dem abspiegeln, was dem Auf und Ab jeglicher menschlicher Entwicklung entspricht. Und diese läßt sich durch die beiden Pole *Stagnation* und *Krise* (als Umschlagpunkt zu einer neuen Entwicklung) kennzeichnen. Dazwischen liegen Zeiten erhöhter individueller Leistungsfähigkeit. So sehen wir denn das Leben der Schule, die sich selbst verwaltet, zwischen den Polen der Stagnation, der lebensvollen Leistungserbringung und krisenhafter Konflikteskalationen, die mit neuen Zielbestimmungen, mit Anpassung an veränderte Anforderungen durch die nachwachsende Generation zu tun haben. Dieses Geschehen wird inner-

[9] So referiert von einem Teilnehmer: E. Leinhas: Aus der Arbeit mit Rudolf Steiner. Basel 1950.

halb der Selbstverwaltungsorgane überformt von gruppendynamischen Prozessen, wie sie unter Erwachsenen – im hier betrachteten Organ: unter Lehrern – stattfinden. Dasselbe gilt entsprechend im Hinblick auf andere Organe. Hierbei können Momente wirksam werden, die mit der Schule selbst wenig, wohl aber mit sozialen Prozessen, der Einbettung der einzelnen in ein Ganzes, viel zu tun haben.

Das ganze vielfältig beschriebene Repertoire formaler Organisation[10] wird hier wirksam. Dies ist in der auf Selbstverwaltung in der genossenschaftlichen Form aufgebauten Struktur der Waldorfschule keineswegs anders, ja sogar verstärkt wirksam. Hat man es in der hierarchisch-monokratischen Sozialverfassung mit klaren Über- und Unterordnungsstrukturen zu tun, die durch informale Prozesse konterkariert zu werden vermögen, so in der genossenschaftlich-demokratischen, also in einer von allen als Gleichen ausgehenden Verfassung mit einer besonderen Herausforderung: In einer Zeit, wo Gleichheit und Gleichberechtigung als hohe Werte zu betrachten sind, wo zugleich aber auch der starke Impuls der Autonomie und Selbstverwirklichung lebt, wird dieses in jedem Menschen vorhandene Spannungsverhältnis innerhalb der sozialen Struktur zum Ausgleich gebracht werden müssen. Das spiegelt sich bis in die soziale Gestaltung ab. Und so kennen die Waldorfschulen in ihrer Konferenzordnung durchaus beide Typen: das ganz an der Gleichheit orientierte Verfahren, wo jeder sich äußern soll und zugleich aus Respekt vor der Freiheit des einzelnen keine Mehrheitsentscheidungen getroffen werden. Dabei wird zeitaufwendig so lange diskutiert, bis alle einem Beschluß zustimmen können (Einmütigkeit). Bei diesem Modell, das versucht, Freiheit und Gleichheit miteinander zu versöhnen, indem Beschlüsse einstimmig gefaßt werden, besteht die Gefahr, daß ein einzelner die Beschlußfähigkeit obstruieren kann, ähnlich dem polnischen Reichstag in seinem Endzustand. Das andere mögliche Modell besteht darin, daß ein oder einige fachlich besonders kompetente Lehrer zu Meinungsbildnern werden, denen in allen wichtigen Fragen die Mehrheit folgt. In solchen Fällen herrscht dann durchaus eine klare und entschiedene Struktur. Meist ist allerdings eine Mischform von beidem anzutreffen.

Steiner selbst empfahl schon gleich nach Begründung der ersten Waldorfschule eine *„republikanisch-demokratische"* Verfassung, wobei die „Republik" substantiell darauf hinweist, daß es um die unter den Gleichen waltende Würde, die virtutes oder sozialen Tugenden der Gemeinschaft oder um die „guten Sitten" geht, die vor allzu großem Subjektivismus von innen her schützen sollen; bei der demokratischen Komponente, also der Gleichheit, geht es um den gleichberechtigten Zugang aller Lehrer zu den

[10] Vgl. N. Luhmann: Funktion und Folgen formaler Organisation. Berlin 1964.

Ämtern und das gleiche Stimmgewicht bei den Entscheidungen für die Gemeinschaft. In unterschiedlicher Form haben die Waldorfschulen diese immanente Spannung des Demokratischen und Republikanischen durch ihre Sozialgestalt zum Ausgleich zu bringen versucht. Ein bedeutendes Instrument der Vermittlung zwischen beidem und zugleich der Entlastung bildet dabei das Delegationsprinzip.

2) Delegationsprinzip

Da an den Waldorfschulen – abgesehen von der Vereinssatzung – zumeist wenig formalisierte Strukturen bestehen, mithin die Verfahrensweisen der einzelnen Organe weniger einer geschriebenen Geschäftsordnung als der Form des englischen *common law,* des gewachsenen Gemein- oder Gewohnheitsrechts, unterliegen, ist die einzelne Struktur innerhalb einer Einrichtung nicht durch formalen Vergleich zu gewinnen. Doch kann allgemein gesagt werden, daß der an der Waldorfschule vorherrschende Typus weder die Form einer „Versammlungsregierung“ (Loewenstein) noch einer Monarchie (Direktor) bildet, sondern dazwischenliegt: Einzelne Aufgabenfelder werden von der Gesamtkonferenz *auf Zeit* an einzelne Persönlichkeiten oder Gruppen delegiert; im Rahmen der Beauftragung sind diese, solange das zeitlich begrenzte Mandat währt, weitgehend autonom und entlasten so die Konferenz von Entscheidungen. Treten in der Aufgabenerfüllung indessen grundsätzliche Fragen auf, so werden diese der Konferenz zur Entscheidung vorgelegt.

Als die wichtigsten Delegationen lassen sich die folgenden bezeichnen:

1. Konferenzvorbereitung: Leitung und Durchführung der Beschlüsse etwa durch einen gewählten mehrköpfigen Verwaltungsrat (oder wie immer dieser Kreis benannt wird). Er stellt zugleich in toto oder durch Einzelbenennung die Schulleitung nach außen dar, d. h. repräsentiert die Schule.
2. Schüleraufnahmen: Diese werden in einer eigenen Delegation von einem oder wenigen Kollegen durchgeführt. Ihre Entscheidungen gehen, soweit es sich nicht um die erste Klasse handelt, wo sie selbständig entscheiden können, an die Konferenz und müssen von dieser bestätigt werden.
3. Die Lehrergewinnung ist entweder Sache des Verwaltungsrats oder wird von einem oder mehreren Lehrern als eigene Delegation wahrgenommen, indem die Korrespondenz und Vorgespräche geführt werden. Die Entscheidung ist dann aber wieder Sache der Konferenz als Entscheidungsorgan (fallweise in Verbindung mit anderen Organen).

4. Für zahlreiche andere Aufgaben wie Stundenplan, Festgestaltung, Kontakt zu anderen Organen oder Fragen der Mitgliedschaft usw. werden gleichfalls Delegationen erteilt, die in der Regel auf ein Jahr durch Benennung oder Wahl von seiten der Konferenz erfolgen, dann an diese zurückfallen, wobei Wiederbenennung möglich ist.

Damit ist strukturell die Selbstverwaltung des Lehrerkollegiums beschrieben. Sie bildet zeitlich zweifellos den umfänglichsten Anteil an der schulischen Selbstverwaltung.

4. *Vorstandstätigkeit*

Den zweiten Bereich stellt dann, wie bereits erwähnt, die Vorstandstätigkeit dar. Dem Vorstand obliegt die Vertretung des Vereins gerichtlich und außergerichtlich und damit auch ein großer Teil der Geschäftsführung, nämlich die Entscheidungen über den Haushalt. Hier ist der Ausgleich zwischen mehreren Anforderungen und Interessen sowie gegebenen Notwendigkeiten herzustellen. Darum empfiehlt es sich, daß in diesem Gremium nicht nur Lehrer oder Eltern, sondern eben beide Gruppen zugleich vertreten sind. Denn Selbstverwaltung heißt, daß bis in die wirtschaftlichen Belange, bis in den Ausgleich des Haushalts die Verhältnisse stimmen und verantwortet werden. Hier berühren sich – noch anders als in der Pädagogik – eigene Absichten und soziale Gegebenheiten unmittelbar und hart im Raum. Was gewöhnlich einen Teil der staatlichen oder kommunalen Haushalte darstellt und damit in die Verfügung hoheitlicher Administration fällt, ist an der Freien Schule nunmehr Selbstverwaltungsaufgabe.

Wo kommen die Mittel her? Was kann an Personalaufwendung für den Unterricht erbracht, was an notwendigen Investitionen geleistet werden? Was ist unverzichtbar, was dringend, was unaufschiebbar, was wünschenswert? Bewertungen sind vorzunehmen, denn eine Haupteigenschaft des Geldes ist seine Knappheit. Wünsche und Möglichkeiten können differieren – durch die Selbstverwaltung kommen sie indes den Beteiligten erst voll in den Blick. Seit das Schulwesen unter die Staatsaufgaben fällt, ist es auch vom Staat zu finanzieren. Doch diese Aufgabe beschränkte der Staat – anders als die Aufsicht – ironischerweise zunächst auf seine eigenen Schulen. So mußten sich die neben den staatlichen Schulen zugelassenen Schulen in freier Trägerschaft – seit Weimar heißen sie Ersatzschulen, da sie staatliche Schulen in ihrer Aufgabenerfüllung ersetzen – selbst finanzieren; im Rechtsverständnis galt ihre Existenz als „Privatangelegenheit". Und wer sich neben dem Regelangebot einen „pädagogischen Luxus" leisten wollte, hatte dafür gefälligst selbst aufzukommen. Soweit die freien Träger über eigene Steuermittel verfügen, wie etwa die Kirchen, mag das weniger schwerwiegend sein, aber wo nur die Eltern als Finanzquelle angegangen werden können, kann die Freiheit, die Schule zu wählen, auf diesem Weg faktisch und kalt ausgelöscht werden. Aus obrigkeitsstaatlicher Gesinnung wurde der Begriff Privatschule geprägt und bis heute meist auch beibehalten. Noch in der Debatte des Parlamentarischen Rates 1948/49 war zwar wenig umstritten, daß es kein Staatsmonopol auf Schule geben sollte, „weil sich hier interessante Experimente ergeben, die für die öffentlichen Schulen wichtig sein können" (so Theodor Heuss). Aber in der Frage der Finanzierung lehnte die parlamentarische Mehrheit einen Antrag, der auf Finanzierung Freier Schulen zielte, eindeutig ab. Inzwischen ist nicht nur von Vertretern der Schulen in freier Trägerschaft, sondern auch pädagogikgeschichtlich aufgewiesen, daß in der Terminologie „öffentlich" versus „privat" für das Schulwesen schlicht ein Mißverständnis vorliegt, denn es handelt sich ja in der schulischen Pädagogik stets um eine *öffentliche Aufgabe*, die entweder durch einen hoheitlichen oder durch einen freien, d. h. nichtstaatlichen Träger wahrgenommen werden kann. Öffentlich sind Schulen immer, „wenn der Zutritt offensteht"[11]. „Freie Schulen ... sind also öffentliche Schulen wie die staatlichen Schulen."[12] Inzwischen hat das Bundesverfassungsgericht in seinem bedeutsamen Finanzhilfeurteil vom 8. 4. 1987 u. a. folgendermaßen argumentiert: Die im Grundgesetz „zum Ausdruck kommende Absage an ein staatliches Schulmonopol enthält zugleich eine der freiheitlich-demokratischen Grundordnung entsprechende Entscheidung gegen eine Benachteiligung gleichwertiger Ersatzschulen im Verhältnis zu staatlichen Schulen allein wegen ihrer andersartigen Erziehungsformen und -inhalte. [...] Der Staat muß den schulischen Pluralismus auch gegen sich selbst in der Weise garantieren, daß er auf eigenen Akten beruhende Beeinträchtigungen dieses Pluralismus durch staatliche Förderung in ihrer Wirkung neutralisiert."[13]

Als Konsequenz hat der Verfassungsgerichtshof für die Bundesrepublik festgestellt, daß der Staat mindestens die vergleichbaren Kosten, die ihm für die eigenen Schüler erwachsen, auch für Schüler an Schulen in freier Trägerschaft aufzuwenden hat. Er hat das Existenzminimum dieser Schu-

[11] J. Oelkers: Öffentlichkeit und Bildung: Ein künftiges Mißverhältnis? In: ZfP 5/88.

[12] W. Geiger: Vorschlag zu einer Neufassung von Art. 7 GG. In: Festschrift für Gebhard Müller, hrsg. von Th. Ritterspach, W. Geiger. Tübingen 1970.

[13] F. Müller (Hrsg.): Zukunftsperspektiven der Freien Schule. Dokumentation, Diskussion und praktische Folge des Finanzhilfe-Urteils des Bundesverfassungsgerichtes. Berlin 1988, S. 54 und 57f.

len zu sichern, womit nicht Sozialhilfesätze, sondern die finanziell vergleichbare Höhe gemeint ist. Das Verfassungsgericht argumentiert weitgehend aus dem Normengefüge des Art. 7, wonach das Recht der Errichtung freier Schulen als Grundrecht unaufhebbar bleibt, und damit, daß der Staat auch Konkurrenz gegen sich selbst zulassen müsse. Doch könnte die Argumentation auch vom Gleichheitsgedanken, den der Staat im Hinblick auf die Individualrechte zu sichern hat, ausgehen und damit argumentieren, daß diejenigen Kinder, die freie Schulen besuchen, „dieselben Landeskinder" sind wie diejenigen, die staatliche Schulen besuchen.

Mit dem genannten Verfassungsgerichtsurteil – wie in der zuvor erfolgten Rechtsentwicklung unter dem Grundgesetz – wurde den Schulvereinen ein Anteil der bisher weitgehend allein auf ihnen lastenden wirtschaftlichen Verantwortung für die Schule abgenommen. Man könnte von der Basisfinanzierung sprechen, die nunmehr gesichert sei, aber es ist eben nur ein Teil der anfallenden Kosten, der erstattet wird, und selbst dieser ist in der politischen Praxis der Unterrichts- und Finanzverwaltung der Länder gefährdet, weil die Finanzlage der öffentlichen Hand stets angespannt bleibt. So kam es, daß – kaum hatte das Verfassungsgericht entschieden – die Verwaltungen in einzelnen Ländern einen verblüffenden Einfallsreichtum an den Tag legten, um den bisher schon bestehenden Status quo staatlicher Finanzhilfe herunterzurechnen und die Zuwendungen zu kürzen.

Was dem Schulverein weiterhin ungeschmälert als Aufgabe und Sorge verbleibt, ist nicht nur, die Finanzhilfe zu verfolgen, mit Verwaltungen und Parlamentariern im Gespräch zu bleiben, sondern auch auf all jenen Gebieten tätig zu sein, wo öffentliche Mittel fehlen oder sehr beschränkt zur Verfügung stehen: Da ist zum einen der ganze Bereich der Baukosten (Investitionsfinanzierung), zum anderen die Sicherung der Finanzen für den laufenden Betrieb zu nennen, der sich aus den pädagogischen Entscheidungen des eigenen Konzeptes ergibt, das mit einem größeren Aufwand als in der Regelschule verbunden sein kann. Auch dabei handelt es sich um nicht unbeträchtliche Summen.

Es versteht sich, daß pädagogische Arbeit und die Verantwortung dafür nicht strikt getrennt von der wirtschaftlichen Aufgabenstellung gesehen werden können. Und so ist es im Alltag notwendig, daß die beiden Vereinsorgane – Lehrerkollegium und Vorstand – sinnvollerweise auch personell miteinander verschränkt werden. Die Erfahrungen, die in dieser Tätigkeit im Vorstand durch Lehrer gemacht werden können, haben schließlich sogar auch wieder Rückwirkungen auf den Unterricht, indem dieser lebensgesättigter gegeben werden kann.

Wir haben diesen Bereich konkret geschildert, um zu verdeutlichen, wie durch die Selbstverwaltung gesamtgesellschaftliche Problemstellungen unmittelbar in die Schule hereinragen. Im Vorstand als einem Vereinsorgan schneiden sich die unterschiedlichen Anforderungen des innerschulischen Betriebs und der allgemeinen politischen wie rechtlichen Entwicklung. Die einzelne Schule hat damit ganz unmittelbar Anteil am sozialen Leben, weil nicht irgendwelche Instanzen in der Ferne zuständig sind, sondern der Pulsschlag des geschichtlichen Lebens mitgefühlt wird. Das wirkt auch in das Lehrerkollegium zurück, insofern es sich – mindestens gelegentlich – mit diesen sozialen Gegebenheiten und Fragestellungen der Gesamtgesellschaft zusammen mit dem Vorstand zu befassen hat.

5. *Eltern-Konferenz*

Während die Lehrerschaft ihr Organ in der Lehrer-Konferenz hat, der Verein als Ganzes seines im Vorstand und in der Mitgliederversammlung, fehlt in der bisherigen Beschreibung das entsprechende Organ der Elternschaft. Dies könnte zwar strenggenommen durchaus die Mitgliederversammlung darstellen, doch sie beschäftigt sich vornehmlich mit den Belangen rechtlicher und wirtschaftlicher Art und nur im Hintergrund mit der pädagogischen Arbeit. Man könnte eine ständige Mitgliederversammlung, die etwa monatlich tagt, durchaus als ein solches Organ ansehen und ausbilden, da ja die Mehrzahl der Mitglieder eben Eltern sind. Doch dies hat wieder im Hinblick auf die Verbindlichkeit der Teilnahme seine Probleme, denn diese ist – und muß es sein – in der Mitgliederversammlung freigestellt. Bei zu großer Fluktuation bildet jedoch ein Organ kaum oder nur sehr schwer eine eigene Identität aus. So haben die Notwendigkeiten und Realitäten dazu geführt, ein *eigenes Elternorgan* zu schaffen, das in der Praxis einen recht unterschiedlichen Namen – je nach Schule – trägt: Schulpflegschaft, Schulrat oder Schulparlament, Elternbeirat, Vertrauenskreis, Rat der Schule u. a. Dieses Organ hat im Unterschied zu den anderen Gremien – Konferenz, Vorstand, Mitgliederversammlung – zunächst keine streng funktional definierte Aufgabenstellung außer der, Begegnung, Austausch und Verständigung zu ermöglichen. Es ist also funktional unbestimmter, man könnte auch sagen: universalistischer. Dieses Organ hat auch vor dem eingangs geschilderten Hintergrund einer an sich nicht akzeptablen staatlichen Schulaufsicht Bedeutung. Diese besteht zwar noch immer. Aber wenn sie wegfiele: Was träte an ihre Stelle? Einerseits die Selbstwahrnehmung und -kontrolle der Lehrer, andererseits aber die Wahrnehmung der Eltern. So spricht Steiner wiederholt vom „Einvernehmen", dem „gegenseitigen Verständnis", ja von „Übereinstimmung" zwischen Elternhaus und Schule, das sich herausstellen oder ergeben müsse. Zu denken, daß dies von selbst, ohne Unterstützung durch eine entsprechende Einrichtung (Organ) geschähe, ist naiv. So hat sich ganz „lebensgemäß“ eine gemeinsame Eltern-Lehrer-Konferenz als unverzichtbar herausgebildet.

Wenn als ein Grundzug der Moderne neben der Rationalität das Bedürfnis nach Teilhabe und Freiheit gelten kann, dann sind es eben diese beiden letztgenannten Momente, die in diesem *intermediären Organ* zum Zuge kommen müssen. Die eine Aufgabe ist die der *Information,* die andere (bei Freiheit der Teilhabe) ist *Freiheit der Aussprache und des Meinungsaustausches.* Dementsprechend hat sich als vorherrschende Form herausgebildet, daß aus jeder Klasse Eltern diese Aufgabe wahrnehmen, die bereit sind, an diesem Organ durch regelmäßige Teilnahme mitzuwirken und sich der Elternschaft der betreffenden Klasse zur Wahl stellen, mindestens für eine gewisse Dauer (1–3 Jahre), Wiederwahl ist möglich. Die Gewählten verpflichten sich zur kontinuierlichen Mitarbeit an dem etwa monatlich tagenden Elternorgan der Schule. Vorbereitet und geleitet werden die Sitzungen durch einen aus diesem Organ gewählten Sprecherkreis. Es kommen inhaltlich alle in der Schule anstehenden Fragen und Entscheidungen zur Sprache – bzw., sie können es. Es macht auch durchaus einen Sinn, daß unabhängig von den ohnehin vielfältigen Elternabenden sich dieses Gremium mit Längsschnitten einzelner Fächer beschäftigt und gelegentlich sich in Bereichen übt, wo die Kinder selbst schulisch üben – das schafft tieferes Verständnis und Übereinstimmung auch mit dem Elternhaus. Aber auch die soziale Gegebenheit, wie sie bei Alleinerziehenden besteht, kann in der Rückwirkung auf die Schule so beraten und, wo nötig, entsprechende Hilfe gefunden werden. Dabei stellt sich in der Praxis heraus, daß die Vermittlung dessen, was mitteilens- und besprechenswert ist und was nicht, soziales Fingerspitzengefühl und Geschick benötigt, weil sowohl die Informationsflut aller möglichen Nichtigkeiten ebenso verdrießen kann, als auch die unterkühlte Darstellung durchaus gewichtiger Themen die Gefahr in sich birgt, daß gerade relevante Tatbestände nicht erkannt und damit nicht richtig und der Sache angemessen zur Sprache kommen. Es sind durchaus nicht die großen sozialen Fragen der Gesamteinrichtung Schule, die die entschiedensten Gespräche und Auseinandersetzungen auslösen; vielmehr geschieht dies meist durch das alltägliche pädagogische Leben und die in den Klassen im Untergrund liegenden Fragen, welche Eltern interessieren. Obgleich Elternabende abgehalten werden, kann beispielsweise der Eindruck entstehen, daß – aus welchen Gründen auch immer – das „Eigentliche“ nicht behandelt wurde. Scheinbar weggedrückte Probleme suchen dann irgendwie ihr Gesprächsforum. Häufig ist der Weg dorthin nicht kanalisiert, sondern ganz informell: Beliebt sind z. B. Telefonketten. Der bessere Weg dürfte allerdings ein formalisierter sein. Und genau das sollte Aufgabe des beschriebenen Gesprächsforums sein, wenn es nicht um Probleme eines einzelnen Kindes, sondern um grundsätzliche Fragen – Methodik, Stand der Klasse oder was immer – geht. Daß tatsächlich der informelle Weg dem formalen dennoch oft vorgezogen wird, braucht weder an der Leitung des Gremiums noch an einem der anderen Organe der Schule – oder deren Mitglieder – zu liegen; es liegt vielmehr in der persönlichen Struktur des neuzeitlichen Menschen überhaupt. Denn es ist leichter, ernstliche „Wahrheiten" auszutauschen oder auch nur Meinungen zu bekunden gegenüber einzelnen, also bilateral und „vertraulich", als sich vielleicht mit anderen Meinungen als der eigenen, wie dies in lebendigen größeren Gremien üblich ist, konfrontiert zu sehen. Mit dieser Schwäche hat es also gelegentlich auch das hier vorgestellte Organ zu tun, das in aller Regel aber produktiv sozial integrierend, ausgleichend und vermittelnd tätig sein kann und auch ist. Aus der Arbeit der Schulen läßt sich dieses Organ kaum mehr fortdenken. Die meisten Schulen haben es darum auch in der Satzung als eigenes Organ verankert und in der Aufgabenstellung beschrieben.[14]

Ein zunächst überraschendes Problem, das trotz dieses Organs auftreten kann, hängt sowohl mit einer allgemein menschlichen Gegebenheit als auch mit der Tatsache der Selbstverwaltung als solcher zusammen. Das Problem ist folgendes: Wenn Entscheidungen entsprechend der Zuweisung an einzelne Organe innerhalb der Schule getroffen werden, und zwar besonders solche, die an Regelschulen in hoheitlicher Trägerschaft der Mitwirkung der Lehrer wie der Eltern völlig entzogen sind – etwa die Lehrerberufung oder -entlassung, Bauentscheidungen u. a. –, dann können diese Entscheidungen von außerhalb der Entscheidungsgremien durchaus neu befragt werden, und dies dann sogar ganz „grundsätzlich". Also gerade solche Fragen, die an der Regelschule jeder Entscheidung des Kollegiums entzogen sind, können Anlaß sein, die Besonderheit der Sozialgestalt der Freien Schule bewußtzumachen. Indem aber die Entscheidungen nun einzelnen Vereinsorganen oder dem Zusammenwirken mehrerer Organe zugewiesen werden, was sowohl funktionell als auch faktisch einzig sinnvoll und in aller Regel auch meist akzeptabel ist, entsteht in bestimmten konkret angebbaren Situationen dann doch unter Umständen eine Form sozialer Erschütterung, wie sie in der regelverwalteten Schule so kaum vorkommen kann. Denn nach den getroffenen Entscheidungen kann es sein, daß die von der Entscheidung Berührten, aber konkret nicht daran

[14] M. Leist: Eltern und Lehrer. Ihr Zusammenwirken in den sozialen Prozessen der Waldorfschule. Stuttgart [2]1988, S. 47ff., 91ff.

Beteiligten sich erinnern, daß es doch um Selbstverwaltung gehen soll. Es kann einerseits die Betroffenheit sein oder auch eine im Entscheidungsprozeß unterlegene oder mit der Entscheidung nicht zufriedene Gruppe, die „den Fall" doch nochmals aufzurollen und zu korrigieren hofft. Die selbstgegebenen Spielregeln können noch so klar gefaßt sein – das schließt eine Unzufriedenheit bei einzelnen nicht aus. Aber es kann auch sein, daß eben diese Spielregeln nicht präzise genug befolgt wurden. Wie auch immer: Das möglicherweise nun folgende *Nachspiel* zeigt Größe und Schwäche der Selbstverwaltung, zeigt Reife oder Unreife, sozialen Stil oder Stillosigkeit. Das Problem wird – durch die Selbstverwaltung – zu neuem Leben entfacht: Es läßt sich vielleicht nachweisen, daß ja nicht *alle*, wie vielleicht wünschenswert oder erforderlich, am Entscheidungsprozeß beteiligt waren, also alles „undemokratisch" zuging. Gerade darum kann die Selbstverwaltung zu einer Stätte der Ausbildung einer sozialen Kultur werden.

Es sind vor allem zwei Bereiche, wo solche nachträglichen Aufbrüche erfolgen können: Lehrerabwahl und Bauentscheidungen, insbesondere die Wahl des Architekten. Unabhängig von der formalen Zuständigkeit wird hier das Problem der sozialen Akzeptanz von Entscheidungen in Gremien gegenüber einer Gesamtheit angesprochen. Aus persönlicher Betroffenheit erwacht die Frage bei einzelnen oder auch ganzen Gruppen von Eltern, wie denn die Entscheidung zustande kam, sich von einem Lehrer zu trennen, oder ob sie nicht doch noch zu korrigieren sei. So kann es vorkommen, daß z. B. die pädagogischen Leistungen eines Lehrers nach Auffassung der Mehrheit des Kollegiums – oft erst nach vorangegangenen Beschwerden von seiten einzelner oder Gruppen von Eltern – als derart unbefriedigend betrachtet werden, daß ein Wechsel des Lehrers als notwendig erscheint. Kurz: Nach manchen Stadien und Gesprächen kommt es schließlich zur Trennung. Der Vorgang wurde, wie für personale Entscheidungen üblich und auch notwendig, diskret behandelt und schließlich – auch nach Beratung mit dem betreffenden Lehrer – entschieden (Kollegium und Vorstand). Nun kann es sein, daß er selbst keineswegs bereit ist, sich die vorherrschende Sicht der Entscheidenden anzueignen. Er setzt sich mit ihm durchaus verbundenen einzelnen Eltern in Verbindung, und sofort ist eine Bewegung – klassenübergreifend – im Gange, die gegen „Machtstrukturen" aufbegehrt. Dies kann, wenn auch weniger eingreifend, z. B. dann geschehen, wenn der Lehrer seine eigenen Probleme zwar durchaus sieht, wenn aber gefordert wird, ihm doch noch eine Chance zu geben. Vom Einzelfall können wir absehen, um den Typus des Vorgangs zu vergegenwärtigen: Ähnlich den Bürgerbewegungen, die gegen unliebsame Entscheidungen Front machen, wird in einem Gestus des Aufrührerischen die bislang gegebene Ordnung ganz „prinzipiell" in Frage gestellt. Eigentümlich ist bei solchen Vorgängen dann oft die weitere Eskalation durch ungeschickte oder gar bornierte Behandlung – zumeist unter Berufung darauf, daß die Probleme doch zuvor in den oder jenen Gremien der Schule behandelt worden seien. In solchen Fällen kann es dann vorkommen, daß sogar diejenigen, die in den Beratungen die Meinungsbildner waren, sich nun „abseilen" und zum bisherigen Entscheidungsprozeß nicht mehr stehen.

Es kann bei solchen „Aufbrüchen" tatsächlich zu erstaunlichen gruppendynamischen Prozessen kommen. In diesen Schwierigkeiten kann die Sehnsucht naheliegen, eine äußere Instanz solle doch die Verwaltung übernehmen. Doch genau in die entgegengesetzte Richtung geht der Blick, wenn man für Selbstverwaltung eintritt. Die Konfliktträchtigkeit des Lebens und der Menschen sind als grundlegend anzuerkennen; durch Freisetzung der Kräfte in der Selbstverwaltung nehmen sie nicht ab, vielmehr stellt sich die Frage ihrer Gestaltung. Schule kann als soziales Lernfeld für Erwachsene begriffen werden. Und der Blick richtet sich dann darauf: Welche Verfahren sind zu entwickeln, daß Ausgleich und soziale Gerechtigkeit geschaffen werden? Wie läßt sich für eskalierte Konflikte, wo die Vernunft allgemein gedämpft ist, vorab ein *Schiedsverfahren* einrichten, das dann im Tatfall auch greift? In dieser Richtung bemühen sich viele Waldorfschulen. Desgleichen kann untersucht werden, welche soziale Gestaltung Gegensätze steigert und welche sie vermittelt. Fördert z. B. eine Organbildung nach Gruppen, wie hier beschrieben, Gegensätze nicht naturgemäß? Wäre es auch möglich, die Bildung der Organe ganz von den Aufgaben her zu entwickeln, wo dann jene sich beteiligen, die sie lösen wollen, unabhängig davon, ob sie nun Eltern oder Lehrer sind? In dieser Richtung gibt es erfreulich sich auswirkende Versuche. Insgesamt kann also gesagt werden: Die Waldorfschulen haben eine sich entwickelnde Sozialgestalt, die Ausdruck eines reichen Lebens ist, gelegentlich unzureichend, gelegentlich reif, gelegentlich zukünftig vorausgreifend.

Es ist wohl einsehbar, daß das Bemühen um Selbstverwaltung innerhalb einer Institution schon einen Wert für sich darstellt, weil dadurch in einem überschaubaren Zusammenhang soziale Entwicklungen möglich werden, durch die das kindliche Werden mit seiner Eigengesetzlichkeit und die gesellschaftlichen Anforderungen in besserer Weise „vermittelt" werden als durch die Weisungen einer Zentralinstanz, die sekundär die Mediatisierung der Tätigen mit formalen Mitwirkungsorganen zu kaschieren genötigt ist. Erst wenn alle Schulen sich selbst zu verwalten hätten, könnte allerdings das für Schule nötige Klima gebildet werden, auf das es in der Erziehung ankommt. Dadurch würde sich auch die Notwendigkeit einer Zusammenarbeit der Schulen untereinander ergeben, die sicher auch zentrale inhaltliche Fragen in der Pädagogik thematisieren würden.

IV. RUDOLF STEINER (1861–1925)

Christoph Lindenberg

1. Biographisches zur Pädagogik

Das Leben Rudolf Steiners ist in besonderem Maße durch Lernen und Lehren gekennzeichnet. In ›Skizze eines Lebensabrisses‹ [1] wie in der Autobiographie ›Mein Lebensgang‹ schildert Steiner anschaulich das kindliche Weltinteresse, Lern- und Schulerfahrungen, er gedenkt der Lehrerpersönlichkeiten, ihrer Unterrichtsmethodik, ihres Lehrstils. Daß diese Erfahrungen für den jungen Steiner eine stärkere Bedeutung hatten als für viele seiner Altersgenossen, wird deutlich, wenn man bedenkt, daß der Sohn eines armen Eisenbahnbeamten nur die Chance hatte, durch Lernen und durch Studium die Welt, auf die sein Fragen gerichtet war, für sich aufzuschließen. Da äußere Glücksgüter nicht vorhanden waren, da der Sinn des jungen Steiner nicht auf eine militärische oder kaufmännische Karriere gerichtet war, war das Lernen, die Schule für ihn schicksalsbestimmend. Offensichtlich hat Steiner es – wohl auch aus diesem Grund – für ein besonderes Glück gehalten, daß er – vor allem auf der Realschule in Wiener Neustadt – einer Reihe von vorzüglichen Lehrern begegnete, die sich dadurch auszeichneten, daß sie selbständig wissenschaftlich arbeiteten und dadurch den Unterricht befruchteten.

Der Bildungsgang Steiners wurde durch die Tatsache bestimmt, daß der Vater zunächst Telegraphist, dann Stationsvorsteher bei der österreichischen Südbahn war. Früh lernte Steiner deshalb die Ausläufer der modernen Technik, insofern sie in das Eisenbahnwesen hereinspielten, verstehen: „Am Stationstelegraphen lernte ich die Gesetze der Elektrizitätslehre zunächst in der Anschauung kennen." Im Abiturientenexamen (1879) in Physik hatte er das damals erst vor drei Jahren entwickelte Telephon zu erklären. Dem Vater schwebte vor, sein Sohn könnte Ingenieur bei der Südbahn werden und so besucht Steiner nicht das Gymnasium, sondern die Realschule, die einem heutigen mathematisch-naturwissenschaftlichen Gymnasium entspricht. Dadurch war wiederum festgelegt, daß Steiner zu seinen weiteren Studien später nicht die Universität, sondern die Technische

[1] R. Steiner: Briefe I. Dornach ²1955.

Hochschule in Wien besuchen konnte, wo er sich im Herbst 1879 für die Fächer Mathematik, Naturgeschichte und Chemie einschreiben ließ, mit dem Ziel, auf das Realschullehramt hinzuarbeiten.

Ein weiterer Aspekt der schulischen Biographie Steiners ist im selbständigen Lernen und im Lernen durch Lehren zu sehen. Schon als Kind begeisterte ihn die Geometrie; anhand eines Geometriebuches, das ihm der Hilfslehrer der Dorfschule lieh, studierte er allein die elementare Geometrie, später brachte er sich selbst mit Hilfe der Lehrbücher für den Selbstunterricht in Mathematik von H. B. Lübsen die Grundlagen der Differential- und Integralrechnung bei, längst bevor diese Themen in der Schule 'dran' waren. Noch auf der Schule begann Steiner mit philosophischen Studien, namentlich mit der Lektüre Kants. Zur gleichen Zeit mußte Steiner Nachhilfestunden geben, „um ein Geringes zu dem beizusteuern, was meine Eltern von ihrem kärglichen Einkommen für meine Ausbildung aufwenden mußten". Steiner berichtet: „Ich verdanke diesem Nachhilfeunterricht sehr viel, indem ich den aufgenommenen Unterrichtsstoff an andere weiterzugeben hatte, erwachte ich gewissermaßen für ihn." Dieses aktive Lernen um zu lehren verwandelte das in der Schule mehr passiv-traumhaft Aufgenommene in eigenen Besitz. Zugleich lernte Steiner „die Schwierigkeiten der menschlichen Seelenentwicklung" an seinen Schülern kennen.

Die Tätigkeit des Unterrichtens mußte Steiner während seiner gesamten Studienzeit und darüber hinaus fortsetzen, um sich den Lebensunterhalt und das Studium zu verdienen. Diese Tätigkeit war aber für Steiner auch in anderer Hinsicht bedeutsam. Die Frage, die ihn bereits in jenen Jahren beschäftigte, lautete: Wie steht die innerlich erlebte und im Denken zu erkennende Geistigkeit des Menschen mit dem Menschenleib und mit den Naturerscheinungen in einem Zusammenhang? Durch sein Studium der naturwissenschaftlichen Schriften Goethes, namentlich durch das Studium der Morphologie, war Steiner das Prinzip der gesetzmäßigen Gestaltung und Umgestaltung organischer Bildungen vertraut. Im jeweiligen Typus einer Art (species) erblickte Steiner ein ideelles Gebilde, das sich in verschiedensten Formen offenbart. Der Mensch erscheint in diesem Zusammenhang als höchste Steigerung der Naturprozesse, die sich in ihm sowohl bewußt (ideell) im Denken aussprechen wie auch halbbewußt (im Traum, im Verhalten) und unbewußt (in organischen Prozessen) zu Gestalt bringen. Wie kann man diesen allgemeinen Zusammenhang im besonderen Fall erkennen und beobachten?

Das gekennzeichnete Problem trat an Steiner als praktische Aufgabe heran. Auf Empfehlung seines akademischen Lehrers, Professor Karl Julius Schroer, übernahm Steiner im Sommer 1884 eine Stelle als Hauslehrer im Hause des Importkaufmanns Ladislaus Specht. Unter den vier Söhnen war einer im Alter von 10 Jahren, der das Sorgenkind der Eltern war. Er galt in seiner körperlichen und seelischen Entwicklung als abnormal. Die geringste geistige Anstrengung bewirkte Kopfschmerz, Herabstimmung der Lebenstätigkeit, Blaßwerden und besorgniserregendes seelisches Verhalten. Der Hausarzt der Familie Specht war der bekannte Arzt Dr. Josef Breuer, er und mit ihm die Familie Specht zweifelten an der Bildungsfähigkeit des Knaben. Steiner war davon überzeugt, daß der Knabe verborgene, große geistige Fähigkeiten habe und daß alles darauf ankäme, die Seele in das rechte Verhältnis zum Körper zu bringen. In seiner Autobiographie berichtet er: „Diese Erziehungsaufgabe war für mich eine reiche Quelle des Lernens. Es eröffnete sich mir durch die Lehrpraxis, die ich anzuwenden hatte, ein Einblick in den Zusammenhang zwischen Geistig-Seelischem und Körperlichem im Menschen. Da machte ich mein eigentliches Studium in Physiologie und Psychologie durch. Ich wurde gewahr, wie Erziehung und Unterricht zu einer Kunst werden müssen, die in wirklicher Menschenerkenntnis ihre Grundlage hat. Ein ökonomisches Prinzip hatte ich sorgfältig durchzuführen. Ich mußte mich oft für eine halbe Unterrichtsstunde zwei Stunden lang vorbereiten, um den Unterrichtsstoff so zu gestalten, daß ich dann in der geringsten Zeit und mit möglichst wenig Anspannung der geistigen und körperlichen Kräfte ein Höchstmaß der Leistungsfähigkeit des Knaben erreichen konnte. Die Reihenfolge der Unterrichtsfächer mußte sorgfältig erwogen, die ganze Tageseinteilung sachgemäß bestimmt werden. Ich hatte die Befriedigung, daß der Knabe im Verlaufe von zwei Jahren den Volksschulunterricht nachgeholt hatte“ und schließlich die Reifeprüfung bestehen konnte.

In dieser pädagogischen und therapeutischen Leistung wie in der Einstellung Steiners gegenüber seiner Aufgabe kann man bereits die Grundzüge der späteren Waldorfschulpädagogik erkennen. Einerseits blickt Steiner auf das geistig-seelische Wesen seines Zöglings, dem er helfen möchte, die Herrschaft über die Leiblichkeit zu gewinnen. Zum anderen sieht sich der naturwissenschaftlich denkende Steiner physiologischen, psychologischen, methodischen Aufgaben gegenüber, die mehr verlangen als einen allgemeinen Enthusiasmus. Ein nüchternes, fast technisches Verhalten ist vonnöten, um den Unterricht und die Erziehung therapeutisch und hygienisch zu gestalten. An dem körperlichen Befinden muß die Wirkung geistiger Anstrengung abgelesen und korrigiert werden. Diese Berücksichtigung der körperlichen Verhältnisse der Schüler, die Pflege der leiblichen Entwicklung durch praktische Arbeit und künstlerische Übung, sollten später zu einem typischen Kennzeichen der Waldorfschulpädagogik werden.

Mit dem Jahr 1890 fand diese Tätigkeit ein Ende. Steiner siedelte nach Weimar über, um im Rahmen der Weimarer Sophien-Ausgabe einen Teil der naturwissenschaftlichen Schriften Goethes zu edieren. Die Briefe Steiners aus der Weimarer Zeit zeigen, daß er dieser philologischen Tätigkeit wenig Befriedigung abgewinnen konnte. Trotz aller Gelehrsamkeit war er kein Büchermensch. 1897 siedelte Steiner nach Berlin über, um die Redaktion des ›Magazins für Literatur‹ zu übernehmen. Durch diese Tätigkeit wuchs Steiner in ganz neue Menschenkreise hinein, so in die 'Freie literarische Gesellschaft', in die 'Dramatische Gesellschaft' und in den Kreis der 'Kommenden'. Wahrscheinlich war es einem Hinweis von Kurt Eisner zu verdanken, der in diesen Kreisen verkehrte, daß sich der Vorstand der Berliner 'Arbeiterbildungsschule', einer Gründung des alten Liebknecht, an Rudolf Steiner wandte, um ihn als Dozenten für Geschichte und Redekunst für diese Schule zu gewinnen. Steiner hat diese für ihn reizvolle Aufgabe mit Freude ergriffen. Wieder stand er vor einem pädagogischen Problem: Wie kann man eine Sprache entwickeln, die geschichtliche Vorgänge so faßt, daß sie von der Arbeiterschaft verstanden werden? Genauer: Wie kann man auch geistige Entwicklungen so plastisch und lebendig darstellen, daß die Darstellung Arbeiter fesselt, die einen 10-Stunden-Tag hinter sich haben und die ihre Begriffe nicht aus der bürgerlichen Bildung, sondern aus der Anschauung des Lebens und den Lehren Marx' gewonnen hatten? Einer der Teilnehmer, A. A. Rudolph, berichtet in seinen Erinnerungen, daß es Steiner gelungen sei, das geistige Leben der Arbeiter anzuregen; die Darstellungen seien fesselnd, die Aussprachen lebhaft gewesen, die Zahl der Zuhörer habe stark zugenommen. Die Tätigkeit an dieser Schule dauerte 6 Jahre und fand 1904 ihr Ende.

Steiner war diese volkspädagogische Tätigkeit wichtig und lieb. Nur mit Bedauern hat er sie aufgegeben, als sich politische Konflikte mit der Führung der Sozialdemokratischen Partei ergaben. 1922 hat er aber diese Arbeit in veränderter Form wiederaufgenommen, indem er für die Arbeiter am Bau des Goetheanum – innerhalb der regulären Arbeitszeit – durch Vorträge und Kurse deren Fragen beantwortet hat. An diesen in Nachschriften erhaltenen Vorträgen kann man studieren, wie Steiner oft recht schwierige Fragen der Menschenkunde, Medizin, Ernährung, der Naturkunde und Geschichte beantwortete. Die Sprache ist ungemein konkret und bildhaft und knüpft an die Erfahrung der Arbeiter an, um sie dann durch eine plastische Beschreibung von Naturprozessen oder Geschichtsabläufen so zu erweitern, daß schließlich die Fragen eine verständliche Antwort finden.

Während die in der letzten Wiener Zeit gestellte Aufgabe es erforderte, daß Steiner therapeutisch auf die körperlichen und physiologischen Vorgänge so einging, daß Lernen möglich wurde und daß dadurch der Körper zum Instrument der Seele und des Geistes wurde, kam es bei der zuletzt geschilderten volkspädagogischen Aufgabe darauf an, komplexe geistige Inhalte so zu fassen, daß sie allgemein mitteilbar, verständlich und erfahrbar und schließlich für das Leben fruchtbar wurden. Diese beiden – gleichsam gegenläufigen – Prozesse, deren erster die Leiblichkeit für das Lernen und damit für die Aufnahme geistiger Inhalte öffnet, deren zweiter das Geistige zu konkreter Erfahrung werden läßt, charakterisieren die Pädagogik Rudolf Steiners. Vielleicht kann man formulieren, daß es das Ziel dieser Pädagogik sei, dem Schüler zu sich selbst zu verhelfen, indem sie ihm die Verfügung über seine Leiblichkeit ermögliche und anstrebe, ihm einen Zugang zum Geist zu eröffnen.

2. *Freiheitsphilosophie und Pädagogik*

Es ist an dieser Stelle notwendig, den Sinn dieser Begriffe durch eine Skizze der Freiheitsphilosophie Steiners zu erläutern, die auch die für die Pädagogik wichtigen Grundideen Steiners entfaltet. Rudolf Steiner geht von der beobachtbaren Tatsache aus, daß der Mensch durch das lernende und denkende Ergreifen der Erfahrung schrittweise die ihm eigene Wirklichkeit konstituiert. Zunächst ergreift das Kind durch seine Tätigkeit die Elemente der Sinneserfahrung und orientiert sich so in seiner Welt. Diese Welt ist aber keine fertig abgeschlossene Wirklichkeit. Zunächst tritt sie als Summe vereinzelter, rätselhafter Erscheinungen auf. Ihr stehen die Menschen fragend, nach Zusammenhängen suchend gegenüber. Deshalb fragt bereits das Kind nach warum, woher, wozu. Aber auch die Welt, die als fertig gegebene dem Erwachsenen vorliegt, die er kennt und benennen kann, kann nicht als Wirklichkeit bezeichnet werden. Die den Menschen umgebende Welt ist nicht fixiert und abgeschlossen, die Wahrnehmungen sind nicht determiniert, die wahrgenommene Welt zeigt nach Sprach-, Kultur- und Volkszugehörigkeit wie auch nach Erziehung, Arbeitserfahrung etc. durchaus verschiedene Profile. In theoretischer Hinsicht harrt sie der wissenschaftlichen Bearbeitung und zeigt sich auch dieser je nach Fragestellung und experimentellen Verfahren in unterschiedlicher Weise. Schließlich wird die wahrgenommene Welt durch mehr oder weniger plan- und absichtsvolles Handeln bearbeitet. Alles dies deutet darauf hin, daß die jeweilige Wirklichkeit der Menschen erst durch den Menschen konstituiert wird. Dabei zeigt sich, daß die Wahrnehmungsfähigkeit wie auch die Wahrnehmungsintensität durch Handeln, Tätigkeit und Lebensform ausgebildet wird. Nennt man das Element, das im Handeln leitend und richtungsgebend tätig ist und das auch in der wissenschaftlichen Vertiefung der Erfahrung hervortritt *Denken*, so kann man sagen: durch die spezifischen Formen praktischen und theoretischen Denkens produzieren die Menschen die

Wirklichkeit, in der sie leben. Das Vorstellen und die Vorstellungen und Begriffe, die für gewöhnlich ausschließlich als Denken bezeichnet werden, werden in diesem Zusammenhang als Niederschlag des umfassenden Denkens gesehen.

Das in diesem Sinne umfassend verstandene Denken ist durch sich selbst der weiteren Entwicklung und Vertiefung fähig. Dem Individuum erscheint das Denken zunächst als subjektive Innenerfahrung. Im Forschen führt das Denken durch neue Fragen, die in ihm auftauchen, durch neue Zusammenhänge, die sichtbar werden, stets weiter. Darin zeigt sich, daß das Denken auf Universalität angelegt ist. In sich trägt es die Idee des Ganzen aller Zusammenhänge wie auch die Idee der Wahrheit. Durch diese Ideen reflektiert es auch sich selbst, wird der jeweiligen Voraussetzungen einzelner Forschungen oder Gedanken inne und ist in der Lage, Irrtümer oder Fehler einzusehen und sie zu korrigieren. Gerade dieser letzte Tatbestand: die Korrektur der Gedanken durch das Denken zusammen mit der Tatsache, daß durch das Denken und im Denken Kommunikation der Subjekte möglich ist, deuten zweierlei an: zum einen den übergreifenden Charakter des Denkens, das Subjekte und Objekte konstituiert, zum anderen die Möglichkeit für den einzelnen Menschen, sich von seinen subjektiven Voraussetzungen zu befreien und sie zuerst denkend, dann praktisch zu überwinden.

Dieses Denken, das im Menschen zur Erscheinung kommt und sich zunächst als subjektives Element zeigt, ist also in Wahrheit die geistige Fortsetzung des Weltprozesses, der den Menschen zur vollen Wirklichkeit führt. Das Individuum weiß sich im aktiven Denken mit diesem Prozeß identisch und erkennt, daß sich die Welt, die als bloß wahrgenommene unvollendet ist, im Denken, in ihm selbst ausspricht. Hier liegt auch die Wurzel der schöpferischen Freiheit: Der Mensch, der aus seinen Erkenntnissen handelt, handelt aus dem, was ihn im Innersten bewegt und zugleich aus dem, was im Weltprozeß selber veranlagt ist.

Die Anthropologie R. Steiners, die in dieser Ontologie und Erkenntnistheorie impliziert ist, betont – wie die moderne Anthropologie (Plessner, v. Uexküll, Gehlen und Portmann) – die Offenheit, Nicht-Festgestelltheit, Entwicklungsfähigkeit und Wandelbarkeit der sinnlich-leiblichen Existenz des Menschen, die der wahrgenommenen Welt zugehört. Die sinnlich-leibliche Existenz des Menschen ist auf das Denken angewiesen. Dieses Denken orientiert das Handeln und stellt es in die Weltzusammenhänge hinein. Praktisch erscheint es als sinn- und zielvolles Handeln, theoretisch als gedachter Zusammenhang, als Idee. Dieses Denken ist keineswegs auf das bildhafte oder sprachliche Vorstellen fixiert oder auf logische Operationen im Sinne einer Klassenlogik eingeschränkt. Als Zentrum aller unserer Tätigkeiten ist es im Vorstellen und Handeln der lebendige Zusammenhang, der den Sinn des Ganzen ausmacht. Es entspricht dem Denken, das Hegel in der ›Enzyklopädie der philosophischen Wissenschaften‹ (1830, § 467) mit folgenden Worten charakterisiert: „Das Denken tritt in diesen verschiedenen Teilen der Wissenschaft deswegen immer wieder hervor, weil diese Teile nur durch das Element und die Form des Gegensatzes verschieden, das Denken aber dieses eine und dasselbe Zentrum ist, in welches als in ihre Wahrheit die Gegensätze zurückgehen."

J. G. Fichte beschreibt es in den Einleitungsvorlesungen in die Wissenschaftslehre (Herbst 1813) in ähnlicher Weise: „Alles Denken führt bei sich und setzt voraus in unmittelbarer Einheit die Anschauung: ein Hinschauen des bleibenden und dauernden Etwas, das durch das in sich wandelnde, und von einem Gegensatz zum anderen fließende Denken bestimmt wird." In diesem Sinne ist das Denken nicht etwas Starres oder eine Summe von Begriffen, es ist das Element der selbstbewußten geistigen Produktion, das im Fluß des Bewußtseins als bewegter und bewegender Strom den Zusammenhang stiftet.

Die allgemeinen Zivilisationstendenzen unseres Jahrhunderts wirken sowohl der allseitigen Entfaltung der Offenheit und Entwicklungsfähigkeit, der sinnlich-leiblichen Existenz wie auch der Belebung des schöpferischen, flüssigen Denkens entgegen. Die gesunde Entwicklung des Leibes bedarf der Ausbildung vielseitiger Tätigkeit durch beständige Übung. Die technisierte Umwelt hingegen kennt nur relativ monotone Tätigkeiten in der Bedienung von Apparaten, Reaktionen auf Zeichen und Signale. Ebenso ist die intellektuelle Ausbildung auf die Kenntnis dieser Apparate, naturwissenschaftlicher Modellvorstellungen und anderer geprägter Inhalte gerichtet. Es ist nun nicht im Sinne der Philosophie Steiners, diese Erscheinungen in Form der Kulturkritik allgemein zu beklagen und zu verurteilen. Es kam Steiner vielmehr darauf an, praktisch ein pädagogisches Gegengewicht gegen die technische Welt, mit deren Notwendigkeiten er seit früher Jugend bekannt geworden war, zu schaffen. So ergaben sich aus der Philosophie der Freiheit die Grundzüge einer Erziehung zur Freiheit, deren Elemente Steiner seit den Jahren 1906/07 darzustellen begann.

Die Grundlage künftiger Freiheit wird in den ersten Lebensjahren in der Ausbildung und Formung des physischen Leibes und seiner Organe, besonders des Gehirns gelegt. Diese Ausbildung erfolgt durch nachahmende Tätigkeit, die vom Kinde ausgeht. Die Nachahmung ist – wenn sie gesund wirken soll – darauf angewiesen, daß sie sinnvolle Tätigkeiten als Vorbilder hat. In früheren Zeiten war die häusliche und handwerkliche Arbeit ein in diesem Sinne bildhaft erfaßbares, sinnvolles Tun. In der Nachahmung dieser Tätigkeiten konnte sich das Denken, das als solches noch nicht bewußt hervortrat, ausbilden und in dieser Ausbildung formte es sich zugleich die ihm angemessene Leiblichkeit. Genaue Beobachtung zeigt nämlich, daß das Nachahmen ein vorgedankliches, zum Teil auch vorverbales Weltverstehen ist, das aus einem unmittelbaren Erfassen der Vorgänge im Umkreis lebt. Auf dieser Stufe der Entwicklung lebt das Denken als sinnerfassende Tätigkeit, die sich ganz mit der Leiblichkeit verbindet und mit den Handlungen und leiblichen Prozessen eins ist. Aus dieser Auffassung ergibt sich die anthroposophische Pädagogik für die ersten Lebensjahre, in denen vor allem darauf geachtet wird, daß sinnvolles, vielgestaltiges, vorbildliches Handeln die Umgebung des Kindes bestimmt.

Im nächsten Lebensabschnitt löst sich das Denken von der unmittelbaren leiblichen Tätigkeit. Es tritt innerlich als Phantasie, Gedächtnisvorstellung, in bildhaftem Denken auf. Im Bilde will der Schüler die Welt kennenlernen, er will zu Anschauungen finden, er schätzt auch bereits das Wissen. Das Denken tritt aber noch nicht in abstrakter Form auf. Vielmehr ist es, um zum Verstehen, zu Einsicht und Klarheit zu finden, auf ein bildhaftes Element angewiesen. Mit diesem bildhaften Element ist aber nicht die platte Anschaulichkeit, die Photographie der Fakten gemeint. Es handelt sich hier um die Bildlichkeit, in der sich der Gedanke, der Zusammenhang ausspricht. Man kann auch bei Erwachsenen beobachten, daß bildhaftes Denken leicht aufgefaßt wird und daß es zur weiteren Gedankenproduktion anregt. Auf diese Aktivierung und Belebung des Vorstellens durch inhaltvolle, künstlerische Bilder, die Gesetzmäßigkeiten oder Zusammenhänge verdeutlichen, kommt es in der Zeit bis zum Beginn der Geschlechtsreife vor allem an. Diese Bildhaftigkeit wird von den Schülern zwar nicht mehr leiblich realisiert, sie wirkt aber auf das Gefühl. Erwartung, Hoffnung, Spannung, Freude, Enttäuschung, Sympathie und Antipathie begleiten die Aufnahme der Inhalte und ohne diese begleitende Gefühlsaktivität wird nur wenig aufgenommen; das was nicht berührt, das Langweilige, gleitet an Schülern ab wie Regen an einer guten Ölhaut. – Ebenso wie Lernen, Wissen und das darin enthaltene Denken an den Strom der begleitenden Gefühle gebunden sind, so werden die bildhaften Inhalte auch vorzugsweise durch persönliche Vermittlung aufgenommen. Der Schüler ist auf einen Lehrer, einen Erzähler, auf ein Buch angewiesen. Irgendeine Instanz muß das Wissen bereits als Wissen gefaßt, es organisiert und wo möglich in eine Form gebracht haben, in der es Interesse erregt, etwa indem es in Gestalt und Perspektive eines biographischen Berichts erscheint. Auf diese Weise kann der gedankliche Inhalt assimiliert und zum persönlichen Erlebnis werden. Der Schüler erfährt so das Wissen nicht als etwas ihm prinzipiell Fremdes, das er nur aufzunehmen, zu speichern und wiederzugeben hat. Bildhaftigkeit, Sinnhaftigkeit, Verständlichkeit und die Möglichkeit von Anteilnahme und

Identifikation bereiten auf dieser Stufe der Entwicklung des Denkens die Freiheit vor, weil sie das, was später zum ideellen Motiv menschlichen Handelns wird, für die Person zugänglich machen.

Mit der Geschlechtsreife beginnt das Denken in einer dritten Form aufzutreten. Diese Form ähnelt in mancher Beziehung der Form des voll entfalteten Denkens, das in Wissenschaft und Philosophie erscheint. Zugleich aber ist zu bemerken, daß die eigentliche Antriebskraft, die dieses Denken zum Fragen veranlaßt, nicht allein das auf nüchterne Objektivität zielende wissenschaftliche Interesse ist. Die Fragen, die die jungen Menschen bewegen, sind Fragen, die auf den Sinn des Lebens, die auf Ideale und ihre Wirklichkeit zielen. Die Fragen sind persönlich empfunden und dienen der Orientierung der eigenen Person in der Welt. Gewiß sind die Motive dieser Fragen idealer und ideeller, nicht aber empirischer Herkunft, sie werden aber nicht als abstrakte oder bloß wissenschaftliche Probleme erfahren, sie werden als seelische Probleme erlebt und durchlitten. Für die folgende Entwicklung des wissenschaftlichen oder philosophischen Denkens ist es entscheidend, daß dieser moralische Impuls im Denken nicht durch die Berufung auf die bloße Faktizität oder Erfahrung abgewürgt wird. Die Schule hat hier die Aufgabe, die menschlich-moralische Fragestellung wachzuhalten und sie zu klären, um sie schließlich in methodisch-wissenschaftlicher Art an die vorhandenen großen Probleme der Gegenwart heranzuführen. Gerade die großen sozialen und praktischen Zukunftsfragen erlauben, ja fordern eine derartige Behandlung, die mit den Fragen, Problemen und Forderungen der jungen Menschen korrespondiert.

Erst durch diese drei Stufen:

- Denken als nachahmendes Erfassen sinnvollen Handelns im eigenen Handeln
- Denken als bildhaft-sinnvolles Verstehen von Weltvorgängen und
- Denken als persönlich und idealisch motiviertes Fragen

wird das Denken vorbereitet und begründet, aus dem der Mensch frei handeln kann, weil er selber in seinem Denken als ganzer Mensch lebt. Zum anderen ist dieses Denken durch Offenheit und Beweglichkeit in der Lage, auf das einzugehen, was als Erscheinung, Problem und Situation an es herantritt.

Diese innere Gesetzmäßigkeit der menschlichen Entwicklung formulierte Steiner in Vorträgen des Jahres 1906. Schriftlich faßte er den Inhalt dieser Vorträge 1907 in der Schrift: ›Die Erziehung des Kindes vom Gesichtspunkt der Geisteswissenschaft‹ zusammen. Die Verwirklichung der in diesen Ideen angedeuteten Pädagogik erfordert aber nicht nur einen besonderen Lehrplan, der sich an den spezifischen Möglichkeiten und Chancen eines Lebensalters orientiert, sie verlangt eine Schulorganisation, die ganz und gar auf pädagogisches Handeln ausgerichtet ist. Oberstes Prinzip einer derartigen Schule muß die pädagogische Einsicht sein. Das setzt zum Beispiel voraus, daß die Lehrerschaft einer so organisierten Schule sich ständig gemeinsam um eine pädagogische Menschenkunde bemüht, daß sie in ihrem Handeln nicht durch äußere Vorschriften, die auf die Erfordernisse einer allgemeinen staatlichen Verwaltung Rücksicht nehmen, eingeschränkt ist. Das Ziel einer derartigen Schule konnte nicht an partikularen Vorstellungen ausgebildet werden, wie sie etwa in den Landerziehungsheimen, in der Arbeitsschulbewegung oder in der Kunsterziehungsbewegung angestrebt wurden. Das Berechtigte, das in diesen Bestrebungen zu erkennen war, mußte in der Idee einer allgemeinen Menschenbildung aufgehoben werden, die in einer freien Schule Wirklichkeit werden kann.

3. Die Begründung der Freien Waldorfschule in Stuttgart 1919–1925

Erst das Revolutionsjahr 1919 brachte Rudolf Steiner die Chance, seine Ideen in eine umfassende Schulpraxis umzusetzen. Der Hergang ist bekannt: Auf Bitten des Betriebsrates der Waldorf-Astoria-Zigarettenfabrik entschloß sich der Direktor derselben, Emil Molt, ein langjähriger Anthroposoph, Rudolf Steiner aufzufordern, eine Schule für die Kinder der Arbeiter seiner Fabrik einzurichten. Steiner ging auf diese Aufforderung sofort und freudig ein. Das war am 25. April 1919. Bereits am 13. Mai erteilte der Kultusminister Heymann aufgrund des weitmaschigen württembergischen Schulgesetzes aus dem Jahre 1836 die Genehmigung zur Errichtung einer einheitlichen Volks- und höheren Schule. Am 21. August begannen die Schulungskurse für die künftigen Waldorfschullehrer, zwölf an der Zahl. Am 7. September 1919 wurde die Schule mit 8 Klassen und 256 Schülern eröffnet.

Das Erstaunliche ist, daß die Waldorfschulpädagogik schon bei ihrer Gründung mit all den Neuerungen und Kennzeichen ins Leben trat, die bis heute ihre Charakteristika sind:

- Eine altersspezifische Pädagogik, die sich vor allem im Lehrplan ausdrückt: Die Unterrichtsinhalte orientieren sich an den geistigen Bedürfnissen der Altersstufen und dienen der seelischen Entwicklung der Schüler.
- Eine starke Betonung des künstlerischen und handwerklichen Unterrichts, besonders durch die Fächer Handarbeit (auch für Jungen), Handwerk, Gartenbau, Plastizieren, Malen, Musik und Eurythmie, um eine allseitige Tätigkeit der Schüler anzuregen.

- Koedukation der Geschlechter und der verschiedenen sozialen Schichten.
- Keine Zensuren, kein Sitzenbleiben; die Schule dient nicht der Auslese.
- Die Einrichtung des Klassenlehrers, der eine Klasse von der 1. bis zur 8. Klasse führt.
- Unterricht in zwei Fremdsprachen von der 1. Klasse an.
- Der Epochenunterricht, der zur Konzentration der Unterrichtsinhalte führt.
- Die Mitarbeit eines Schularztes, der ganz ins Kollegium integriert ist und auch Unterricht erteilt.
- Das wöchentliche Konferenzgespräch aller Lehrer zur Erneuerung der Pädagogik durch das Studium der Menschenkunde und die praktische Fortbildung der Lehrer durch Besprechung einzelner Schüler oder ganzer Klassen und durch Diskussion methodischer Fragen.
- Die kollegiale Selbstverwaltung der Schule durch die Lehrerschaft.
- Die Zusammenarbeit von Eltern und Lehrern an der gemeinsamen Erziehungsaufgabe.

Alle diese Neuerungen wurden von Steiner veranlagt und auf den Weg gebracht. Ebenso regte Steiner eine Reihe unterrichtsmethodischer Neuerungen an.

Die geistigen Grundlagen für die Waldorfpädagogik legte Steiner durch den Kurs ›Allgemeine Menschenkunde‹, durch die Vorträge über ›Erziehungskunst‹ und die seminaristischen Übungen, die Ende August–Anfang September für das neu gegründete Lehrerkollegium abgehalten wurden. Deren Inhalte können hier nicht in Kürze referiert werden. Man kann aber sagen, daß Steiner den Versuch unternahm, durch sie ein neues Lehrerbewußtsein zu erwecken. Der Lehrer, der diese Inhalte aufnimmt, versteht sich nicht mehr in erster Linie als 'Beibringer' von Lerninhalten, so wichtig diese auch immer sein mögen, er lernt sich als jemand zu verstehen, der durch Unterricht und Erziehung auf Gesundheit, leibliche Entwicklung, seelische Prozesse und auf die Weckung des Geistes im Schüler Einfluß nimmt. Dadurch begreift er sein Tun als die Fortsetzung des allgemeinen Weltprozesses, der, wie oben angedeutet, im Menschen als Denken zur Erscheinung kommt. Steiner verdeutlicht diesen Aspekt pädagogischen Handelns unter anderem dadurch, daß er auf die biographischen Folgen des Unterrichts hinweist und die Fragen beantwortet: Wie wirkt sich sinnloses Pauken, verständnisloses, mechanisches Lernen im späteren Leben gesundheitlich aus? Welche Bedeutung hat es, daß sich der Schüler vollmenschlich, d. h. handelnd, empfindend und erkennend mit geistigen Inhalten verbindet? Ferner lenkt Steiner den Blick auf die Tatsache, daß in jedem Kinde ein Mensch anwesend ist, der eventuell später im Leben seine

Lehrer überragen wird, der aber als Schüler das, was er erlebt, noch nicht deutlich aussprechen kann. In dem Schüler spricht sich aber durch sein Verhalten eine Intelligenz aus, von der der Lehrer viel lernen kann, wenn er in ihr zu lesen versteht, wenn er das Verhalten des Kindes deuten kann. Der Lehrer lernt am Schüler erkennen, wie sein Unterricht wirkt. Diese Hinweise fördern eine Einstellung des Lehrers, die sich vielleicht durch folgenden Gedanken andeuten läßt: Der Lehrer ist durch sein Lebensalter, durch seine Kenntnisse und seine Beherrschung einiger Kulturtechniken dem Schüler voraus, in dem Schüler aber lebt verborgen ein Mensch, der ihn womöglich überragt. Es ist die Aufgabe des Lehrers, auf diesen verborgenen Menschen zu schauen, ihn zu fördern und zu wecken.

Der pädagogische Enthusiasmus, der aus dieser Auffassung hervorging, trug und belebte die Schule. Es gelang Steiner, für das von Jahr zu Jahr wachsende Lehrerkollegium immer wieder vorzügliche, geistig produktive Mitarbeiter zu finden. Sie alle leisteten viel in bezug auf die Erneuerung der Unterrichtsinhalte und in bezug auf die Entwicklung der Methodik. Das ist ausführlich in ›Der Lehrerkreis um Rudolf Steiner‹ (hrsg. von Husemann und Tautz) gewürdigt worden. Hier würde schon ein kurzer Überblick den Rahmen der Darstellung sprengen, deshalb werden auch nicht einzelne Namen genannt.

Die ersten Jahre der neuen Schule waren durch die Begeisterung für das Neue gekennzeichnet. Die Schule konnte aus der Waldorf-Astoria-Zigarettenfabrik ausgegliedert werden und erhielt einen eigenen Rechts- und Wirtschaftsträger im *Verein für ein freies Schulwesen.* Steiner, der nicht ständig in Stuttgart anwesend war, kümmerte sich um viele Einzelheiten. Er traf praktisch alle Personalentscheidungen, wenn es darum ging, neue Lehrer anzustellen, er entwickelte den Lehrplan für die Klassen der Oberstufe, die nun Jahr für Jahr aufgebaut wurden, er besuchte den Unterricht aller Lehrer, hielt Elternabende ab, durch menschenkundliche Vortragskurse gab er neue pädagogische Impulse; in den Aufzeichnungen von 70 Lehrerkonferenzen, an denen Steiner teilnahm, finden sich mehr als 120 Besprechungen von einzelnen Schülern, manche Schüler (Problemfälle) werden bis zu zehnmal erwähnt. Es geht dabei um die verschiedensten Probleme: Schülerängste, Stottern, Gedächtnisschwäche, Linkshändigkeit, erbliche Belastungen, Kleptomanie, Diebstahl, Selbstmordgefahr bis hin zum Liebebedürfnis einzelner Kinder oder dem Problem zu artiger Schüler. Die Nachschriften zeigen, daß Steiner von fast allen besprochenen Schülern ein genaues Bild hat, einzelne Kinder werden ihm besonders vorgestellt. In diesem Zusammenhang tritt auch der Schularzt, Dr. Eugen Kolisko, in Funktion, der mit den Klassenlehrern einzelne Schüler bespricht. Gerade durch den Blick auf gesundheitliche Schwierigkeiten und konstitutionelle Probleme wird der Blick der Lehrer von der subjektiv-persönlichen Betrachtung zu einem Objektiven geführt, an dem sich das pädagogische Handeln kontrollieren kann.

In den Jahren 1922/23 war die erste Begeisterung der Gründungszeit abgeebbt. Im Kollegium traten gewisse Ermüdungserscheinungen auf, die durchaus verständlich sind, wenn man bedenkt, daß die Waldorfschullehrer nicht nur mit allen Problemen der Selbstverwaltung der Schule belastet waren: auch außerhalb der Schule hatten sie zahlreiche Aufgaben in verschiedenen Zusammenhängen übernommen. So dozierten die Lehrer zuviel und verloren manchmal den Kontakt mit den Schülern. Eine staatliche Inspektion stellte Mängel fest. Die Lehrer beschwerten sich bei Steiner, sie fühlten sich ungerecht beurteilt. Steiner, der den Bericht an das Kultusministerium eingesehen hatte, mußte aber den Lehrern sagen : „Wohlwollend ist der Bericht!" „Die Dinge sind wahr, die darin stehen; das ist das Bittere!" – Bald warf das Abitur neue Probleme auf und Mißerfolge führen zu einer Krise. All das wurde aber schließlich überwunden, indem sich die Lehrerschaft stärker auf die schulischen Aufgaben konzentrierte, indem man zugleich die Aufgabe ergriff, die Pädagogik der Öffentlichkeit zusammenhängend darzustellen. Dem dienten die Erziehungstagungen, die seit 1923 in Stuttgart abgehalten wurden und auf denen neben Steiner eine Reihe von Waldorfschullehrern aus der pädagogischen Arbeit berichteten. Das Jahr 1924 war das letzte Jahr, in dem Rudolf Steiner im Zusammenhang mit der Waldorfschule unmittelbar tätig sein konnte. Er konnte feststellen, daß die kritische Situation der Jahre 1922/23 gemeistert worden war. Besonders die Erziehungstagungen in Stuttgart und Bern, die beide im April 1924 stattfanden, fanden im Publikum die größte Anerkennung und darüber hinaus weite Beachtung. Für Steiner selbst war es befriedigend zu sehen, daß die Lehrerschaft seine Ideen und Anregungen in freier Weise aufgriff und ausgestaltete. So konnte er im März 1925, zwei Wochen vor seinem Tode, dem Lehrerkollegium die Leitung der Schule anvertrauen. In mancher Beziehung war das Werk unvollendet. Steiner hatte noch im September 1924 die Absicht geäußert, zu den Fragen der moralischen Erziehung im Oktober 1924 einen Seminarkurs abzuhalten. Seine Krankheit verhinderte dies. Auch wird berichtet, daß er die Absicht gehabt hätte, für eine stärkere künstlerische Durchdringung aller Unterrichtsfächer neue Impulse zu geben. Das war ihm nicht mehr vergönnt. Die Lehrerschaft aber faßte den Tod Steiners als Verpflichtung auf, in diesem Sinne ihre Anstrengungen zu steigern. Als im Oktober und November 1925 wiederum eine staatliche Inspektion der Schule stattfand, konnte der Berichterstatter, Schulrat Hartlieb, den durchgehend positiven Bericht mit den Worten beginnen: „Wer mit der Waldorfschule Fühlung nimmt, der wird vom ersten

Augenblick sich dem Eindruck nicht verschließen können, daß ein einzigartiges Lehrerkollegium der Schule vorsteht. Vorbildlich erscheint mir die Verbundenheit der Lehrkräfte untereinander; einer dient dem anderen in Liebe; jeder strahlt Kräfte aus, um wiederum Kräfte in sich aufzusaugen; fern ist dieser Lehrerschaft alles kleinliche Gezänke, Neid und Eifersucht."

V. INTEGRATIVE ERZIEHUNG UND BILDUNG – NEUE ANSÄTZE ZUR VERBINDUNG VON ARBEIT UND LERNEN IN DER SCHULE

TANKRED TRAUTMANN

In den vergangenen fünf Jahren sind in einigen Waldorfschulen neue Ansätze zur Verbindung beruflichen und schulischen Lernens entstanden. Die qualitative Integration beider Bereiche in einen ganzheitlichen Erziehungs- und Bildungsgang ist nach wie vor eine nur schwer zu lösende Aufgabe, wobei die Notwendigkeit, den Mittel- und Oberstufenbereich in der Schule pädagogisch neu zu gestalten, vielfach erkannt wurde. Dies bedingt allerdings eine sehr intensive Entwicklungsarbeit in der betreffenden Schule und erfordert neuartige Kooperationsformen, die ohne einen beträchtlichen Mehraufwand kaum aufzubauen sind. Dabei können vorhandene Konzeptionen und Modelle anderer Waldorfschulen (wie sie z. B. in Krefeld, Stuttgart-Kräherwald, Hiberniaschule, Kassel, Nürnberg bestehen) nicht einfach auf neue Situationen übertragen werden, denn an jedem Ort gibt es spezifische Entwicklungsmöglichkeiten und -bedingungen. So lassen etwa die jeweiligen Landesgesetze (Kulturhoheit der Bundesländer) eine bloße Übernahme der andernorts entwickelten Konzeptionen nicht zu. Ein schwerwiegenderer Grund liegt aber auch im schnellen gesellschaftlichen Wandel, der eine stetige Weiterentwicklung vorhandener Modelle erforderlich macht. In der künftigen Arbeit geht es darum, die bisherige Gedankenführung zu erkennen, die zur Ausgestaltung eines einzelnen Konzepts geführt hat. Dabei werden die grundlegenden Gestaltungsprinzipien und die hinter ihnen stehenden pädagogischen Ideen deutlich. Diese können in der eigenen Schulentwicklungsplanung wichtige erkenntnisleitende Funktionen haben.

Diese Einsichten führten 1987 zur Gründung einer Arbeitsgemeinschaft („Kakenstorfer Kreis")[1], um die erforderliche Grundlagenarbeit in einer

[1] Gegenwärtig arbeiten hierin Vertreter (Eltern und Lehrer) von Waldorfschulen aus Hamburg-Bergstedt, Evinghausen, Benefeld, Hiberniaschule, Hamm, Nordheide, Wolfsburg, Ausbilder und Meister aus Handwerksbetrieben sowie Vertreter der Pädagogischen Forschungsstelle Bochum und des Lehr- und Forschungsbereichs Berufspädgogik der Universität-GH Paderborn.

engen Kooperation durchzuführen. Es wurden Grundlagen und Bausteine für einen „Integrativen Erziehungs- und Bildungsgang" erarbeitet, die 1990 im Rahmen der Fachtagung „Bildung und Beruf" einer breiteren Öffentlichkeit vorgestellt wurden.[2]

Nachfolgend sollen die Rahmenbedingungen benannt werden, die zur Entwicklung des Konzepts einer „Integrativen Erziehung und Bildung" geführt haben. So geht es im 1. Teil um die Skizzierung der neuartigen Anforderungen an das künftige Bildungswesen und die künftigen Erziehungs- und Bildungsziele, also um das, was die Schule angesichts vielfältiger gesellschaftlicher Veränderungen künftig leisten soll und kann. Hieraus ergeben sich Aufgaben und Ziele einer „Integrativen Erziehung und Bildung", die im 2. Teil dargestellt werden.

Dabei werden die aus der anthroposophischen Menschenkunde gewonnenen Erkenntnisse zum Leitfaden für den Aufbau des angestrebten Lernweges, wofür im 3. Teil grundlegende Bausteine beschrieben werden. Im 4. Teil werden einzelne Gesichtspunkte zum künftigen Aufbau einer Oberstufe dargestellt.

Die erforderliche Öffnung der Schule und die Einbeziehung der Arbeitswelt kann nur in neuartigen Kooperationen gelingen (5. Teil). So sollten künftig Vertreter von Schulen, produzierenden Werkstätten, Betrieben und pädagogischen Forschungseinrichtungen neue Formen der Zusammenarbeit entwickeln, die eine integrative Schulentwicklung ermöglichen.

1. Neue Anforderungen an das künftige Schulwesen

In einer Zeit großer gesellschaftlicher Umwandlungen werden gegenwärtig immer neue Forderungen an das Erziehungs- und Bildungswesen gestellt, die durch politische, ökonomische und auch soziale Faktoren bestimmt werden. Für eine künftige Schulentwicklung wesentliche Punkte sind:

- Viele Lebensbedingungen verhindern heute eine altersgerechte Entwicklung der Kinder und Jugendlichen: Drogenmißbrauch, Bandenkriminalität, Zerstörungsdrang usw. sind auch Ausdruck für Sinnlosigkeit und Langeweile. Viele Verhaltens- und Lernschwierigkeiten resultieren aus einer unzulänglichen Willenserziehung und dem Vernachlässigen des kindlichen Betätigungsdranges. Materieller Überfluß, Überflutung

[2] Zu dieser Fachtagung ist 1991 eine Dokumentation erschienen: ›Bildung und Beruf – neue Formen beruflicher Bildung in der Wirtschaft und in der Waldorfpädagogik‹. Diese ist beim Verlag Wolfgang Witte, Lange Str. 2, 2117 Kakenstorf zu beziehen.

durch äußere Sinneseindrücke, umfassende Angebote einer kommerzialisierten und konsumorientierten Freizeit-„Kultur". Videofilme und Computerspiele, all das verhindert eine phantasievolle Eigentätigkeit, das selbstorganisierte Spielen in Gruppen, eigenes kreatives Gestalten und schließlich die selbstverantwortliche Sinnfindung. Eine wachsende Veräußerlichung und Säkularisierung des täglichen Lebens verhindern die Entwicklung moralischer Normen und Werthaltungen wie Toleranz, Ehrfurcht, Rücksichtnahme und Mitgefühl. Statt dessen wachsen egozentrische Werthaltungen, und es ist eine Brutalisierung des sozialen Lebens zu beobachten.

- Neue Technologien ersetzen immer stärker die menschliche Arbeitskraft. Dies hat in vielen Bereichen zu Entlastungen, Arbeitszeitverkürzungen u. ä. geführt, hat allerdings die Arbeit in vielen Fällen auf reine Überwachungsfunktionen reduziert. Der direkte Umgang mit diesen Technologien bedingt aber eine hochwertige und spezialisierte Fachausbildung. Wenn der einzelne mit dieser Entwicklung Schritt halten will, so muß er befähigt werden, sich auf wechselnde Anforderungen einzustellen und zum beständigen Weiterlernen bereit sein.
- Die zunehmende Spezialisierung führt zugleich zu einer stärkeren Interdependenz der Arbeits- und Lebensbereiche, wodurch soziale Fähigkeiten für die Arbeit in Gruppen immer wichtiger werden.
- Die immer stärker technisierte Arbeitswelt setzt entwicklungsfähige und flexibel reagierende Unternehmen voraus, die nur bestehen können, wenn die einzelnen Mitarbeiter neben ihren spezialisierten Fachkenntnissen auch vielfältige personale Fähigkeiten einbringen, wie etwa selbständiges Handeln, Verantwortungsbereitschaft und Kooperationsfähigkeit. Im beruflichen Handeln greifen die fachlichen, sozialen und personalen Fähigkeiten ineinander und müssen als Qualifikationen in der beruflichen Erstausbildung erworben werden.[3]
- In der Neuordnung der beruflichen Bildung (ab 1987) werden diese Qualifikationen zur Grundlage für das weiterführende Lernen, in dem Arbeit und Lernen in einer wechselseitigen Verbindung stehen und dabei die Fähigkeit gefordert wird, die Weiterbildung eigenverantwortlich durchführen zu können.
- Angesichts des rasant wachsenden menschheitlichen Wissens kann heute kaum noch von einem Kanon formaler Allgemeinbildung gesprochen werden. Zudem werden viele Bildungsinhalte durch andere Medien vermittelt, die für Kinder und Jugendliche zu jeder Zeit frei zugänglich

[3] Vgl. hierzu P. Schneider: Neuorientierung in der Beruflichen Bildung. In: Anm. 2, S. 52f.

sind, wodurch die Frage entsteht, welche Inhalte im schulischen Lernen vermittelt werden sollen und vor allem in welcher Alterstufe dies geschehen soll.

– Die Vereinigung Deutschlands beinhaltet schließlich die Aufgabe, in den fünf neuen Bundesländern Bildungssysteme zu entwickeln, in denen bestehende Einrichtungen weiter genutzt und vor allem polytechnische Bildungskonzepte weiterentwickelt werden. Bislang bestimmen zumeist bekannte westliche Wertvorstellungen (gegliedertes Schulsystem, duale berufliche Bildung, Abitur als ranghöchstes Ziel des Bildungsganges) den Umbauprozeß, ohne die Möglichkeiten zu nutzen, mit neuen Ideen zukunftsweisende Schulformen zu entwerfen.

Die Aufzählung der gegenwärtigen ökonomischen und sozialen Probleme und Konflikte ließe sich noch um einiges verlängern, jedoch dürfte bis hierhin schon deutlich geworden sein, daß zur Lösung dieser Probleme eine radikale Umwandlung des bestehenden Erziehungs- und Bildungssystems erforderlich ist. Bei aller Vielfalt der Probleme ist in allen doch eine Grundfrage wiederzufinden, nämlich die nach der individuellen Sinnfindung und dem selbstbestimmten Handeln in sozialer Verantwortung. Hierauf können Antworten aber nur gelingen, wenn sich Bildung und Erziehung an der menschlichen Entwicklung orientieren und deren Gesetzmäßigkeiten den heutigen Schulaufbau bestimmen.

Freilich wird die Entwicklung eines Erziehungs- und Bildungsganges, der durch eine menschenkundlich orientierte Pädagogik begründet wird, nur in solchen sozialen Gemeinschaften gelingen, in denen selbstbestimmtes Handeln in sozialer Verantwortung möglich ist. Damit sind Eltern und Lehrer aufgefordert, im selbstbestimmten Lernen diejenigen personalen und sozialen Fähigkeiten zu erüben, die auch die Kinder und Jugendlichen erwerben sollen.

Der Aufbau eines künftigen Bildungswesens, das den o. g. Anforderungen gerecht werden kann, umschließt also die Frage nach der individuellen Freiheit und die nach den sozialen Gestaltungen, in denen diese möglich ist.[4]

[4] Rudolf Steiner, im Schlußwort nach einer Diskussion am 17. März 1920. In: Vom Einheitsstaat zum dreigliedrigen sozialen Organismus (GA 334): „Daher darf ich sagen, daß in einem gewissen Sinne die Ergänzung zu meiner ‚Philosophie der Freiheit‘ meine ‚Kernpunkte der sozialen Frage‘ sind. Wie meine ‚Philosophie der Freiheit‘ untersucht, woraus beim einzelnen Menschen die Kräfte zur Freiheit kommen, so untersuchen meine ‚Kernpunkte der sozialen Frage‘, wie der soziale Organismus beschaffen sein muß, damit der einzelne Mensch sich frei entwickeln kann. Und das sind im Grunde genommen die beiden großen Fragen, die uns im öffentlichen Leben der Gegenwart beschäftigen müssen. Eine wirkliche Antwort auf diese Fragen wird zu gleicher Zeit einiges Licht in das Chaos bringen können."

2. *Aufgaben und Ziele einer „Integrativen Erziehung und Bildung"*

Die dargestellten Herausforderungen zeigen, wie schwierig die Aufgabe geworden ist, die Kinder und Jugendlichen auf das gesellschaftliche Leben vorzubereiten. Die Addition der Anforderungen, die von Vertretern der Politik, Wirtschaft und Wissenschaft formuliert werden, führt schnell zu einer hoffnungslosen Überforderung, zumal dadurch die Widersprüche, die durch divergierende Anforderungen entstehen, im sozialen Leben nicht gelöst werden.[5] Was also not tut, ist eine qualitative Neubestimmung auf diejenigen Inhalte und Lernformen, die geeignet sind, die Jugendlichen auf ein selbstbestimmtes Handeln in sozialer Verantwortung vorzubereiten. Dazu ist es erforderlich, in der Schule

- eine fundamentale Bildung zu vermitteln, die das spezialisierende Weiterleiten im Berufsleben ermöglicht;
- das Lernen und Arbeiten so zu verbinden, daß den Schülern ein selbstbestimmtes Erkennen und Handeln in Lebenszusammenhängen möglich wird;
- neben den fachlichen auch verstärkt die oben ausgeführten sozialen und personalen Qualifikationen auszubilden, die den Jugendlichen zur Selbst-Bestimmung und Selbst-Verantwortung befähigen.

In diesem Sinne zur Lebenstüchtigkeit zu erziehen ist also die zentrale Aufgabe der Schule. Hierfür hat Rudolf Steiner in seinen pädagogischen Vorträgen vielfältige Hinweise gegeben, die auch in den bestehenden Waldorfschulen erst allmählich umgesetzt werden. Für den Ansatz einer „Integrativen Erziehung und Bildung" sind gerade solche Aussagen wesentlich, die sich auf diese neuartige Verbindung von Lernen und Arbeit beziehen: „Darin besteht ja gerade die ungeheuer bedeutungsvolle Aufgabe der Volksschule, daß das Spiel allmählich in Arbeit überführt wird. Und kann man praktisch die große Frage beantworten: Wie wird das Spielen in Arbeiten umgewandelt? dann beantwortet man eigentlich die Grundfrage der Volksschulerziehung."[6]

[5] W. Nowak (Staatssekretär im sächsischen Kultusministerium) im Spiegel-Gespräch. In: Spiegel Nr. 41, 7. 10. 1991, S. 67: „Die Lehrer werden heute total überfordert, weil sie jedes Problem dieser Gesellschaft lösen sollen, von Aids über Drogen bis zum Rechtsradikalismus. Die Eltern verlangen nämlich, daß die Lehrer in der Erziehung ihrer Kinder da erfolgreich weitermachen, wo sie selbst gescheitert sind. So ein Lehrer muß dann mit kleinen Kindern fertig werden, in denen schrecklich hohe Erwartungen der Eltern drinstecken und die schon im Laufstall mit Steinen geschmissen haben, wenn ihnen mal ein Wunsch nicht erfüllt wurde."

[6] R. Steiner im Vortrag vom 18. April 1923, GA 306. An gleicher Stelle konkretisiert R. Steiner diese Aufgabe für die Erziehung im Kindergarten: „So ist es eben die

Im Spiel, im nachahmenden Tun, durchlebt das kleine Kind die Arbeit des Lebens, um sie später als Jugendlicher eigenverantwortlich planen, durchführen und kontrollieren zu können. Hieran wird deutlich, daß es um den Aufbau eines Lernweges geht, auf dem das Lernen eng mit dem Tätigsein verbunden ist. Dabei ist weiterhin zu berücksichtigen, daß das Kind in seiner individuellen Menschwerdung die Entwicklung der Menschheit nachvollzieht. Es muß also in der Schule die Möglichkeit haben, zunächst urbildliche Tätigkeiten zu erüben, um dann die Vielfalt des Handwerks kennenzulernen. In der Phase der beruflichen Spezialisierung ist der Jugendliche so an die heutige technisierte Arbeitswelt heranzuführen, daß er in einem Bereich eine vertiefte Könnerschaft erwerben kann und soll.

Im integrativen Konzept erhält der handwerklich-praktische Lernbereich eine ebenso große Bedeutung wie der wissenschaftliche und der künstlerische Bereich. Jeder Bereich eröffnet bestimmte Zugangsweisen zur Lebenswirklichkeit und bietet Möglichkeiten, sich mit einzelnen Erscheinungen auseinanderzusetzen. Darüber hinaus ist anzustreben, einzelne Fähigkeiten aus den drei Lernbereichen im Lernen an einem Gegenstand zu verbinden. Das kann erreicht werden, wenn die Lerngegenstände in reale Lebenszusammenhänge eingebunden werden.

Im Sinne der von Rudolf Steiner geforderten „pädagogisch-didaktischen Ökonomie“ wird künftig noch stärker darauf zu achten sein, wie sich Elemente der Bereiche ergänzen und wechselseitig stützen, damit das erreicht wird, „... was die Zukunft ganz besonders auszeichnen wird, daß all die Dinge, die an das Kind herangebracht werden, auch im Menschen für das ganze Leben bleiben werden“[7].

Aufgabe des Kindergartens, dasjenige, was die Arbeiten des Lebens sind, in solche Formen hineinzubringen, daß sie aus der Betätigung des Kindes ins Spiel fließen können. Man hat das Leben, die Arbeiten des Lebens hineinzuleiten und die Arbeiten des Kindergartens.“ Weiterhin sei hier vor allem auf die drei Vorträge über Volkspädagogik verwiesen, in GA 192. Eine Dokumentation der Aussagen R. Steiners zum ursprünglichen pädagogischen Impuls, der in der ersten Waldorfschule in Stuttgart letztlich nicht vollständig umgesetzt werden konnte, findet sich in: K. J. Fintelmann, P. Schneider: Die Rudolf-Steiner-Schulen – Menschenbildung auf der Grundlage der Anthroposophie. In: H. Röhrs (Hrsg.): Die Schulen der Reformpädagogik heute. Düsseldorf 1986.

[7] R. Steiner, Vortrag über Volkspädagogik vom 11. Mai 1919.

3. Bausteine für einen „Integrativen Erziehungs- und Bildungsgang"

Im folgenden werden Bausteine des integrativen Konzepts dargestellt, wobei einzelne Elemente bereits an anderen Orten in verschiedener Weise praktiziert werden.[8] Entscheidend für einen künftigen Schulaufbau ist deshalb die Fortentwicklung des Vorhandenen und die Suche nach Verbindungen mit neuartigen Elementen.

1. Ganzheitliche Entwicklung des Jugendlichen

Der Jugendliche kann nur dann sich selbst bestimmen und verantwortlich handelnd in die Gesellschaft hineinfinden, wenn er in der Schule entsprechende Fähigkeiten erüben kann.[9] Selbstbestimmung beinhaltet die Fähigkeit, sich selbst zu steuern und aus Einsicht zu handeln. Diese Fähigkeit, die nur durch wachsende Selbst-Erkenntnis entwickelt werden kann, soll hier als individuelle Kompetenz bezeichnet werden. Der Umgang mit anderen, die Arbeit in Gruppen braucht soziale Fähigkeiten wie die, Verantwortung für andere zu übernehmen, sich an gemeinsamen Zielen zu orientieren ... Wesentlich ist dabei, das eigene Anliegen den anderen verständlich zu machen. Sprachliches Ausdrucksvermögen ist also in einem hohen Maße eine der erforderlichen sozialen Fähigkeiten, die insgesamt zur sozialen Kompetenz werden. In Gruppen sachgerecht zu arbeiten verlangt fachliche Fähigkeiten, die in der Herstellung von Werkstücken, von Gebrauchsgegenständen u. ä. erworben werden. Planen – Durchführen – Kontrollieren sind Teile eines fachlichen Könnens, das hier als fachliche Kompetenz bezeichnet wird. Diese Kompetenzbereiche sind in der Ganzheit der Person eng verbunden, und die Schule sollte entsprechend vielfältige Lerngelegenheiten zu ihrer Ausbildung anbieten.

2. Stufen im Lernprozeß

Die Ganzheit „Schule" umfaßt unterschiedliche Lernorte, mit jeweils anderen Raumqualitäten und Lernmöglichkeiten. Der Erziehungs- und Bildungsgang wird, der Entwicklung des Kindes entsprechend, zu einer gestuften Abfolge von Lernschritten, durch die der Lern- und Erfahrungsraum des Kindes allmählich erweitert wird. Von der Ganzheit und behütenden Geschlossenheit der Unterstufe (1.–6. Klasse) führt der Weg zur immer deutlicher differenzierenden, sich spezialisierenden und weltoffe-

[8] Etwa in der Hiberniaschule und den o. g. Waldorfschulen. Zur Hiberniaschule vgl. G. Rist, P. Schneider: Die Hiberniaschule. Von der Lehrwerkstatt zur Gesamtschule. Eine Waldorfschule integriert berufliches und allgemeines Lernen. Hamburg 1977. F. Edding u. a. (Hrsg.): Praktisches Lernen in der Hibernia-Pädagogik. Stuttgart 1985. – K. J. Fintelmann: Hibernia – Modell einer anderen Schule. Stuttgart 1991.

[9] Vgl. P. Schneider. In: Anm. 2, S. 54.

nen Oberstufe. Der Übergang von der Kindheit zur Jugend ist langwieriger geworden und verlangt einen eigenen pädagogischen Bereich. In der Mittelstufe (7.–10. Klasse) werden vielfältig wechselnde Gelegenheiten geboten, um neu erwachende körperlich-seelische Kräfte in verschiedensten Lebenssituationen zu erproben.

3. Integration der Lernbereiche

Das ist eine erst anfänglich gelöste Aufgabe. Es geht hier um die effektive und ökonomische Gestaltung des Bildungsganges, die Verbindung einzelner Inhalte aus den wissenschaftlichen, künstlerischen und handwerklich-praktischen Lernbereichen zu komplexen Erfahrungsfeldern und um die umfassende Beschreibung der Wechselwirkung einzelner Inhalte. Hierzu bedarf es eines pädagogisch forschenden Kollegiums, in dem die Epochen- und Fachlehrer, die Werkstattlehrer und Meister (die „Fachwissenschaftler“, „Künstler“ und „Handwerker“) das jeweilige Spezialwissen „ihres“ Faches in einen Gesamtlehrplan einfügen. Dabei kann z. B. deutlich werden, daß geometrische Formen in allen drei Lernbereichen behandelt werden. Die Erarbeitung der unterschiedlichen mathematischen, künstlerischen und anwendungsbezogenen Aspekte führt zu einer umfassenden Erkenntnis, die nicht dreimal erworben werden muß, sondern die sich als ein Ergebnis aus der dreifachen Betrachtungsweise ergibt. Diese integrative Behandlung der Inhalte macht es möglich, das Wissen in immer neuen Ganzheiten aufzubauen, die ergänzt und erweitert werden können und damit das Fundament für ein „Lebenslanges Lernen“ bilden.

4. Lernen in Lebenszusammenhängen

Der Wert einer fundamentalen Bildung ist u. a. daran zu messen, inwieweit diese zur allgemeinen Menschenbildung beiträgt und die Schüler befähigt werden, Anforderungen konkreter Lebenssituationen zu bewältigen. Deshalb sollten die Schüler frühzeitig ihr Wissen und Können situationsbezogen erproben können, um zu erfahren, daß der Sinn menschlicher Existenz in der Verbindung von Leben, Arbeit und Lernen gegeben wird. Inhalte einzelner Fächer sollen im integrativen Konzept zu Erfahrungs- und Lernfeldern verknüpft werden, um in einzelnen Lebenszusammenhängen ein ganzheitliches Lernen zu ermöglichen. So ist es etwa möglich, die Pflanzenkunde, die Biologie und Chemie, die Ackerbau-Epoche, den Gartenbau und das Landwirtschaftspraktikum insgesamt von der 3. bis zur 10. Klasse als ein Erfahrungs- und Lernfeld zu betrachten, in dem der Zusammenhang von Arbeit und Lernen spürbar wird. Neben der Schule als Lernort werden dem Schüler vielfältige Lernorte mit unterschiedlichen Lebenszusammenhängen eröffnet, in denen er seine individuellen und sozialen Fähigkeiten erproben kann. Dies ist ein Beispiel dafür, wie in der Arbeit eines pädagogisch forschenden Kollegiums Einzelinitiativen integrativ verbunden werden können. Freilich ist dies nur ein erster Anfang, und der Blick auf die Vielzahl der Lernangebote einer Waldorfschule zeigt das Ausmaß der noch zu leistenden Arbeit.

5. Aufbau des handwerklich-praktischen Bereichs

Im Kindergarten geht es (wie oben ausgeführt) darum, Arbeiten des täglichen Lebens in das Gruppengeschehen einzuführen, und zwar so, wie sie im Rhythmus des Tages und des Jahreslaufs vorkommen. Umfang und Abfolge der Arbeiten ergeben sich also ganz aus dem Lebenszusammenhang. Im Bildungsgang der Schule werden diese Arbeiten und die steigenden Anforderungen zunehmend nach fachlichen und methodisch-didaktischen Gesichtspunkten geordnet. In der Unterstufe wird der Umgang mit Materialien aus dem Mineralreich (Sand, Steine, Ton), dem Pflanzenreich (Ackerbau, Gartenbau) und dem Tierreich (Bienenwachs, Wolle) grundlegend geübt, wobei die Entwicklung der Handgeschicklichkeit des Kindes im Vordergrund steht. Das Kind kann dabei auch erkennen, wie aus dem Umgang mit diesen Materialien einzelne Handwerksberufe entstanden sind, daß die Handwerker jeweils spezialisierte Fähigkeiten erlernen müssen und daß ein Hausbau nur in der Zusammenarbeit vieler Spezialisten gelingen kann. In der Mittelstufe werden die Jugendlichen an eine Vielzahl einzelner Gewerke herangeführt. Die Verbindung von Arbeit und Lernen wird jetzt auch im Werkstatt-Wochenbuch (für die 7. bis 10. Klasse) deutlich, indem neben den Arbeitsberichten auch eine entsprechende Material- und Werkzeugkunde enthalten ist. In Handwerkskursen (meist nachmittags und im dreiwöchigen Wechsel) wird, wie etwa in der Hiberniaschule oder auch in der Rudolf-Steiner-Schule Nordheide, durch die integrative Verbindung verschiedenster Gewerke eine handwerkliche Grundbildung in u. a. folgenden Kursen vermittelt:

Schnitzen und Schreinern	Spinnen und Weben	Schlossern	Gartenbau und Gestaltung Umwelt
Textile Handarbeit und Schneidern	Hauswirtschaft	Krankenpflege	
Töpfern und Plastizieren	Weideflechten	Freihandzeichnen und Konstruktionen	
Schmieden und Kupfertreiben	Buchbinden	Elektrotechnik und Elektronik	

Am Ende der 10. Klasse können die Jugendlichen in dieser Stufe der handwerklichen Grundbildung so viele Fähigkeiten und Fertigkeiten erworben haben, daß diese in einigen Gewerken (z. B. Holz, Metall, Schneiderei) bereits den Anforderungen des ersten Lehrjahres entsprechen könnten.

Bei der Anordnung dieser Vielzahl der Gewerke wird im integrativen Konzept künftig noch stärker darauf zu achten sein,
- wie die Gewerke sich in der Vermittlung von Grundfertigkeiten ergänzen und insgesamt eine qualifizierte handwerkliche Grundbildung vermitteln;
- wie innerhalb eines Gewerks eine kontinuierliche fachliche Vertiefung erreicht werden kann;
- wie sich in jeder Klassenstufe Inhalte des Haupt-, Fach- und Werkstattunterrichts zusammenfügen lassen
- und wie die Gewerke in ganzheitliche Erfahrungs- und Lernfelder eingebunden werden können.

6. Zur Auswahl der Grundberufe

In der Oberstufe soll es jedem Jugendlichen ermöglicht werden, in einem Basisberuf vertiefte Fähigkeiten und Kenntnisse zu erwerben. Diese Spezialisierung wird durch die langjährige Vorbereitung im handwerklich-praktischen Lernbereich möglich (handwerkliche Grundbildung). In den Handwerkskursen der Mittelstufe könnten Elemente der Grundberufe bereits enthalten sein, um die spätere Spezialisierung zu veranlagen.

Die Auswahl der Basisberufe bezieht sich auf menschenkundliche, pädagogische (allgemeine Menschenbildung und Lebenstüchtigkeit) und auf fachliche Aspekte. Diese Begründungszusammenhänge sind erst anfänglich und vereinzelt ausgearbeitet. Dabei sind künftig auch folgende Kriterien zu berücksichtigen:
- Es ist sinnvoll, einen Basisberuf zu wählen, der möglichst weit in einen Berufszweig einführen und Fähigkeiten vermitteln kann, die zur Weiterbildung und Spezialisierung geeignet und auf andere Arbeitsbereiche übertragbar sind.
- Es sollen Berufe gewählt werden, die den Jugendlichen eng mit der natürlichen Umwelt verbinden, um dadurch erfahrbar zu machen, daß Stoffe und Materialien aus den Naturreichen gewonnen und im Handwerk mit Gestaltungskraft durchdrungen werden. Der tätige Umgang mit Mineralien, Pflanzen, Tieren schafft für den Jugendlichen den erforderlichen Erfahrungszusammenhang, in dem er das heute vielfach geforderte „ökologische Bewußtsein“ entwickeln kann.
- Die Betrachtung der lebensnotwendigen „Hüllen“ des Menschen (Kleidung, Wohnung, Haus, Garten, Acker, gestaltete Landschaft) zeigt die Vielzahl der zu ihrer Schaffung erforderlichen Handwerke und kann damit verdeutlichen, daß jeder einzelne existentiell auf die Fähigkeiten des

anderen (Spezialisierung und Arbeitsteilung) angewiesen ist und die eigene Arbeit also das Tätigsein für andere bedeutet.
- Eine ungelöste Frage ist gegenwärtig noch, inwieweit es möglich ist, die Jugendlichen an pflegerische und erzieherische Berufe heranzuführen. Hierfür ist ein neuartiges Berufsfeld zu entwickeln, das Inhalte aus den Ausbildungslehrgängen Hauswirtschaft, Kinderpflege und Erzieher vereint.
- Eine Selbstverständlichkeit des gegenwärtigen Lebens ist die Nutzung der Elektrizität. Die Schüler lebenstüchtig zu machen bedeutet hier, den sachgerechten Umgang und ihre sinnvolle Verwendung zu erfahren und zu üben.
- Schließlich geht es um die für alle Berufe gemeinsame Frage, inwieweit es möglich ist, die Jugendlichen mit neuen Technologien in adäquater Weise vertraut zu machen. Auch die handwerklichen Berufe werden immer stärker von technischen Entwicklungen geprägt, die an die Ausbildung hohe Anforderungen stellen. Es wäre gut, wenn die Jugendlichen den Umgang mit diesen Technologien situations- und anwendungsbezogen so weit erüben könnten, daß sie zum weiterführenden, spezialisierenden Lernen befähigt sind. Denn in dieser Phase des beruflichen Lernens (11./12. Klasse) geht es ja noch nicht um das Erlernen des späteren Lebensberufs, sondern um eine Heranführung an die technisierte Arbeitswelt, die allerdings auf handwerklichen Produktionsformen aufbaut.

Diese Kriterien zur Auswahl der Basisberufe bieten lediglich eine Hilfe, denn in den einzelnen Bereichen haben sich eine Vielzahl einzelner Berufsbilder entwickelt. Anhand der Erfahrungen aus bestehenden Waldorfschulen ergeben sich folgende Kernbereiche, die künftig auch verändert und erweitert werden können:
- Holzbearbeitung,
- Metallbearbeitung,
- Elektrotechnik,
- Stoffbearbeitung,
- Haushalt.

Kenntnisse und Fertigkeiten aus diesen Bereichen können in vielfältigen Weiterbildungen (gewerblich-technische wie auch akademische) übertragen werden und bilden somit die Grundlage für die berufliche Weiterqualifizierung.

Mit diesen „Bausteinen" sind die für ein integratives Konzept grundlegenden Elemente beschrieben, die künftig zu einem Erziehungs- und Bildungsgang zusammengefügt werden können. Das Schaubild zeigt deutlich die Stufungen im Lernprozeß und damit auch die Aufgabe, einzelne Über-

Aufbau des „Integrativen Erziehungs- und Bildungsganges“

Die technisierte, spezialisierte und interdependente Arbeitswelt der Erwachsenen

Klasse		Alter
	OBERSTUFE	
13		19
	Spezialisierung und Vertiefung in den Lernbereichen mit berufsqualifizierenden Abschlüssen	
	akademisch – künstlerisch – handwerklich-technisch	
12		18
	Lernen zwischen	
11	Individuation und Sozialisation	17
	Vertiefung der Fähigkeiten	
10	- - - - - - - - - - - - - - - - - - - -	16
	MITTELSTUFE	
9		15
	Differenzierung	
8	der Lehrverfahren, Orte, Mittel und Formen	14
7	Hauptunterricht – Fachunterricht – Handwerkskurse	13
	- - - - - - - - - - - - - - - - - - - -	
6		12
	UNTERSTUFE	
5		11
	wissenschaftlich – künstlerisch – handwerklich-praktisch	
4		10
	Allmähliche Aufgliederung	
3	der Lernbereiche	9
2	Ganzheitliches Lernen in	8
	Lebenszusammenhängen	
	Erweiterung der Erfahrungsräume	
1		7
	- - - - - - - - - - - - - - - - - - - -	
	KINDERGARTEN	
	Der ganzheitliche, geschlossene	6
	und gegenwartsbezogene Lern-	
	und Erfahrungsraum des Kleinkindes	5

gänge pädagogisch so zu gestalten, daß daraus für die Kinder und Jugendlichen Hilfen und Anregungen für die folgende Entwicklungsstufe werden. Das Schaubild kann nur unzulänglich verdeutlichen, wie breit der Lernweg entfaltet wird und wie vielfältig die Lern- und Erfahrungsmöglichkeiten sind. Diese können am Ende des Weges vom Jugendamt zunehmend auf die Entwicklung der eigenen Persönlichkeit (Spezialisierung im Spannungsfeld von Individuationen und Sozialisation) bezogen werden, d. h., er lernt verstärkt entsprechend den eigenen Neigungen, Interessen und Fähigkeiten und kann gleichzeitig die Bedürfnisse und Erwartungen der Umwelt in die Entscheidungen über den weiteren Bildungsweg einbeziehen.

4. Gesichtspunkte zum künftigen Aufbau der Oberstufe

Das bisher beschriebene integrative Konzept ist in neueren Ansätzen noch nicht als Ganzes (1.–13. Klasse) realisiert. So sind in den Schulen, die im „Kakensdorfer Kreis" zusammenarbeiten, erst einige Teile verwirklicht, so daß die gewonnenen Erfahrungen bislang die obigen Ausführungen hauptsächlich zur Unter- und Mittelstufe erhärten und absichern können; gleichwohl gibt es auch hier noch viele methodisch-didaktische Fragen zur integrativen Verbindung der Inhalte.

In diesem Abschnitt kann deshalb der Aufbau der Oberstufe nur als mögliche Perspektive beschrieben werden. Bis zum Ende der 10. Klasse ist der Bildungsgang als Angebot vielfältig differenzierender Lernmöglichkeiten beschrieben worden, den die Jungen und Mädchen einer Klasse gemeinsam absolvieren.

Mit Beginn der 11. Klasse baut darauf ein Abschnitt des zunehmend individualisierenden Lernens auf. Das Lernen und Arbeiten sowie die personale Entwicklung der Jugendlichen vollziehen sich im Laufe der Oberstufe im Schnittpunkt von

- Erkennen und Handeln,
- Individuation und Sozialisation,
- Tradition und Innovation[10].

Im Schnittpunkt dieser Polaritäten bilden die Jugendlichen jetzt individuelle Neigungen und Lerninteressen aus, die sie spezialisieren und vertiefen wollen und aus denen sich Perspektiven für eine berufliche Weiterbildung ergeben. Damit einhergehend wächst der Wunsch, die eigenen Fähigkeiten im Handeln in sozialer Verantwortung zu erproben.

Diese dreifache, menschenkundlich zu begründende Aufgabenstellung,

[10] Vgl. K. Fintelmann. In: F. Edding u. a. (Anm. 8), S. 84.

nämlich die Vertiefung und Spezialisierung der Interessen und Fähigkeiten und deren Erprobung im Tätigsein für andere, kann in der Oberstufe in den drei Lernbereichen gleichwertig realisiert werden. Dies kann schrittweise geschehen, und es können die Ziele dabei umgesetzt werden, die oben beschrieben wurden: Lebenstüchtigkeit im Sinne des dargestellten Kompetenzbegriffs und die qualifizierte Vorbereitung auf die Berufs- und Arbeitswelt.

So beginnt in der 11. Klasse die Spezialisierung in einem Basisberuf. Die Schüler entscheiden sich jetzt für einen der angebotenen Berufe und arbeiten mindestens 2 Jahre in einer produzierenden Werkstatt. Innerhalb der o. g. Lernbereiche sind ja verschiedene Berufe möglich. Das konkrete Angebot wird sich auch nach den jeweiligen Möglichkeiten einer Schule richten; anzustreben ist mindestens die Einrichtung der Berufsausbildung in der Tischlerei, Schlosserei, Hauswirtschaft, Damenschneiderei und Elektronik. Da bei ca. 60 Schülern aus der 11. und 12. Klasse durchschnittlich mit je 12 Schülern in einer Werkstatt gearbeitet würde, gibt es auch Bemühungen, wie etwa in der Rudolf-Steiner-Schule Nordheide, weitere Werkstätten (dort sind es die Druckerei, Buchbinderei, Weberei) einzurichten oder zusätzlich kooperierende Betriebe (Kfz-Werkstätten, Elektroinstallation, Landmaschinenbau) zu finden, um den Jugendlichen die produzierende Arbeit in kleinen Gruppen zu ermöglichen. Damit soll auch die Ausbildung in reinen Lehrwerkstätten vermieden werden. Wünschenswert, jedoch schwierig zu organisieren, ist die Einbeziehung einer landwirtschaftlichen Ausbildung, um auch für den immer bedeutsameren Erfahrungs- und Lernbereich Natur/Umwelt eine praxisbezogene Spezialisierung und Vertiefung zu ermöglichen. Für die Qualifizierung in einem dieser Basisberufe stehen 30–40 % der Gesamtstundenwochen zu Verfügung. Außer den organisatorisch-quantitativen Fragen (Stundenplanaufbau, Verteilung der wissenschaftlichen, künstlerischen und praktischen Anteile auf Wochen-, Monats- und Jahrespläne) gilt es vorrangig die Frage nach der Qualität der praktischen Ausbildung zu bearbeiten. Denn die inhaltlichen Vorgaben der Rahmenpläne einschließlich der Fachkunde für die jeweilige Ausbildung müssen im integrativen Konzept neu geordnet und in neuen Zusammenhängen eines exemplarischen Lernens verbunden werden, damit auch im praktischen Lernbereich die Gleichwertigkeit der integrativen Bildung im Vergleich zu anderen Ausbildungsformen gesichert ist.

Im wissenschaftlichen und künstlerischen Bereich bleibt der Klassenverband erhalten, und die Schüler können sich hier auf die für sie möglichen Abschlüsse der Sekundarstufe I vorbereiten, die am Ende der 12. Klasse vergeben werden. Die rechtlichen Vorgaben wirken gegenwärtig noch stark in dieses Abschlußverfahren hinein, so daß es bislang nur ansatzweise (z. B. in den Jahresarbeiten) gelungen ist, gleichwertige Abschlußformen zu entwickeln, die am Ende einer ganzheitlichen Qualifizierung auch ein entsprechendes ganzheitliches Prüfen ermöglichen.[11]

Hieraus ergeben sich für den Bildungsgang der 11. und 12. Klasse folgende Schwerpunkte:

- Haupt- und Fachunterricht wird für alle Schüler gemeinsam erteilt;
- Spezialisierung in einem Basisberuf, die erforderliche Fachkunde wird innerhalb des Fachunterrichts erteilt;
- Vorbereitung auf die Abschlüsse der Sekundarstufe II und auf die Zwischenprüfung im Basisberuf.

Dieser Bildungsgang wird durch besondere Lern- und Erfahrungsmöglichkeiten vervollständigt: Theaterspiel, Chor- und Orchesterarbeit, Studienreisen und Praktika im pflegerischen und therapeutischen Bereich. Die Einbeziehung der vielfältigen Inhalte in einen Bildungsgang hat freilich auch zu einem straff organisierten und recht umfangreichen Stundenplan geführt. So wird künftig noch stärker zu fragen sein, ob es nicht möglich sein kann, für alle Schüler obligatorische Lernbereiche zu entwickeln, zu denen ergänzende Wahlpflicht- und zusätzliche Wahlbereiche hinzukommen. Damit wäre den Schülern die Möglichkeit gegeben, das selbstbestimmte Lernen allmählich zu erüben und Qualifizierungsmöglichkeiten eigenverantwortlich zu ergreifen.

Bis zum Ende der 12. Klasse geht es also um das Angebot einer fundamentalen Bildung, die mit individuellen Spezialisierungen von allen Schülern absolviert und den jeweiligen Fähigkeiten gemäß abgeschlossen wird. In der 13. Klasse wird der Lernweg für alle Schüler der Klasse weiter aufgegliedert, und jeder Schüler kann jetzt einen Lernbereich zur weiteren Spezialisierung im Sinne einer künftigen Berufsvorbereitung wählen. So sollen die Schüler die Möglichkeit haben,

- sich in der Schule auf eine akademische Weiterbildung vorzubereiten, indem sie die Fachhochschulreife oder die Allgemeine Hochschulreife erwerben; oder
- sich in der Schule und kooperierenden Einrichtungen auf eine künstlerische (evtl. auch therapeutische) Weiterbildung vorzubereiten; oder
- sich in den kooperierenden Betrieben auf eine handwerklich-technische Weiterbildung (Gesellenprüfung im Basisberuf) vorzubereiten.

Durch die Einführung eines Wahlpflichtanteils kann gesichert werden, daß jeder Schüler zu seinem Schwerpunktbereich noch weitere Lernangebote aus den anderen beiden Bereichen hinzunimmt, in denen er beson-

[11] Vgl. P. Schneider: Ganzheitlich Qualifizieren – Ganzheitlich Prüfen. In: P. Meyer-Dohm, P. Schneider (Hrsg.): Berufliche Bildung im lernenden Unternehmen. Stuttgart 1991, S. 99f.

dere Neigungen und Interessen weiterentwickeln kann. Durch diese Gliederung kann die Schule auf der letzten Stufe des Bildungsganges auf künftige Lern- und Arbeitsverhältnisse und, im kleineren Rahmen, auf Formen der selbstbestimmten Erwachsenenbildung vorbereiten.

5. Neue Kooperationen

Die Integration beruflicher und schulischer Lerninhalte in einem Bildungsgang führt auch zu Veränderungen in der organisatorischen Gestaltung einer Schule. Denn das Lernen in Lebenszusammenhängen kann nur dann gelingen, wenn außerschulische Lernorte einbezogen werden, in denen die Schüler reale Lebens-Erfahrungen sammeln und ihre Fähigkeiten erproben können, um dadurch auf die Bewältigung künftiger Lebenssituationen vorbereitet zu werden. So werden Besichtungen, Klassenfahrten, Wanderungen, Praktika usw. als gleichwertige Erziehungs- und Bildungsmittel angesehen, die mit den üblichen Unterrichtsinhalten integrativ verbunden werden können. In der Oberstufe wird darüber hinaus versucht, die Schüler durch die Arbeit in produzierenden Werkstätten an heutige Lebens- und Arbeitsverhältnisse heranzuführen. So haben sich etwa im Umfeld der Rudolf-Steiner-Schule Nordheide Betriebe gefunden, und z. T. auch deswegen neu angesiedelt, die rechtlich und wirtschaftlich eigenständig arbeiten und in einer engen Zusammenarbeit mit der Schule die praktische Ausbildung der Jugendlichen durchführen. Zu diesem Zwecke ist eine Werkhof GmbH gegründet worden, die die Zusammenarbeit mit Betrieben koordiniert, selbst auch Werkstätten betreibt und die Ansiedlung weiterer Betriebe unterstützt. Die Jugendlichen lernen und arbeiten (gemeinsam mit Meistern und Gesellen) an Aufträgen, die unter gewöhnlichen Produktions- und Geschäftsbedingungen erfüllt werden müssen. Die Öffnung des Bildungsganges und die Einbeziehung der Arbeitswelt ist in dieser Form völlig neu und braucht noch eine längere Erprobung. Das inhaltliche Konzept dieser Ausbildung und vielfältige methodisch-didaktische Fragen werden in Konferenzen besprochen, in denen Werkstattlehrer der Mittelstufe, Oberstufenlehrer, Meister und Vertreter des Schulvereins und der Werkhof GmbH zusammenarbeiten. Hieran mag deutlich werden, daß im Aufbau eines integrativen Erziehungs- und Bildungsganges mehrere Einrichtungen verbunden werden, die im Rahmen des Konzepts spezifische Aufgaben erfüllen. So gehören zur Gesamtgestaltung der Rudolf-Steiner-Schule Nordheide: ein Kindergarten, die Schule, ein Therapie- und Förderbereich, Werkstätten der Werkhof GmbH und kooperierende Betriebe und auch eine Zusammenarbeit mit der Volkshochschule.

Unter gänzlich anderen Voraussetzungen wird dagegen die Verwirklichung des integrativen Konzepts in Chemnitz versucht. Dies sei abschließend erwähnt, um anzudeuten, welche Kooperationen sich ergeben können, wenn ein Bildungssystem, wie das gerade in Sachsen geschieht, völlig umgestaltet wird.

In einem Forschungsverbund arbeiten in Chemnitz Vertreter von öffentlichen Schulen, Polytechnischen Zentren, der Waldorfschule Chemnitz, der TU Chemnitz und der Universität Paderborn an Konzepten, die Elemente der bisherigen polytechnischen Bildung weiterentwickeln und diese mit dem integrativen Konzept verbinden.[12] Hierdurch wurde eine theoretische Grundlage geschaffen, auf der die Schulen in öffentlicher bzw. privater Trägerschaft eigene Konzepte entwickeln, die gedanklich eng verbunden sind und in denen u. a. auch gemeinsame Fortbildungen für Lehrer und Meister und die gemeinsame Nutzung vorhandener Ausbildungseinrichtungen vorgesehen sind.

6. Schlußbetrachtung

Die Darstellung eines „Integrativen Erziehungs- und Bildungsganges" umschreibt den immer wieder neuen Versuch, Leben, Lernen und Arbeiten in der Schule in ganzheitlicher Weise zu verbinden. Es gibt dafür innerhalb der Waldorfschulen herausragende Modelle, die unter den gegebenen und künftigen gesellschaftlichen Bedingungen weiterentwickelt werden müssen, jedoch in ihrer Form nicht übertragbar sind. Im integrativen Konzept werden viele Grundgedanken aufgenommen und mit neuen Elementen verbunden. So ist kein fertiges Konzept entstanden, sondern eine Arbeitsgrundlage für Schulgemeinschaften, die eine neue Allgemeinbildung in ihrer Schule verwirklichen wollen. Freilich ist es bis zur gleichwertigen Anerkennung des wissenschaftlichen, künstlerischen und praktischen Lernens angesichts des dualen Bildungssystems noch ein weiter Weg, auf dem künftig nicht mehr einzelne (Führungs-)Persönlichkeiten voranschreiten, sondern der nur in sozialen Gemeinschaften (z. B. Konferenzen, Kakenstorfer Kreis, Forschungsverbünden usw.) bewältigt werden kann. Insofern bietet die Verwirklichung des integrativen Konzepts den Erwachsenen ein weites Feld, um das Arbeiten in Gruppen zu üben und spezialisierte Fähigkeiten in der Zusammenarbeit zu einer Ganzheit zu verbinden.

[12] Der Forschungsverbund gehörte auch zum Veranstalterkreis der Fachtagung „Bildung und Beruf – Neue Formen einer Kooperation zwischen Schule – Betrieb – Wissenschaft", die vom 31. 10.–2. 11. 91 in Chemnitz durchgeführt wurde.

LITERATUR (AUSWAHL)

*1. Werke Rudolf Steiners, soweit erwähnt, aufgeführt nach der Nummer der Gesamtausgabe (GA)**

1 Goethes naturwissenschaftliche Schriften. Einleitungen (1883–1897), 1973.

2 Grundlinien einer Erkenntnistheorie der Goetheschen Weltanschauung, mit besonderer Rücksicht auf Schiller (1886), 7. Aufl. 1979.

3 Wahrheit und Wissenschaft. Vorspiel einer ›Philosophie der Freiheit‹ (1886), 5. Aufl. 1980.

4 Die Philosophie der Freiheit. Grundzüge einer modernen Weltanschauung (1894), 15. Aufl. 1987.

6 Goethes Weltanschauung (1897), 8. Aufl. 1990.

9 Theosophie. Einführung in übersinnliche Welterkenntnis und Menschenbestimmung (1904), 31. Aufl. 1987.

10 Wie erlangt man Erkenntnisse der höheren Welten? (1904), 23. Aufl. 1982.

18 Die Rätsel der Philosophie in ihrer Geschichte als Umriß dargestellt (1914), 9. Aufl. 1985.

21 Von Seelenrätseln (1917), 5. Aufl. 1983.

23 Die Kernpunkte der sozialen Frage in den Lebensnotwendigkeiten der Gegenwart und Zukunft (1919), 6. Aufl. 1976.

24 Aufsätze über die Dreigliederung des sozialen Organismus und zur Zeitlage (1915–1921), 2. Aufl. 1982.

25 Kosmologie, Religion und Philosophie (1922), 4. Aufl. 1979.

28 Mein Lebensgang (1923/25), 8. Aufl. 1982.

34 Luzifer-Gnosis. Grundlegende Aufsätze zur Anthroposophie und Berichte aus der Zeitschrift ›Luzifer‹ und ›Luzifer-Gnosis‹ (1903–1908), 2. Aufl. 1987.

36 Der Goethegedanke inmitten der Kulturkrisis der Gegenwart. Gesammelte Aufsätze aus der Wochenschrift ›Das Goetheanum‹ (1921–1925), 1961.

38 Briefe, Band I: Briefe aus den Jahren 1881–1891, 3. Aufl. 1985.

39 Briefe, Band II: Briefe aus den Jahren 1892–1902, 2. Aufl. 1987.

57 Wo und wie findet man den Geist? (Berlin 1908/09), 2. Aufl. 1984.

58 Pfade der Seelenerlebnisse (Berlin 1909/10), 4. Aufl. 1957.

107 Geisteswissenschaftliche Menschenkunde (Vorträge Berlin 1908/09), 5. Aufl. 1988.

* Nach dem Titel ist jeweils in Klammern das Jahr der Erscheinung bzw. Ort und Jahr des Vortrags (der Vorträge) angegeben. Die zweite Zahl bedeutet das Jahr der letzten Veröffentlichung, Erscheinungsort ist jeweils Dornach.

121 Die Mission einzelner Volksseelen im Zusammenhang mit der germanisch-nordischen Mythologie (Oslo 1910), 5. Aufl. 1982.
144 Die Mysterien des Morgenlandes und des Christentums (Berlin 1913), 4. Aufl. 1985.
156 Okkultes Lesen und okkultes Hören. Wie bekommt man das Sein in die Ideenwelt hinein? (Dornach und Basel 1914), 2. Aufl. 1987.
169 Weltwesen und Ichheit (Berlin 1916), 2. Aufl. 1963.
170 Das Rätsel des Menschen. Die geistigen Hintergründe der menschlichen Geschichte (1916), 1978.
177 Die spirituellen Hintergründe der äußeren Welt. Der Sturz der Geister der Finsternis (1917), 4. Aufl. 1986.
190 Vergangenheits- und Zukunftsimpulse im sozialen Geschehen (1919), 3. Aufl. 1980.
192 Geisteswissenschaftliche Behandlung sozialer und pädagogischer Fragen (Stuttgart 1919), 2. Aufl. 1991.
206 Menschenwerden, Weltenseele und Weltengeist. Zweiter Teil: Der Mensch als geistiges Wesen im historischen Werdegang (1921), 2. Aufl. 1987.
217 Geistige Wirkenskräfte im Zusammenleben von alter und junger Generation. Pädagogischer Jugendkurs (Stuttgart 1922), 6. Aufl. 1988.
223 Der Jahreskreislauf als Atmungsvorgang der Erde und die vier großen Festeszeiten (versch. Städte 1923), 6. Aufl. 1985.
227 Initiations-Erkenntnis. Die geistige und physische Welt- und Menschheitsentwicklung in der Vergangenheit, Gegenwart und Zukunft, vom Gesichtspunkt der Anthroposophie (Penmaenmawr 1923), 4. Aufl. 1982.
231 Der übersinnliche Mensch, anthroposophisch erfaßt (Den Haag 1923), 3. Aufl. 1982.
260 Die Weihnachtstagung zur Begründung der Allgemeinen Anthroposophischen Gesellschaft 1923/24, 4. Aufl. 1985.
276 Das Künstlerische in seiner Weltmission (Kristiania/Oslo 1923), 3. Aufl. 1982.
281 Die Kunst der Rezitation und Deklamation (1912), 3. Aufl. 1987.
282 Sprachgestaltung und Dramatische Kunst. Dramatischer Kurs (1924), 4. Aufl. 1981.
293 Allgemeine Menschenkunde als Grundlage der Pädagogik. Pädagogischer Grundkurs, Teil I (Stuttgart 1919), 8. Aufl. 1980.
294 Erziehungskunst. Methodisch-Didaktisches. Pädagogischer Grundkurs, Teil II (Stuttgart 1919), 6. Aufl. 1990.
295 Erziehungskunst. Seminarbesprechungen und Lehrplanvorträge (Stuttgart 1919), 4. Aufl. 1984.
296 Die Erziehungsfrage als soziale Frage. Die spirituellen, kulturgeschichtlichen und sozialen Hintergründe der Waldorfschul-Pädagogik (1919), 3. Aufl. 1979.
298 Rudolf Steiner in der Waldorfschule (Stuttgart 1919–1924), 2. Aufl. 1980.
299 Geisteswissenschaftliche Sprachbetrachtungen. Eine Anregung für Erzieher (Stuttgart 1920), 4. Aufl. 1981.
300 Konferenzen mit den Lehrern der Freien Waldorfschule 1919–1924, 1975.

301 Die Erneuerung der pädagogisch-didaktischen Kunst durch Geisteswissenschaft (Basel 1920), 3. Aufl. 1977.

302 Menschenerkenntnis und Unterrichtsgestaltung (Stuttgart 1921), 5. Aufl. 1986.

302a Erziehung und Unterricht aus Menschenerkenntnis (Stuttgart 1920, 1922 und 1923), 3. Aufl. 1983.

303 Die gesunde Entwicklung des Leiblich-Physischen als Grundlage der freien Entfaltung des Seelisch-Geistigen (1921/22), 4. Aufl. 1987.

304 Erziehungs- und Unterrichtsmethoden auf anthroposophischer Grundlage (1921/22), 1979.

304a Anthroposophische Menschenkunde und Pädagogik (1923/24), 1979.

305 Die geistig-seelischen Grundkräfte der Erziehungskunst (Oxford 1922), 1979.

306 Die pädagogische Praxis vom Gesichtspunkte geisteswissenschaftlicher Menschenerkenntnis. Die Erziehung des Kindes und jüngeren Menschen (1923), 4. Aufl. 1989.

307 Gegenwärtiges Geistesleben und Erziehung (Ilkley 1923), 5. Aufl. 1986.

308 Die Methodik des Lehrens und die Lebensbedingungen des Erziehens (Stuttgart 1924), 5. Aufl. 1986.

309 Anthroposophische Pädagogik und ihre Voraussetzungen (Bern 1924), 5. Aufl. 1981.

310 Der pädagogische Wert der Menschenerkenntnis und der Kulturwert der Pädagogik (Arnheim 1924), 4. Aufl. 1989.

311 Die Kunst des Erziehens aus dem Erfassen der Menschenwesenheit (Torquay 1924), 5. Aufl. 1989.

320 Geisteswissenschaftliche Impulse zur Entwicklung der Physik. Erster Naturwissenschaftlicher Kurs: Licht, Farbe, Ton–Masse, Elektrizität, Magnetismus (Stuttgart 1919/20), 3. Aufl. 1987.

321 Geisteswissenschaftliche Impulse zur Entwicklung der Physik. Zweiter Naturwissenschaftlicher Kurs: Die Wärme auf der Grenze positiver und negativer Materialität (Stuttgart 1920), 3. Aufl. 1982.

322 Grenzen der Naturerkenntnis (1920), 5. Aufl. 1981.

323 Das Verhältnis der verschiedenen naturwissenschaftlichen Gebiete zur Astronomie. Dritter naturwissenschaftlicher Kurs. Himmelkunde in Beziehung zum Menschen und zur Menschenkunde. Astronomischer Kurs (Stuttgart 1921), 2. Aufl. 1983.

324 Naturbeobachtung, Mathematik, wissenschaftliches Experiment und Erkenntnisergebnisse vom Gesichtspunkte der Anthroposophie (Stuttgart 1921), 1972.

325 Die Naturwissenschaft und die weltgeschichtliche Entwicklung der Menschheit seit dem Altertum (Dornach und Stuttgart 1921), 2. Aufl. 1989.

326 Der Entstehungsmoment der Naturwissenschaft in der Weltgeschichte und ihre seitherige Entwicklung (1922/23), 1977.

328 Die soziale Frage (Zürich 1919), 1977.

330/ Neugestaltung des sozialen Organismus (Stuttgart 1919),
331 2. Aufl. 1983.

332a Soziale Zukunft (Zürich 1919), 2. Aufl. 1977.

2. *Zu Rudolf Steiners Leben und Werk*

Abendroth, Walther: Rudolf Steiner und die heutige Welt. München 1969.
Bildbände zu Rudolf Steiners Lebensgang:
Bd. 1: Die Jugendzeit Rudolf Steiners in Österreich. 1861–1890. Anhand von Rudolf Steiners Selbstbiographie ›Mein Lebensgang‹. Mit einem Vorwort und einem biographischen Anhang von W. Rath. Dornach 1971.
Bd. 2: Das Wirken Rudolf Steiners von 1890–1907 in Weimar und Berlin. Mit einer Einleitung und einem biographischen Anhang von Georg Hartmann. Dornach 1975.
Bd. 3: Das Wirken Rudolf Steiners von 1907–1917 München–Berlin–Dornach. Einleitung und Begleittext von W. Groddeck. Dornach 1981.
Bd. 4: Das Wirken Rudolf Steiners von 1917–1925, Berlin, Stuttgart und Dornach. Hrsg.: Heinz H. Schöffler. Dornach 1987.
Carlgren, Frans: Rudolf Steiner und die Anthroposophie. 4. Aufl. Dornach 1982.
Hahn, Herbert: Rudolf Steiner, wie ich ihn sah und erlebte. 2. Aufl. Stuttgart 1990.
Hemleben, Johannes: Rudolf Steiner in Selbstzeugnissen und Bilddokumenten. Reinbek 1963.
Hiebel, Friedrich: Rudolf Steiner im Geistesgang des Abendlandes. 3. Aufl. Stuttgart 1985.
Krück von Poturzyn, J. M. (Hrsg.): Wir erlebten Rudolf Steiner. Erinnerungen seiner Schüler. 7. Aufl. Stuttgart 1988.
Kugler, Walter: Rudolf Steiner und die Anthroposophie. Wege zu einem neuen Menschenbild. Köln 1978.
Lindenberg, Christoph: Rudolf Steiner. In: Klassiker der Pädagogik (hrsg. v. Hans Scheuerl), Bd. II, München 1979, S. 170–182.
Ders.: Rudolf Steiner – Eine Chronik 1861–1925. Stuttgart 1988.
Meyer, Rudolf: Rudolf Steiner. Anthroposophie: Herausforderung im 20. Jahrhundert. Stuttgart 1975.
Mücke, Johanna, Alwin A. Rudolph: Erinnerungen an Rudolf Steiner und seine Wirksamkeit an der Arbeiterbildungsschule in Berlin 1899–1904. Basel 1979.
Rittelmeyer, Friedrich: Meine Lebensbegegnung mit Rudolf Steiner. 10. Aufl. 1983.
Shepherd, A. P.: Ein Wissenschaftler des Unsichtbaren. Stuttgart o. J.
Wachsmuth, Guenther: Rudolf Steiners Erdenleben und Wirken. 2., erw. Aufl. Dornach 1964.
Wehr, Gerhard: Rudolf Steiner. Wirklichkeit, Erkenntnis und Kulturimpuls. 2., überarb. u. erw. Aufl. München 1987.
Zeylmans van Emmichoven, F. W.: Rudolf Steiner, Stuttgart 1961.

3. *In die Waldorfpädagogik einführende Darstellungen*

Carlgren, Frans, Arne Klingborg (Hrsg.): Erziehung zur Freiheit. Die Pädagogik Rudolf Steiners. Bilder und Berichte aus der internationalen Waldorfschulbewegung. 5. Aufl. Stuttgart 1991, Sonderausgabe 1991.

Freie Pädagogische Vereinigung Bern (Hrsg.): Waldorfpädagogik an öffentlichen Schulen – Versuche und Erfahrungen mit der Pädagogik Rudolf Steiners. Freiburg i. Br. 1976.

Fucke, Erhard: Lernziel: Handeln können. Erfahrungen und Überlegungen zu einem erweiterten Bildungskonzept. Frankfurt a. M. 1982.

Grosse, Rudolf: Erlebte Pädagogik. Dornach 1975.

Hartmann, Georg: Erziehung aus Menscherkenntnis. Vom pädagogischen Impuls der Anthroposophie Rudolf Steiners. 3., erw. Aufl. Dornach 1975.

Heuser, Annie: Betrachtungen eines Erziehers. Dornach 1958.

Dies.: Bewußtseinsfragen des Erziehers. 2., erw. Aufl. Dornach 1975.

Heydebrand, Caroline von: Vom Lehrplan der Freien Waldorfschule. Stuttgart 1979.

Kiersch, Johannes: Die Waldorfpädagogik. Eine Einführung in die Pädagogik Rudolf Steiners (Erziehung vor dem Forum der Zeit, Bd. 7). 7. Aufl. Stuttgart 1990.

Ders.: Fragen an die Waldorfschule. Flensburg 1991.

Kranich, Ernst-Michael: Die Freien Waldorfschulen. Sonderdruck aus: Freie Schule. Stuttgart 1971.

Leber, Stefan, Tobias Richter und Jörgen Smit: Grundlage, Wirklichkeit und Zielsetzung der Waldorfpädagogik (Deutsch–Ungarisch). Wien/Köln 1990.

Lindenberg, Christoph: Die Lebensbedingungen des Erziehens. Von Waldorfschulen lernen. Freiheit als Prinzip der Schule. Reinbek 1984.

Ders.: Waldorfschulen: angstfrei lernen, selbstbewußt handeln. Praxis eines verkannten Schulmodells. Reinbek 1991.

Rauthe, Wilhelm: Die Waldorfschule als Gesamtschule – Pädagogische Begründung einer Schulgestalt (Erziehung vor dem Forum der Zeit, Bd. 6). Stuttgart 1970.

Rieche, Herbert, und Wolfgang Schuchhardt (Hrsg.): Arbeitsfelder der Anthroposophie. Stuttgart 1981.

Die Rudolf Steiner Schule Ruhrgebiet: Leben, lehren, lernen in einer Waldorfschule. Reinbek 1976.

Schad, Wolfgang: Erziehung ist Kunst. Pädagogik aus Anthroposophie (Praxis Anthroposophie, Bd. 4). Stuttgart 1991.

Schneider, Johannes W.: Die Rudolf Steiner Schule. Ihre theoretische Begründung und praktische Gestaltung. Dissertation Kiel 1953.

Schneider, Peter: Einführung in die Waldorfpädagogik. Erkenntniswissenschaftliche und anthropologische Grundlagen. 3. Aufl. Stuttgart 1987.

Schulze, Manfred: Von der Erziehungswissenschaft zur Erziehungskunst. Ein wissenschaftlicher Zugang zur Waldorfpädagogik über die pädagogische Dimension des Denkens. Würzburg 1991.

Schwebsch, Erich: Erziehungskunst aus Gegenwart des Geistes. Stuttgart 1953.

Das Wagnis Erziehung. Von der Lebenswirklichkeit der Rudolf Steiner Schule. Wien/Köln/Graz 1985.

Waldorfpädagogik – ein Weg zur Persönlichkeitsbildung. Eine Einführung für Lehrer, Erzieher und Eltern. Wien/München 1984.

Wehr, Gerhard: Der pädagogische Impuls Rudolf Steiners. Theorie und Praxis der Waldorfpädagogik. München 1977.

4. Die Sozialgestalt der Waldorfschule – innere Strukturen und äußere Rechtsformen

Bussmann, Hildegard u. Jochen: Unser Kind geht auf die Waldorfschule. Reinbek 1990.

Kloss, Heinz: Lehrer, Eltern, Schulgemeinden. Der Gedanke der genossenschaftlichen Selbstverwaltung im Schulwesen. Hildesheim 1981.

Ders.: Selbstverwaltung und die Dreigliederung des sozialen Organismus. Frankfurt 1983.

Kugler, Walter: Selbstverwaltung als Gestaltungsprinzip eines zukunftsorientierten Schulwesens. Dargestellt am Beispiel der Freien Waldorfschule (Erziehung vor dem Forum der Zeit, Bd. 13). Stuttgart 1981.

Leber, Stefan: Die Sozialgestalt der Waldorfschule (Praxis Anthroposophie, Bd. 10). Stuttgart 1991.

Leist, Manfred: Eltern und Lehrer. Ihr Zusammenwirken in den sozialen Prozessen der Waldorfschule. 2., erw. Aufl. Stuttgart 1988.

Lemper, Lothar Theodor: Privatschulfreiheit. Zur Genese, Praxis und Chance eines Grundrechtes. Köln/Graz/Wien 1989.

Müller, Friedrich: Zukunftsperspektiven der Freien Schule. Dokumente, Diskussion und praktische Folgen der Finanzhilfe – Urteile des Bundesverfassungsgerichts (Schriften zum öffentlichen Recht, Bd. 529). Berlin 1988.

5. Waldorfpädagogik in der Diskussion

Binder, Andreas: Wie christlich ist die Anthroposophie? Standortbestimmung aus der Sicht eines evangelischen Theologen. 2. Aufl. Stuttgart 1990.

Bohnsack, Fritz, Ernst-Michael Kranich (Hrsg.): Erziehungswissenschaft und Waldorfpädagogik. Der Beginn eines notwendigen Dialogs. Weinheim/Basel 1990.

Christentum, Anthroposophie, Waldorfschule. Waldorfschule im Umfeld konfessioneller Kritik. 3. Aufl. Stuttgart 1987.

Gessler, Luzius: Bildungserfolg im Spiegel von Bildungsbiographien. Frankfurt a. M. 1988.

Hansmann, Otto (Hrsg.): Pro und Contra Waldorfpädagogik. Akademische Pädagogik in der Auseinandersetzung mit der Rudolf Steiner Pädagogik. 2. Aufl. Würzburg 1991.

Kranich, Ernst-Michael, u. Ravagli, Lorenzo: Waldorfpädagogik in der Diskussion. Eine Analyse erziehungswissenschaftlicher Kritik. Stuttgart 1990.

Leber, Stefan: Die Waldorfschule im gesellschaftlichen Umfeld – Zahlen, Daten und Erläuterungen zu Bildungslebensläufen ehemaliger Waldorfschüler (Erziehung vor dem Forum der Zeit, Bd. 12). Stuttgart 1981.

Ders.: Weltanschauung, Ideologie und Schulwesen. Ist die Waldorfschule eine Weltanschauungsschule? Stuttgart 1989.

6. Allgemeine und spezielle menschenkundliche Darstellungen

Aeppli, Willi: Sinnesorganismus – Sinnesverlust – Sinnespflege (Menschenkunde und Erziehung, Bd. 8). Stuttgart 1979.

Fucke, Erhard: Die Bedeutung der Phantasie für Emanzipation und Autonomie des Menschen. Die sinnige Geschichte als Beispiel für die Phantasiepflege in den ersten Volksschuljahren. Stuttgart 1981.

Gabert, Erich: Autorität und Freiheit in den Entwicklungsjahren. Das mütterliche und das väterliche Element in der Erziehung (Menschenkunde und Erziehung, Bd. 2). Stuttgart 1981.

Ders.: Die Strafe in der Selbsterziehung und der Erziehung des Kindes (Menschenkunde und Erziehung, Bd. 1). Stuttgart 1979.

Glas, Norbert: Gefährdung und Heilung der Sinne. Stuttgart 1976.

Heydebrand, Caroline von: Vom Seelenwesen des Kindes (Menschenkunde und Erziehung, Bd. 9). Stuttgart 1987.

Holtzapfel, Walter: Krankheitsepochen der Kindheit (Menschenkunde und Erziehung, Bd. 11). 4., durchges. u. erw. Aufl. Stuttgart 1978.

Ders.: Wie wirkt der Erzieher? Was wird aus dem Kinde? Dornach 1987.

Köhler, Henning: Jugend im Zwiespalt. Eine Psychologie der Pubertät für Eltern und Erzieher. Stuttgart 1990.

Ders.: Die stille Sehnsucht nach Heimkehr – zum menschenkundlichen Verständnis der Pubertätsmagersucht. Stuttgart 1987.

Koepke, Hermann: Das neunte Lebensjahr. Seine Bedeutung in der Entwicklung des Kindes. Dornach 1983.

Ders.: Das zwölfte Lebensjahr. Der Eintritt in die Pubertät. Dornach 1989.

Lauer, Hans Erhard: Die zwölf Sinne des Menschen. Umrisse einer neuen und vollständigen systematischen Sinneslehre auf Grundlage der Geistesforschung Rudolf Steiners. Basel 1953.

Leber, Stefan, Wolfgang Schad, Andreas Suchantke: Die Geschlechtlichkeit des Menschen (Menschenkunde und Erziehung, Bd. 43). 2., völlig überarb. u. wesentl. erw. Aufl. Stuttgart 1989.

Lehrs, Ernst: Vom Geist der Sinne. Zur Diätetik des Wahrnehmens. Frankfurt a. M. 1973.

Lievegoed, B. C. J.: Entwicklungsphasen des Kindes. Stuttgart 1982.

Lippitz, Wilfried, u. Rittelmeyer, Christian (Hrsg.): Phänomene des Kinderlebens. Beispiele und methodische Probleme einer pädagogischen Phänomenologie. Bad Heilbrunn/Obb. 1989.

Müller-Wiedemann, Hans: Mitte der Kindheit. Das 9.–12. Lebensjahr. 3. Aufl. Frankfurt a. M. 1988.

Scheurle, Jürgen: Die Überwindung der Subjekt-Objekt-Spaltung in der Sinneslehre. Stuttgart 1977.

Vogel, Lothar: Der dreigliedrige Mensch. 3., erw. Aufl. Dornach 1991.

Von der Würde des Kindes. Sonderheft der Zeitschrift Erziehungskunst, 43. Jg., Heft 7/8, Juli/Aug. 1979.

7. Lesen, Schreiben, Grammatik

Aeppli, Willi: Aus dem Anfangsunterricht einer Rudolf Steiner Schule. Oberwil/Zug 1982.

Dühnfort, Erika: Der Sprachbau als Kunstwerk. Grammatik im Rahmen der Waldorfpädagogik (Menschenkunde und Erziehung, Bd. 38). Stuttgart 1980.

Dühnfort, Erika, Ernst-Michael Kranich: Der Anfangsunterricht im Schreiben und Lesen in seiner Bedeutung für das Lernen und die Entwicklung des Kindes (Menschenkunde und Erziehung, Bd. 27). Stuttgart 1978.

Kranich, Ernst-Michael: Pädagogische Projekte und ihre Folgen (Erziehung vor dem Forum der Zeit, Bd. 5). Stuttgart 1971.

McAllen, Audrey E.: Die Förderstunde. Übung zum Bewegen, Zeichnen und Malen für Kinder mit Schwierigkeiten im Schreiben, Lesen und Rechnen (Arbeitsmaterial des Freien Pädagogischen Zentrums Mannheim). Stuttgart 1982.

Tittmann, Martin: Deutsche Sprachlehre der Volksschulzeit (Menschenkunde und Erziehung. Bd. 16). 3. Aufl. Stuttgart 1983.

Ders.: Lautwesenskunde – Erziehung und Sprache (Menschenkunde und Erziehung, Bd. 16). Stuttgart 1979.

Verfrühtes Lernen, Intellektuelle Akzeleration, Menschliche Entwicklung. Sonderheft der Zeitschrift Erziehungskunst. Stuttgart, März/April 1968.

8. Mathematik, Geometrie und Astronomie

Baravalle, Hermann von: Darstellende Geometrie nach dynamischer Methode. Zum Selbststudium und für den Unterricht. 2. Aufl. Stuttgart 1982.

Ders.: Geometrie als Sprache der Formen. 3. Aufl. Stuttgart 1980.

Ders.: Die Geometrie des Pentagramms und der goldene Schnitt. 4. Aufl. Stuttgart 1985.

Ders.: Methodische Gesichtspunkte für den Aufbau des Rechenunterrichts in der Volksschule. Stuttgart 1952.

Ders.: Rechenunterricht und der Waldorfschulplan. 2. Aufl. Stuttgart 1984.

Bernhard, Arnold: Projektive Geometrie. Aus der Raumanschauung zeichnend entwickelt. Stuttgart 1984.

Ders.: Schauendes Geometrisieren. Dornach 1976.

Bindel, Ernst: Die Arithmetik. Menschenkundliche Begründung und pädagogische Bedeutung. Stuttgart 1967.

Ders.: Die geistigen Grundlagen der Zahlen. 4. Aufl. Frankfurt a. M. 1989.

Ders.: Logarithmen für Jedermann. Elementare Einführung mit Hinweisen auf höhere Gesetzmäßigkeiten (Menschenkunde und Erziehung, Bd. 7). 2. Aufl. 1983.

Ders.: Das Rechnen. Menschenkundliche Begründung und pädagogische Bedeutung. 3. Aufl. Stuttgart 1982.

Locher-Ernst, Louis: Arithmetik und Algebra. 2., verb. Aufl. Dornach 1984.

Ders.: Geometrische Metamorphosen. Beiträge zu einer geisteswissenschaftlichen Metamorphosenlehre. Dornach 1970.

Ders.: Geometrisieren im Bereiche wichtiger Kurvenformen. Eine erste Einführung in das geometrische Denken. 2. Aufl. Dornach 1988.
Ders.: Projektive Geometrie und die Grundlage der Euklidischen und Polareuklidischen Geometrie. 2. Teil. 2. Aufl. Dornach 1980.
Ders.: Raum und Gegenraum. Einführung in die neuere Geometrie. 3. Aufl. Dornach 1988.
Ders.: Urphänomene der Geometrie. 1. Teil. 2. Aufl. Dornach 1980.
Schmidt, Thomas: Zum Astronomieunterricht an der Waldorfschule (Manuskriptdruck der Pädagogischen Forschungsstelle). Stuttgart 1987.
Schuberth, Ernst: Die Modernisierung des mathematischen Unterrichts. Stuttgart 1971.
Ders.: Der Mathematikunterricht in der Waldorfschule als Alternative zu bestehenden Konzepten. In: Erziehungskunst. Jg. 1975, Heft 5.
Schultz, Joachim: Rhythmen der Sterne. Erscheinungen und Bewegungen von Sonne, Mond und Planeten. 3. Aufl. Dornach 1985.
Ulin, Bengt: Der Lösung auf der Spur. Ziele und Methoden des Mathematikunterrichts. Erfahrungen aus der Waldorfpädagogik. Stuttgart 1987.
Whicher, Olive: Projektive Geometrie. Schöpferische Polaritäten in Raum und Zeit. Stuttgart 1970.
Wyss, Arnold, Ernst Bühler, Fritz Liechti, René Perrin (Hrsg.): Lebendiges Denken durch Geometrie. Stuttgart 1978.

9. Naturwissenschaften und Geographie

Adams, George: Grundfragen der Naturwissenschaft (Beiträge zur Anthroposophie, Bd. 5). Stuttgart 1979.
Adams, George, Olive Whicher: Die Pflanze in Raum und Gegenraum. 2., bearb. Aufl. Stuttgart 1979.
Beiträge zum Geographieunterricht (Beiträge zur Erziehungskunst im Sinne Rudolf Steiners). 3. Aufl. Basel. o. J.
Bockemühl, Jochen (Hrsg.): Erscheinungsformen des Ätherischen. Wege zum Erfahren des Lebendigen in Natur und Mensch (Beiträge zur Anthroposophie). Stuttgart 1977.
Bockemühl, Jochen, Wolfgang Schad, Andreas Suchantke: Mensch und Landschaft Afrikas. Zur Ökogeographie, Biologie und Völkerkunde. Stuttgart 1978.
Buck, Peter, Manfred von Mackensen: Naturphänomene erlebend verstehen. Über Physik- und Chemieunterricht an Waldorfschulen und die Erkenntnismethode und didaktische Grundlegung. Köln 1988.
Dietz, Walter: Chemie, Ergebnisse aus dem Epochenunterricht in der 7. und 8. Klasse. Dürnau 1989.
Göbel, Thomas: Feuer – Erde. Von Australiens Vögeln, Blumenheiden und Feuerwäldern. Eine Naturkunde Australiens. Stuttgart 1976.
Goetheanistische Naturwissenschaften:
Bd. 1: Allgemeine Biologie. Wolfgang Schad (Hrsg.). Stuttgart 1982.

Bd. 2: Botanik. Wolfgang Schad (Hrsg.). Stuttgart 1982.
Bd. 3: Zoologie. Wolfgang Schad (Hrsg.). Stuttgart 1983.
Bd. 4: Anthropologie. Wolfgang Schad (Hrsg.). Stuttgart 1983.

Grohmann, Gerbert: Zur ersten Tier- und Pflanzenkunde in der Pädagogik Rudolf Steiners. Stuttgart 1954.

Ders.: Metamorphosen im Pflanzenreich. 3. Aufl. Stuttgart 1990.

Ders.: Die Pflanze. Ein Weg zum Verständnis ihres Wesens, Bd. 1., 2. Aufl. Stuttgart 1991; Bd. 2., 3. Aufl. Stuttgart 1991.

Julius, Frits: Entwurf einer Optik. Zur Phänomenologie des Lichts. Stuttgart 1984.

Ders.: Stoffwelt und Menschenbildung. Teil I: Chemie an einfachen Phänomenen dargestellt (Menschenkunde und Erziehung, Bd. 12). 2. Aufl. Stuttgart 1978. Teil II: Grundlagen einer phänomenologischen Chemie (Menschenkunde und Erziehung, Bd. 20). 2. Aufl. Stuttgart 1988.

Ders.: Das Tier zwischen Mensch und Kosmos. Neue Wege zu einer Charakterisierung der Tiere (Menschenkunde und Erziehung, Bd. 23). 2. Aufl. Stuttgart 1981.

Julius, F., Ernst-Michael Kranich: Bäume und Planeten. Beitrag zu einer kosmologischen Botanik. 2. Aufl. Stuttgart 1989.

Kipp, Friedrich: Die Evolution des Menschen – im Hinblick auf seine lange Jugendzeit. Stuttgart 1980.

Kranich, Ernst-Michael: Die Formensprache der Pflanzen (Menschenkunde und Erziehung, Bd. 33). 2. Aufl. 1979.

Ders.: Von der Gewißheit zur Wissenschaft der Evolution. Die Bedeutung von Goethes Erkenntnismethode für die Evolutionstheorie. Stuttgart 1989.

Mackensen, Manfred von: Feuer, Kalk, Chemie 7. u. 8. Klasse; Werken und Basteln in der Chemie. Heft 1 u. 2; vom Kohlenstoff zum Äther. Chemie 9. u. 10. Klasse; Laborunterricht in Chemie: Alkohol, Seife, Salz; Klang, Helligkeit und Wärme. Physik 6.–8. Klasse; Kräfte, eine Einführung. Physik 10. Klasse (Schriften der Naturwissenschaftlichen Abteilung der Pädagogischen Forschungsstelle). Kassel 1980–1982.

Poppelbaum, Hermann: Mensch und Tier. Frankfurt a. M. 1981.

Ders.: Tierwesenskunde. 2. Aufl. Dornach 1982.

Schad, Wolfgang: Säugetiere und Mensch. Zur Gestaltbiologie vom Gesichtspunkt der Dreigliederung (Menschenkunde und Erziehung, Bd. 26). 2. Aufl. Stuttgart 1992.

Schmutz, Hans-Ulrich: Die Tetraederstruktur der Erde. Eine geologisch-geometrische Untersuchung anhand der Plattentektonik. Stuttgart 1986.

Stockmeyer, E. A. Karl: Zur Methodik des Physikunterrichts. Physik als Menschenbildung (Menschenkunde und Erziehung, Bd. 13). Stuttgart 1961.

Suchantke, Andreas: Sonnensavannen und Nebelwälder. Pflanzen, Tiere und Menschen am Äquator. Stuttgart 1972.

Ders.: Der Kontinent der Kolibris. Landschaften und Lebensformen in den Tropen Südamerikas. Stuttgart 1982.

Suchantke, Andreas, Hans-Ulrich Schmutz, Wolfgang Schad, Wolfgang Fackler: Mitte der Erde. Israel im Brennpunkt natur- und kulturgeschichtlicher Entwicklungen. Stuttgart 1983.

10. Zum Umgang mit der Computertechnik und den modernen Medien

Buddemeier, Heinz: Illusion und Manipulation. Die Wirkung von Film und Fernsehen auf Individuum und Gesellschaft. Stuttgart 1987.
Buddenmeier, Heinz, Jürgen Strube: Die unhörbare Suggestion. Forschungsergebnisse zur Beeinflussung der Menschen durch Rockmusik und subliminale Kassetten. 2. Aufl. Stuttgart 1990.
Gergely, Elisabeth, Helmut Goldmann (Hrsg.): Mensch – Computer – Erziehung. Wien/Köln/Graz 1988.
Gergely, Stefan M.: Wie der Computer den Menschen und das Lernen verändert. München 1986.
Mackensen, Manfred von (Hrsg.): Einführung in die Computertechnik (Manuskript der Pädagogischen Forschungsstelle). Kassel 1986.
Patzlaff, Rainer: Bildschirmtechnik und Bewußtseinsmanipulation. 2. Aufl. Stuttgart 1987.
Ders.: Medienmagie und die Herrschaft über die Sinne. Stuttgart 1988.
Schuberth, Ernst: Erziehung in einer Computergesellschaft. Datentechnik und die werdende Intelligenz des Menschen (Menschenkunde und Erziehung, Bd. 49). Stuttgart 1990.

11. Geschichte und Sozialkunde

Gabert, Erich: Die Weltgeschichte und das Menschen-Ich. Eine Einführung in die Geschichtsauffassung Rudolf Steiners. Stuttgart 1967.
Häusler, Friedrich: Weltenwille und Menschenziele in der Geschichte (Goetheanum-Bücher Nr. 2). Dornach 1961.
Hardorp, Benediktus: Anthroposophie und Dreigliederung. Das soziale Leben als Entwicklungsfeld des Menschen. Stuttgart 1986.
Heisterkamp, Jens: Weltgeschichte als Menschenkunde. Untersuchungen zur Geschichtsauffassung Rudolf Steiners. Dornach 1989.
Heyer, Karl: Beiträge zur Geschichte des Abendlandes. Stuttgart
Bd. 1: Von der Atlantis bis Rom. 4. Aufl. 1984.
Bd. 2: Mittelalter. 3. Aufl. 1985.
Bd. 3: Die neuere Zeit. 3. Aufl. 1986.
Bd. 4: Macchiavelli und Ludwig XIV. 1964.
Bd. 5: Friedrich der Große und das Preußentum. 1964.
Bd. 6: Gestalten und Ereignisse vor der Französischen Revolution. 3. Aufl. 1988.
Bd. 7: Die Französische Revolution und Napoleon. 3. Aufl. 1989.
Bd. 8: Sozialimpulse des deutschen Geistes im Goethe-Zeitalter. 2. Aufl. 1987.
Bd. 9: Kaspar Hauser und das Schicksal Mitteleuropas im 19. Jahrhundert. 2., verb. Aufl. 1983.
Lauer, Hans Erhard: Geschichte als Stufengang der Menschwerdung. Freiburg 1956–1961.
Bd. 1: Erkennen und Erinnerung.

Bd. 2: Die Wiederverkörperung des Menschen als Lebensgesetz der Geschichte.
Bd. 3: Der moralische Aspekt der Geschichte.

Leber, Stefan: Selbstverwirklichung – Mündigkeit – Sozialität. Eine Einführung in die Idee der Dreigliederung des sozialen Organismus. Frankfurt a. M. 1982.

Ders. (Hrsg.): Der Mensch in der Gesellschaft. Die Dreigliederung des sozialen Organismus als Urbild und Aufgabe. Stuttgart 1977.

Lindenberg, Christoph: Geschichte lehren. Thematische Anregungen zum Lehrplan (Menschenkunde und Erziehung, Bd. 43). Stuttgart 1982.

Luttermann, Joachim: Dreigliederung des sozialen Organismus. Grundlinien der Rechts- und Soziallehre Rudolf Steiners. Europäische Hochschulschriften, Reihe 31, Bd. 162. Frankfurt a. M. 1991.

Schmelzer, Albert: Die Dreigliederungsbewegung 1919. Rudolf Steiners Einsatz für den Selbstverwaltungsimpuls. Stuttgart 1991.

Schmidt, Wilhelm: Der soziale Organismus in seiner Freiheitsgestalt. 2. Aufl. 1977.

Stein, Walter Johannes: Erziehungsaufgaben und Menschheitsgeschichte (Menschenkunde und Erziehung, Bd. 37). Stuttgart 1980.

Tautz, Johannes: Zur Methodik des Geschichtsunterrichts an den Freien Waldorfschulen. In: Mielik, Reinhard (Hrsg.): Das Lehren der Geschichte. Göttingen 1969.

Vogel, Dieter: Selbstbestimmung und soziale Gerechtigkeit. Die freiheitliche Ordnung von Kultur, Staat und Wirtschaft. Schaffhausen 1990.

12. Fremdsprachenunterricht

Eltz, Heinrich: Fremdsprachlicher Anfangsunterricht und audiovisuelle Methode. Zürich 1971.

Fremdsprachenunterricht als Beitrag zur Menschenbildung. Sonderheft der Zeitschrift Die Menschenschule. 2. Aufl. Basel.

Gerbert, Hildegard: Der Fremdsprachen-Unterricht in den Waldorfschulen. In: Erziehungskunst, Jg. 42, 1978, Heft 2, 3 und 4.

Kiersch, Johannes (Hrsg.): Zum Fremdsprachenunterricht. Zur Methode des neusprachlichen Unterrichts in der Waldorfschule (Manuskriptdruck der Pädagogischen Forschungsstelle). Stuttgart 1984.

Kloss, Heinz: FLES – Zum Problem des Fremdsprachenunterrichts an Grundschulen Amerikas und Europas (enthält ein kurzes Kapitel „Aus dem Sprach-Unterricht der Waldorfschule“). Bad Godesberg 1967.

Mieth, Christoph: Fremdsprachlicher Anfangsunterricht an Waldorfschulen. Westermanns Pädagogische Beiträge 1972, Heft 1, S. 52.

Schrey, Helmut: Waldorfpädagogik. Kritische Beschreibung und Versuch eines Gesprächs. (Der theoretische Teil über Waldorfpädagogik ist zwar unzureichend, die Auseinandersetzung in bezug auf den Sprachunterricht indessen gut behandelt.) Godesberg 1968.

13. Kunstunterricht, Ästhetik, Handarbeit

Berthold-Andrae, Hildegard: Zeichnen und Malen im Tierkundeunterricht. In: Erziehungskunst, H. 5/1954.

Bühler, Ernst: Handwerklich-künstlerischer Unterricht. In: Erziehungskunst, H. 9/1982.

Clausen, Anke-Usche, Martin Riedel: Methodische Arbeitsbücher. Stuttgart.
Bd. 1: Zeichnen – Sehen lernen. 5. Aufl. 1986.
Bd. 2: Plastisches Gestalten. 3. Aufl. 1985.
Bd. 3: Plastisches Gestalten in Holz mit der dazugehörenden Baumkunde. 3. Aufl. 1984.
Bd. 4: Schöpferisches Gestalten mit Farben. Mit Materialkunde. 4. Aufl. 1988.

Gerbert, Hildegard: Menschenbildung aus Kunstverständnis (Menschenkunde und Erziehung, Bd. 21). 2. Aufl. Stuttgart 1983.

Hauck, Hedwig: Handarbeit und Kunstgewerbe. Angaben von Rudolf Steiner (Menschenkunde und Erziehung, Bd. 14). Stuttgart 1977.

Hebing, Julius: Welt, Farbe und Mensch. Studien und Übungen zur Farbenlehre und Einführung in das Malen (Menschenkunde und Erziehung, Bd. 44). Stuttgart 1983.

Jünemann, Margrit: Malen und Zeichnen. Sonderdruck der Zeitschrift ›Pädagogik Heute‹. Oberursel 1969.

Jünemann, Margrit, Fritz Weitmann: Der künstlerische Unterricht in der Waldorfschule. Malen und Zeichnen (Menschenkunde und Erziehung, Bd. 29). 3. Aufl. Stuttgart 1986.

Kranich, Ernst-Michael, Margrit Jünemann, Hildegard Berthold-Andrae u. a.: Formenzeichnen. Die Entwicklung des Formensinns in der Erziehung (Menschenkunde und Erziehung, Bd. 47). Stuttgart 1985.

Malen, Zeichnen, Werkgestaltung: Sonderheft der Zeitschrift ›Erziehungskunst‹. Stuttgart, 16. Jg. Mai/Juni 1952.

Der Malunterricht: Aufbau und Wirkung im Bildungsgang der zwölfjährigen Einheitsschule. Sonderheft der Zeitschrift ›Erziehungskunst‹. 30. Jg. Stuttgart, Mai/Juni 1966.

Martin, Michael (Hrsg.): Der künstlerisch-handwerkliche Unterricht in der Waldorfschule. Mit Beiträgen v. U. Bosse, E. Bühler, K. Charisius, W. Dielhenn, J. Geier, L. G. Gienapp, A. S. Groß, W. v. Knoblauch, R. Lechler, G. Locher, M. Martin, H. Seufert, G. v. Stietencron, W. Stuhlmann, F. Weidler. Stuttgart 1991.

Niederhäuser, Hans Rudolf: Formenzeichnen. Basel 1971.

Schwebsch, Erich: Zur ästhetischen Erziehung (Menschenkunde und Erziehung, Bd. 5). Stuttgart 1954.

Strauß, Michaela: Von der Zeichensprache des kleinen Kindes. Spuren der Menschwerdung. Mit menschenkundlichen Anmerkungen von Wolfgang Schad (Menschenkunde und Erziehung, Bd. 34). 4. Aufl. 1988.

Dies.: Wie frühkindliches Zeichnen und Malen in der Schule verwandelt wird. Soziale Erneuerung als Ursprung und Ziel der Freien Waldorfschule. Festschrift der Zeitschrift ›Erziehungskunst‹. Heft 8/9 1969.

Uehli, Ernst: Bildgestalten und Gestaltenbilder (Menschenkunde und Erziehung, Bd. 32). Stuttgart 1975.
Weissert, Ernst: Der Waldorflehrer (Handarbeit und Kunstgewerbe). In: Erziehungskunst, H. 10/1961.
Ders.: Der Lehrer der künstlerisch-handwerklichen Fächer an der Waldorfschule. Malen und Zeichnen in der Oberstufe. Exkurs in das Übungsfeld des Plastischen (Manuskriptdruck der Pädagogischen Forschungsstelle). Stuttgart 1981.

14. Sport, Gymnastik, Leibesübungen

Bothmer, Fritz Graf von: Gymnastische Erziehung. 2., bearb. u. erw. Aufl., hrsg. v. G. Husemann (Menschenkunde und Erziehung, Bd. 42). Stuttgart 1981.
Kischnik, Rudolf: Leibesübung und Bewußtseinsschulung. Stuttgart 1955.
Ders.: Was die Kinder spielen. Stuttgart 1978.
Kischnik, Rudolf, Wil van Haren: Der Plumpsack geht um! Kreis- und Bewegungsspiele für Kinder und Jugendliche. Stuttgart 1989.
Nietzold, Jochem: Geistige Strukturen sinnvollen Turnens. Stuttgart 1978.
Prömm, Peter: Bewegungsbild und menschliche Gestalt (Menschenkunde und Erziehung, Bd. 35). Stuttgart 1978.

15. Eurythmie

Baditz, Nora von: Anregungen für den Eurythmieunterricht. Zeist/Niederlande 1971.
Dies.: Über die Pädagogische Eurythmie für Unterrichtende. Arbeitsmaterial für Eurythmielehrer. Stuttgart o. J.
Bardt, Sylvia, Rosemaria Bock u. a.: Erziehung durch Eurythmie (Manuskriptdruck der Pädagogischen Forschungsstelle). Stuttgart 1982.
Dubach-Donath, Annemarie: Grundelemente der Eurythmie. Dornach 1981.
Dies.: Die Kunst der Eurythmie. Methodische Erweiterungen der „Grundelemente“. Dornach 1961.
Eurythmie ist Kunst, Pädagogik, Medizin. Sonderdruck der Erziehungskunst. Jg. 39, Heft 6. Stuttgart 1975.
Fels, Alice: Vom Werden der Eurythmie. Dornach 1986.
Pals, Lea van der: Was ist Eurythmie? Dornach 1974.
Schimmel, Heinz: Der Tanz im Wandel der Zeiten und die neue Kunst der Eurythmie. Hannover/München 1981.
Siegloch, Magdalene: Eurythmie. Eine Einführung. Stuttgart 1990.

16. Musik

Baltz, Karl von: Rudolf Steiners musikalische Impulse (Goetheanum-Bücher, Bd. 3). Dornach 1960.
Bindel, Ernst: Die Zahlengrundlagen der Musik. 4. Aufl. Stuttgart 1989.
Dörfler, Wilhelm: Das Lebensgefüge der Musik. Dornach 1975.
Fournes, Volker: Musikerziehung an Waldorfschulen. Spezifika und deren theoretische Begründung (Prüfungsarbeit [Ms.]). Wuppertal 1975.
Friedenreich, Carl Albert: Musikalische Erziehung auf geisteswissenschaftlicher Grundlage. Anregungen für den Unterricht. Freiburg i. Br. 1977.
Pals, Lea van der: Der Mensch „Musik". Dornach 1981.
Pfrogner, Hermann: Lebendige Tonwelt. München/Wien 1976.
Riehm, Peter-Michael (Hrsg.): Hör ich von fern Musik. Volkslieder für unsere Zeit. Stuttgart 1990.
Ruland, Heiner: Musik als erlebte Menschenkunde. Frankfurt a. M. 1990.
Ders.: Die Neugeburt der Musik aus dem Wesen des Menschen. Schaffhausen 1987.
Ders.: Ein Weg zur Erweiterung des Tonerlebens. Basel 1981.
Werbeck-Svärdström, Valborg: Die Schule der Stimmenthüllung. Ein Weg zur Katharsis in der Kunst des Singens. 4. Aufl. Dornach 1984.
Winter, Thomas: Die Musikerziehung in der Waldorfschule (Prüfungsarbeit an der Staatlichen Hochschule für Musik [Ms.]). Detmold 1972.

17. Zum Vorschulalter

Beichler, Christa: Das erste Jahrsiebt im Leben des Kindes (Hilfen für die tägliche Erziehungspraxis). Schaffhausen 1985.
Britz-Crecelius, Heide: Kinderspiel – lebensentscheidend. Stuttgart 1970.
Hahn, Herbert: Vom Ernst des Spielens. 4. Aufl. Stuttgart 1988.
Haller, Ingeborg: Das spielende Kind. Stuttgart 1987.
Heydebrand, Caroline von: Vom Spielen des Kindes. 5. Aufl. Stuttgart 1988.
Jaffke, Freya: Spielen und arbeiten im Waldorf-Kindergarten. Stuttgart 1991.
König, Karl: Die ersten drei Jahre des Kindes. 7. Aufl. Stuttgart 1990.
Kutik, Christiane: Mit kleinen Kindern spielen, erleben, schöpferisch sein. Stuttgart 1991.
Plan und Praxis des Waldorfkindergartens. Hrsg. v. der Internationalen Vereinigung der Waldorfkindergärten. 10. Aufl. Stuttgart 1980.
Plattner, Elisabeth: Die ersten Lebensjahre. Eine Hilfe im Umgang mit kleinen Kindern. 3. Aufl. Stuttgart 1990.

18. Zur Integration beruflicher und allgemeiner Bildung

Blume, Helmut: Lehrlingsbildung als soziale Aufgabe. Versuche und Erfahrungen. Stuttgart 1963.

Fintelmann, Klaus J.: Hibernia: Modell einer anderen Schule. Stuttgart 1990.
Ders.: Die Hiberniaschule als Modell einer Gesamtschule des beruflichen Bildungsweges (Menschenkunde und Erziehung, Bd. 24). Stuttgart 1968.
Fucke, Erhard: Berufliche und allgemeine Bildung in der Sekundarstufe II. Ein Modell. Stuttgart 1976.
Hansen, Hans Helmut: Die Hiberniaschule und die Durchführung des praktischen Unterrichts – insbesondere der Arbeitslehre – im Zusammenhang ihrer Bildungsarbeit. Deutsches Institut für internationale pädagogische Forschung. Frankfurt 1975.
Praktisches Lernen in der Hibernia-Pädagogik. Eine Rudolf Steiner Schule entwikkelt eine neue Allgemeinbildung. Stuttgart 1985.
Rist, Georg, Peter Schneider: Die Hiberniaschule. Von der Lehrwerkstatt zur Gesamtschule. Berlin 1990.
Schneider, Peter: Leistungsbewertung unter dem Prinzip Förderung. Gesichtspunkte aus der Waldorf-Schulpädagogik und der Hiberniaschule. In: Die Deutsche Berufs- und Fachschule 1, 1979.
Ders.: Die Hiberniaschule. Integration beruflicher und allgemeiner Bildung. In: Westermanns Pädagogische Beiträge 2, 1979.
Ders.: Bildungsforschung in der Waldorfpädagogik. In: Bildung und Erziehung 1, 1980.
Ders.: Die neugestaltete Oberstufe der Hiberniaschule. In: Erziehungskunst 4, 1980.

19. Zur Heilpädagogik

Arnim, G. von: Was bedeutet Seelenpflege? Die Aufgabe der anthroposophischen Heilpädagogik und Sozialtherapie. In: Soziale Hygiene. Bad Liebenzell 1961.
Camphill – 50 Jahre Leben und Arbeiten mit Seelenpflege-bedürftigen Menschen. Stuttgart 1991.
Denger, Johannes (Hrsg.): Plädoyer für das Leben mongoloider Kinder. Down-Syndrom und pränatale Diagnostik. Stuttgart 1990.
Grimm, Rüdiger: Die therapeutische Gemeinschaft in der Heilpädagogik. Zusammenwirken von Eltern und Heilpädagogen (Praxis Anthroposophie 3). Stuttgart 1991.
Heilende Erziehung. Vom Wesen Seelenpflege-bedürftiger Kinder und deren heilpädagogischer Förderung. 5. Aufl. Stuttgart 1989.
Heilende Erziehung aus dem Menschenbild der Anthroposophie. Leben, lernen und arbeiten mit Seelenpflege-bedürftigen Kindern und Erwachsenen. Hrsg. von der Vereinigung der Heil- und Erziehungsinstitute e. V. und der sozialtherapeutischen Werkgemeinschaft e. V. 2. Aufl. 1981.
Heilpädagogik aus anthroposophischer Menschenkunde. Schriftreihe der Medizinischen Sektion am Goetheanum.
Bd. 1: Zum heilpädagogischen Kurs Rudolf Steiners. Stuttgart 1974.
Bd. 2: Beiträge zur heilpädagogischen Methodik. Stuttgart 1974.
Bd. 3: Kirchner, Hermann: Die Bewegungshieroglyphe als Spiegel von Krankheitsbildern. Stuttgart 1978.

Bd. 4: König, Karl, Georg von Arnim, Ursula Herberg: Sprachverständnis und Sprachbehandlung. Neue Ansätze zur Sprachtherapie. Stuttgart 1978.

Bd. 5: König, Karl: Sinnesentwicklung und Leibeserfahrung. Heilpädagogische Gesichtspunkte zur Sinneslehre Rudolf Steiners. Stuttgart 1978.

Bd. 6: Holzapfel, W., H. Klimm, K. König, J. Lutz, H. Müller-Wiedemann, Th. J. Weihs: Der frühkindliche Autismus als Entwicklungsstörung. Stuttgart 1981.

Bd. 7: Damm, Eve-Lis: Malen mit Seelenpflege-bedürftigen Kindern. Stuttgart 1984.

Bd. 8: Beilharz, Gerhard von (Hrsg.): Erziehen und Heilen durch Musik. Stuttgart 1989.

Holtzapfel, Walter: Seelenpflege-bedürftige Kinder. Zur Heilpädagogik Rudolf Steiners, Bd. 1. 4. Aufl. Dornach 1990; Bd. 2, 2., erw. Aufl. Dornach 1986.

Klimm, Hellmut: Heilpädagogik auf anthroposophischer Grundlage. Dornach 1969.

König, Karl: Der Mongolismus. 4. Aufl. Stuttgart 1980.

Ders.: Über die menschliche Seele. 2. Aufl. Stuttgart 1989.

Pietzner, Carlo (Hrsg.): Aspekte der Heilpädagogik. Aus der Arbeit der Camphill-Bewegung. Stuttgart 1980.

Schulz, Dieter: Frühförderung in der Heilpädagogik. Erfahrungen mit der Betreuung Seelenpflege-bedürftiger Kleinkinder. Stuttgart 1991.

Weihs, Thomas: Das entwicklungsgestörte Kind. Heilpädagogische Erfahrungen in den Camphill-Gemeinschaften (Praxis Anthroposophie, Bd. 9). Stuttgart 1991.

Windeck, Ingo: Förderung Verhaltensgestörter und Lernbehinderter in Waldorfschuleinrichtungen. Bonn-Bad Godesberg 1984.

BIOGRAPHISCHE DATEN DER AUTOREN

DÜHNFORT, ERIKA, geb. 1917. Von 1937–42 freie Mitarbeiterin am Rundfunk mit Kinderstundenmanuskripten und literarischen Sendungen. Lehrerausbildung in Frankfurt/Oder, München-Pasing und Detmold, Examen 1947. 1948 Studium am Seminar der Waldorfschulen. 1948–1976 Klassenlehrerin an der Rudolf-Steiner-Schule Wuppertal. Dozentin am Seminar für Waldorfpädagogik. Gelegentliche Arbeiten für: WDR, Deutsche Welle und Deutschlandfunk (literar. Sendungen, Buchbesprechungen). Acht Buchveröffentlichungen (1971, 1977, 1980, 1982, 1985, 1986, 1988) pädagogischen oder erzählenden Inhaltes, zahlreiche Aufsätze in Sammelwerken und Zeitschriften.

GUTTENHÖFER, PETER, geb. 1940. Studium der Literaturwissenschaft und Kunstgeschichte (Dr. phil.). Mitarbeit im Kinderdorf. Besuch des Lehrerseminars der Waldorfschulen. Danach Lehrer an der Oberstufe der Freien Waldorfschule Kassel. Mitarbeit als Dozent in der Ausbildung von Waldorflehrern.

KRANICH, ERNST-MICHAEL, geb. 1929. 1948–55 Studium der Biologie, Chemie und Geologie an der Universität Tübingen. Promotion 1957 (Dr. rer. nat.). 7 Jahre Tätigkeit als Fachlehrer an einer norddeutschen Waldorfschule, seit 1962 als Dozent und in der Leitung des Seminars für Waldorfpädagogik Stuttgart. Vorstandsmitglied im Bund der Freien Waldorfschulen. Verschiedene Publikationen, besonders auf dem Gebiet der pädagogischen Anthropologie: Pädagogische Projekte und ihre Folgen, Stuttgart ²1971. Die Formensprache der Pflanzen, Stuttgart ²1979. Von der Gewißheit zur Wissenschaft der Evolution, Stuttgart 1989. Zahlreiche Aufsätze in Sammelwerken und Zeitschriften.

LEBER, STEFAN, geb. 1937. Nach Besuch der Waldorfschule Berufsausbildung als Chemigraph. Über zweiten Bildungsweg Studium der Politik, Geschichte u. a. in Berlin (1957–61) (Dipl.-Pol.). Besuch des Lehrerseminars in Dornach/Schweiz. 11 Jahre Lehrer in der Oberstufe der Pforzheimer Waldorfschule. Seit 1973 Dozent am Seminar für Waldorfpädagogik in Stuttgart, Vorstandsmitglied im Bund der Freien Waldorfschulen. Publikationen: Die Sozialgestalt der Waldorfschule, Stuttgart ²1978. Selbstverwirklichung – Mündigkeit – Sozialität. Eine Einführung in die Idee der Dreigliederung des sozialen Organismus, Stuttgart 1978. Geschlechtlichkeit und Erziehungsauftrag. Ziele und Grenzen der Geschlechtserziehung, Stuttgart 1981. Die Waldorfschule im gesellschaftlichen Umfeld, Stuttgart 1981. Zahlreiche Aufsätze in Sammelwerken und Zeitschriften.

LINDENBERG, CHRISTOPH, geb. 1930. Nach dem Abitur 1949 Praktikum in einer Anstalt für schwersterziehbare Jugendliche. 1950–55 Studium der Geschichte und Anglistik in Göttingen und Freiburg. Staatsexamen. 1955–80 Lehrer an den Waldorfschulen in Reutlingen und Tübingen. Zwischenzeitlich 1967–70 Assistent am Seminar für Zeitgeschichte der Universität Tübingen. Lehraufträge an der Universität Tübingen und an der PH Reutlingen. Seit 1980 freie Forschungstätigkeit. Veröffentlichungen: Individualismus und offenbare Religion, Stuttgart 1970. Waldorfschulen: angstfrei lernen, selbstbewußt handeln, Reinbek ^{12}1983. Die Technik des Bösen – Zur Vorgeschichte und Geschichte des Nationalsozialismus, Stuttgart 1978. Rudolf Steiner, in: Klassiker der Pädagogik, Bd. II, München 1979. Das Kind lernt von sich aus und auf Umwegen, in: Ilse Lichtenstein-Rother, Jedem Kind seine Chance, Freiburg 1980. Die Lebensbedingungen des Erziehens, Reinbek 1981. Geschichte lehren – thematische Anregungen zum Lehrplan, Stuttgart 1981. Zahlreiche Aufsätze in Sammelwerken und Zeitschriften.

MACKENSEN, MANFRED VON, geb. 1936. Abitur an der Waldorfschule in Stuttgart. Bergbau-Praktikum. Zwei Semester Studium der Neueren Geschichte, danach Beginn des Chemiestudiums in Berlin, Diplom in Tübingen. Promotion in physikalischer Chemie (Dr. rer. nat.). Assistententätigkeit. Referendarausbildung. Lehrer für Physik und Chemie an der Freien Waldorfschule Kassel, ferner Tätigkeit im Rahmen der Lehrerbildung und der Pädagogischen Forschungsstelle des Bundes der Waldorfschulen. Zahlreiche Aufsätze und Bücher zum naturwissenschaftlichen Unterricht.

MORGENSTERN, BRIGITTE, geb. 1933. Nach dem Abitur Kinderbetreuerin. Studium der Germanistik, Anglistik und Geographie, Assessorenprüfung. 1962 Promotion (Dr. phil.). Seit 1963 als Sprachlehrerin für Englisch und Russisch an der Freien Waldorfschule Stuttgart-Uhlandshöhe. Seit vielen Jahren in der Lehrerbildung der Waldorfschulen tätig.

MÜLLER-WIEDEMANN, HANS, geb. 1924. Studium der Medizin und Promotion in Tübingen (Dr. med.). Seit 1953 in der Camphill-Bewegung in Schottland und Südafrika als Arzt heilpädagogisch und sozialtherapeutisch tätig, seit 1966 in der Heimsonderschule Brachenreuthe-Überlingen. Publikationen: Mitte der Kindheit, Stuttgart ^{2}1980. Zahlreiche Aufsätze.

RAUTHE, WILHELM, 1910–1990. 1931–38 Studium der Germanistik, Physik und Mathematik. 1938–46 Lehrer an höheren Schulen. 1945/46 Mitbegründer der Rudolf-Steiner-Schule Wuppertal. Mitarbeit im Vorstand des Bundes der Freien Waldorfschulen. Lehrbeauftragter für Waldorfpädagogik an der Universität Wuppertal. Veröffentlichungen: Das Abitur – eine Notwendigkeit?, Stuttgart 1960. Die Waldorfschule als Gesamtschule, Stuttgart 1970. Zahlreiche Aufsätze.

SCHNEIDER, PETER, geb. 1942, Lehre als Mechaniker, erwarb nach mehreren Jahren Berufstätigkeit auf dem zweiten Bildungsweg die Hochschulreife. Studium der

Pädagogik, Philosophie, Psychologie und Politikwissenschaft (M. A. und Promotion in Pädagogik). Von 1975 bis 1983 Fachlehrer an der Hibernia-Schule und Leiter des BLK-Modellversuches zur Integration beruflicher und allgemeiner Bildung an der Hibernia-Schule und Privatdozent an der Universität Dortmund. Seit 1983 Professor für Erziehungswissenschaft/Berufspädagogik an der Universität-GH Paderborn. Wissenschaftliche Leitung verschiedener Modellversuche und Projekte zur berufspädagogischen Forschung und Organisationsentwicklung.

Schuberth, Ernst, geb. 1939. 1959–64 Studium der Mathematik, Physik, Philosophie und Pädagogik in Bonn. Staatsexamen für das Lehramt an Gymnasien. 1965 Mitarbeit am Mathematisch-Physikalischen Institut in Dornach/Schweiz. 1965/66 Besuch des Pädagogischen Seminars am Goetheanum, Dornach. 1967–74 Lehrer für Mathematik und Physik in Tübingen und an der Rudolf-Steiner-Schule München. 1970 Promotion (Dr. phil.). 1974 Berufung an die Pädagogische Hochschule Bielefeld als ordentlicher Professor für Mathematik und Didaktik der Mathematik. 1978 Beurlaubung zum Aufbau des Freien Pädagogischen Zentrums für Waldorfpädagogik e. V. in Mannheim. Veröffentlichungen: Die Modernisierung des mathematischen Unterrichts, Stuttgart 1971. Zahlreiche Aufsätze.

Trautmann, Tankred, geb. 1954, absolvierte die Ausbildung zum Grund- und Hauptschullehrer. Staatsexamen. Studium zum Diplom-Pädagogen. Tätigkeit mit Behinderten. Klassenlehrer an der Rudolf Steiner Schule Nordheide, Kakenstorf, 1991 Wissenschaftlicher Mitarbeiter an der Universität Paderborn.

Wallmann, Reinhard, geb. 1947, Studium der Biologie und Chemie in Tübingen und Dortmund, Referendariat. 3 Jahre in der Sozialtherapie in Schweden tätig. Seit 1980 Oberstufenlehrer an der Freien Waldorfschule Dortmund (Biologie/Chemie).